国家交通重大工程档案

2018 综合卷

《中国交通年鉴》社 主编

National Transportation Major Project Construction Archive

2018 Comprehensive Volume

人民交通出版社股份有限公司
China Communications Press Co.,Ltd.

图书在版编目(CIP)数据

国家交通重大工程档案. 2018综合卷/《中国交通年鉴》社主编. —北京: 人民交通出版社股份有限公司, 2019.6

ISBN 978-7-114-15584-0

Ⅰ. ①国… Ⅱ. ①中… Ⅲ. ①交通工程－工程档案－中国－2018 Ⅳ. ①G275.3

中国版本图书馆CIP数据核字（2019）第106582号

书　　名：国家交通重大工程档案 · 2018综合卷
著 作 者：《中国交通年鉴》社
联合编辑：齐鲁名盛（北京）文化传媒有限公司
责任编辑：韩亚楠　赵瑞琴
责任校对：张　贺
责任印制：张　凯
出版发行：人民交通出版社股份有限公司
地　　址：(100011)北京市朝阳区安定门外外馆斜街3号
网　　址：http://www.ccpress.com.cn
销售电话：(010) 59757973
总 经 销：人民交通出版社股份有限公司发行部
经　　销：各地新华书店
印　　刷：河南匠心印刷有限公司
开　　本：880×1230　1/16
印　　张：20.5
字　　数：485千
版　　次：2019年6月　第1版
印　　次：2019年6月　第1次印刷
书　　号：ISBN 978-7-114-15584-0
定　　价：480.00元

《国家交通重大工程档案·2018综合卷》编委会名单

编 委 会

主 办 单 位　中国交通运输协会
编 纂 单 位　《中国交通年鉴》社
主　　　任　胡亚东
副　主　任　余卓民　李　刚
委　　　员　（按姓氏笔划排序）
于胜英　王国栋　李　华　李彦武
张春枝　赵果情　常行宪　周海涛
徐　丽　韩　敏　覃万兵　褚飞跃

编 辑 部

总　策　划　张　暖　佟小鲲
总　编　辑　徐向平　张清华
副 总 编 辑　覃万兵　李　明　赵焕军
执 行 主 编　周　明　何梦嘉
编辑部主任　潘　明　高　勇
编辑部副主任　王　葵　王嘉慈　李丽丽　魏晓曼
梁金国
编　　　辑　徐国丽　边钰琪　姚　瑶
美 术 编 辑　张　倩　王　葵
通联部主任　王先锋
通联部执行主任　张吕清
通联部副主任　李　英　马新龙　刘　琦　杨　雪
影视中心主任　何梦嘉
摄 制 组 成 员　（按姓氏笔画排序）
王文海　王德建　田　翔　卢王飞
石鲁北　刘　凡　刘　强　刘贤慧
何旭刚　张焕成　谢　勇
责 任 编 辑　王嘉慈　李　英
技 术 通 审　周　明
终 稿 通 审　卢　燕

《国家交通重大工程档案·2018综合卷》联络员名单

发展和改革委员会系统联络员

扈中伟　北京市发展和改革委员会基础设施处副调研员
刘　鹏　天津市发展和改革委员会城市发展处（交通处）副调研员
王春雨　河北省发展和改革委员会基础产业处主任科员
乌日罕　内蒙古自治区发展和改革委员会基础产业处科员
周　正　吉林省发展和改革委员会交通运输处主任科员
胡万群　辽宁省发展和改革委员会交通处副调研员
吴　强　黑龙江省发展和改革委员会交通处调研员
齐　峰　上海市发展和改革委员会城市发展处处长
金剑平　江苏省发展和改革委员会基础产业处处长
胡建胜　浙江省发展和改革委员会交通处主任科员

汪　毅　安徽省发展和改革委员会基础产业处处长
王　忠　福建省发展和改革委员会交通发展处处长
张桂春　江西省发展和改革委员会交通处副处长
栗　粟　山东省发展和改革委员会基础产业处主任科员
徐跃峰　河南省发展和改革委员会基础产业处处长
赵　斌　湖北省发展和改革委员会交通处副处长
夏　钢　湖南省发展和改革委员会基础产业处处长
余焰城　广东省发展和改革委员会综合交通处副处长
薛贻德　广西壮族自治区发展和改革委员会交通处副处长
杜　义　四川省发展和改革委员会基础产业处处长
黄　俊　贵州省发展和改革委员会交通运输处处长
谢　勇　云南省发展和改革委员会基础产业处处长
李　涛　陕西省发展和改革委员会基础产业处主任科员
陆　醒　甘肃省发展和改革委员会交通运输处处长
任泽军　宁夏回族自治区发展和改革委员会基础处副处长
张小栋　青海省发展和改革委员会基础产业处科员
李栓平　新疆维吾尔自治区发展和改革委员会交通处副处长

企事业单位联络员

（按姓氏拼音排序）

曹林云　西部机场集团有限公司
邱志清　江西省高速公路投资集团有限责任公司
陈怫燃　广西西江开发投资集团有限公司
陈　光　中电建冀交高速公路投资发展有限公司
陈国良　杭绍台铁路有限公司
叱干龙博　西部机场集团建设工程（西安）有限公司
杜　凯　西部机场集团宁夏机场有限公司
方满胜　芜湖宣城机场建设投资有限公司
高云岗　济宁市港航局
刘荣华　广西机场管理集团有限责任公司
魏　坤　山东高速股份有限公司
郭登科　京沈客专辽宁公司
曹　江　江苏省铁路集团有限公司
郭延莉　扎兰屯民用机场建设管理有限责任公司
李　阳　重庆高速集团
朱红梅　广西北部湾投资集团有限公司
江建荣　九景衢铁路江西有限责任公司
金学军　银西铁路公司
赖用满　南京市公共工程建设中心
李海飞　上海吴淞口国际油轮港发展有限公司
李　锐　中国铁路乌鲁木齐局集团有限公司
陈曼青　合肥城市轨道交通有限公司
林　晨　上海机场（集团）有限公司
刘　杰　济青高铁公司
刘建丰　郑西铁路客运专线有限责任公司
刘　飒　庐铜铁路公司
冉光庭　河南城际铁路有限公司
刘　超　河南淮信高速公路有限公司
王　军　齐鲁交通发展集团有限公司

胡德亮　港珠澳大桥管理局

孙召伍　鲁南高速铁路有限公司

尚占春　宁夏城际铁路有限责任公司

盛金林　杭温铁路有限公司

施良斌　东南沿海铁路福建有限责任公司

黄隽曦　三明市国有资产投资经营公司

孙佳盛　宁夏银百高速公路建设管理有限公司

孙　科　天津港远航国际矿石码头有限公司

王保光　上海机场（集团）有限公司

王瑞成　天津市港航管理局

王　磊　重庆港务物流集团

刘　洋　四川省机场集团有限公司

信登榜　青岛国际机场集团有限公司

杨　工　青岛地铁集团有限公司

皮　圣　蒙西华中铁路股份有限公司

杨润生　贵州高速公路集团有限公司

刘昭京　中国铁路南宁局集团有限公司

殷小明　浙江省交通运输厅

张荣柱　安徽省港航建设投资集团有限公司

张　天　中石化天津液化天然气有限责任公司

张欣越　西部机场集团有限公司

赵品郎　重庆城市交通枢纽开发投资有限公司

郑以平　京福铁路客运专线安徽有限责任公司

聂　琴　连云港港30万吨级航道建设指挥部

班富理　广西交通投资集团有限公司

曹　江　江苏省交通工程建设局

于志涛　青岛港集团

朱克勤　乌兰察布市民航管理办公室

编 辑 说 明

为全面系统记录我国综合交通重大工程建设发展历程和状况，客观展示中国交通重大工程建设取得的巨大成就，经国家发展改革委基础产业司批准，《中国交通年鉴》社编纂出版《国家交通重大工程档案》（以下简称《重大工程档案》）。

《重大工程档案》分为综合卷和系列卷。2018综合卷为首卷，逐年连续编纂出版，内容涵盖铁路、公路、水路（含港口）、民航、管道及城市交通等交通运输方式的重大工程，由特载篇、铁路篇、公路篇、民航篇、水运篇、城市交通篇及附录等篇章组成。全书除详实图文、数据内容外，每项工程还配套拍摄10~15分钟的视频片，直观、立体地呈现重大工程的建设情况。纸质图书篇幅控制在500页以内，每个项目约占2~6个页码，视频部分采用光盘（或U盘）以及扫描二维码下载形式发行。

系列卷由行业卷、工程卷、企业卷、地方交通卷组成，以重大工程见证行业发展，以地方建设讲述中国故事，以企业风采书写时代蓝图，将与综合卷编纂工作同时进行。

2018综合卷以“十二五”规划接转项目和“十三五”规划在建、竣工（包括即将竣工）的重大工程为主，筛选各建设时期具有重大社会效益、经济效益和具有代表性、标志性及科技创新性的100项重大工程项目为收录对象。各省（区、市）发展改革委推荐的208个重大工程项目名录以附录形式收录。

2018综合卷采用国际通行的大16开版本，彩色印刷，图文并茂，装帧精美，由人民交通出版社公开出版发行。其主要发行对象为国家相关部委局及各省（区、市）发展改革委、交通部门及相关建设单位等。编纂《重大工程档案》综合卷对于建立综合、权威的国家交通重大工程数据库，为政府决策机构提供详实的参考数据并存史资政，宣传推广我国综合交通行业取得的重大成就和科技成果，具有重要的历史价值和现实意义。

在本书的编纂过程中，得到了国家有关部委局、中央国有大型企业、省（区、市）有关厅（局、委）及交通重大工程建设指挥部、项目部和管理单位、建设单位、设计单位、施工单位等有关领导、专家、学者、交通建设者的大力支持和帮助，在此一并表示感谢。

《国家交通重大工程档案》编辑部

CONTENTS 目录

特载篇

铁路篇

公路篇

民航篇

水运篇

城市交通篇

附录

特载篇

“十三五”现代综合交通运输体系发展规划

国务院

2017年2月3日

交通运输是国民经济中基础性、先导性、战略性产业，是重要的服务性行业。构建现代综合交通运输体系，是适应把握引领经济发展新常态，推进供给侧结构性改革，推动国家重大战略实施，支撑全面建成小康社会的客观要求。根据《中华人民共和国国民经济和社会发展第十三个五年规划纲要》，并与“一带一路”建设、京津冀协同发展、长江经济带发展等规划相衔接，制定本规划。

一、总体要求

（一）发展环境

“十二五”时期，我国各种交通运输方式快速发展，综合交通运输体系不断完善，较好完成规划目标任务，总体适应经济社会发展要求。交通运输基础设施累计完成投资13.4万亿元，是“十一五”时期的1.6倍，高速铁路营业里程、高速公路通车里程、城市轨道交通运营里程、沿海港口万吨级及以上泊位数量均位居世界第一，天然气管网加快发展，交通运输基础设施网络初步形成。铁路、民航客运量年均增长率超过10%，铁路客运动车组列车运量比重达到46%，全球集装箱吞吐量排名前十位的港口我国占7席，快递业务量年均增长50%以上，城际、城市和农村交通服务能力不断增强，现代化综合交通枢纽场站一体化衔接水平不断提升。高速铁路装备制造科技创新取得重大突破，电动汽车、特种船舶、国产大型客机、中低速磁悬浮轨道交通等领域技术研发和应用取得进展，技术装备水平大幅提高，交通重大工程施工技术世界领先，走出去步伐不断加快。高速公路电子不停车收费系统（ETC）实现全国联网，新能源运输装备加快推广，交通运输安全应急保障能力进一步提高。铁路管理体制改革顺利实施，大部门管理体制初步建立，交通行政审批改革不断深化，运价改革、投融资改革扎实推进。

“十三五”时期，交通运输发展面临的国内外环境错综复杂。从国际看，全球经济在深度调整中曲折复苏，新的增长动力尚未形成，新一轮科技革命和产业变革正在兴起，区域合作格局深度调整，能源格局深刻变化。从国内看，“十三五”时期是全面建成小康社会决胜阶段，经济发展进入新常态，生产力布局、产业结构、消费及流通格局将加速变化调整。与“十三五”经济社会发展要求相比，综合交通运输发展水平仍然存在一定差距，主要是：网络布局不完善，跨区域通道、国际通道连通不足，中西部地区、贫困地区和城市群交通发展短板明显；综合交通枢纽建设相对滞后，城市内外交通衔接不畅，信息开放共享水平不高，一体化运输服务水平亟待提升，交通运输安全形势依然严峻；适应现代综合交通运输体系发展的体制机制尚不健全，铁路市场化、空域管理、油气管网运营体制、交通投融资等方面改革仍需深化。

综合判断,"十三五"时期，我国交通运输发展正处于支撑全面建成小康社会的攻坚期、优化网络布局的关键期、提质增效升级的转型期，将进入现代化建设新阶段。站在新的发展起点上，交通运输要准确把握经济发展新常态下的新形势、新要求，切实转变发展思路、方式和路径，优化结构、转换动能、补齐短板、提质增效，更好满足多元、舒适、便捷等客运需求和经济、可靠、高效等货运需求；要突出对"一带一路"建设、京津冀协同发展、长江经济带发展三大战略和新型城镇化、脱贫攻坚的支撑保障，着力消除瓶颈制约，提升运输服务的协同性和均等化水平；要更加注重提高交通安全和应急保障能力，提升绿色、低碳、集约发展水平；要适应国际发展新环境，提高国际通道保障能力和互联互通水平，有效支撑全方位对外开放。

（二）指导思想

全面贯彻党的十八大和十八届二中、三中、四中、五中、六中全会精神，深入贯彻习近平总书记系列重要讲话精神和治国理政新理念新思想新战略，认真落实党中央、国务院决策部署，统筹推进"五位一体"总体布局和协调推进"四个全面"战略布局，牢固树立和贯彻落实新发展理念，以提高发展质量和效益为中心，深化供给侧结构性改革，坚持交通运输服务人民，着力完善基础设施网络、加强运输服务一体衔接、提高运营管理智能水平、推行绿色安全发展模式，加快完善现代综合交通运输体系，更好地发挥交通运输的支撑引领作用，为全面建成小康社会奠定坚实基础。

（三）基本原则

衔接协调、便捷高效。充分发挥各种运输方式的比较优势和组合效率，提升网络效应和规模效益。加强区域城乡交通运输一体化发展，增强交通公共服务能力，积极引导新生产消费流通方式和新业态新模式发展，扩大交通多样化有效供给，全面提升服务质量效率，实现人畅其行、货畅其流。

适度超前、开放融合。有序推进交通基础设施建设，完善功能布局，强化薄弱环节，确保运输能力适度超前，更好发挥交通先行官作用。坚持建设、运营、维护并重，推进交通与产业融合。积极推进与周边国家互联互通，构建国际大通道，为更高水平、更深层次的开放型经济发展提供支撑。

创新驱动、安全绿色。全面推广应用现代信息技术，以智能化带动交通运输现代化。深化体制机制改革，完善市场监管体系，提高综合治理能力。牢固树立安全第一理念，全面提高交通运输的安全性和可靠性。将生态保护红线意识贯穿到交通发展各环节，建立绿色发展长效机制，建设美丽交通走廊。

（四）主要目标

到2020年，基本建成安全、便捷、高效、绿色的现代综合交通运输体系，部分地区和领域率先基本实现交通运输现代化。

网络覆盖加密拓展。高速铁路覆盖80%以上的城区常住人口100万以上的城市，铁路、高速公路、民航运输机场基本覆盖城区常住人口20万以上的城市，内河高等级航道网基本建成，沿海港口万吨级及以上泊位数稳步增加，具备条件的建制村通硬化路，城市轨道交通运营里程比2015年增长近一倍，油气主干管网快速发展，综合交通网总里程达到540万公里左右。

综合衔接一体高效。各种运输方式衔接更加紧密，重要城市群核心城市间、核心城市与周边节点城市间实现1～2小时通达。打造一批现代化、立体式综合客运枢纽，旅客换乘更加便捷。交通物流枢纽集疏运系统更加完善，货物换装转运效率显著提高，交邮协同发展水平进一步提升。

运输服务提质升级。全国铁路客运动车服务比重进一步提升，民航航班正常率逐步提高，公路交通保障能力显著增强，公路货运车型标准化水平大幅提高、货车空驶率大幅下降，集装箱铁水联运比重明显提升，全社会运输效率明显提高。公共服务水平显著提升，实现村村直接通邮、具备条件的建制村通客车，城市公共交通出行比例不断提高。

智能技术广泛应用。交通基础设施、运载装备、经营业户和从业人员等基本要素信息全面实现数字化，各种交通方式信息交换取得突破。全国交通枢纽站点无线接入网络广泛覆盖。铁路信息化水平大幅提升，货运业务实现网上办理，客运网上售票比例明显提高。基本实现重点城市群内交通一卡通互通，车辆安装使用ETC比例大幅提升。交通运输行业北斗卫星导航系统前装率和使用率显著提高。

绿色安全水平提升。城市公共交通、出租车和城市配送领域新能源汽车快速发展。资源节约集约利用和节能减排成效显著，交通运输主要污染物排放强度持续下降。交通运输安全监管和应急保障能力显著提高，重特大事故得到有效遏制，安全水平明显提升。

二、完善基础设施网络化布局

（一）建设多向连通的综合运输通道

构建横贯东西、纵贯南北、内畅外通的“十纵十横”综合运输大通道，加快实施重点通道连通工程和延伸工程，强化中西部和东北地区通道建设。贯通上海至瑞丽等运输通道，向东向西延伸西北北部等运输通道，将沿江运输通道由成都西延至日喀则。推进北京至昆明、北京至港澳台、烟台至重庆、二连浩特至湛江、额济纳至广州等纵向新通道建设，沟通华北、西北至西南、华南等地区；推进福州至银川、厦门至喀什、汕头至昆明、绥芬河至满洲里等横向新通道建设，沟通西北、西南至华东地区，强化进出疆、出入藏通道建设。做好国内综合运输通道对外衔接。规划建设环绕我国陆域的沿边通道。

综合运输通道布局

（一）纵向综合运输通道

1. 沿海运输通道。起自同江，经哈尔滨、长春、沈阳、大连、秦皇岛、天津、烟台、青岛、连云港、南通、上海、宁波、福州、厦门、汕头、广州、湛江、海口，至防城港，至三亚。

2. 北京至上海运输通道。起自北京，经天津、济南、蚌埠、南京，至上海，至杭州。

3. 北京至港澳台运输通道。起自北京，经衡水、菏泽、商丘、九江、南昌、赣州、深圳，至香港（澳门）；支线经合肥、黄山、福州，至台北。

4. 黑河至港澳运输通道。起自黑河，经齐齐哈尔、通辽、沈阳、北京、石家庄、郑州、武汉、长沙、广州，至香港（澳门）。

5. 二连浩特至湛江运输通道。起自二连浩特，经集宁、大同、太原、洛阳、襄阳、宜昌、怀化，至湛江。

6. 包头至防城港运输通道。起自包头（满都拉），经延安、西安、重庆、贵阳、南宁，至防城港。

7. 临河至磨憨运输通道。起自临河（甘其毛都），经银川、平凉、宝鸡、重庆、昆明，至磨憨，至河口。

8. 北京至昆明运输通道。起自北京，经太原、西安、成都（重庆），至昆明。

9. 额济纳至广州运输通道。起自额济纳（策克），经酒泉（嘉峪关）、西宁（兰州）、成都、泸州（宜宾）、贵阳、桂林，至广州。

10. 烟台至重庆运输通道。起自烟台，经潍坊、济南、郑州、南阳、襄阳，至重庆。

（二）横向综合运输通道

1. 绥芬河至满洲里运输通道。起自绥芬河，经牡丹江、哈尔滨、齐齐哈尔，至满洲里。

2. 珲春至二连浩特运输通道。起自珲春，经长春、通辽、锡林浩特，至二连浩特。

3. 西北北部运输通道。起自天津（唐山、秦皇岛），经北京、呼和浩特、临河、哈密、吐鲁番、库尔勒、喀什，至吐尔尕特，至伊尔克什坦，至红其拉甫；西端支线自哈密，经将军庙，至阿勒泰（吉木乃）。

4. 青岛至拉萨运输通道。起自青岛，经济南、德州、石家庄、太原、银川、兰州、西宁、格尔木，至拉萨。

5. 陆桥运输通道。起自连云港，经徐州、郑州、西安、兰州、乌鲁木齐、精河，至阿拉山口，至霍尔果斯。

6. 沿江运输通道。起自上海，经南京、芜湖、九江、武汉、岳阳、重庆、成都、林芝、拉萨、日喀则，至亚东，至樟木。

7. 上海至瑞丽运输通道。起自上海（宁波），经杭州、南昌、长沙、贵阳、昆明，至瑞丽。

8. 汕头至昆明运输通道。起自汕头，经广州、梧州、南宁、百色，至昆明。

9. 福州至银川运输通道。起自福州，经南昌、九江、武汉、襄阳、西安、庆阳，至银川。

10. 厦门至喀什运输通道。起自厦门，经赣州、长沙、重庆、成都、格尔木、若羌，至喀什。

（二）构建高品质的快速交通网

以高速铁路、高速公路、民用航空等为主体，构建服务品质高、运行速度快的综合交通骨干网络。

推进高速铁路建设。加快高速铁路网建设，贯通京哈—京港澳、陆桥、沪昆、广昆等高速铁路通道，建设京港（台）、呼南、京昆、包（银）海、青银、兰（西）广、京兰、厦渝等高速铁路通道。拓展区域连接线，扩大高速铁路覆盖范围。

完善高速公路网络。加快推进由7条首都放射线、11条北南纵线、18条东西横线，以及地区环线、并行线、联络线等组成的国家高速公路网建设，尽快打通国家高速公路主线待贯通路段，推进建设年代较早、交通繁忙的国家高速公路扩容改造和分流路线建设。有序发展地方高速公路。加强高速公路与口岸的衔接。

完善运输机场功能布局。打造国际枢纽机场，建设京津冀、长三角、珠三角世界级机场群，加快建设哈尔滨、深圳、昆明、成都、重庆、西安、乌鲁木齐等国际航空枢纽，增强区域枢纽机场功能，实施部分繁忙干线机场新建、迁建和扩能改造工程。科学安排支线机场新建和改扩建，增加中西部地区机场数量，扩大航空运输服务覆盖面。推进以货运功能为主的机场建设。优化完善航线网络，推进国内国际、客运货运、干线支线、运输通用协调发展。加快空管基础设施建设，优化空域资源配置，推进军民航空管融合发展，提高空管服务保障水平。

快速交通网重点工程

（一）高速铁路

建成北京至沈阳、北京至张家口至呼和浩特、大同至张家口、哈尔滨至牡丹江、石家庄至济南、济南至青岛、徐州至连云港、宝鸡至兰州、西安至成都、成都至贵阳、商丘至合肥至杭州、武汉至十堰、南昌至赣州等高速铁路。

建设银川至西安、贵阳至南宁、重庆至昆明、北京至商丘、济南至郑州、福州至厦门、西宁至成都、成都至自贡、兰州至中卫、黄冈至黄梅、十堰至西安、西安至延安、银川至包头、盐城至南通、杭州至绍兴至台州、襄阳至宜昌、赣州至深圳、长沙至赣州、南昌至景德镇至黄山、池州至黄山、安庆至九江、上海至湖州、杭州至温州、广州至汕尾、沈阳至敦化、牡丹江至佳木斯、郑州至万州、张家界至怀化、合肥至新沂等高速铁路。

（二）高速公路

实施京新高速（G7）、呼北高速（G59）、银百高速（G69）、银昆高速（G85）、汕昆高速（G78）、首都地区环线（G95）等6条区际省际通道贯通工程；推进京哈高速（G1）、京沪高速（G2）、京台高速（G3）、京港澳高速（G4）、沈海高速（G15）、沪蓉高速（G42）、连霍高速（G30）、兰海高速（G75）等8条主通道扩容工程。推进深圳至中山跨江通道建设，新建精河至阿拉山口、二连浩特至赛汗塔拉、靖西至龙邦等连接口岸的高速公路。

（三）民用航空

建成北京新机场、成都新机场以及承德、霍林郭勒、松原、白城、建三江、五大连池、上饶、信阳、武冈、岳阳、巫山、巴中、仁怀、澜沧、陇南、祁连、莎车、若羌、图木舒克、绥芬河、芜湖/宣城、瑞金、商丘、荆州、鄂州/黄冈、郴州、湘西、玉林、武隆、甘孜、黔北、红河等机场。

建设青岛、厦门、呼和浩特新机场，邢台、正蓝旗、丽水、安阳、乐山、元阳等机场。建设郑州等以货运功能为主的机场。研究建设大连新机场、聊城等机场。开展广州、三亚、拉萨新机场前期研究。

扩建上海浦东、广州、深圳、昆明、重庆、西安、乌鲁木齐、哈尔滨、长沙、武汉、郑州、海口、沈阳、贵阳、南宁、福州、兰州、西宁等机场。

推进京沪、京广、中韩、沪哈、沪昆、沪广、沪兰、胶昆等单向循环空中大通道建设，基本形成以单向运行为主的民航干线航路网格局。

（三）强化高效率的普通干线网

以普速铁路、普通国道、港口、航道、油气管道等为主体，构建运行效率高、服务能力强的综合交通普通干线网络。

完善普速铁路网。加快中西部干线铁路建设，完善东部干线铁路网络，加快推进东北地区铁路提速改造，增强区际铁路运输能力，扩大路网覆盖面。实施既有铁路复线和电气化改造，提升路网质量。拓展对外通道，推进边境铁路建设，加强铁路与口岸的连通，加快实现与境外通道的有效衔接。

推进普通国道提质改造。加快普通国道提质改造，基本消除无铺装路面，全面提升保障能力和服务水平，重点加强西部地区、集中连片特困地区、老少边穷地区低等级普通国道升级改造和未贯通路段建设。推进口岸公路建设。加强普通国道日常养护，科学实施养护工程，强化大中修养护管理。推进普通国道服务区建设，提高服务水平。

完善水路运输网络。优化港口布局，推动资源整合，促进结构调整。强化航运中心功能，稳步推进集装箱码头项目，合理把握煤炭、矿石、原油码头建设节奏，有序推进液化天然气、商品汽车等码头建设。提升沿海和内河水运设施专业化水平，加快内河高等级航道建设，统筹航道整治与河道治理，增强长江干线航运能力，推进西江航运干线和京杭运河高等级航道扩能升级改造。

强化油气管网互联互通。巩固和完善西北、东北、西南和海上四大油气进口通道。新建和改扩建一批原油管道，对接西北、东北、西南原油进口管道和海上原油码头。结合油源供应、炼化基地布局，完善成品油管网，逐步提高成品油管输比例。大力推动天然气主干管网、区域管网和互联互通管网建设，加快石油、成品油储备项目和天然气调峰设施建设。

普通干线网重点工程

（一）普速铁路

建成蒙西至华中、库尔勒至格尔木、成昆扩能等工程。建设川藏铁路、和田至若羌、黑河至乌伊岭、酒泉至额济纳、沪通铁路太仓至四团、兴国至永安至泉州、建宁至冠豸山、瑞金至梅州、宁波至金华等铁路，实施渝怀、集通、焦柳、中卫至固原等铁路改造工程。

（二）普通国道

实现G219、G331等沿边国道三级及以上公路基本贯通，G228等沿海国道二级及以上公路基本贯通。建设G316、G318、G346、G347等4条长江经济带重要线路，实施G105、G107、G206、G310等4条国道城市群地区拥堵路段扩能改造，提升G211、G213、G215、G216、G335、G345、G356等7条线路技术等级。推进G219线昭苏至都拉塔口岸、G306线乌里雅斯太至珠恩嘎达布其口岸、G314线布伦口至红其拉甫口岸等公路升级改造。

（三）沿海港口

稳步推进天津、青岛、上海、宁波-舟山、厦门、深圳、广州等港口集装箱码头建设。推进唐山、黄骅等北方港口煤炭装船码头以及南方公用煤炭接卸中转码头建设。实施黄骅、日照、宁波-舟山等港口铁矿石码头项目。推进唐山、日照、宁波-舟山、揭阳、洋浦等港口原油码头建设。有序推进商品汽车、液化天然气等专业化码头建设。

（四）内河高等级航道

推进长江干线航道系统治理，改善上游航道条件，提升中下游航道水深，加快南京以下12.5米深水航道建设，研究实施武汉至安庆航道整治工程、长江口深水航道减淤治理工程。继续推进西江航运干线扩能，推进贵港以下一级航道建设。加快京杭运河山东段、江苏段、浙江段航道扩能改造以及长三角高等级航道整治工程。加快合裕线、淮河、沙颍河、赣江、信江、汉江、沅水、湘江、嘉陵江、乌江、岷江、右江、北盘江—红水河、柳江—黔江、黑龙江、松花江、闽江等高等级航道建设。

（五）油气管网

建设中俄原油管道二线、仪长复线、连云港—仪征、日照—洛阳、日照—沾化、董家口—东营原油管道。新建樟树—株洲、湛江—北海、洛阳—临汾、三门峡—西安、永坪—晋中、鄂渝沿江等成品油管道，改扩建青藏成品油管道，适时建设蒙西、蒙东煤制油外输管道。建设中亚D线、中俄东线、西气东输三线（中段）、西气东输四线、西气东输五线、陕京四线、川气东送二线、新疆煤制气外输、鄂尔多斯—安平—沧州、青岛—南京、重庆—贵州—广西、青藏、闽粤、海口—徐闻等天然气管道，加快建设区域管网，适时建设储气库和煤层气、页岩气、煤制气外输管道。

（四）拓展广覆盖的基础服务网

以普通省道、农村公路、支线铁路、支线航道等为主体，通用航空为补充，构建覆盖空间大、通达程度深、惠及面广的综合交通基础服务网络。

合理引导普通省道发展。积极推进普通省道提级、城镇过境段改造和城市群城际路段等扩容工程，加强与城市干道衔接，提高拥挤路段通行能力。强化普通省道与口岸、支线机场以及重要资源地、农牧林区和兵团团场等有效衔接。

全面加快农村公路建设。除少数不具备条件的乡镇、建制村外，全面完成通硬化路任务，有序推进较大人口规模的撤并建制村和自然村通硬化路建设，加强县乡村公路改造，进一步完善农村公路网络。加强农村公路养护，完善安全防护设施，保障农村地区基本出行条件。积极支持国有林场林区道路建设，将国有林场林区道路按属性纳入各级政府相关公路网规划。

积极推进支线铁路建设。推进地方开发性铁路、支线铁路和沿边铁路建设。强化与矿区、产业园区、物流园区、口岸等有效衔接，增强对干线铁路网的支撑作用。

加强内河支线航道建设。推进澜沧江等国际国境河流航道建设。加强长江、西江、京杭运河、淮河重要支流航道建设。推进金沙江、黄河中上游等中西部地区库湖区航运设施建设。

加快推进通用机场建设。以偏远地区、地面交通不便地区、自然灾害多发地区、农产品主产区、主要林区和旅游景区等为重点，推进200个以上通用机场建设，鼓励有条件的运输机场兼顾通用航空服务。

完善港口集疏运网络。加强沿海、长江干线主要港口集疏运铁路、公路建设。

基础服务网重点工程

（一）农村公路

除少数不具备条件的乡镇、建制村外，全部实现通硬化路，新增3.3万个建制村通硬化路。改造约25万公里窄路基或窄路面路段。对约65万公里存在安全隐患的路段增设安全防护设施，改造约3.6万座农村公路危桥。有序推进较大人口规模的撤并建制村通硬化路13.5万公里。

（二）港口集疏运体系建设

优先推进上海、大连、天津、宁波-舟山、厦门、南京、武汉、重庆等港口的铁路、公路连接线建设。加快推进营口、青岛、连云港、福州等其他主要港口的集疏运铁路、公路建设。支持唐山、黄骅、湄洲湾等地区性重要港口及其他港口的集疏运铁路、公路建设。新开工一批港口集疏运铁路，建设集疏运公路1500公里以上。

三、强化战略支撑作用

（一）打造“一带一路”互联互通开放通道

着力打造丝绸之路经济带国际运输走廊。以新疆为核心区，以乌鲁木齐、喀什为支点，发挥陕西、甘肃、宁夏、青海的区位优势，连接陆桥和西北北部运输通道，逐步构建经中亚、西亚分别至欧洲、北非的西北国际运输走廊。发挥广西、云南开发开放优势，建设云南面向南亚、东南亚辐射中心，构建广西面向东盟国际大通道，以昆明、南宁为支点，连接上海至瑞丽、临河至磨憨、济南至昆明等运输通道，推进西藏与尼泊尔等国交通合作，逐步构建衔接东南亚、南亚的西南国际运输走廊。发挥内蒙古联通蒙俄的区位优势，加强黑龙江、吉林、辽宁与俄远东地区陆海联运合作，连接绥芬河至满洲里、珲春至二连浩特、黑河至港澳、沿海等运输通道，构建至俄罗斯远东、蒙古、朝鲜半岛的东北国际运输走廊。积极推进与周边国家和地区铁路、公路、水运、管道连通项目建设，发挥民航网络灵活性优势，率先实现与周边国家和地区互联互通。

加快推进21世纪海上丝绸之路国际通道建设。以福建为核心区，利用沿海地区开放程度高、经济实力强、辐射带动作用大的优势，提升沿海港口服务能力，加强港口与综合运输大通道衔接，拓展航空国际支撑功能，完善海外战略支点布局，构建连通内陆、辐射全球的21世纪海上丝绸之路国际运输通道。

加强“一带一路”通道与港澳台地区的交通衔接。强化内地与港澳台的交通联系，开展全方位的交通合作，提升互联互通水平。支持港澳积极参与和助力“一带一路”建设，并为台湾地区参与“一带一路”建设做出妥善安排。

（二）构建区域协调发展交通新格局

强化区域发展总体战略交通支撑。按照区域发展总体战略要求，西部地区着力补足交通短板，强化内外联通通道建设，改善落后偏远地区通行条件；东北地区提高进出关通道运输能力，提升综合交通网质量；中部地区提高贯通南北、连接东西的通道能力，提升综合交通枢纽功能；东部地区着力优化运输结构，率先建成现代综合交通运输体系。

构建京津冀协同发展的一体化网络。建设以首都为核心的世界级城市群交通体系，形成以“四纵四横一环”运输通道为主骨架、多节点、网格状的区域交通新格局。重点加强城际铁路建设，强化干线铁路与城际铁路、城市轨道交通的高效衔接，加快构建内外疏密有别、高效便捷的轨道交通网络，打造“轨道上的京津冀”。加快推进国家高速公路待贯通路段建设，提升普通国省干线技术等级，强化省际衔接路段建设。加快推进天津北方国际航运核心区建设，加强港口规划与建设的协调，构建现代化的津冀港口群。加快构建以枢纽机场为龙头、分工合作、优势互补、协调发展的世界级航空机场群。完善区域油气储运基础设施。

建设长江经济带高质量综合立体交通走廊。坚持生态优先、绿色发展，提升长江黄金水道功能。统筹推进干线航道系统化治理和支线航道建设，研究建设三峡枢纽水运新通道。优化长江岸线利用与港口布局，积极推进专业化、规模化、现代化港区建设，强化集疏运配套，促进区域港口一体化发展。发展现代航运服务，建设武汉、重庆长江中上游航运中心及南京区域性航运物流中心和舟山江海联运服务中心，实施长江船型标准化。加快铁路建设步伐，建设沿江高速铁路。统筹推进高速公路建设，加快高等级公路建设。完善航空枢纽布局与功能，拓展航空运输网络。建设沿江油气主干管道，推动管网互联互通。

（三）发挥交通扶贫脱贫攻坚基础支撑作用

强化贫困地区骨干通道建设。以革命老区、民族地区、边疆地区、集中连片特殊困难地区为重点，加强贫困地区对外运输通道建设。加强贫困地区市（地、州、盟）之间、县（市、区、旗）与市（地、州、盟）之间高等级公路建设，实施具有对外连接功能的重要干线公路提质升级工程。加快资源丰富和人口相对密集贫困地区开发性铁路建设。在具备水资源开发条件的农村地区，统筹内河航电枢纽建设和航运发展。

夯实贫困地区交通基础。实施交通扶贫脱贫“双百”工程，加快推动既有县乡公路提级改造，增强县乡城镇中心的辐射带动能力。加快通乡连村公路建设，鼓励有需求的相邻县、相邻乡镇、相邻建制村之间建设公路。改善特色小镇、农村旅游景点景区、产业园区和特色农业基地等交通运输条件。

（四）发展引领新型城镇化的城际城市交通

推进城际交通发展。加快建设京津冀、长三角、珠三角三大城市群城际铁路网，推进山东半岛、海峡西岸、中原、长江中游、成渝、关中平原、北部湾、哈长、辽中南、山西中部、呼包鄂榆、黔中、滇中、兰州—西宁、宁夏沿黄、天山北坡等城市群城际铁路建设，形成以轨道交通、高速公路为骨干，普通公路为基础，水路为补充，民航有效衔接的多层次、便捷化城际交通网络。

加强城市交通建设。完善优化超大、特大城市轨道交通网络，推进城区常住人口300万以上的城市轨道交通成网。加快建设大城市市域（郊）铁路，有效衔接大中小城市、新城新区和城镇。优化城市内外交通，完善城市交通路网结构，提高路网密度，形成城市快速路、主次干路和支路相互配合的道路网络，打通微循环。推进城市慢行交通设施和公共停车场建设。

四、加快运输服务一体化进程

（一）优化综合交通枢纽布局

完善综合交通枢纽空间布局。结合全国城镇体系布局，着力打造北京、上海、广州等国际性综合交通枢纽，加快建设全国性综合交通枢纽，积极建设区域性综合交通枢纽，优化完善综合交通枢纽布局，完善集疏运条件，提升枢纽一体化服务功能。

综合交通枢纽布局

（一）国际性综合交通枢纽

重点打造北京—天津、上海、广州—深圳、成都—重庆国际性综合交通枢纽，建设昆明、乌鲁木齐、哈尔滨、西安、郑州、武汉、大连、厦门等国际性综合交通枢纽，强化国际人员往来、物流集散、中转服务等综合服务功能，打造通达全球、衔接高效、功能完善的交通中枢。

（二）全国性综合交通枢纽

全面提升长春、沈阳、石家庄、青岛、济南、南京、合肥、杭州、宁波、福州、海口、太原、长沙、南昌—九江、贵阳、南宁、兰州、呼和浩特、银川、西宁、拉萨、秦皇岛—唐山、连云港、徐州、湛江、大同等综合交通枢纽功能，提升部分重要枢纽的国际服务功能。推进烟台、潍坊、齐齐哈尔、吉林、营口、邯郸、包头、通辽、榆林、宝鸡、泉州、喀什、库尔勒、赣州、上饶、蚌埠、芜湖、洛阳、商丘、无锡、温州、金华—义乌、宜昌、襄阳、岳阳、怀化、泸州—宜宾、攀枝花、酒泉—嘉峪关、格尔木、大理、曲靖、遵义、桂林、柳州、汕头、三亚等综合交通枢纽建设，优化中转设施和集疏运网络，促进各种运输方式协调高效，扩大辐射范围。

（三）区域性综合交通枢纽及口岸枢纽

推进一批区域性综合交通枢纽建设，提升对周边的辐射带动能力，加强对综合运输大通道和全国性综合交通枢纽的支撑。

推进丹东、珲春、绥芬河、黑河、满洲里、二连浩特、甘其毛都、策克、巴克图、吉木乃、阿拉山口、霍尔果斯、吐尔尕特、红其拉甫、樟木、亚东、瑞丽、磨憨、河口、龙邦、凭祥、东兴等沿边重要口岸枢纽建设。

提升综合客运枢纽站场一体化服务水平。按照零距离换乘要求，在全国重点打造150个开放式、立体化综合客运枢纽。科学规划设计城市综合客运枢纽，推进多种运输方式统一设计、同步建设、协同管理，推动中转换乘信息互联共享和交通导向标识连续、一致、明晰，积极引导立体换乘、同台换乘。

促进货运枢纽站场集约化发展。按照无缝衔接要求，优化货运枢纽布局，推进多式联运型和干支衔接型货运枢纽（物流园区）建设，加快推进一批铁路物流基地、港口物流枢纽、航空转运中心、快递物流园区等规划建设和设施改造，提升口岸枢纽货运服务功能，鼓励发展内陆港。

促进枢纽站场之间有效衔接。强化城市内外交通衔接，推进城市主要站场枢纽之间直接连接，有序推进重要港区、物流园区等直通铁路，实施重要客运枢纽的轨道交通引入工程，基本实现利用城市轨道交通等骨干公交方式连接大中型高铁车站以及年吞吐量超过1000万人次的机场。

（二）提升客运服务安全便捷水平

推进旅客联程运输发展。促进不同运输方式运力、班次和信息对接，鼓励开展空铁、公铁等联程运输服务。推广普及电子客票、联网售票，健全身份查验制度，加快完善旅客联程、往返、异地等出行票务服务系统，完善铁路客运线上服务功能。推行跨运输方式异地候机候车、行李联程托运等配套服务。鼓励第三方服务平台发展“一票制”客运服务。

完善区际城际客运服务。优化航班运行链条，着力提升航班正常率，提高航空服务能力和品质。拓展铁路服务网络，扩大高铁服务范围，提升动车服务品质，改善普通旅客列车服务水平。发展大站快车、站站停等多样化城际铁路服务，提升中心城区与郊区之间的通勤化客运水平。按照定线、定时、定点要求，推进城际客运班车公交化运行。探索创新长途客运班线运输服务模式。

发展多层次城市客运服务。大力发展公共交通，推进公交都市建设，进一步提高公交出行分担率。强化城际铁路、城市轨道交通、地面公交等运输服务有机衔接，支持发展个性化、定制化运输服务，因地制宜建设多样化城市客运服务体系。

推进城乡客运服务一体化。推动城市公共交通线路向城市周边延伸，推进有条件的地区实施农村客运班线公交化改造。鼓励发展镇村公交，推广农村客运片区经营模式，实现具备条件的建制村全部通客车，提高运营安全水平。

（三）促进货运服务集约高效发展

推进货物多式联运发展。以提高货物运输集装化和运载单元标准化为重点，积极发展大宗货物和特种货物多式联运。完善铁路货运线上服务功能，推动公路甩挂运输联网。制定完善统一的多式联运规则和多式联运经营人管理制度，探索实施“一单制”联运服务模式，引导企业加强信息互联和联盟合作。

统筹城乡配送协调发展。加快建设城市货运配送体系，在城市周边布局建设公共货运场站，完善城市主要商业区、社区等末端配送节点设施，推动城市中心铁路货场转型升级为城市配送中心，优化车辆便利化通行管控措施。加快完善县、乡、村三级物流服务网络，统筹交通、邮政、商务、供销等农村物流资源，推广“多站合一”的物流节点建设，积极推广农村“货运班线”等服务模式。

促进邮政快递业健康发展。以邮区中心局为核心、邮政网点为支撑、村邮站为延伸，加快完善邮政普遍服务网络。推动重要枢纽的邮政和快递功能区建设，实施快递“上车、上船、上飞机”工程，鼓励利用铁路快捷运力运送快件。推进快递“向下、向西、向外”工程，推动快递网络下沉至乡村，扩大服务网络覆盖范围，基本实现乡乡设网点、村村通快递。

推进专业物流发展。加强大件运输管理，健全跨区域、跨部门联合审批机制，推进网上审批、综合协调和互联互认。加快发展冷链运输，完善全程温控相关技术标准和服务规范。加强危险货物全程监管，健全覆盖多种运输方式的法律体系和标准规范，创新跨区域联网联控技术手段和协调机制。

（四）增强国际化运输服务能力

完善国际运输服务网络。完善跨境运输走廊，增加便利货物和人员运输协定过境站点和运输线路。有效整合中欧班列资源，统一品牌，构建“点对点”整列直达、枢纽节点零散中转的高效运输组织体系。加强港航国际联动，鼓励企业建设海外物流中心，推进国际陆海联运、国际甩挂运输等发展。拓展国际航空运输市场，建立海外运营基地和企业，提升境外落地服务水平。完善国际邮件处理中心布局，支持建设一批国际快件转运中心和海外仓，推进快递业跨境发展。

提高国际运输便利化水平。进一步完善双多边运输国际合作机制，加快形成“一站式”口岸通关模式。推动国际运输管理与服务信息系统建设，促进陆路口岸信息资源交互共享。依托区域性国际网络平台，加强与“一带一路”沿线国家和地区在技术标准、数据交换、信息安全等方面的交流合作。积极参与国际和区域运输规则制修订，全面提升话语权与影响力。

鼓励交通运输走出去。推动企业全方位开展对外合作，通过投资、租赁、技术合作等方式参与海外交通基础设施的规划、设计、建设和运营。积极开展轨道交通一揽子合作，提升高铁、城市轨道交通等重大装备综合竞争力，加快自主品牌汽车走向国际，推动各类型国产航空装备出口，开拓港口机械、液化天然气船等船舶和海洋工程装备国际市场。

（五）发展先进适用的技术装备

推进先进技术装备自主化。提升高铁、大功率电力机车、重载货车、中低速磁悬浮轨道交通等装备技术水平，着力研制和应用中国标准动车组谱系产品，研发市域（郊）铁路列车，创新发展下一代高速列车，加快城市轨道交通装备关键技术产业化。积极发展公路专用运输车辆、大型厢式货车和城市配送车辆，鼓励发展大中型高档客车，大力发展安全、实用、经济型乡村客车。发展多式联运成套技术装备，提高集装箱、特种运输等货运装备使用比重。继续发展大型专业化运输船舶。实施适航攻关工程，积极发展国产大飞机和通用航空器。

促进技术装备标准化发展。加快推进铁路多式联运专用装备和机具技术标准体系建设。积极推动载货汽车标准化，加强车辆公告、生产、检测、注册登记、营运使用等环节的标准衔接。加快推进内河运输船舶标准化，大力发展江海直达船舶。推广应用集装化和单元化装载技术。建立共享服务平台标准化网络接口和单证自动转换标准格式。

提升综合运输服务行动计划

（一）旅客联程运输专项行动

建设公众出行公共信息服务平台，为旅客提供一站式综合信息服务。推进跨运输方式的客运联程系统建设，实现不同运输方式间有效衔接。鼓励企业完善票务服务系统，提高联程、往返和异地票务服务便捷性。

（二）多式联运专项行动

加快完善货运枢纽多式联运服务功能，支持运载单元、快速转运设备、运输工具、停靠与卸货站点的标准化建设改造，加快多式联运信息资源共享，鼓励组织模式、管理模式和重大技术创新，培育一批具有跨运输方式货运组织能力并承担全程责任的多式联运经营企业。

（三）货车标准化专项行动

按照“政策引导消化存量、强化标准严把增量”的原则，引导发展符合国家标准要求、技术性能先进的车辆运输车、液体危险货物罐车、模块化汽车列车等货运车辆，强化对非法改装、超限超载货运车辆的治理，推动建立门类齐备、技术合理的货运车型标准体系，推进标准化货运车型广泛应用。

（四）城乡交通一体化专项行动

选取100个左右县级行政区组织开展城乡交通一体化推进行动，完善农村客货运服务网络，支持农村客货运场站网络建设和改造，鼓励创新农村客运和物流配送组织模式，推广应用农村客运标准化车型，推进城乡客运、城乡配送协调发展。

（五）公交都市建设专项行动

在地市级及以上城市全面推进公交都市建设，新能源公交车比例不低于35%，城区常住人口300万以上城市基本建成公交专用道网络，整合城市公交运输资源，发展新型服务模式，全面提升城市公共交通服务效率和品质。

五、提升交通发展智能化水平

（一）促进交通产业智能化变革

实施“互联网+”便捷交通、高效物流行动计划。将信息化智能化发展贯穿于交通建设、运行、服务、监管等全链条各环节，推动云计算、大数据、物联网、移动互联网、智能控制等技术与交通运输深度融合，实现基础设施和载运工具数字化、网络化，运营运行智能化。利用信息平台集聚要素，驱动生产组织和管理方式转变，全面提升运输效率和服务品质。

培育壮大智能交通产业。以创新驱动发展为导向，针对发展短板，着眼市场需求，大力推动智能交通等新兴前沿领域创新和产业化。鼓励交通运输科技创新和新技术应用，加快建立技术、市场和资本共同推动的智能交通产业发展模式。

（二）推动智能化运输服务升级

推行信息服务“畅行中国”。推进交通空间移动互联网化，建设形成旅客出行与公务商务、购物消费、休闲娱乐相互渗透的“交通移动空间”。支持互联网企业与交通运输企业、行业协会等整合完善各类交通信息平台，提供综合出行信息服务。完善危险路段与事故区域的实时状态感知和信息告警推送服务。推进交通一卡通跨区（市）域、跨运输方式互通。

发展“一站式”“一单制”运输组织。推动运营管理系统信息化改造，推进智能协同调度。研究铁路客票系统开放接入条件，与其他运输方式形成面向全国的“一站式”票务系统，加快移动支付在交通运输领域应用。推动使用货运电子运单，建立包含基本信息的电子标签，形成唯一赋码与电子身份，推动全流程互认和可追溯，加快发展多式联运“一单制”。

（三）优化交通运行和管理控制

建立高效运转的管理控制系统。建设综合交通运输运行协调与应急调度指挥中心，推进部门间、运输方式间的交通管理联网联控在线协同和应急联动。全面提升铁路全路网列车调度指挥和运输管理智能化水平。开展新一代国家交通控制网、智慧公路建设试点，推动路网管理、车路协同和出行信息服务的智能化。建设智慧港航和智慧海事，提高港口管理水平和服务效率，提升内河高等级航道运行状态在线监测能力。发展新一代空管系统，加强航空公司运行控制体系建设。推广应用城市轨道交通自主化全自动运行系统、基于无线通信的列车控制系统等，促进不同线路和设备之间相互联通。优化城市交通需求管理，提升城市交通智能化管理水平。

提升装备和载运工具智能化自动化水平。拓展铁路计算机联锁、编组站系统自动化应用，推进全自动集装箱码头系统建设，有序发展无人机自动物流配送。示范推广车路协同技术，推广应用智能车载设备，推进全自动驾驶车辆研发，研究使用汽车电子标识。建设智能路侧设施，提供网络接入、行驶引导和安全告警等服务。

（四）健全智能决策支持与监管

完善交通决策支持系统。增强交通规划、投资、建设、价格等领域信息化综合支撑能力，建设综合交通运输统计信息资源共享平台。充分利用政府和企业的数据信息资源，挖掘分析人口迁徙、公众出行、枢纽客货流、车辆船舶行驶等特征和规律，加强对交通发展的决策支撑。

提高交通行政管理信息化水平。推动在线行政许可"一站式"服务，推进交通运输许可证件（书）数字化，促进跨区域、跨部门行政许可信息和服务监督信息互通共享。加强全国治超联网管理信息系统建设，加快推动交通运输行政执法电子化，推进非现场执法系统试点建设，实现异地交换共享和联防联控。加强交通运输信用信息、安全生产等信息系统与国家相关平台的对接。

（五）加强交通发展智能化建设

打造泛在的交通运输物联网。推动运行监测设备与交通基础设施同步建设。强化全面覆盖交通网络基础设施风险状况、运行状态、移动装置走行情况、运行组织调度信息的数据采集系统，形成动态感知、全面覆盖、泛在互联的交通运输运行监控体系。

构建新一代交通信息基础网络。加快车联网、船联网等建设。在民航、高铁等载运工具及重要交通线路、客运枢纽站点提供高速无线接入互联网公共服务。建设铁路下一代移动通信系统，布局基于下一代互联网和专用短程通信的道路无线通信网。研究规划分配智能交通专用频谱。

推进云计算与大数据应用。增强国家交通运输物流公共信息平台服务功能。强化交通运输信息采集、挖掘和应用，促进交通各领域数据资源综合开发利用和跨部门共享共用。推动交通旅游服务等大数据应用示范。鼓励开展交通大数据产业化应用，推进交通运输电子政务云平台建设。

保障交通网络信息安全。构建行业网络安全信任体系，基本实现重要信息系统和关键基础设施的安全可控，提升抗毁性和容灾恢复能力。加强大数据环境下防攻击、防泄露、防窃取的网络安全监测预警和应急处置能力建设。加强交通运输数据保护，防止侵犯个人隐私和滥用用户信息等行为。

交通运输智能化发展重点工程

（一）高速铁路、民用航空器接入互联网工程

选取示范高速铁路线路，提供基于车厢内公众移动通信和无线网的高速宽带互联网接入服务。选取示范国内民用航空器，提供空中接入互联网服务。

（二）交通运输数据资源共享开放工程

建设综合交通运输大数据中心，形成数据开放共享平台。增强国家交通运输物流公共信息平台服务功能，着力推动跨运输方式、跨部门、跨区域、跨国界交通物流信息开放与共享。

（三）综合交通枢纽协同运行与服务示范工程

在京津冀、长江经济带开展综合交通枢纽协同运行与服务示范，建设信息共享与服务平台、应急联动和协调指挥调度决策支持平台，实现城市公交与对外交通之间动态组织、灵活调度。

（四）新一代国家交通控制网示范工程

选取公路路段和中心城市，在公交智能控制、营运车辆智能协同、安全辅助驾驶等领域开展示范工程，应用高精度定位、先进传感、移动互联、智能控制等技术，提升交通调度指挥、运输组织、运营管理、安全应急、车路协同等领域

智能化水平。

（五）高速公路电子不停车收费系统（ETC）应用拓展工程

提高全国高速公路ETC车道覆盖率。提高ETC系统安装、缴费等便利性，着重提升在道路客运车辆、出租汽车等各类营运车辆上的使用率。研究推进标准厢式货车不停车收费。提升客服网点和省级联网结算中心服务水平，建设高效结算体系。实现ETC系统在公路沿线、城市公交、出租汽车、停车、道路客运等领域广泛应用。

（六）北斗卫星导航系统推广工程

加快推动北斗系统在通用航空、飞行运行监视、海上应急救援和机载导航等方面的应用。加强全天候、全天时、高精度的定位、导航、授时等服务对车联网、船联网以及自动驾驶等的基础支撑作用。鼓励汽车厂商前装北斗用户端产品，推动北斗模块成为车载导航设备和智能手机的标准配置，拓宽在列车运行控制、港口运营、车辆监管、船舶监管等方面的应用。

六、促进交通运输绿色发展

（一）推动节能低碳发展

优化交通运输结构，鼓励发展铁路、水运和城市公共交通等运输方式，优化发展航空、公路等运输方式。科学划设公交专用道，完善城市步行和自行车等慢行服务系统，积极探索合乘、拼车等共享交通发展。鼓励淘汰老旧高能耗车船，提高运输工具和港站等节能环保技术水平。加快新能源汽车充电设施建设，推进新能源运输工具规模化应用。制定发布交通运输行业重点节能低碳技术和产品推广目录，健全监督考核机制。

（二）强化生态保护和污染防治

将生态环保理念贯穿交通基础设施规划、建设、运营和养护全过程。积极倡导生态选线、环保设计，利用生态工程技术减少交通对自然保护区、风景名胜区、珍稀濒危野生动植物天然集中分布区等生态敏感区域的影响。严格落实生态保护和水土保持措施，鼓励开展生态修复。严格大城市机动车尾气排放限值标准，实施汽车检测与维护制度，探索建立重点区域交通运输温室气体与大气污染物排放协同联控机制。落实重点水域船舶排放控制区管理政策，加强近海以及长江、西江等水域船舶溢油风险防范和污染排放控制。有效防治公路、铁路沿线噪声、振动，减缓大型机场噪声影响。

（三）推进资源集约节约利用

统筹规划布局线路和枢纽设施，集约利用土地、线位、桥位、岸线等资源，采取有效措施减少对耕地和基本农田的占用，提高资源利用效率。在工程建设中，鼓励标准化设计及工厂预制，综合利用废旧路面、疏浚土、钢轨、轮胎和沥青等材料以及无害化处理后的工业废料、建筑垃圾，循环利用交通生产生活污水，鼓励企业加入区域资源再生综合交易系统。

交通运输绿色化发展重点工程

（一）交通节能减排工程

支持高速公路服务区充电桩、加气站，以及长江干线、西江干线、京杭运河沿岸加气站等配套设施规划与建设。推进原油、成品油码头油气回收治理，推进靠港船舶使用岸电。在京津冀、长三角、珠三角三大区域，开展船舶污染物排放治理，到2020年硫氧化物、氮氧化物、颗粒物年排放总量在2015年基础上分别下降65%、20%、30%。

（二）交通装备绿色化工程

加快推天然气等清洁运输装备、装卸设施以及纯电动、混合动力汽车应用，鼓励铁路推广使用交—直—交电力机车，逐步淘汰柴油发电车。加速淘汰一批长江等内河老旧客运、危险品运输船舶。

（三）交通资源节约工程

提高土地和岸线利用效率，提升单位长度码头岸线设计通过能力。积极推广公路服务区和港口水资源综合循环利用。建设一批资源循环利用试点工程。

（四）交通生态环保工程

建设一批港口、装卸站、船舶修造厂和船舶含油污水、生活污水、化学品洗舱水和垃圾等污染物的接收设施，并与城市公共转运处置设施衔接。在枢纽、高速公路服务区建设一批污水治理和循环利用设施。

七、加强安全应急保障体系建设

（一）加强安全生产管理

强化交通运输企业安全管理主体责任，推动企业依法依规设置安全生产管理机构，健全安全生产管理制度，加强安全生产标准化建设和风险管理。实施从业人员安全素质提升工程，加强安全生产培训教育。重点围绕基础设施、装备设施、运输工具、生产作业等方面安全操作与管理，打造全寿命周期品质工程。强化对安全生产法律法规和安全常识的公益宣传引导，广泛传播交通安全价值观与理念。

（二）加快监管体系建设

构建安全生产隐患排查治理和风险分级管控体系，加强重大风险源动态全过程控制，健全交通安全事故调查协调机制。完善集监测、监控和管理于一体的铁路网络智能安全监管平台和信息传输系统。完善国家公路网运行监测体系，实时监测东中部全部路段和西部重点路段的高速公路运行情况，全面实现重点营运车辆联网联控。完善近海和内河水上交通安全监管系统布局，加强远海动态巡航执法能力建设，加强“四类重点船舶”运行监测。提升民航飞机在线定位跟踪能力，建立通用航空联合监管机制，实现全过程、可追溯监管。加快城市公交安全管理体系建设，加强城市轨道交通运营安全监管和物流运行监测。实施邮政寄递渠道安全监管“绿盾”工程，实现货物来源可追溯、运输可追踪、责任可倒查。加快实现危险货物运输全链条协同监管，强化应对危险化学品运输中泄漏的应急处理能力，防范次生突发环境事件。

（三）推进应急体系建设

加强交通运输部门与公安、安全监管、气象、海洋、国土资源、水利等部门的信息共享和协调联动，完善突发事件应急救援指挥系统。完善全国交通运输运行监测与应急指挥系统，加快建设省级和中心城市运行监测与应急指挥系统。加快建设铁路、公路和民航应急救援体系。完善沿海、长江干线救助打捞飞行基地和船舶基地布局，加强我国管辖海域应急搜救能力和航海保障建设。提升深海远洋搜寻和打捞能力，加强海外撤侨等国际应急救援合作。

交通运输安全应急保障重点工程

（一）深海远海监管搜救工程

研究启动星基船舶自动识别系统，配置中远程监管救助载人机和无人机，提升大型监管救助船舶远海搜救适航性能，推动深海远海分布式探测作业装备研发与应用。提升南海、东海等重点海域监管搜救能力。

（二）长江干线交通安全工程

完善长江干线船舶交通管理系统、船舶自动识别系统和视频监控系统，强化长江海事巡航救助一体化船舶、公安巡逻船和消防船舶配置，建设大型起重船及辅助装备、库区深潜器等成套打捞系统。加强长江干线船舶溢油应急设备库建设。

（三）铁路安保工程

加快建设国家铁路应急救援基地，加强高铁运行、监控、防灾预警等安全保障系统建设；加大道口平交改立交及栅栏封闭等安全防护设施建设力度。

（四）公路安全应急工程

继续实施公路安全生命防护工程。持续开展农村公路隐患治理，加强农村公路隧道隐患整治，继续开展农村公路危桥改造。不断完善道路交通应急体系，提高应急保障能力。

（五）航空安全工程

建设民航安保体系，提高民航空防安全保障和反恐怖防范能力。加强适航审定能力建设，建设全国民航安全保卫信息综合应用平台。依托航空运输等企业加快构建民航应急运输和搜救力量。

（六）邮政寄递渠道安全监管“绿盾”工程

建设行政执法、运行监测、安全预警、应急指挥、决策支持、公共服务等六类信息系统，完善国家邮政安全监控中心，建设省级和重点城市邮政安全监控中心。

八、拓展交通运输新领域新业态

（一）积极引导交通运输新消费

促进通用航空与旅游、文娱等相关产业联动发展，扩大通用航空消费群体，强化与互联网、创意经济融合，拓展通用航空新业态。有序推进邮轮码头建设，拓展国际国内邮轮航线，发展近海内河游艇业务，促进邮轮游艇产业发展。大力发展自驾车、房车营地，配套建设生活服务功能区。鼓励企业发展城市定制公交、农村定制班车、网络预约出租汽车、汽车租赁等新型服务，稳妥推进众包服务，鼓励单位、个人停车位等资源错时共享使用。

（二）培育壮大交通运输新动能

以高速铁路通道为依托，以高铁站区综合开发为载体，培育壮大高铁经济，引领支撑沿线城镇、产业、人口等合理布局，密切区域合作，优化资源配置，加速产业梯度转移和经济转型升级。基本建成上海国际航运中心，加快建设天津北方、大连东北亚、厦门东南国际航运中心，提升临港产业发展水平，延伸和拓展产业链。建设北京新机场、郑州航空港等临空经济区，聚集航空物流、快件快递、跨境电商、商务会展、科技创新、综合保障等产业，形成临空经济新兴增长极。

（三）打造交通物流融合新模式

打通衔接一体的全链条交通物流体系，以互联网为纽带，构筑资源共享的交通物流平台，创新发展模式，实现资源高效利用，推动交通与物流一体化、集装化、网络化、社会化、智能化发展。推进“平台+”物流交易、供应链、跨境电商等合作模式，鼓励“互联网+城乡配送”“物联网+供应链管理”等业态模式的创新发展。推进公路港等枢纽新业态发展，积极发展无车承运人等互联网平台型企业，整合公路货运资源，鼓励企业开发"卡车航班"等运输服务产品。

（四）推进交通空间综合开发利用

依据城市总体规划和交通专项规划，鼓励交通基础设施与地上、地下、周边空间综合利用，融合交通与商业、商务、会展、休闲等功能。打造依托综合交通枢纽的城市综合体和产业综合区，推动高铁、地铁等轨道交通站场、停车设施与周边空间的联动开发。重点推进地下空间分层开发，拓展地下纵深空间，统筹城市轨道交通、地下道路等交通设施与城市地下综合管廊的规划布局，研究大城市地下快速路建设。

交通运输新领域建设重点工程

（一）通用航空工程

积极发展通用航空短途运输，鼓励有条件的地区发展公务航空。在适宜地区开展空中游览活动，发展飞行培训，提高飞行驾驶执照持有比例。利用会展、飞行赛事、航空文化交流等活动，支持通用航空俱乐部、通用航空爱好者协会等社团发展。规划建设一批航空飞行营地，完善航空运动配套服务，开展航空体育与体验飞行。

（二）国家公路港网络建设工程

以国际性、全国性综合交通枢纽为重点，建设与铁路货运站、港口、机场等有机衔接的综合型公路港；以区域性综合交通枢纽为重点，建设与主干运输通道快速连通的基地型公路港；以国家高速公路沿线城市为重点，形成一批与综合型和基地型公路港有效衔接、分布广泛的驿站型公路港。

（三）邮轮游艇服务工程

有序推进天津、大连、秦皇岛、青岛、上海、厦门、广州、深圳、北海、三亚、重庆、武汉等邮轮码头建设，在沿海沿江沿湖等地区发展公共旅游和私人游艇业务，完善运动船艇配套服务。

（四）汽车营地建设工程

依托重点生态旅游目的地、精品生态旅游线路和国家旅游风景道，规划建设一批服务自驾车、房车等停靠式和综合型汽车营地，利用环保节能材料和技术配套建设生活服务等功能区。

（五）城市交通空间开发利用工程

重点在国际性、全国性综合交通枢纽，以高速铁路客运站、城际铁路客运站、机场为主体，建设一批集交通、商业、商务、会展、文化、休闲于一体的开放式城市功能区。鼓励建设停车楼、地下停车场、机械式立体停车库等集约化停车设施，并按照一定比例配建充电设施。

（六）步道自行车路网建设工程

规划建设城市步行和自行车交通体系，逐步打造国家步道系统和自行车路网，重点建设一批山地户外营地、徒步骑行服务站。

九、全面深化交通运输改革

（一）深化交通管理体制改革

深入推进简政放权、放管结合、优化服务改革，最大程度取消和下放审批事项，加强规划引导，推动交通项目多评合一、统一评审，简化审批流程，缩短审批时间；研究探索交通运输监管政策和管理方式，加强诚信体系建设，完善信用考核标准，强化考核评价监督。完善"大交通"管理体制，推进交通运输综合行政执法改革，建设正规化、专业化、规范化、标准化的执法队伍。完善收费公路政策，逐步建立高速公路与普通公路统筹发展机制。全面推进空域管理体制改革，扎实推进空域规划、精细化改革试点和“低慢小”飞行管理改革、航线审批改革等重点工作，加快开放低空空域。加快油气管网运营体制改革，推动油气企业管网业务独立，组建国有资本控股、投资主体多元的油气管道公司和全国油气运输调度中心，实现网运分离。

（二）推进交通市场化改革

加快建立统一开放、竞争有序的交通运输市场，营造良好营商环境。加快开放民航、铁路等行业的竞争性业务，健全准入与退出机制，促进运输资源跨方式、跨区域优化配置。健全交通运输价格机制，适时放开竞争性领域价格，逐步扩大由市场定价的范围。深化铁路企业和客货运输改革，建立健全法人治理结构，加快铁路市场化运行机制建设。有序推进公路养护市场化进程。加快民航运输市场化进程，有序发展专业化货运公司。积极稳妥深化出租汽车行业改革，完善经营权管理制度。

（三）加快交通投融资改革

建立健全中央与地方投资联动机制，优化政府投资安排方式。在试点示范的基础上，加快推动政府和社会资本合作（PPP）模式在交通运输领域的推广应用，鼓励通过特许经营、政府购买服务等方式参与交通项目建设、运营和维护。在风险可控的前提下，加大政策性、开发性等金融机构信贷资金支持力度，扩大直接融资规模，支持保险资金通过债权、股权等多种方式参与重大交通基础设施建设。积极利用亚洲基础设施投资银行、丝路基金等平台，推动互联互通交通项目建设。

十、强化政策支持保障

（一）加强规划组织实施

各有关部门要按照职能分工，完善相关配套政策措施，做好交通军民融合工作，为本规划实施创造有利条件；做好本规划与国土空间开发、重大产业布局、生态环境建设、信息通信发展等规划的衔接，以及铁路、公路、水运、民航、油气管网、邮政等专项规划对本规划的衔接落实；加强部际合作和沟通配合，协调推进重大项目、重大工程，加强国防交通规划建设；加强规划实施事中事后监管和动态监测分析，适时开展中期评估、环境影响跟踪评估和建设项目后评估，根据规划落实情况及时动态调整。地方各级人民政府要紧密结合发展实际，细化落实本规划确定的主要目标和重点任务，各地综合交通运输体系规划要做好对本规划的衔接落实。

（二）加大政策支持力度

健全公益性交通设施与运输服务政策支持体系，加强土地、投资、补贴等组合政策支撑保障。切实保障交通建设用地，在用地计划、供地方式等方面给予一定政策倾斜。加大中央投资对铁路、水运等绿色集约运输方式的支持力度。充分发挥各方积极性，用好用足铁路土地综合开发、铁路发展基金等既有支持政策，尽快形成铁路公益性运输财政补贴的制度性安排，积极改善铁路企业债务结构。统筹各类交通建设资金，重点支持交通扶贫脱贫攻坚。充分落实地方政府主体责任，采用中央与地方共建等方式推动综合交通枢纽一体化建设。

（三）完善法规标准体系

研究修订铁路法、公路法、港口法、民用航空法、收费公路管理条例、道路运输条例等，推动制定快递条例，研究制定铁路运输条例等法规。加快制定完善先进适用的高速铁路、城际铁路、市域（郊）铁路、城市轨道交通、联程联运、综合性交通枢纽、交通信息化智能化等技术标准，强化各类标准衔接，加强标准、计量、质量监督，构建综合交通运输标准体系和统计体系。完善城市轨道交通装备标准规范体系，开展城市轨道交通装备认证。依托境外交通投资项目，带动装备、技术和服务等标准走出去。

（四）强化交通科技创新

发挥重点科研平台、产学研联合创新平台作用，加大基础性、战略性、前沿性技术攻关力度，力争在特殊重大工程建设、交通通道能力和工程品质提升、安全风险防控与应急技术装备、综合运输智能管控和协同运行、交通大气污染防控等重大关键技术上取得突破。发挥企业的创新主体作用，鼓励企业以满足市场需求为导向开展技术、服务、组织和模式等各类创新，提高科技含量和技术水平，不断向产业链和价值链高端延伸。

（五）培育多元人才队伍

加快综合交通运输人才队伍建设，培养急需的高层次、高技能人才，加强重点领域科技领军人才和优秀青年人才培养。加强人才使用与激励机制建设，提升行业教育培训的基础条件和软硬件环境。做好国外智力引进和国际组织人才培养推送工作，促进人才国际交流与合作。

【“十三五”规划重点项目】

建设多向连通的综合运输通道。

构建高品质的快速交通网。推进高速铁路建设，完善高速公路网络，完善运输机场功能布局。

强化高效率的普通干线网。

拓展广覆盖的基础服务网。

打造“一带一路”互联互通开放通道。

构建京津冀协同发展的一体化网络。打造“轨道上的京津冀”，完善综合交通网络。

建设长江经济带高质量综合立体交通走廊。

发挥交通扶贫脱贫攻坚基础支撑作用。

发展引领新型城镇化的城际城市交通。推进城际交通发展，加强城市交通建设。

优化综合交通枢纽布局。

提升客运服务安全便捷水平。

促进货运服务集约高效发展。

增强国际化运输服务能力。

发展先进适用的技术装备。推进先进技术装备自主化，促进技术装备标准化发展。

促进交通产业智能化变革。实施“互联网+”行动计划，培育壮大智能交通产业。

推动智能化运输服务升级。推行信息服务“畅行中国”，发展“一站式”、“一单制”运输组织。

优化交通运行和管理控制。

健全智能决策支持与监管。完善交通决策支持系统，提高交通行政管理信息化水平。

加强交通发展智能化建设。

推动节能低碳发展。

强化生态保护和污染防治。

推进资源集约节约利用。

加强交通运输安全生产管理。

加快交通安全监管体系建设。

推进交通运输应急体系建设。

积极引导交通运输新消费。

培育壮大交通运输新动能。

打造交通物流融合新模式。

推进交通空间综合开发利用。

深化交通管理体制改革。

推进交通市场化改革。

加快交通投融资改革。

完善法规体系。

强化标准支撑。

铁路篇

新建北京至天津城际轨道交通工程

基本情况

新建北京至天津城际轨道交通工程（以下简称京津城际铁路）自北京南站东端引出，跨北京二、三、四、五环后，沿京津高速公路第二通道至天津市域，后沿京山铁路至天津站，铁路建筑长度116.55公里（不含北京南站，含天津站范围），其中北京市范围49.23公里、天津市范围67.32公里。

主要技术标准：铁路等级为客运专线；正线数目是双线；设计速度目标值为300公里/小时；限制坡度，一般地段12‰，困难地段20‰；最小曲线半径，一般地段7000米，困难地段5500米，北京、天津市区按设计速度计算确定；线间距5米，北京、天津市区按设计速度计算确定；牵引种类是电力牵引；到发线有效长度700米；列车运行控制方式是自动控制；行车调度指挥方式为综合调度集中；列车编组采用高速动车组，编组8辆，定员600人，高峰期间编组16辆，定员1200人；建筑限界参照《新建时速300～350公里客运专线铁路设计暂行规定》（铁建设〔2007〕47号）执行。

审批依据

《国家发展改革委关于新建北京至天津城际轨道交通项目建议书的批复》（发改交运〔2004〕1903号）。

《关于新建铁路京津城际轨道交通工程试验段站前工程初步设计的批复》（铁鉴函〔2004〕851号）。

▲ 奔驰在京津城际铁路的“和谐号”动车组列车

▲ 奔驰在京津城际铁路的“和谐号”动车组列车

《关于新建北京至天津城际铁路客运专线环境影响报告书审查意见的复函》（环审〔2005〕519号）。

《关于新建铁路北京至天津城际轨道交通工程初步设计的批复》（铁鉴函〔2005〕818号）。

《国家发展改革委关于调整京津城际轨道交通项目总投资的批复》（发改交运〔2008〕1236号）。

《关于新建北京至天津城际轨道交通项目清理总概算的批复》（铁鉴函〔2008〕1724号）。

建设意义

1. 提高服务水平，增强市场竞争力

京津城际铁路连接北京、天津两个直辖市，是2004年国务院批准实施的《中长期铁路网规划》中环渤海地区城际客运系统的重要组成部分，也是沟通北京、天津两大直辖市的便捷通道。修建京津城际铁路，将进一步提升北京和天津的铁路运输能力，满足城际客流对时间、速度和舒适度的要求，对提高铁路服务水平、增强铁路市场竞争力、扩大市场份额起到积极的促进作用。

2. 促进经济发展

该工程的建设对加强两城市间的客货交流，深化产业技术合作，带动环渤海经济圈协调发展，对2008年北京奥运会的成功举办，改善区域内人民物质文化生活水平、实现全面建设小康社会战略目标，具有重要的意义。

3. 承担城际客流，提升铁路运输能力

京津城际铁路的功能定位，不仅是京津两大都市圈之间的快速城际交通，而且还为京沪高速铁路的顺利建成、运营提供重要的试验基础。因此，工程实施后的功能定位调整为京沪高速铁路的试验段，主要承担北京与天津间的城际客流。在铁路运输能力与运输质量允许的情况下，未来开行少量中短途跨线城际列车。

实施单位

单位类别		单位名称
建设单位		京津城际铁路有限责任公司
设计单位		铁道第三勘察设计院集团有限公司（现已更名为中国铁路设计集团有限公司）
工程技术咨询单位	联合体	中国铁道科学研究院
		中铁第一勘察设计院集团有限公司
		法国SYSTRA公司
监理单位	联合体	铁四院（湖北）工程监理咨询有限公司
		北京铁建工程监理有限公司
		北京铁研建设监理有限责任公司
		德国铁路咨询公司（DE-C）
	联合体	天津新亚太工程建设监理有限公司
		北京中铁诚业工程建设监理有限公司
		西安铁一院工程咨询监理有限责任公司
		德国PEC+S集团公司
	全线	铁道部工程质量安全监督总站直属监督站

施工单位

标段		单位名称
试验段工程	联合体	中铁十七局集团有限公司
		德国马克思·博格建筑两合公司北京代表处
预制梁工程（北京段）	联合体	中铁大桥局集团有限公司
		中铁六局集团有限公司
		中铁四局集团有限公司
预制梁工程（天津段）	联合体	中铁十四局集团有限公司
		中铁二十二局集团有限公司
		中铁十一局集团有限公司
站前施工（北京站）	联合体	中铁二局集团有限公司
		中铁六局集团有限公司
		中铁大桥局集团有限公司
站前施工（天津站）	联合体	中铁十七局集团有限公司
		中铁十八局集团有限公司
通信、信号、电力及牵引供电系统工程		
全线施工	联合体	中铁电气化局集团有限公司
		中国铁路通信信号股份有限公司
		德国西门子股份公司

投资主体

该工程由铁道部、北京市、天津市、中国海洋石油集团有限公司合资建设。2009年1月22日，铁道部以《关于新建北京至天津城际轨道交通项目清理总概算的批复》（铁鉴函〔2008〕1724号）对京津城际铁路工程清理总概算进行批复。该工程总概算按204.16亿元控制，调整后总投资的资本金为103亿元，银行贷款101.16亿元。该工程实际完成投资203.57亿元。

工程进度

该工程试验段于2004年12月28日开工，2005年7月4日全线开工，2008年8月1日开通运营。

全线共建桥梁31座100.3公里，占线路长度的86.1%，特大桥5座，其中：跨北京环线特大桥长15.59公里，凉水河特大桥长21.56公里，杨村特大桥长35.81公里，永定新河特大桥长21.13公里，新开河特大桥长5.37公里。桥梁最大跨度为跨北京四环、五环桥，分别采用60米+128米+60米加劲拱连续桥和80米+128米+80米连续梁桥。全线设制梁场7处，预制简支箱梁2746孔。

▲ 900吨箱梁架设中

全线路基共6段16.25公里，占线路长度的13.9%，全部为软土及松软土地基，路基土石方219.1万立方米。全线正线铺轨233.1公里，站线铺轨14.2公里，铺岔60组（其中特种道岔1组、高速道岔26组）；房屋24749平方米；通信GSM-R系统基站39座，干线光缆315.40公里；信号系统集装箱9座、电缆1160条公里；电力线路544公里，变配电所3座；接触网320条公里，牵引变电所2座，分区及开闭所4座。

▲ 现场焊接全线无缝钢轨

新技术应用

1. 无砟轨道技术

首次大规模铺设无砟轨道，并解决了与无砟轨道紧密关联的测量、沉降控制、桥梁路基预留设施等综合系统问题。通过对所经地区区域沉降进行研究，制定了区域沉降控制措施，满足了区域沉降条件下铺设无砟轨道的要求，建立了无砟轨道铺设评估体系。

2. 桥梁设计技术

首次采用可调高的900吨箱梁，满足高速铁路“高平顺”要求。

3. 路基设计技术

首次在路基沉降控制设计中引入桩板结构，适应了无砟轨道沉降控制要求。

4. 通信、信号、电力及牵引供电采用系统集成技术

通过引进国外集成技术，消化、吸收再创新，行车组织达到国际领先水平。

5. 景观设计技术

将工程和城乡绿化美化融为一体，线路两侧植被绿化、边坡绿色防护，满足景观 要求。

6. 环保设计技术

在国内首次采用承插式高速声屏障技术，满足了环保降噪要求。

7. 无缝线路技术

首次对100米定尺轨、500米长轨的铺设和钢轨焊接技术等进行实践，为高速铁路建设积累了成功经验。

8. 精密测量技术

根据高速铁路运营高平顺的要求，首次建立了精测网，为轨道基准网建立提供高精度基础，确保了线下工程、底座板、无砟轨道板和轨道铺设的精度施工，为后续养护维修提供了高精度基准。

该工程应用沉降变形计算和观测评估技术，解决了不同地质条件下和不同工程措施下的结构物沉降变形的技术难题。

9. 综合接地技术

统筹设置牵引供电、电力、通信、信号设备与基础结构设施间的综合接地系统，实现了各专业工程接地极的等电位连接，保证了行车信号传输的畅通及设备和人员的安全。

项目评估

2014年2月21日，国家发展和改革委员会委托国家铁路局开展京津城际铁路国家验收工作。

2014年7月，国家发展和改革委员会、国家铁路局、国务院有关部门、总后勤部军事交通运输部、中国铁路总公司组成京津城际铁路国家验收委员会，对京津城际铁路工程进行国家验收。

2014年8月27日至28日，该工程国家验收委员会现场检查京津城际铁路，并在北京召开国家验收会议，听取了京津城际铁路有限责任公司、北京铁路局关于工程建设、运营情况的汇报，查阅了相关文件，对京津城际铁路工程进行全面评价，讨论并通过国家验收证书。

该工程国家验收委员会认为：京津城际铁路线路走向和总体布局合理，工程设计、施工符合国家颁布的技术标准、设计规范和验收标准。开通运营以来，运行安全、稳定可靠，能够满足列车运行速度350公里/小时的要求，运输能力适应沿线经济社会发展需要，实现了预期的建设目标。

京津城际铁路各项工程达到设计要求，符合可行性研究报告和有关文件批复，工程质量符合验收标准，质量合格；各专项验收合格，档案资料齐全、准确，建设用地国有土地使用证已领取，建设工程款已清算完毕，工程决算已编制完成并上报，并通过工程决算审计、初步验收、安全评估，初期运营中存在的问题已及时解决，初期运营情况良好，正式运营准备工作已完成，同意新建北京至天津轨道交通工程国家验收。

▲ 轨道板工厂化施工

（供稿：京津城际铁路有限责任公司）

城际铁路联络线工程

基本情况

城际铁路联络线工程是京津冀城际铁路网中的重要组成部分，是北京新机场的“五纵两横”综合交通网络的重要组成部分。

该工程北起首都机场T3航站楼（暂定），经北京城市副中心、亦庄新城、大兴新城以及河北省廊坊市，终至北京新机场南侧京冀省界。线路全长约105公里，设车站10座。全线分两期建设，廊坊东至新机场段（以下简称一期工程）和首都机场至廊坊东（不含）段（以下简称二期工程）。

▲ 施工现场

一期工程起自廊坊东站以东京冀省界处，经廊坊市广阳区、北京市大兴区，终至北京新机场以南京冀省界，全长39.3公里，其中北京市范围约15.2公里、河北廊坊市范围约24.1公里。全线共设4座车站，分别为廊坊东站、空港新区站、新航城站和新机场站。廊坊市境内设动车所一座。该工程概算约191亿元。建设工期4年。

二期工程起自首都机场T3航站楼（暂定），终点为一期工程起点，全部工程均位于北京市境内。线路全长约65.3公里，共设车站6座，分别为T3站、徐辛庄站、副中心站、施园站、亦庄东站及采育站。其中，地下站3座，地面站1座，高架站2座。该工程投资估算约440亿元。建设工期4年。

审批依据

《国家发展改革委关于京津冀地区城际铁路网规划的批复》（发改基础〔2016〕2446号）。

建设意义

1. 构建四通八达的交通网络

城际铁路联络线在怀柔南站连接京沈、京张两条客运专线，通过廊涿城际铁路与京石城际铁路、京九高速铁路相连，形成北京市副中心地区至东北、蒙西、华东、华中等地区的快速客运通道，加强怀柔、密云、顺义等地区与北京市副中心、新机场及沿线新城之间的联络，让东北、蒙西、华东、华中等地区的旅客乘坐高铁直接到达两个机场，并将有效提升北京市副中心对外交通的可达性。

▲ 施工现场

2. 完善京津冀地区城际铁路网

城际铁路联络线与京津冀城际网络中多条线路实现联络或换乘功能，对完善京津冀地区城际铁路网具有重要作用。同时，该线路和北京市的多条轨道交通线路形成换乘关系，对加强和完善城市交通基础设施意义重大。

3. 优化城市布局

该工程北京段未来将串联顺义、通州、亦庄、大兴等多个北京外围新城及廊坊市、雄安新区，形成北京中心城外围连接城市东南部新城的快速交通联系，为中心城人口和职能疏解提供重要交通支持，为新城之间形成功能互补，以弥补各新城之间产业类型及职住人口之间的不平衡提供交通条件

投资主体

根据京津冀城际铁路投资有限公司的投融资方案，由京津冀三省市分别承担各自境内资金。建设资金原则上通过沿线土地综合开发收益实现平衡，利用票款和多种经营收入平衡运营和更新改造成本。

京安城际铁路有限公司是京津冀城际铁路投资有限公司的全资子公司，负责城际铁路联络线的建设管理工作。城际铁路联络线工程资金来源为京津冀铁路投资有限公司自筹。其中，资本金占总投资的50%，现阶段由京津冀城际铁路投资有限公司通过专项建设基金等方式解决。剩余50% 债务性资金，由京安城际铁路有限公司通过银行贷款解决。

实施单位

（1）建设单位：京安城际铁路有限公司。

（2）设计单位：中国铁路设计集团有限公司和北京市市政工程设计研究总院联合体。

工程进度

投资完成情况：截至2018年底，城际铁路联络线一期工程累计完成投资16.8亿元，占总投资191.01亿元的 8.8%。

工程完成进度：

（1）先期开工段站前工程。线路全长5.82公里，含车站1座。截至2018年底，累计完成隧道明挖主体结构4905延长米，完成设计总量的84%；隧道附属工程1800延长米，完成设计总量的31%。

（2）北京新机场段站后及轨道工程。截至2018年底，地下一层结构完成100%，抹灰完成100%，风水管安装80%。

▲ 施工现场

（供稿：京安城际铁路有限公司）

新建朝阳至秦沈高铁凌海南站铁路联络线工程

基本情况

新建朝阳至秦沈高铁凌海南站铁路联络线工程，起自京沈客运专线朝阳站，终至秦沈高速铁路凌海南站，途经辽宁省朝阳市、锦州市，起止里程DK418+161.28～DK508+259.3，新建线路长度105.64公里。其中，路基长31.04公里，占线路总长的29.3%；桥梁共54座，长度46.45公里，占线路总长的44%；隧道共13条，长度28.16公里，占线路总长的26.7%。新建巴图营站、锦州北站、姜家窝铺线路所。建设工期4年。

主要技术标准：铁路等级是高速铁路；正线数目为双线；速度目标值350公里/小时；最小曲线半径，一般地段7000米、困难地段5500米；最大坡度20‰，个别困难地段不大于30‰；到发线有效长度是650米；牵引种类为电力；列车运行控制方式是自动控制；行车调度指挥方式为综合调度集中。

建设意义

1. 缩短城市的时间距离

该工程建成后，朝阳北至锦州北列车运行时间22分钟；锦州北至北京列车运行时间可压缩至1小时40分钟；朝阳北至大连列车运行时间可压缩至1小时49分钟；大连至北京列车运行时间可压缩至3小时10分钟。

2. 促进辽宁经济快速发展

该工程建成后可打通朝阳—辽南地区快速客运通道，形成辽宁省快速客运网络，促进朝阳市乃至辽西地区经济发展，加快辽宁省城市化进程，对推动区域经济可持续发展、振兴东北具有重要意义。

实施单位

单位类别	单位名称
建设单位	京沈铁路客运专线辽宁有限责任公司
设计单位	中国铁路设计集团有限公司
施工单位	中铁十九局集团有限公司 中铁上海工程局集团有限公司 中铁十二局集团有限公司
监理单位	沈阳铁路建设监理有限公司 中铁济南工程建设监理有限公司 天津新亚太工程建设监理有限公司

审批依据

《国家发展改革委关于新建朝阳至秦沈高铁凌海南站铁路联络线工程可行性研究报告的批复》（发改基础〔2016〕2413号）。

▲凌海南站效果图

《中国铁路总公司关于新建朝阳至秦沈高铁凌海南站铁路联络线工程初步设计的批复》（铁总鉴函〔2017〕308号）。

投资主体

该工程概算总额106.06亿元，为中国铁路总公司与辽宁省人民政府合资建设项目。资本金占总投资的70％。

辽宁省负责征地拆迁工作和费用，包括红线内永久征地、临时占地租用及复垦、改移道路沟渠、三电迁改等，共出资11.52亿元。征地拆迁费用依据国家和地方政府有关规定，经股东各方认可后计入项目辽宁省股份。其余资本金由中国铁路总公司使用自有资金等解决。出资双方对京沈铁路客运专线辽宁有限责任公司增资扩股，相应调整股比。资本金以外的资金利用国内银行贷款解决。

工程进度

该工程于2017年10月1日开工，计划2021年9月底具备开通条件。

1. 投资完成情况

2018年年累完成投资15.49亿元，完成年度计划23亿元的67％。开累完成投资18.69亿元，完成总投资106.06亿元的18％。

2. 工程进展情况

（1）征地拆迁：永久征地完成98％；建筑物拆迁完成91％；三电迁改：10千伏以上电力线路迁改完成11％，低压电力线路迁改完成32％，通信线路迁改完成71％。

（2）大临工程：全线拌和站及钢筋场已完成；3座梁场完成2座；便道完成70％。

（3）路基工程：CFG桩完成73％，挖方完成64％，填方完成22％。

（4）桥梁工程：钻孔桩完成67％，承台完成33％，墩身完成18％，制梁完成4％。

（5）隧道工程：开挖完成5％。

（6）四电工程：施工图审核报告已形成。

（7）站房工程：修改初步设计，总公司已审查，正按审查意见修改。

项目评估

该工程前期受到征地拆迁影响，进展缓慢。在各级地方政府协调配合下，2018年4月，施工单位开始全面施工建设，现已进入线下工程施工阶段，安全质量可控。

各参建单位的梁场陆续通过验收、取证，整体工程进度基本符合总体工程计划的要求，能够完成年度投资任务，能够兑现总工期目标。

（供稿：京沈铁路客运专线辽宁有限责任公司）

新建赤峰至京沈高铁喀左站铁路工程

基本情况

新建赤峰至京沈高铁喀左站铁路工程位于内蒙古自治区赤峰市、辽宁省朝阳市境内。正线全长156公里。

主要技术标准：铁路等级为高速铁路；设计行车速度250公里/小时；正线数目是双线；正线线间距4.6米；最小曲线半径，一般地段4000米，困难地段3500米，引入枢纽及接轨站两端加减速地段可适当减小；最大坡度，一般地段20‰，个别困难地段不大于30‰；到发线有效长度为650米；列车运行控制方式是CTCS-2；行车调度指挥方式为综合调度集中；最小行车间隔3分钟。

审批依据

《铁路"十二五"发展规划》（铁计〔2011〕80号）。

《国家发展改革委关于新建赤峰至京沈高铁喀左站铁路项目建议书的批复》（发改基础〔2015〕281号）。

《国家发展改革委关于新建赤峰至京沈高铁喀左站铁路可行性研究报告的批复》（发改基础〔2015〕3010号）。

《中国铁路总公司、内蒙古自治区人民政府、辽宁省人民政府关于新建赤峰至京沈高铁喀左站铁路初步设计的批复》（铁总鉴函〔2016〕254号）。

建设意义

新建赤峰至京沈高铁喀左站铁路的建设对完善路网布局、构建蒙东与环渤海地区快速客运通道，促进赤峰与沿线地区经济社会发展具有重要意义。

▲ 赤峰西站东侧站房一点透视图

▲ 建平站两点透视图

1. 提高服务水平，完善区域路网

该工程位于内蒙古东部和辽宁西部地区。长期以来，由于既有铁路线路条件差、列车运行速度低、货流需求旺盛，既有叶赤铁路一直处于运力紧张状态，客运需求难以保障，客运服务水平差、旅行时间长，运输效率相对较低，成为旅客出行乃至经济发展的瓶颈。

该工程建成后，将与在建京沈高速铁路接轨，形成赤峰至京津冀、辽中南地区的快速客运通道，融入区域快速铁路网，提高运输效率。赤峰至北京、沈阳的运行时间将分别由10小时和11小时均缩短至2.5小时以内，客运服务质量将得到大幅提升。

2. 实施发展战略，增强民族团结

赤峰市位于华北、东北结合部，地处蒙冀辽三省区交汇处，是连接蒙西与东北、华北的咽喉要道，是融入渤海湾最为便捷的通道。随着将赤峰纳入开发范围的振兴东北老工业基地战略和西部大开发战略的深入实施，蒙东与东北西部地区的经济社会协调发展步伐明显加快。

该工程的建设，对落实发展战略，推动地方经济快速发展，促进少数民族地区经济繁荣、增强民族团结具有重要的意义和作用。

3. 发展沿线旅游业，带动经济发展

赤峰境内自然风光优美，珍稀动植物、蒙古族风情建筑和文物古迹一应俱全，拥有多处重量级文化遗产，旅游资源极为丰富。

该工程的建设提升赤峰等沿线地区的知名度，促进城市间的互动联系和区域旅游业的发展。

4. 发展循环经济，建设节约型和友好型社会

绿色运输成为未来的发展方向，相较于其他运输方式，铁路运输具有方便、快捷、运输量大的特点，在建设过程中也具有占地少、污染小等突出优点。

因此，在北京至赤峰间客运量增加趋势相对较大的运输通道上修建快速客运通道，是贯彻党中央提出的"建设资源节约型和环境友好型社会"方针的具体体现。

工程进度

1. 总体形象进度

2016年7月1日开工，2020年6月30日竣工，总工期48个月。

2. 分项工程形象进度

路基：2018年8月31日完成。

桥梁：2019年5月30日完成。

▲ 宁城站鸟瞰透视图

隧道：2019年6月30日完成。

轨道：2019年11月30日完成。

四电：2019年11月30日完成。

房建：2019年12月31日完成。

联调联试、试运行：2020年5月31日完成。

3. 工程施工进度

（1）开累综合完成路基工程99%、桥梁工程89%、隧道工程70%、轨道工程4%、四电工程15%。

（2）工程具体完成情况。

路基：基底处理碎石桩完成21万延长米（100%）；水泥土挤密桩完成310万延长米（100%）；CFG桩完成108万延长米（100%）；螺杆桩完成137万延长米（100%）；路基填挖完成1955万立方米（98%）。

桥梁：钻孔桩完成10505根（100%）；承台完成1155个（100%）；墩台身完成1155个（100%）；预制T、箱梁完成969孔（92%）；架设T梁及箱梁完成826孔（78%）。

隧道：15条隧道已贯通10条，隧道正洞开挖完成21363米（70%），二衬完成15884米（52%），斜井完成3458米（100%）。

轨道：正线铺轨12铺轨公里（4%），道岔铺设16组（18%）。

四电及四电房屋：通信光电缆完成212条公里（32%）；信号电缆完成308条公里（27%）；电力高压电缆完成 281条公里（24%）；接触网基础、网杆组立、金具安装综合完成97条公里（21%）；与叶赤共用3处牵引变电所已完成；四电房屋已完成9800平方米（65%）。

站房及其他生产生活房屋：已完成招标，正在做进场准备。该工程完成情况与计划工期除隧道外均略有超前，建平隧道与最初施组计划滞后约3个月，但不影响整体进度计划。

项目评估

1. 优化施工组织

突出重难点工程和控制工程，科学排摆施组。每周召开生产例会，通报施工进展情况，实时掌握控制性工程的节点进度，动态解决交叉制约问题，做到施工过程中最大平行、最少交叉、最多作业面。

2. 严格红线管理

以“不看结果看后果”的严厉措施抓安全，以“质量问题不给改正机会”的严肃态度抓质量，切实有效落实红线管理。制定“三抓”管理制度，即：抓监理，充分发挥监督作用；抓破检，强力形成震慑作用；抓关键，严格盯控红线重点。

3. 夯实党建基础

蒙辽铁路客运专线有限责任公司认真落实党建工作部署，全面加强领导班子和干部队伍建设，深入开展"保安全、保质量、保进度"党内实践活动，坚持常态化，廉政工作每周一课，教育警示全员坚守政治红线。

自工程开工以来，在内蒙古、辽宁两省区政府的大力支持下，蒙辽铁路客运专线有限责任公司严格落实该工程总体部署，优化施工组织，严控安全质量，实现了安全质量无事故、工期任务超额完成、干部无违纪、廉洁无反映的各项目标。

投资主体

该工程由内蒙古自治区人民政府、辽宁省人民政府、中国铁路总公司共同出资建设。资本金占总投资的70%，计119.1亿元（其中，内蒙古自治区51.7亿元占43.4%，辽宁省31.7亿元占26.6%，中国铁路总公司35.7亿元占30%）。资本金以外资金使用银行贷款解决。

▲ 平庄特大桥

实施单位

单位类别	单位名称	标段
建设单位	蒙辽铁路客运专线有限责任公司	
设计单位	中国铁路设计集团有限公司	
施工图审核单位	中铁二院工程集团有限责任公司 中铁第五勘察设计院集团有限公司	
施工单位	中国建筑股份集团有限公司	CFSG-1标
	中铁隧道局集团有限公司	CFSG-2标
	中铁十九局集团有限公司	CFSG-3标
	中铁一局集团有限公司	CFSG-4标
	中铁十八局集团有限公司	CFSG-5标
	中铁三局集团有限公司	CFSG-6、7标
	中铁建工集团有限公司	CFSG-8标
监理单位	四川铁科建设监理有限公司	CFJL-1标
	中铁二院（成都）咨询监理有限责任公司	CFJL-2标
	沈阳铁路建设监理有限公司	CFJL-3标
	北京铁研建设监理有限责任公司	CFJL-4标

▲ 平庄西站两点透视图

（供稿：中国铁路沈阳局集团有限公司）

新建通辽至京沈高铁新民北站铁路工程

基本情况

新建通辽至京沈高铁新民北站铁路工程，途经内蒙古自治区通辽市和辽宁省沈阳市、阜新市。

线路起自通辽，经甘旗卡、彰武，引入在建京沈高速铁路新民北站，正线全长196.9公里。建设工期4年。

主要技术标准：铁路等级为高速铁路；设计行车速度250公里/小时；正线数目是双线；正线线间距4.6米；最小曲线半径，一般地段4000米、困难地段3500米，引入枢纽及接轨站两端加减速地段可适当减小；最大坡度，一般地段为20‰，个别困难地段不大于30‰；到发线有效长度650米；列车运行方式是CTCS-2；行车调度指挥方式为综合调度集中；最小行车间隔3分钟。

▲ 彰武跨304国道特大桥

▲ 通辽特大桥

审批依据

《铁路“十二五”发展规划》（铁计〔2011〕80号）。

《国家发展改革委关于新建通辽至京沈高铁新民北站铁路项目建议书批复》（发改基础〔2015〕283号）。

《国家发展改革委关于新建通辽至京沈高铁新民北站铁路可行性研究报告的批复》（发改基础〔2015〕3008号）。

《中国铁路总公司、内蒙古自治区人民政府、辽宁省人民政府关于新建通辽至京沈高铁新民北站铁路初步设计的批复》（铁总鉴函〔2016〕225号）。

建设意义

新建通辽至京沈高铁新民北站铁路工程的实施，强化了东北快速客运网络，优化了快速客运网布局，延伸了快速客运网的服务半径，对保障“振兴东北老工业基地”战略的顺利实施具有重要意义。

1. 完善区域路网结构

该工程位于蒙东地区和辽宁省境内，长期以来既有大郑铁路处于能力紧张状态，客运需求难以保障，现有铁路运输方式已经严重滞后，成为沿线区域居民出行乃至经济发展的瓶颈。

该工程建成后，与在建的京沈客运专线接轨，形成通辽至辽东、京津冀地区间的快速客运通道，有效缩短城市间的行车时间，通辽至沈阳、北京的运行时间将由目前的5小时和14小时分别缩短至2小时和4小时以内，提高了运输频率，改善了客运服务质量。

因此，该工程的建设对构建蒙东、东北西部与京津冀地区快速客运通道，完善区域铁路网结构具有重要作用。

2. 促进沿线经济协调发展

该工程沿线地区矿产资源十分丰富，种类多、分布广，探明储量的超过30种，煤炭资源尤为丰富；土地辽阔、土壤肥沃，是国家重点建设的商品粮基地及东北经济区的畜产品基地。目前，已形成以煤炭、电力、冶金、钢铁、建材、化工、农畜产品加工、纺织、医药、食品饮料、造纸为主的综合产业带。

该工程的建设，将沿线资源通过铁路通道运送至全国，将地区资源转化为经济优势，实现了推进蒙东和东北西部地区经济社会协调发展的建设目标。

3. 推动沿线旅游业发展

该工程开通运营后，有效带动了沿线地区旅游资源的发展，使北部山地草原休闲旅游板块更加完善，对沿线地区旅游业的健康发展起到了积极的推动作用。

4. 建设资源节约型和环境友好型社会

随着经济发展，资源短缺成为制约我国经济社会发展的重要因素，与此同时，环境压力也变得越来越大。因此，建设资源节约型和环境友好型社会，实现经济增长方式的根本性转变，是走出社会发展困局的关键因素。

▲阿尔乡跨304国道特大桥连续梁

▲改京通右线大桥

与其他运输方式相比，铁路运输是一种较为绿色的运输方式，具有占地少、污染小、运力强等特点，对建设资源节约型和环境友好型社会意义重大。

工程进度

1. 工程进度计划

（1）2018年8月20日前完成站前、站后四电及与联调联试有关房建工程静态验收工作，其余房建工程及动车存车场9月30日前完成静态验收。

（2）2018年8月20日至10月30日完成动态验收及联调联试。

（3）2018年9月30日完成水保自主验收，10月30日完成土地、环保自主验收，11月30日完成电梯、消防、环保正式验收，11月30日完成档案初步验收。

▲跨甘库铁路特大桥连续梁

▲接触网

（4）2018年11月1日至11月30日完成达标评定及试运行。

（5）2018年12月1日至12月20日完成初步验收及安全评估，具备开通运行条件。

2. 工程施工进度

该工程内的路基、桥涵、轨道、通信、信号、电力、牵引供电、综合接地、房建、环水保专业工程按计划全部完成。中国铁路沈阳局集团有限公司于2018年3月开始静态验收咨询工作，蒙辽铁路客运专线有限责任公司于8月20日前完成站前、站后四电及与联调联试有关房建工程静态验收工作。

3. 投资完成情况

截至2018年8月，累计完成投资133亿元，完成总投资的77.8%。

投资主体

该工程由内蒙古自治区人民政府、辽宁省人民政府、中国铁路总公司共同出资建设，投资概算总额171亿元。资本金占总投资的70%，计123亿元（其中内蒙古自治区出资36.5亿元占29.7%、辽宁省出资49.6亿元占40.3%、中国铁路总公司出资36.9亿元占30%）。资本金以外资金使用银行贷款。

项目评估

截至2018年8月20日，新通客专K0+000～K198+716、姚田联络下行线K0+000～K6+872、姚田联络上行线K0+000～K5+570范围内各专业组织专家进行静态验收评审。工程满足设计要求和验收标准，总体质量合格，具备动态验收条件，通过静态验收。

动态验收及联调联试均通过专家组评审。

该工程已于2018年12月29日正式开通运营。

实施单位

单位类别	单位名称	标段
建设单位	蒙辽铁路客运专线有限责任公司	
设计单位	中国铁路设计集团有限公司	
施工图咨询单位	中铁第四勘察设计院集团有限公司	
施工单位	中交第一工程局有限公司	TLSG-1标
	中铁十四局集团有限公司	TLSG-2标
	中铁二十四局集团有限公司	TLSG-3标
	中铁九局集团有限公司	TLSG-4标
	中国铁建电气化局集团有限公司	TLSG-5标
	中铁建工集团有限公司	TLSG-6标
	北京经纬信息技术有限公司	TLSG-7标
监理单位	沈阳铁路建设监理有限公司	TLJL-1标
	北京铁研建设监理有限责任公司	TLJL-2标
	成都西南交大工程建设咨询监理有限责任公司	TLJL-3标
	内蒙古沁原工程建设监理有限公司	TLJL-4标
	沈阳铁路建设监理有限公司	TLJL-5、6标

（供稿：中国铁路沈阳局集团有限公司）

新建北京至沈阳铁路客运专线辽宁段工程

基本情况

新建北京至沈阳铁路客运专线（以下简称京沈客运专线）地处北京市、河北省、辽宁省。线路自北京星火站始，向东北延伸，依次经过北京市顺义区、怀柔区及密云区，河北省承德市，辽宁省朝阳市、阜新市，终点为辽宁省沈阳站。正线全长698.29公里。批复总工期5年。

京沈客运专线辽宁段正线全长406.74公里。其中，路基224处115.72公里，占线路总长的28.5%；桥梁149座215.69公里，占线路总长的53%；隧道39条75.33公里，占线路总长的18.5%。

新建牛河梁、喀左、奈林皋、朝阳、北票、乌兰木图、阜新、黑山北、新民北、沈阳西共10座车站。

审批依据

《国家发展改革委关于新建北京至沈阳铁路客运专线项目建议书的批复》（发改基础〔2009〕2766号）。

《国家发展改革委关于新建北京至沈阳铁路客运专线可行性研究报告的批复》（发改基础〔2013〕2612号）。

《中国铁路总公司、河北省人民政府、辽宁省人民政府关于新建北京至沈阳铁路客运专线河北辽宁

▲喀左站效果图

段站前工程初步设计的批复》（铁总办函〔2014〕477号）。

《中国铁路总公司、北京市人民政府、河北省人民政府、辽宁省人民政府关于新建北京至沈阳铁路客运专线北京段站前工程及全线站后工程初步设计的批复》（铁总鉴函〔2015〕335号）。

《中国铁路总公司、辽宁省人民政府关于新建北京至沈阳铁路客运专线辽宁省范围阜新北站等10座车站站房、雨棚及相关工程初步设计的批复》（铁总鉴函〔2016〕797号）。

投资主体

该工程初步设计批复总投资520亿元，资本金按照总投资50％考虑。资本金由中国铁路总公司出资一部分，主要使用铁路建设基金和企业自有资金，并通过设立铁路发展基金吸引社会投资。辽宁省负责境内征地拆迁工作及费用，由地方政府采用财政性资金等出资，经各方认可后作为地方资本金计入股份。资本金以外的50％使用国内银行贷款解决。

建设意义

1. 打造快速便捷的交通网络

北京至沈阳铁路客运专线是2008年国家发展改革委批准实施的《中长期铁路网规划》“四纵四横”客运专线主骨架的重要组成部分，是铁路“十二五”规划的重大工程。

该工程把首都北京和东北最大城市沈阳更紧密地连接起来，建成后北京至沈阳间的列车运行时间可压缩至2小时30分钟左右。

同时，京沈客运专线与哈大、京沪、京广等高速铁路连接，将进一步拓展快速客运网的覆盖面，形成东北地区通往全国各地高效、便捷的快速客运网络，大大缩短东北地区主要城市间以及与全国各区域间的时空距离，满足日趋增长的旅客运输需求。

2. 促进地区经济发展

该工程与京哈铁路、秦沈客运专线和津秦客运专线等有效衔接、合理分工，构成多条大能力进出关铁路通道，大幅提高进出关铁路通道的客货运输能力，提高运输的机动性和灵活性。它的开工建设对促进沿线城镇化进程、加快区域经济社会发展具有重大意义。

工程进度

京沈客运专线辽宁段已建设完成，通过静态验收，2018年3月1日开始联调联试，现联调联试、运行试验均已完成，已正式投入运营。

京沈客运专线建设过程中，中国铁路总公司、中国铁路沈阳局集团有限公司、辽宁省政府均予以大力支持，建设进展顺利，对照批复的5年工期，提前半年完工。

▲ 架设接触网导线

▲ 架设接触网

实施单位

单位类别	单位名称	标段
建设单位	京沈铁路客运专线辽宁有限责任公司	
施工单位	中国路桥工程有限责任公司	TJ-1标段
	中铁十二局集团有限公司	TJ-2标段
	中铁十九局集团有限公司	TJ-3标段
	中铁九局集团有限公司	TJ-4标段
	中铁四局集团有限公司	TJ-5标段
	中铁五局集团有限公司	TJ-6标段
	中铁十七局集团有限公司	TJ-7标段
	中铁十六局集团有限公司	TJ-8标段
	中国水利水电第四工程局有限公司	TJ-9标段
	中国铁建大桥工程局集团有限公司	TJ-10标段
	中铁大桥局集团有限公司	TJ-11标段
	中铁三局集团有限公司	TJ-12标段
	中铁二十二局集团有限公司	TJ-13标段
	中铁电气化局集团有限公司与中国铁路通信信号股份有限公司联合体	SD-1标
	中铁十七局集团有限公司	ZF-1标
	中铁十一局集团有限公司	ZF-2标
监理单位	天津新亚太工程建设监理有限公司	JL-1
	北京铁城建设监理有限责任公司	JL-2
	北京铁研建设监理有限责任公司	JL-3
	中铁济南工程建设监理有限公司	JL-4
	天津新亚太工程建设监理有限公司	JL-5
	铁科院（北京）工程咨询有限公司	JL-6
	沈阳铁路建设监理有限公司	JL-7

新技术应用

1. 首次全线铺设CRTSⅢ型先张板式无砟轨道

工程方在轨道板内埋入可识别电子标签，使Ⅲ型轨道板第一次拥有了“身份证”。

这是国内第一次大规模铺设60N廓形钢轨，达到了改善钢轨与车轮踏面匹配程度、延长钢轨使用寿命的目的。

2. 首次在无砟地段采用整体浇筑方式

在工程施工过程中，首次在无砟地段采用整体浇筑方式，有砟地段采用拼装方式，有效避免高寒地区砖砌式围台冻胀开裂的危害。

3. 首次应用数字化智能牵引供电系统

该系统与传统牵引变电所相比，智能控制装置提供系统的交互性，实现信息共享，优化控制功能。发生故障可快速隔离，自主恢复供电，重构供电系统，减少停电时间。

项目评估

该工程进展顺利，符合批复工期要求。建设过程中执行了国家有关政策、铁道行业有关强制性标准、原铁道部和中国铁路总公司有关规定和标准，按联调联试数据显示，时速350公里测试TQI2.0mm，车体横向平稳性、垂向等级均为优，达到了350公里/小时标准，满足设计标准和要求，工程质量合格。

【中长期铁路网规划】该规划是国家对中国长期的铁路发展修改和指导而形成的一种铁路发展规划，遵循铁路发展规律，着力构建布局合理、覆盖广泛、高效便捷、安全经济的现代铁路网络，于2004年首次发布。现行版本为2016年版本，期限为2016—2025年，远期展望到2030年。

到2020年，铁路网规模达到15万公里，其中高速铁路3万公里，覆盖80%以上的大城市。到2025年，铁路网规模达到17.5万公里左右，其中高速铁路3.8万公里左右，路网结构更加优化，发挥铁路骨干作用。展望2030年，基本实现内外互联互通、区际多路畅通、省会高铁连通、地市快速通达、县域基本覆盖。

（供稿：京沈铁路客运专线辽宁有限责任公司）

新建牡丹江至佳木斯铁路工程

基本情况

新建牡丹江至佳木斯铁路工程由牡丹江站东侧引出，跨越牡丹江后至南城子村西北侧设桦林东越行站，向北沿鹤大高速公路行进至林口县，在距离县城南5.5公里处设林口南站，之后折向东至鸡西市境内，在距离市区西9公里处恒山区柳毛乡设鸡西西站，出站后向北行进，在七台河市鹤大高速公路和依七高速公路互通西南1公里处小五站镇东侧设七台河西站，之后线路继续向北行进至佳木斯市桦南县，在县城东侧距离既有站3.5公里处设桦南东站，出站后线路折向东北方向穿越七星峰森林、地质公园后进入双鸭山市境内，在市区西北侧距离西环线1.6公里与集贤县交界处设双鸭山西站，出站后线路跨越哈同高速公路沿既有佳富铁路通道行进，在四马架规划新佳木斯机场处设四马架北站，出站后继续向西行进接入佳木斯站。沿线经过牡丹江市、鸡西市、七台河市、双鸭山市、佳木斯市5个地级市，途经林口县、桦南县2个县级行政区。工程建设周期4.5年。

线路全长371.62公里，新建线路长度367.19公里。其中，路基工程总长159.96公里，占线路全长的43.56%；桥梁141座143.5公里，占线路全长的39.08%；隧道共34条，长度63.73公里，占线路全长的17.36%。全线设牡丹江、桦林东、林口南、鸡西西、七台河西、桦南东、双鸭山西、佳木斯8座车站，预留福利屯西线路所、四马架北站。新建中间客运站房共5座。其中，鸡西西站、双鸭山西站为6000平方米；七台河西站5000平方米；林口南站、桦南东站均为3000平方米。

主要技术标准：铁路等级为高速铁路；正线数目是双线；设计行车速度250公里/小时；正线线间距4.6米；最小曲线半径，一般地段3500米、个别地段3000米；限制坡度，一般地段20‰，困难地段30‰；到发线有效长度650米；列车运行控制方式是自动控制；行车调度指挥方式为综合调度集中。

审批依据

《国家发展改革委关于新建牡丹江至佳木斯铁路可行性研究报告的批复》（发改基础〔2016〕2053号）。

《中国铁路总公司、黑龙江省人民政府关于新建牡丹江至佳木斯铁路客运专线DK307+680~DK318+130段站前工程初步设计的批复》（铁总鉴函〔2016〕760号）。

《中国铁路总公司工程管理中心关于新建牡丹江至佳木斯铁路客运专线DK307+680~DK318+130段站前工程施工图审核报告审查意见的函》（工管施审函

〔2016〕200号）。

《中国铁路总公司、黑龙江省人民政府关于新建牡丹江至佳木斯铁路初步设计的批复》（铁总鉴函〔2017〕349号）。

《中国铁路总公司工程管理中心关于新建牡丹江至佳木斯铁路客运专线MJK351+525至DK307+680、DK318+130至佳木斯K579+732.198段站前工程施工图审核报告审查意见的函》（工管施审函〔2017〕86号）。

投资主体

该工程初步设计概算为374.67亿元，资本金占70%。黑龙江省人民政府承担40%（含征地拆迁费用），中国铁路总公司承担60%。资本金以外的资金使用国内银行贷款解决。

实施单位

单位类别	单位名称	标段
建设单位	哈牡铁路客运专线有限责任公司	
设计单位	中国铁路设计集团有限公司	
施工图审核单位	武汉铁四院工程咨询有限公司	
施工单位	中铁四局集团有限公司	施工1标
	中铁五局集团有限公司	施工2标
	中铁十二局集团有限公司	施工3标
	中铁十九局集团有限公司	施工4标
	中铁十一局集团有限公司	施工5标
	中铁十四局集团有限公司	施工6标
	中铁上海工程局集团有限公司	施工7标
	中铁一局集团有限公司	施工8标
	中铁二十二局集团有限公司	施工9标
	中铁一局集团有限公司	先行标

监理单位

标段	单位名称
监理1标	河南长城铁路工程建设咨询有限公司
监理2标	中铁二院（成都）咨询监理有限责任公司
监理3标	北京铁研建设监理有限责任公司
监理4标	铁四院（湖北）工程监理咨询有限公司
监理5标	黑龙江中铁建设监理有限责任公司
监理6标	北京中铁诚业工程建设监理有限公司
监理7标	上海先行建设监理有限公司
监理8标	天津新亚太工程建设监理有限公司
监理9标	中铁华铁工程设计集团有限公司
先行标监理	天津新亚太工程建设监理有限公司

工程进度

截至2018年8月末，工程总体进度按施工计划推进，基本满足施工工期安排。投资完成93亿元，完成总投资的24.8%；路基土石方完成2246.5万方，完成设计总量的62%；桥梁工程完成折合75478延米，完成设计总量的50%；隧道工程完成折合10885成洞米，完成设计总量的17%。

建设意义

1. 拓展东北地区运输网络

新建牡丹江至佳木斯铁路是规划的沈佳高速铁路的重要组成部分，衔接牡佳高速铁路、哈佳快速铁路，进而衔接哈大客运专线。该工程是东北客运专线网的重要组成部分，是哈大高速铁路的重要集运线路。它的开工建设将拓展快速铁路网覆盖范围，提升路网的整体效益，促使东北地区路网发挥最大效益。

2. 促进沿线城市经济转型

该工程沿线经佳木斯、双鸭山、七台河、鸡西以及牡丹江五市，是黑龙江省东部城市群的重要组成部分。2014年，沿线人口合计919万人，占黑龙江省总人口的24%。牡丹江、佳木斯目前建设有牡佳铁路、哈佳快速铁路，而鸡西、七台河、双鸭山三市铁路发展滞后，主要为货运服务。

新建牡丹江至佳木斯铁路的建设将贯通沿线五市，缩短沿线各市与哈尔滨之间的空间距离，对“东部城市群”积极融入“哈长城市群”，主动承接其产业转移，开展产业协作，促进区域协调发展有着积极的作用。

该工程的建设对促进沿线城市尤其是鸡西、七台河、双鸭山三个城市的经济转型发展具有重要作用。

【列车运行控制系统】简称列控，是保证列车安全、快速运行的系统。它主要作用是完成列车的间隔控制和速度控制。在实际应用中，完整的列车运行控制系统应包括车载设备和地面设备。

机车信号、列车自动停车装置、列车无线调度是我国列车运行控制系统的起点。但长期以来，列车运行控制系统在我国并未形成技术规范。2003年，铁道部制订发展中国列车运行控制系统（Chinese Train Control System，简称CTCS）的规划。

CTCS分为CTCS-0级、CTCS-1级、CTCS-2级、CTCS-3级和CTCS-4级五个等级。

CTCS-0级适用于既有线，是由通用式机车信号和列车运行监控装置组成的系统。

CTCS-1级是由主体化机车信号、安全型列车运行监控装置和点式应答器组成的系统。

CTCS-2级是基于轨道电路（模拟或数字轨道电路）传输信息的列车运行控制系统。

CTCS-3级是基于无线通信（GSM-R）传输信息，并采用轨道电路等方式检查列车占用的列车运行控制系统。

CTCS-4级则是完全基于无线通信（GSM-R）传输信息的列车运行控制系统。

CTCS-2级以上设备具备超速防护功能。

中国铁路在实践中不断发展，列车运行控制系统由以地面信号为主的机车信号、列车运行监控记录装置发展为以车载信号为主的列控系统。系统掌握并创新了不同速度等级高速铁路的列控技术，研发了具有自主知识产权的适应时速200～250公里高速铁路的CTCS-2级列控系统和适应时速300～350公里高速铁路运营需要的CTCS-3级列控系统。

目前，我国高速铁路上广泛应用了列车运行控制系统。

【最小曲线半径】非专业的场合也称为‘转弯半径’，是铁路上常用的技术标准。

为保证列车行驶安全，对不同速度等级的铁路规定了车辆可以安全通过的圆曲线的最小半径，就是线路的最小曲线半径。

一般而言，比较平直的高速铁路和平原地区用较大的曲线半径；山区铁路、车辆段道岔的咽喉区、城市地铁等受地形的制约较大的地段，使用较小的曲线半径。

【东部城市群】东部城市群是由牡丹江、佳木斯、七台河、鸡西、双鸭山、鹤岗、伊春七个城市组成，是黑龙江省重要的铁路经济圈，预计2021年完成建设。

哈大高速铁路、哈齐高速铁路、哈牡客运专线、哈佳快速铁路、牡佳客运专线、哈绥城际铁路是黑龙江省东部城市群的核心组成部分。这些工程全部完工后，将形成以哈尔滨为中心的快速客运网络，将覆盖黑龙江省80%的人口和90%的经济总量，形成省内各主要城市的“两小时经济圈”，将极大地促进黑龙江省的经济发展。

（供稿：哈佳铁路客运专线有限责任公司）

新建上海至南通铁路（南通至安亭段）沪通长江大桥工程

基本情况

新建上海至南通铁路（以下简称沪通铁路）是上海、苏南、浙东与鲁东、苏北地区之间最便捷的铁路运输通道，也是长三角地区快速轨道交通网及我国铁路网沿海通道的重要组成部分。沪通铁路南通至安亭段，北起江苏省南通市平东站，向西南经南通西站，向南越长江经张家港、常熟、太仓站后接入京沪铁路安亭站，正线全长137公里。

新建上海至南通铁路长江大桥工程（以下简称沪通长江大桥）是沪通铁路的关键性和控制性工程，位于长江澄通河段，在江阴长江大桥下游45公里处，距上游苏通长江大桥40公里，与通苏嘉城际铁路、锡通高速公路共通道建设。

▲ 沪通长江大桥效果图

大桥为四线铁路＋六车道公路的公铁两用合建桥梁，全长11072米。其中，公铁合建桥梁长6993米，单建铁路桥梁长4079米。正桥主航道桥为钢桁梁斜拉桥，跨度1092米，是目前世界上最大跨度的公铁两用斜拉桥。建设总工期60个月。

大桥主体结构共用钢材48万吨、混凝土230万立方米。站后工程同沪通铁路一并实施。

1. 主要技术标准

（1）沪通铁路。

铁路等级为Ⅰ级铁路；正线数目是双线；设计荷载为中-活载；行车速度≤200公里/小时；限制坡度6‰。

（2）通苏嘉城际铁路。

铁路等级为客运专线；正线数目是双线；设计荷载为ZK-活载；行车速度≤250公里/小时；限制坡度20‰。

（3）公路主要技术标准。

公路等级为高速公路；车道为双向六车道；设计速度100公里/小时；最大纵坡3％。

2. 技术特点

大桥建成后将成为世界上最大跨度的公铁两用斜拉桥，具有高、大、新的技术特点：

（1）高——主塔高。主塔高325米，采用钻石型混凝土结构，建成后为世界上最高公铁两用斜拉桥主塔。

（2）大——跨度大、体积大。主航道桥主跨1092米，为国内在建最大跨度斜拉桥，也是目前世界上在建最大跨度公铁两用斜拉桥。沉井基础体积大，主塔墩沉井平面尺寸为86.9米×58.7米，相当于12个篮球场大小，高115米，为世界上在建最大体积沉井基础。

（3）新——新材料、新结构、新设备、新工艺。桥梁采用了Q500qE高强度钢及2000MPα级斜拉索新型材料，为国内首次；主航道桥采用刚度大、行车性能优越的箱桁组合新型结构，体现了世界钢桥结构发展方向；主航道桥采用伸缩量2000毫米的桥梁轨道温度调节器和梁端伸缩装置，为世界首次采用；首次采用巨型沉井整体制造、浮运、定位新工艺和主梁两节间全焊接及桥位整体吊装施工新工艺。

审批依据

《国家发展改革委关于新建上海至南通铁路项目建议书的批复》（发改交运〔2008〕481号）。

《中华人民共和国交通运输部关于上海至南通铁路长江大桥通航净空尺度和技术要求的批复》（交水发〔2010〕310号）。

《国家发展改革委关于新建上海至南通铁路（南通至安亭段）工程可行性研究报告的批复》（发改基础〔2012〕3970号）。

▲ 大节段钢梁制造

《对沪通铁路长江大桥（锡通桥位）工可阶段工程场地地震危险性分析报告的批复》（中震安评〔2012〕49号）。

《关于对沪通铁路长江大桥工程涉河建设方案的批复》（长许可〔2012〕63号）。

《中国铁路总公司、江苏省人民政府关于新建上海至南通铁路（南通至安亭段）沪通长江大桥工程初步设计的批复》（铁总办函〔2013〕1007号）。

建设意义

1. 促进长三角经济一体化

沪通铁路建成后，可形成上海、苏南、浙东与鲁东、苏北地区之间的便捷通道，对进一步完善区域交通运输结构、提高过江通道运输能力、促进长三角经济一体化进程具有十分重要的意义。

2. 构建更为完善的区域路网

通苏嘉城际铁路是2005年国务院批复的《长江三角洲地区城际轨道交通网规划（2005—2020年）》中的主骨架之一，贯通南通、张家港、常熟、苏州、嘉兴五市，北与盐通城际铁路、宁通城际铁路相接，南与沪杭客运专线、跨杭州湾铁路相通，中与沪宁、沿江及沪苏湖城际铁路相连。通苏嘉城际铁路的建设对扩大区域路网规模、实现区域可持续发展等具有重要意义。

3. 缓解过江交通运输压力

沪通长江大桥是沪通铁路的控制性工程，与通苏嘉城际铁路、锡通高速公路共通道建设。大桥建成后将成为沿海重要的铁路、公路过江通道，对沿海铁路尽快实现全线贯通和缓解公路过江交通压力等具有重要意义。

投资主体

该工程由中国铁路总公司和江苏省人民政府共同

筹资建设，总投资150.02亿元。其中，静态投资139.32亿元、建设期贷款利息10.7亿元。

该工程公铁合建段公路工程分担投资由江苏省承担，其余投资项目资本金占50%，由中国铁路总公司、江苏省各出资一半，资本金以外资金由国内银行贷款解决。

工程进度

沪通长江大桥包括主航道桥、专用航道桥、跨横港沙桥等。主航道桥为关键控制工程。各工程主要进度如下：

（1）施工准备3个月（2014年3月1日—2014年5月31日）。

（2）主航道桥施工59个月（2014年4月1日—2019年2月28日）。

（3）专用航道桥施工45个月（2014年4月1日—2017年12月31日）。

（4）跨横港沙桥施工49个月（2014年4月1日—2018年4月30日）。

截至2018年8月31日，开累完成投资96.82亿元，完成中国铁路总公司下达投资计划的100%。除主航道桥外，其余主体工程施工完毕，进入桥面附属工程收尾阶段。

新技术应用

1. 新材料

（1）Q500qE钢材研制。

以试验和试生产为主要途径，在Q420q钢基础上，研制Q500qE高强度桥梁结构钢，实现钢材较低的屈强比、良好的韧性以及较高工业化生产质量的稳定性，研发出配套焊接材料与焊接工艺。

（2）直径7毫米2000MPa锌铝镀层钢丝研制。

通过试验研究及试制，提出《沪通长江大桥用2000MPa级平行钢丝斜拉索技术条件》，生产出抗拉强度达到2000MPa的7毫米2000MPa钢丝。

▲ 1800吨架梁吊机

2. 新设备

（1）1800吨架梁吊机。

为实现1800吨两节间钢梁的架设，通过建立模型，对架梁吊机站位与箱桁组合结构钢梁间相互作用关系研究及工序的影响分析，从而确定合理的架梁吊机结构形式，研制出对主体结构影响最小、易调整钢梁姿态的大吨位架梁起重机。

（2）2000毫米伸缩调节器。

研发出超大位移量（2000毫米）轨道伸缩调节器与梁端伸缩装置，满足千米级公铁两用斜拉桥梁端在温度、风及列车荷载等作用下存在纵、横、竖向及转角等复杂空间变位需求。

3. 新结构

大桥主跨达1092米。塔根处主梁需承受巨大轴压力，采用新型箱桁组合桁架结构，桁架下弦由与主梁断面同宽的钢箱组成，上弦公路桥面采用正交异性钢桥面板，并与主桁结合，保证行车所需要的横向和竖向刚度。

4. 新工艺

（1）沉井定位技术。

该工艺采用"大直径钢管桩+混凝土重力锚"的新型锚泊定位技术，准确掌握水流、潮汐变化情况下钢沉井几何姿态，实现下沉过程中快速动态微调及注水着床时精确定位，使钢沉井结构安全顺利精确着床。

（2）大节段钢梁制造拼装。

首次采用两节间钢桁梁整体制造架设技术，节段内两节间全焊结构，节段最大吊重约达1744吨。采取严格执行评定的焊接工艺，设计合理的焊接顺序，精确预留焊接收缩量，研发可进行纵横向调整适用于大吨位吊装、多接口拼装的1800吨架梁吊机等措施，解决了焊接变形控制、整节段吊装、节段间高强度螺栓多拼口的高精度拼接等主要技术难题。

5. 创新举措

立足解决大桥设计、施工、运营中的相关技术难题，组织各参研、参建单位共同研讨并进行总体科研创新规划设计。针对在新型材料、结构构造、施工工艺、新型设备等方面存在的众多技术挑战，精准立项；编制《科技创新管理办法》，对课题进行统一管理，坚持"调研—研究（试验）—专家评审""阶段总结—专家评审—优化调整"的思路开展科研推进和管理工作；对研究成果边应用边总结，及时进行固化，以总结促应用，加快科技成果向应用的转化。

6. 创新成果转化与应用推广

研究确定《沪通长江大桥用2000MPa级平行钢丝斜拉索技术条件》后，友情提供给国内其他应用同类钢丝斜拉索的工程使用；在实现盘条国产化突破后，参与盘条、钢丝试验试制的厂家具备生产合格7毫米2000MPa锌铝镀层钢丝的能力，为其他应用同类钢丝斜拉索工程提供产品，为我国2000MPa钢丝的推广应用奠定了基础。

沪通长江大桥Q500qE钢材和2000MPa钢丝国产化盘条先行先试研究成果应用，为我国桥梁工程拓宽了设计视野，同时带动了我国建筑业新材料的发展，促进了钢铁冶炼技术的进步。

▲ 沪通长江大桥效果图

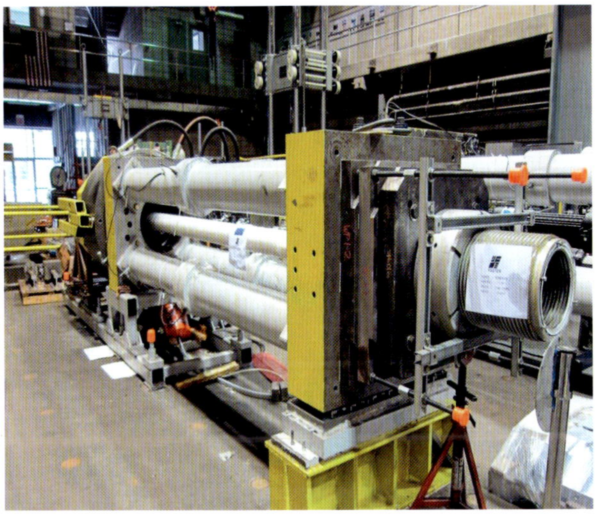

▲ 疲劳试验

项目评估

1. 质量管理

通过严格的物资管控抓好材料源头控制；在做好常规检验检测的基础上，在钢沉井、主塔、钢桁梁、斜拉索制造过程中，采取驻场监造、驻场监理、引入第三方检测单位等手段在关键工序严把验收关；坚持首件评估，强化工艺试验与验证，保证了工程质量。已完工程合格率100%。

2. 安全管理

通过强化风险识别与安全方案论证，严格安全条件验收制度，确保万无一失后实施下道工序。开展安全日常巡检、专项检查相结合等措施，工程建设安全总体可控。

3. 科技创新

三项中国铁路总公司科研课题通过结题验收，其中两项为“A”级；形成国家专利64项（42项已授权）、国家级软件著作权3项、技术条件3项、部级工法3项；发表科技论文150篇。

4. BIM技术应用

开展BIM技术应用，提高了建设管理信息化水平。推行BIM全生命周期运用，形成大数据，为后期运维提供数据支撑。

存在问题

截至2018年8月31日，主航道桥施工过程中，由于河床地质复杂、异物较多，下沉障碍巨大，导致主航道桥沉井施工较计划工期滞后8个月。

实施单位

单位类别		单位名称
建设单位		沪通长江大桥建设指挥部
设计单位		中铁大桥勘测设计院集团有限公司
施工图审核单位	联合体	铁科院（北京）工程咨询有限公司
		中铁工程设计咨询集团有限公司
		中国铁路设计集团有限公司
施工单位		中交第二航务工程局有限公司
		中铁大桥局集团有限公司
监理单位	联合体	铁四院（湖北）工程监理咨询有限公司
		中铁大桥局集团有限公司
第三方检测单位		山东广信工程试验检测集团有限公司
		中钢集团郑州金属制品研究院有限公司
		武汉华中科大土木工程检测中心
		上海同纳建设工程质量检测有限公司

▲ 位移量（2000毫米）伸缩调节器

（供稿：沪通长江大桥建设指挥部）

新建盐城至南通铁路工程

基本情况

新建盐城至南通铁路（以下简称盐通铁路）位于江苏省盐城市、南通市境内，线路北起盐城站，向南经盐城市所辖的大丰区、东台市，南通市所辖的海安县、如皋市、通州区，引入南通西站，正线全长156.69公里，桥梁占线路总长的93.4%。

新建南通上下行联络线，单线长度13.73公里；新建南通动车所，动车走行线长度4.83公里。

全线设车站6个。其中，盐城站为新建徐州至淮安至盐城铁路工程（以下简称徐宿淮盐铁路）的在建站，新建中间站2处（大丰、如皋南），引入并改建既有新长线车站2处（东台、海安），引入在建沪通铁路南通西站。新建国道村、平东线路所2座，新建南通动车运用所1座。总工期48个月。

设计速度：盐城站—国道村线路所段350公里/小时；国道村线路所—南通西段250公里/小时。

轨道形式：盐城站—国道村线路所段采用CRTSⅢ型板式无砟轨道，国道村线路所—南通西段采用有砟轨道。

审批依据

《国家发展改革委关于新建盐城至南通铁路可行性研究报告的批复》（发改基础〔2017〕1840号）。

《中国铁路总公司、江苏省人民政府关于新建盐城至南通铁路初步设计的批复》（铁总鉴函〔2017〕845号）。

建设意义

1. 打造沿海大通道

盐通铁路北接在建徐宿淮盐铁路、青盐铁路，南连在建沪通铁路和既有宁启铁路及规划通苏嘉城际铁路，与徐宿淮盐铁路、沪通铁路共同构成京沪通道的重要辅助通道。盐通铁路是国家沿海大通道的重要组成部分，也是串联“一带一路”建设和长江经济带国家战略的重要交通 脉络。

▲ 盐通铁路4标东台拌和站

▲ 开工动员会

▲ 盐通铁路东台制梁场

2. 促进沿线城市经济流动

盐通铁路的建设对贯彻国家沿海发展战略和长江经济带发展战略，加快构建沿海高速铁路通道，增进沿线城市间的交流合作和经济要素流动，促进江苏北部地区融入长三角具有重要意义。

工程进度

该工程于2017年12月28日开工，计划2022年4月竣工开通。截至2017年12月底，盐通铁路获得先行用地批复，永久用地组卷已报送国土资源部审批，完成银行授信、开工报告核备、指导性施组编制、站前施工图设计等开工准备工作，完成投资5亿元，无实体工程投资。

投资主体

新建盐城至南通铁路由苏北铁路有限公司作为法人负责工程建设和资产管理。

该工程可行性研究报告批复总投资262.8亿元。其中，资本金113亿元，中国铁路总公司出资34.2亿元，使用企业自有资金等；江苏省人民政府出资78.8亿元（含征地拆迁费用约37.1亿元）。另有36.8亿元出资由江苏省承担（含征地拆迁费用约5亿元、大丰站单列投资3.5亿元）。涉及江苏省的出资由江苏省级财政及沿线地市财政资金承担；征地拆迁费用依照国家及地方政府有关规定，经出资各方认可后计入地方股份。资本金以外资金使用国内银行贷款解决。

实施单位

单位类别	单位名称
建设单位	苏北铁路有限公司
工程总承包单位	中国铁路设计集团有限公司
站前施工单位	中铁四局集团有限公司 中铁广州工程局集团有限公司 中铁十一局集团有限公司 中铁北京工程局集团有限公司 中铁三局集团有限公司 中交第二航务工程局有限公司 中铁二十四局集团有限公司 中铁九局集团有限公司
监理单位	上海华东铁路建设监理有限公司 成都西南交大工程建设咨询监理有限责任公司 中铁一院集团南方工程咨询监理有限公司 中铁济南工程建设监理有限公司

（供稿：中国铁路上海局集团有限公司）

新建连云港至徐州铁路工程

基本情况

新建连云港至徐州铁路途经江苏省连云港市的海州区、东海县，徐州市的新沂市、邳州市、铜山区、经济开发区。线路全长180.03公里，其中连云港境内54公里、徐州市境内126.03公里。

全线设连云港站（设动车存车场）、东海站、新沂南站、邳州东站、大许南站（预留站）和后马庄站6个车站。其中，后马庄站为接轨站，属徐宿淮盐铁路工程，连云港站为始发站，其余为中间站。工程建设总工期42个月。

主要技术标准：铁路等级为高速铁路；正线数目是双线；速度目标值350公里/小时；最小曲线半径，一般地段7000米，困难地段5500米；限制坡度20‰，困难地段30‰；牵引种类为电力；到发线有效长度650米；列车运行控制方式为自动控制；行车调度指挥方式采用综合调度集中。

建设意义

1. 构建“四纵四横”客运交通网络

陇海通道客运专线（以下简称陇海客专）是“四纵四横”客运线网主骨架之一。连云港至徐州铁路位于陇海客专最东段，是陇海大通道的有机组成部分。它的开工建设，对发挥路网主通道整体功能、完善国家干线客运专线网络、加强中西部地区最便捷出海通道建设，意义重大。

该工程西接郑徐客运专线、京沪高速铁路，是完善区域路网结构的关键区段。建成后，将大幅提升主通道运输能力和质量；提升路网连通度和灵活机动性；提高铁路客运市场竞争力，对完善交通网络起到重要作用。

2. 充分发挥路网系统效能

新建连云港至徐州铁路不仅是陇海兰新客运专线最东段线路，也是沿海铁路沟通陇海客运专线的必经路段。该工程的建设从根本上改变了既有连徐铁路通道处于路网末端的格局，将其转变成为区域快速客运规划路网的重要组成部分。

陇海客运专线西安至郑州段已开通运营，兰州至西安、郑州至徐州段正在加快建设，沿海铁路青岛至连云港、连云港至盐城段也已开工建设。因此，该工程对完善区域快速铁路骨干线网、尽早发挥路网系统效能，具有重要意义。

3. 促进沿东陇海区域经济发展

该工程沿线地区属于全国21个主体功能区中的东陇海功能区，已整体纳入长三角经济区，区位条件良好，具有较好的发展空间。但由于该地区经济社会发展、城镇化等在江苏省尚处于相对落后水平，既有连云港至徐州铁路为尽头式，建设及运营标准偏低，客车开行对数少，难以充分满足地区客运需求。

该工程的建设直接连通连云港与徐州及其以西、以北广大地区的众多中心城市，建成后将充分满足该地区的客运需求，促进沿东陇海区域经济社会发展，对加快建立起更为现代化、高效率、强辐射的综合交通体系起到积极的推动作用。

4. 提高国土开发效率

铁路在各种交通运输方式中，占地少、污染小、能耗低，是公认的绿色交通出行运输方式。该工程沿线地区人口密集，人均土地面积不足全国平均水平的25%，土地开发密度高，资源环境承载能力弱。

新建连云港至徐州铁路工程，不仅能够较好地满足沿线地区对铁路运输的需求，促进区域经济协调发展，而且有利于节约土地资源，营造良好的生态环境。

审批依据

《国家发展改革委关于新建连云港至徐州铁路可行性研究报告的批复》（发改基础〔2016〕1979号）。

《关于报送新建连云港至徐州铁路可行性研究报告的函》（铁总计统函〔2016〕597号）。

《关于补充报送新建连云港至徐州铁路可行性研究报告的函》（铁总办计统函〔2016〕287号）。

投资主体

新建连云港至徐州铁路工程初步设计概算投资260.99亿元，其中静态投资223.11亿元、建设期贷款利息11.77亿元、动车组购置费25.9亿元、铺底流动资金2160万元。投资比例为中国铁路总公司30%，江苏省70%。资本金占50%。

江苏省承担部分工程投资及境内段征地拆迁工作和费用，出资98.1亿元。陇海线既有邳州站客运设施搬迁工程投资约1.5亿元，由邳州市政府承担（不计入地方股份）。其余资本金42亿元由中国铁路总公司负责筹措。资本金以外的资金使用国内银行贷款。

工程进度

该工程于2017年7月1日开工，计划2020年12月31日竣工。

线下工程：2018年1月1日—2019年4月25日；架梁：2018年5月1日—2019年11月23日；无砟轨道：2019年4月1日—2020年3月31日；铺轨：2020年4月1日—2020年7月15日；站房：2019年1月1日—2020年7月15日，进入概念设计阶段；四电：2019年4月1日—2020年7月15日；竣工验收开始时间和结束时间：2020年8月15日—2020年11月30日。

▲架桥机过孔架梁

▲连续梁节段预制存梁

该工程已完成年度投资36.12亿元，开累完成投资56.12亿元，完成总投资21.5%。

各工程完成情况：路基工程15%，桥梁工程13%（制梁完成9.37%，架梁完成0.57%），轨道工程0%，站房工程0%，四电工程0%。征地开累完成81.6%，房屋拆迁开累完成53.3%，三电迁改开累完成5.1%。总体进展相对批复指导滞后6个月。

存在问题

1. 征地拆迁影响连续梁施工6个月

全线征地开累完成81.6%，房屋拆迁开累完成53.3%，拆迁企业完成9%。东海、新沂、邳州城区拆迁工作6月份启动，7月份完成，较原计划滞后1个月。

全线特殊结构61处，进场40处，征拆影响未进场13处。工程进度较原计划交付红线用地滞后工期6个月。

剩余居民房屋的拆迁已启动，企事业单位的拆迁未有进展，无法按时间要求交付用地。

▲现场连续梁挂篮施工

指挥部积极协调江苏省铁路办，督促徐州市、连云港市政府加快征拆进度，保证征拆资金及时、足额到位。

2. “三电”迁改目前影响5.5个月

全线“三电”迁改1362处，其中35千伏及以上高等级电力线路88处。目前，低压及通信线路仅迁改70处，占5.14%，35千伏及以上高等级电力线路88处均未启动。由于迁改未能按计划完成，造成连云港特大桥DK5+767跨204国道、东海特大桥DK69+635跨323省道、DK73+050跨G2高速公路、新沂特大桥DK90+577跨墨河等8处连续梁无法进场施工。

指挥部积极协调江苏省铁路办，发函说明“三电”迁改未按计划完成对连徐铁路工程进度工期的影响，并就相关迁改的信息进行了说明，请求加大迁改力度。协调徐州市、连云港市政府督促“三电”产权单位落实迁改时间，尽快交付用地，督促电力公司尽快按照迁改计划进行迁改施工，以期全面开工。

实施单位

单位类别	单位名称
建设单位	中国铁路上海局集团有限公司 徐州铁路枢纽工程建设指挥部
设计单位	中铁第四勘察设计院集团有限公司
施工单位	中铁四局集团有限公司 中铁北京工程局集团有限公司 中铁二十四局集团有限公司 中铁十二局集团有限公司
监理单位	上海华东铁路建设监理有限公司 铁四院（湖北）工程监理咨询有限公司 内蒙古沁原工程建设监理有限责任公司 上海先行建设监理有限公司

（供稿：中国铁路上海局集团有限公司）

新建杭州至温州铁路义乌至温州段工程

基本情况

新建杭州至温州铁路（以下简称杭温铁路）一期工程义乌至温州段，新建线路从既有沪昆高速铁路义乌站引出，经金华义乌市、东阳市、磐安县，台州仙居县，温州永嘉县，引入既有甬台温铁路永嘉（温州北）站，利用甬台温铁路延伸至温州南站。新建横店、磐安、仙居、楠溪江4座车站，改建义乌、永嘉（温州北）、温州南3座车站，同步配套建设温州南动车运用所。新建正线长201.15公里，其中运营里程197.76公里（永嘉—横店152.18公里，横店—义乌45.58公里），设计行车速度为350公里/小时。

2015年12月，杭温铁路被国家发展和改革委员会列入首批社会资本投资铁路示范项目。2017年5月，《杭温铁路混合所有制改革试点企业方案》获国家发展和改革委员会批复，该路被国务院列为第一批混合所有制改革试点。该工程拟采用BOOT模式运作，合作期34年，建设期4年。

审批依据

《国务院关于支持铁路建设实施土地综合开发的意见》（国发〔2014〕37 号）。

《国务院关于创新重点领域投融资机制鼓励社会投资的指导意见》（国发〔2014〕60号）。

《国家发展改革委关于做好社会资本投资铁路项目示范工作的通知》（发改基础〔2015〕3123号）。

《浙江省人民政府办公厅关于推广运用政府和社会资本合作模式的指导意见》（浙政办发〔2015〕9号）。

《国家发展改革委关于印发<传统基础设施领域实施政府和社会资本合作项目工作导则>的通知》（发改投资〔2016〕2231号）。

《国家发展改革委关于新建杭州至温州铁路义乌至温州段核准的批复》（发改基础〔2016〕2697号）。

《浙江省财政厅、浙江省发展和改革委、中国人民银行杭州中心支行关于在公共服务领域推广政府和社会资本合作模式的实施意见》（浙财金〔2016〕13号）。

《财政部关于规范政府和社会资本合作（PPP）综合信息平台项目库管理的通知》（财办金〔2017〕92号）。

《省发展改革委关于印发〈浙江省传统基础设施领域实施政府和社会资本合作实施细则（试行）〉的通知》（浙发改投资〔2017〕251号）。

建设意义

杭温铁路工程，既是国务院首批9个“混合所有制改革试点项目”中唯一的铁路项目，也是国家发展改革委首批8个“社会资本投资铁路示范项目”之一。它的开工建设对推动中国铁路创新改革意义重大。

1. 推动沿线区域经济快速发展

该工程是浙江省投资改革创新重大项目，是“大通道”战略十大标志性工程。杭温铁路建成后，将把长三角、江淮城市群、杭州都市区、浙东南都市区和温州都市区等众多城市群紧密串联，形成一条从长三角核心区域辐射浙江东南地区的骨干城际轨道交通线，对完善国家高速铁路运输网络与区域干线高速铁路网，打造浙江省 “一小时”交通，促进长三角城市群联动发展具有极为重要的作用。

该工程的建设，对推进沿线地区开发，促进浙江省内区域优势互补，特别是对温州、金华、台州地区加快融入长三角核心区域，实现均衡发展具有深远的影响。

2. 完善铁路投资环境

杭温铁路作为国务院第一批混合所有制改革试点项目，集产权制度创新和投融资创新融合试点为一体，对培育发展铁路领域混合所有制企业，提高铁路资产配置、运行效率和经营效益，进一步鼓励和扩大社会资本对我国铁路事业的投资和参与，拓宽铁路投融资渠道，完善铁路投资环境，打通社会资本投资建设铁路“最后一公里”，促进铁路行业市场化改革、铁路体制的深化改革，推动铁路事业快速发展具有重要意义。

投资主体

2018年6月27日，浙江省人民政府与百盛联合集团有限公司成功签署杭温铁路国家混合所有制改革和PPP示范项目合作协议，百盛联合集团有限公司正式成为杭温铁路唯一社会投资人和绝对控股单位。

根据杭温铁路项目PPP实施方案，一期工程混改和PPP项目投资约310亿元（不包括温州南动车所、土地综合开发费用等），资本金定为98.06亿元，约占工程总投资的30%。百盛联合集团有限公司在项目公司占股51%，其他政府股东方等占股49%。

工程进度

工程施工图已完成设计和咨询，正在等待主管单位出具审查意见。

该工程初步设计方案及节能评估、文物考古调查意见、公路交叉安全评估、通航论证、水土保持、环境影响评价、防洪影响评价等7个专题均已获上级相关部门批复。

各地政府已陆续启动征地拆迁基础性工作，得到沿线群众大力支持。全线占用“永农”论证已顺利通过，沿线6个县（市、区）勘测定界已完成，土地组件报批全面展开。

新技术应用

工程方创新性地提出“一条高铁线、两条经济带、七座高铁新城”的构想，依托杭温铁路，通过连接南北的黄金旅游通道，形成一条贯穿浙江南北的“康养文旅”经济带；依托杭州、温州两座区域中心城市的辐射，结合杭温间各个区域的经济特点，形成一条工业产业融合优化发展的经济带；依托义乌、横店、磐安、仙居、楠溪江、永嘉和温州南七座高铁站，打造七座真正实现产城融合的高铁新城，实现“一线两带七新城”协同发展。

实施单位

单位类别	单位名称
建设单位	百盛联合杭温铁路有限公司
设计单位	中铁第四勘察设计院集团有限公司
咨询单位	中铁第五勘察设计院集团有限公司

项目评估

该工程整体进展顺利，工程公司已经完成工商注册，开工建设前的各项准备工作基本就位，正在力争尽快实现控制性工程开工建设。

存在问题

杭温铁路一期工程正在前期推进过程中，尚未发现重大的施工建设等问题。

【BOOT】即建设—拥有—经营—转让。由私人或集团融资建设基础产业。工程完成后，在规定期限内拥有所有权及经营权，期满后将项目移交给政府。

【BOOT与BOT、BOO的区别】BOT项目的所有权并不移交给私人，是一种很低的私有化程度；BOOT项目是指私人在一定有限的时间内拥有所有权，代表一种居中的私有化程度；BOO项目是指设施没有任何时间限制地被私有化并转移给私人，代表的是一种最高级别的私有化。

由于基础设施建设使用公共资源，直接对社会产生影响，因此基础设施的私有化是极其重要的问题。

【混合所有制改革】混合所有制改革是20世纪90年代提出的改革方案，目的是引入民资促进生产力发展。20世纪90年代开始，我国允许国内民间资本和外资参与国有企业改组改革，经济改革的实践证明，混合所有制能够有效促进生产力发展。1992年中国改革开放后正式引入民资。

混合所有制改革需坚持以下两点：

(1) 发展混合所有制必须坚持公有制主体地位。要在企业层面坚持公有资本的控股地位或支配地位，加快建立现代企业制度，夯实基本经济制度的微观基础。

(2) 积极推进混合所有制经济发展。积极发展混合所有制经济是增强国有经济活力、控制力、影响力的有效途径；有利于国有资本放大功能、保值增值、提高竞争力；有利于各种所有制资本取长补短、相互促进、共同发展。

21世纪以来混合所有制改革发展历程：

2013年11月9日，十八届三中全会《决定》提出“积极发展混合所有制经济”。

2014年，《政府工作报告》进一步提出“加快发展混合所有制经济”。国企民企融合成为新一轮国资国企改革重头戏。

混合所有制经济在我国出现和发展，主要源于国有企业改革，源于寻找国有制同市场经济相结合的形式和途径。其有利于国有资本放大功能、保值增值、提高竞争力，有助于“走出去”，是国资国企改革的重要支撑。

然而，经过多年股份制改造，虽然很多国企早已变成混合所有制，国资占比已较低，政府干预仍无处不在，公司治理上不达标。

2016年，国有企业混合所有制改革一直在稳妥推进，且已建立起日趋完善的政策体系，在实践领域也有积极进展。截至2016年底，中央企业混合所有制企业户数占比已达到67.7%，一半以上的省级地方监管企业及各级子公司中混合所有制企业数量占比也超过了50%。

但也应该看到，无论是在理论认知层面，还是在实践操作层面，混合所有制改革仍存在一些误区，围绕混合所有制改革的争论也一直没有停止。只有走出误区，混合所有制改革才能更好地推进，取得应有的积极效果。

2017年，国企改革尤其是地方国企改革，呈现出全面提速的状态。国企改革进入深水区，混合所有制改革步伐势必将进一步加快。同时，好的政策更需要执行力，推动各项改革举措落地开花。元旦刚过，国企改革领域出现标志性事件，中国铁路总公司和云南白药接连发出混合所有制改革的声音。

（供稿：百盛联合杭温铁路有限公司）

新建杭州经绍兴至台州铁路工程

基本情况

新建杭州经绍兴至台州铁路（以下简称杭绍台铁路）利用既有杭州至宁波高速铁路，新建线路，从绍兴北站引出，经绍兴市越城区、上虞、嵊州、新昌和台州市天台、临海、椒江、路桥、温岭县（市、区），引入既有宁波至温州高速铁路温岭站，全长266.9公里。全线共设9座车站。建设工期4年。

审批依据

《国家发展改革委关于新建杭州经绍兴至台州铁路核准的批复》（发改基础〔2016〕2516号）。

《关于新建杭州经绍兴至台州铁路全线初步设计的批复》（浙发改设计〔2018〕34号）。

建设意义

1. 打造综合交通网重点工程

杭绍台铁路是国家首批八个社会资本投资铁路示范工程之一，是中国第一条民营控股的高速铁路。党的十九大前夕，该工程作为唯一的社会资本投资案例入选央视政论片《将改革进行到底》，并经中共中央批准载入《党的十八大以来大事记》。同时，杭绍台铁路被国家发改委列入综合交通网规划，是浙江省“一小时交通圈”和实施“八八战略”全省大通道建设的重点工程。

2. 带动经济全面发展

该工程的开工建设，有利于贯彻落实浙江省委“十三五”发展规划，改善区域交通基础设施；促进长江三角洲城市群联动发展，实现温台城市群融入“长江经济带”和“一带一路”建设；促进沿线旅游业发展，构建美丽经济交通走廊；对消除无铁县，冲出经济洼地，引领沿线地区经济社会转型发展，实现浙江省全面建成小康社会的长远目标具有重要作用。

3. 促进铁路事业快速发展

杭绍台铁路的成功落地，是我国铁路改革发展史上具有里程碑意义的大事。它的开工建设充分发挥了社会资本投资铁路示范工程的带动作用，标志着我国铁路投融资体制改革迈入新阶段，对拓宽铁路投融资渠道，改善投资环境，打通社会资本投资建设铁路“最后一公里”，促进铁路事业快速发展具有重要的示范意义。

投资主体

杭绍台铁路按照创新投融资方式，培育多元投融资主体、市场化运作的原则，由浙江省按PPP模式运作，积极吸引民营企业等共同筹资建设。2017年9月11日，浙江省人民政府与复星国际有限公司牵头的民营联合体正式签署《杭绍台高铁PPP项目投资合同》。

建设资金由复星国际有限公司牵头的民营联合体、中国铁路总公司、浙江省交通投资集团有限公司、台州市、绍兴市共同筹措。

该工程总投资448.9亿元，其中工程投资432.9亿元、动车组购置费16亿元。资本金占总投资的30%，计134.7亿元。资本金以外的资金使用国内银行贷款。

工程股比为：复星国际有限公司牵头的民营联合体51%，中国铁路总公司15%，浙江省交通投资集团有限公司13.6%，台州市10.2%，绍兴市10.2%。

工程进度

截至2018年10月31日，投资累计66.38亿元。全线正线路基95个工点，已开工15个，完成土石方50.1万立方米；桥梁70座，已开工30座，完成桩基4423根、承台212个、墩身80个；隧道56条，已开工30条，完成开挖支护4909米、二衬1608米。

▲椒江特大桥

▲工人焊接

实施单位

单位类别	单位名称	标段
建设单位	杭绍台铁路有限公司	
可研，初步设计单位	中铁第五勘察设计院集团有限公司	
施工图审核单位	中铁第六勘察设计院集团有限公司	
地质勘察监理单位	中铁工程设计咨询集团有限公司	
EPC工程总承包单位	中国铁路设计院集团有限公司	
EPC分包施工单位	中铁三局集团有限公司、浙江交工集团股份有限公司联合体	HSTZQ-1标
	中国铁建大桥工程局集团有限公司、宏润建设集团股份有限公司联合体	HSTZQ-2标
	中铁十八局集团有限公司	HSTZQ-3标
	中铁一局集团有限公司	HSTZQ-4标
	中铁十一局集团有限公司	HSTZQ-5标
	中铁大桥局集团有限公司	HSTZQ-6标
	中铁四局集团有限公司	HSTZQ-7标
	中铁隧道局集团有限公司	HSTZQ-8标
施工监理单位	武汉桥梁建筑工程监理有限公司、浙江明康工程咨询有限公司联合体	HSTJL-1标
	上海华东铁路建设监理有限公司	HSTJL-2标
	铁四院（湖北）工程监理咨询有限公司	HSTJL-3标
	中铁一院集团南方工程咨询监理有限公司	HSTJL-4标
	天津路安工程咨询有限公司、广东穗芳工程管理科技有限公司联合体	HSTJL-5标
	上海先行建设监理有限公司	HSTJL-6标
	四川铁科建设监理有限公司	HSTJL-7标
第三方检测单位	甘肃交达工程检测科技有限公司	HSTJC-1标
	北京铁城信诺工程检测有限公司	HSTJC-2标
	武汉铁辰工程检测有限公司	HSTJC-3标

（供稿：杭绍台铁路有限公司）

新建商丘至合肥至杭州铁路安徽段工程

基本情况

新建商丘至合肥至杭州铁路（以下简称商合杭铁路）是国家重点铁路工程，起于河南省商丘市，途经安徽省亳州、阜阳、淮南、合肥、巢湖、芜湖、宣城市经浙江省湖州市至杭州市，线路全长约770公里。

审批依据

《关于新建商合杭铁路芜湖长江公铁大桥及相关工程初步设计的批复》（铁总办函〔2014〕1322号）。

《国家发展改革委关于新建商丘至合肥至杭州铁路可行性研究报告的批复》（发改基础〔2015〕948号）。

建设意义

目前全国铁路网中华东地区南北通道主要有京沪通道和华东二通道。京沪通道沿线经济比较发达、交流频繁、客货旺盛，仅依靠京沪通道已不能满足华东地区南北向运输需求。

因此，建设商合杭铁路是提高华东二通道运输质量和运输能力，完善区域快速客运网络的需要。

1. 完善区域快速客运网络

商合杭铁路的建设将中原地区、皖江城市带和长三角地区紧密联系在一起，构建安徽省乃至中原地区至杭州市、上海市等长三角地区的便捷快速通道，建成后主要承担皖浙与中原、西北、华北及沿线客货交流，成为两淮煤炭基地的主要运输通道，缓解华东地区南北向运输压力大，京沪通道无法满足运输需求的状况。

2. 推动示范区建设和区域联动发展

商丘乃至中原地区是我国人口密集区，具有丰富的物产资源和劳动力资源，是承接东部地区产业转移的重点区域，发展潜力大。建设商合杭铁路，对推进长三角区域发展分工合作，加快皖江城市带承接产业转移示范区建设和区域联动发展意义重大。

▲ 商合杭铁路芜湖长江公铁大桥（施工图）

▲ 商合杭铁路芜湖长江公铁大桥

3. 构建现代城镇体系

商合杭铁路连接豫皖浙三省，途经商丘、亳州、阜阳、淮南、合肥、巢湖、芜湖、宣城、湖州、杭州10个重要城市，沿线城镇广布、人口密集，是重要的城镇带和交通走廊。因此，该工程的建设可促进沿线城镇化进程，加快构建现代城镇体系。

投资主体

商合杭铁路由中国铁路总公司会同河南、安徽、浙江三省合资建设，投资预估算总额960.8亿元，其中静态投资704亿元、建设期贷款利息48亿元、铺底流动资金0.7亿元、动车组购置费80亿元。

芜湖长江公铁合建大桥公路部分投资由安徽省筹措（公铁合建大桥公铁分摊比例在可研阶段确定）。其余资本金占总投资的50%。

其中，河南、安徽、浙江三省负责境内征地拆迁工作及费用，征地拆迁费用经各方认可后计入地方股份；剩余资本金由中国铁路总公司筹措，使用铁路建设基金和铁路企业自有资金。资本金以外的50%使用银行贷款。

商合杭铁路出资各方按照《中华人民共和国公司法》共同组建有限责任公司，负责项目建设和经营管理。

工程进度

1. 投资完成情况

2018年计划完成190亿元。截至2018年9月底，年累计完成投资153亿元，占年度计划的81%。

开累完成投资584亿元，占总投资的64%，剩余投资规模329亿元。

2. 工程进展情况

截至2018年9月底，开累路基完成96%；桥梁完成95%（制梁完成99%，架梁完成98%，连续梁合龙90%）；隧道完成79%；无砟轨道底座完成36%，CRTSIII板铺设完成19%；四电工程完成15%；站房基础完成45%。工程总体进展与批复施组基本相同。

新技术应用

工程主要采用两项国内外领先的技术工艺。

▲ 商合杭铁路阜阳西站

▲ 商合杭铁路淮河特大桥（施工图）

（1）运用国内先进的双轨快速定量装车系统，即铁路装车楼工艺，整列火车装车精度可以达到±0.1%。

（2）使用国内先进的干雾除尘技术，可最大限度地抑制现场粉尘，改善作业环境，提高港区空气质量。

实施单位

单位类别	单位名称	标段
建设单位	京福铁路客运专线安徽有限责任公司	
设计单位	中国铁路设计集团有限公司	
	中铁大桥勘测设计院集团有限公司	
	中铁第四勘察设计院集团有限公司	
监理单位	中国铁道科学研究院集团有限公司	SHJL-1标
	上海先行建设监理有限公司	SHJL-2标
	武汉桥梁建筑工程监理有限公司	SHJL-3标
	铁道部第二勘察设计院集团有限公司（现已更名中铁二院工程集团有限责任公司）	SHJL-4标
	北京中铁诚业工程建设监理有限公司	SHJL-5标
	中铁第一勘察设计院集团有限公司	SHJL-6标
	中铁第四勘察设计院集团有限公司	SHJL-7标
	上海华东铁路建设监理有限公司	SHJL-8标
	北京铁研建设监理有限责任公司	SHJL-9标
	中铁济南工程建设监理有限公司	SHJL-10标
	中铁武汉大桥工程咨询监理有限公司	SHJL-11标
	天津新亚太工程建设监理有限公司	SHJL-12标

施工单位

单位名称	标段
中铁大桥局集团有限公司	SHZQ-1标
中铁二十一局集团有限公司	SHZQ-2标
中铁电气化局集团有限公司	SHZQ-3标
中铁十八局集团有限公司	SHZQ-4标
中铁隧道局集团有限公司	SHZQ-5标
中交隧道工程局有限公司	SHZQ-6标
中铁十九局集团有限公司	SHZQ-7标
中铁北京工程局集团有限公司	SHZQ-8标
中交第三航务工程局有限公司	SHZQ-9标
中铁八局集团有限公司	SHZQ-10标
中铁上海工程局集团有限公司	SHZQ-11标
中铁十一局集团有限公司	SHZQ-12标
中铁四局集团有限公司	SHZQ-13标
中国铁建大桥工程局集团有限公司	SHZQ-14标
中铁三局集团有限公司	SHZQ-15标
中铁六局集团有限公司	SHZQ-16标
中铁二十四局集团有限公司	SHZQ-17标
中铁十七局集团有限公司	SHZQ-18标
中铁北京工程局集团有限公司	SHZF-1标
中铁建工集团有限公司	SHZF-2标
中国建筑一局（集团）有限公司	SHZF-3标
中铁上海工程局集团有限公司	SHZF-4标
中铁四局集团有限公司	SHZF-5标
中铁建设集团有限公司	SHZF-6标
中国铁建电气化局集团有限公司	SHSD-1标
中铁电气化局集团有限公司、中国铁路通信信号股份有限公司联合体	SHSD-2标
通号通信信息集团有限公司	KFXF-1标
北京经纬信息技术有限公司	KFXT-2标

（供稿：京福铁路客运专线安徽有限责任公司）

新建庐江至铜陵铁路工程

基本情况

新建庐江至铜陵铁路（以下简称庐铜铁路）位于安徽省中南部，线路自既有合九线柯坦站引出，经合肥市庐江县、芜湖市无为县，与合福高速铁路共桥跨过长江至铜陵市义安区境内，在钟鸣站与既有芜铜线接轨。线路全长115.88公里，技术经济指标5528.49万元/正线公里。

全线共设9个车站，包括利用既有车站2个，新建车站7个，其中龙桥、无为南办理客货运业务，其余车站为会让站，同时增设合九线金牛站。

主要技术标准：庐铜铁路为国铁单线I级铁路（预留双线），设计时速120公里（预留160公里），内燃机车牵引（预留电化条件）。

▲标准化钢筋加工厂

▲安徽旌阳·江桥流云

主要工程：大中桥34座49.11公里，简支T梁1379孔，明洞隧道1条0.46公里，路基65.8公里；正线铺轨113.36公里，联络线铺轨2.55公里，站线铺轨22公里，铺设道岔74组；生产及生活房屋2.25万平方米。

工程方在建设和施工过程中逐步积累铁路建管经验，探索自主建设铁路新模式。该工程已成为安徽地方铁路建设管理的“练兵场”“试验田”，国家铁路局曾两次赴庐铜铁路调研建设管理情况。

审批依据

《关于新建庐江至铜陵铁路项目建议书的批复》中华人民共和国铁道部、安徽省人民政府（铁计函〔2010〕1680号）。

▲ 监理在施工现场进行技术指导

《关于新建庐江至铜陵铁路可行性研究的批复》中国铁路总公司、安徽省人民政府（铁总计统函〔2013〕717号）。

建设意义

庐铜铁路是华东区域铁路“第三通道”，对构筑北煤南运，加快皖江城市发展，完善区域路网布局具有重要意义。

1. 承载安徽铁路建设使命

庐铜铁路是国家铁路投资体制改革以来安徽省自主建设的第一条控股铁路工程，在安徽省乃至全国都走在地方政府自主建设铁路工程前列。

随着国家铁路投融资体制改革不断深化，在地方自主投资建设的大趋势下，该工程不仅是探索安徽省铁路建设、运营和发展的重要载体，同时还承载着为安徽省铁路事业发展积累经验、培养人才、树立信心、探索创新的历史使命。

2. 促进城市经济发展

建成后的庐铜铁路已成为安徽省新的煤炭和矿产资源运输通道，促进了“两淮”亿吨级煤炭生产基地建设、庐南等大型矿产资源开发和沿江工业带的发展。

该工程也是皖北、合肥等地通江达海的港口连接线，承担着沿江、沿海货物北上运输的重任，对加速区域产业布局、带动沿线地方经济发展、方便人民群众出行意义重大。

3. 助力安徽铁路事业的发展

在施工过程中，工程方科学管理，带领全体参建员工牢固树立服务现场的工作理念，坚持依法合规和平等协商的工作原则，着力解决现场存在的问题，妥善处理路地关系，推进工程建设进度，保证工程质量，助力安徽省铁路事业快速发展。

4. 创新铁路建设征迁新模式

该工程施工进展顺利，圆满完成既定的投资和建设任务；工程方加强安全管理，开工以来未发生任何生产安全和工程质量事故；树立服务意识，构建新型、平等的甲乙双方关系，为施工单位提供保姆式的服务，最大限度满足地方政府和群众的合理诉求，建立了路地和谐的沟通协调机制。

实施单位

单位类别	单位名称
建设单位	安徽庐铜铁路有限公司
设计单位	中铁第四勘察设计院集团有限公司
施工单位	中铁十七局集团有限公司 中铁四局集团有限公司 中铁十九局集团有限公司 中铁十一局集团有限公司 中铁十二局集团有限公司
监理单位	上海华东铁路建设监理有限公司 中铁二院（成都）咨询监理有限公司

投资主体

该工程投资主体为安徽庐铜铁路有限公司，由安徽省人民政府与中国铁路总公司共同出资组建，注册资本27.11亿元，出资比例为9：1。中国铁路总公司授权中国铁路上海局集团有限公司为出资人代表，安徽省出资由安徽省投资集团控股有限公司与沿线市人民政府按照6：4比例分摊。

2015年，根据国家统一部署，国开发展基金有限公司以人民币3亿元对公司注资，并按原出资比例相应减少省方各股东出资。

工程设计概算总额53.46亿元。资本金以外的资金使用国内银行贷款解决。

工程进度

该工程于2014年7月23日开工建设，开累完成投资51.6亿元，完成总概算的96.52%。其中，征地拆迁12.36亿元；路基8.66亿元；桥涵16.18亿元；隧道及明洞2620万元；轨道2.87亿元；通信及信号1.07亿元；电力8391万元；房屋7516万元；其他生产设备及建筑物7300万元；大临和过渡工程6603万元；其他2.88亿元；基本预备费使用2.13亿元；建设期利息2.2亿元。

▲ 庐铜铁路跃出黄陂湖千亩湖面

截至2018年10月，主体工程全部完成，进入静态验收、动态检测阶段，现已完成相关验收工作，于2018年12月29日正式开通试运营。

该工程建成后，委托中国铁路上海局集团有限公司运营管理。

项目评估

庐铜铁路于2004年开始规划，2014年开工建设，得到国家铁路局的高度认可，在运营准备方面，提前谋划并取得了初步成效，为开通运营打下了良好基础。

▲ 跨合铜高速公路特大桥

（供稿：安徽庐铜铁路有限公司）

新建合肥至福州铁路安徽段工程

基本情况

新建合肥至福州铁路（以下简称合福铁路）是国家重点铁路工程，线路全长813公里。其中，安徽段正线全长340.95公里。正线路基总长60.09公里，占正线总长的17.6%。正线特大、大中桥共计173座，累计长度214.38公里，占正线总长的62.9%。隧道52.5条，长度66.5公里，占正线总长的19.5%。

合福铁路全线共设23个车站，安徽段新建10个车站，分别为长临河、巢湖东、无为、铜陵北、南陵、泾县、旌德、绩溪北、歙县北、黄山北，改建合肥西站，利用在建合肥南站。建设工期4.5年。

审批依据

《关于新建合肥至福州铁路铜陵长江大桥补充初步设计的批复》（铁鉴函〔2010〕1851号）。

《关于新建合肥至福州铁路安徽段合肥西等10座车站站房及相关工程修改初步设计的批复》（铁鉴函〔2012〕1869号）。

建设意义

1. 优化区域铁路网布局

合福铁路向南接入福建省省会福州市，向北通过合蚌高速铁路与京沪高速铁路连接，形成北京至福州的南北高速铁路大干线，进一步提升安徽和福建两省路网质量，使两省融入国家高速铁路网。同时，优化和完善我国高速路网布局，让整个东中部地区各省市和省会城市通过国家高速铁路网联系起来，满足东中部地区客运高速化和快速化的需要。

2. 促进沿线区域经济区发展

合福铁路将皖闽两省与海峡西岸经济区直接联通，大大缩短地区间的行车时间，实现皖闽两省与长三角和海峡西岸经济区的双重联动发展，对促进区域经济协调发展、实施“中部崛起”战略、发展海峡西岸经济区经济有着不可替代的作用。

▲ 高墩身钢筋绑扎操作室

▲ 合福高铁建成后的黄山北站

3. 构筑海峡两岸快速通道

合福铁路是大陆与台湾人民通过福建中转交流的重要铁路通道，对改善海峡两岸的交通条件，推动海峡两岸"三通"，实现两岸社会经济共同发展起到积极作用。

同时，合福铁路是东南沿海与后方全天候的高速铁路通道，也是重要的战备交通通道，对维护两岸和平、安全和稳定具有重大政治军事意义。

4. 助力沿线旅游资源开发

建设合福铁路一方面可根本改善沿线旅客出行状况，实现客运高速化，另一方面可为相关既有线路腾出能力，承担更多货运。同时，对开发沿线资源（特别是旅游资源），优化地区经济布局，改善地区投资环境，意义重大。

投资主体

该工程由铁道部和安徽省、江西省、福建省共同出资建设，资本金占总投资的50%。其中，安徽省、江西省负责境内征地拆迁工作及费用，征地拆迁费用经双方认可后计入工程股份；福建省负责境内资本金的50%，其余资本金由铁道部筹措，使用铁路建设基金和铁路企业自有资金。资本金以外的50%使用银行贷款。出资各方按照《中华人民共和国公司法》共同组建有限公司，负责工程建设和经营管理。

合福铁路安徽段工程总投资484亿元，资本金占总投资的50%，计242亿元。中国铁路总公司出资192亿元，安徽省承担工程征地拆迁工作及费用40亿元，中国铁路发展基金股份有限公司出资10亿元。

工程进度

该工程进展顺利，所有工程已全部完工，顺利通过竣工验收。

实施单位

单位类别	单位名称	标段
建设单位	京福铁路客运专线安徽有限责任公司	
设计单位	中铁第四勘察设计院集团有限公司	
	中铁大桥勘测设计院集团有限公司	
监理单位	铁四院（湖北）工程监理咨询有限公司	HFJL-1标
	中铁一院集团南方工程咨询监理有限公司	HFJL-2标
	铁科院（北京）工程咨询有限公司	HFJL-3标
	中铁武汉大桥工程咨询监理有限公司	HFJL-4标
	北京中铁诚业工程建设监理有限公司	HFJL-5标
	天津新亚太工程建设监理有限公司	HFJL-6标

▲ 建成后的绩溪北站

施工单位

单位名称	标段
中铁四局集团有限公司	HFZQ-1标
中铁建大桥工程局集团有限公司	HFZQ-2标
中铁大桥局集团有限公司	HFZQ-3标
中铁二十四局集团有限公司	HFZQ-4标
中交第三航务工程局有限公司	HFZQ-5标
中铁六局集团有限公司	HFZQ-6标
中铁十一局集团有限公司	HFZQ-7标
中铁隧道局集团有限公司	HFZQ-8标
中铁四局集团有限公司	HFZF-1标
中铁建工集团有限公司	HFZF-2标
中铁十一局集团有限公司	HFZF-3标
中铁建设集团有限公司	HFZF-4标
中铁电气化局集团有限公司、 中国铁路通信信号股份有限公司联合体	HFSD标
通号通信信息集团有限公司	HFXF-1标

新技术应用

该工程在大桥设计和施工过程中通过科研、创新破解了多项世界级技术难题，共取得“一项世界第一、四项国内外领先、七个技术亮点、十八项发明专利”。

▲ 墩身模板脚手一体化施工

▲建成后的铜陵特大桥

1. 一项世界第一

主跨630米为世界在建的公铁两用斜拉桥跨度之首。

2. 四项国内外领先技术

（1）首次采用全焊桁片式钢桁梁。合福铁路铜陵长江大桥成功实现了全焊桁片的制造，对于促进我国钢梁桥由节点拼接向全焊接迈进具有积极的意义。

（2）首次在铁路桥上采用正交异性钢箱桥面结构。合福铁路铜陵长江大桥在弦杆受力较大的区段以及边墩和辅助墩区域采用了正交异性钢箱铁路桥面。铁路桥面采用有顶、底板的结构，顶、底板之间通过横梁和纵向隔板进行连接，形成整体箱形结构。顶、底板分别与主桁下弦杆的上、下盖板纵向焊接。采用箱形铁路桥面增加桥面板的面积，降低主桁所需承担的轴向力，有效减小主桁截面的尺寸。

（3）首次在铁路桥上采用钢绞线斜拉索。针对铁路桥梁活载比例大、拉索疲劳应力幅高的特点，铜陵长江大桥开展疲劳应力幅为250兆帕的斜拉索的应用研究，研发出钢绞线斜拉索单根索力均匀性等值张拉装备，确保单根钢绞线受力均匀；研发出可调式锚具密封装置，确保拉索锚具的水密性。同时，应用先进技术确保PE护套涂油镀锌钢绞线高防腐性能。

（4）首次采用具有组合功能的阻尼装置。大桥设计为纵向飘浮体系，研制了阻尼指数为0.1的新型小阻尼指数阻尼装置。该套阻尼装置能兼顾大桥的抗风、抗震和减振，是一套具有组合功能的纵向支承体系，简化了支承体系结构，最大限度改善了包括梁端伸缩装置、公路伸缩缝、竖向支座本身的工作条件，阻尼装置本身的耐久性也得到了很好的保障。

3. 七个技术亮点

（1）全焊桁片式钢桁梁设计、制造及安装技术。针对包含两个节点、长30米的弦杆制造，研发新的工装，确保弦杆制造与转运过程中的变形控制。研制桁片组拼成套工装，开发桁片组拼及焊接新工艺，确保桁片组拼精度。研究制订桁片验收标准。研制目前国内最大的400吨桅杆起重机，能够对桁片空间位置进行调整，保证桁片安装顺利进行。

（2）大吨位钢桁梁单点顶推施工技术。大桥南岸边跨钢梁，为避免桁片式钢梁杆件上岸及跨大堤陆地运输，采用在4号墩侧提升架设后整体往边跨侧顶推施工的方法；顶推施工采用单点连续顶推方案，具备顶推重量大（约21000吨）、顶推距离长（约331.8米）、顶推跨度大（顶推最大跨度约73米）等特点。

（3）钢桁梁全断面整体合龙技术。全桥共设北岸边跨、主跨跨中两个合龙口，先合龙边跨，后合龙中跨。边跨辅以滑道上的钢梁采用顶落梁、悬臂端钢梁采用调整斜拉索方式实现全断面整体合龙；主跨跨中辅以两岸钢桁梁纵移、桅杆起重机前后移位、部分斜拉索索力调整等措施予以调整，实现钢桁梁全断面整体合龙。

（4）钢绞线斜拉索单根索力均匀性等值张拉控制技术。为了保证单束拉索中每根钢绞线应力满足设计要求，施工中每根斜拉索中单根钢绞线之间的索力误差不超过±2%，成桥（经整体张拉）后每根斜拉索中单根钢绞线之间索力误差不超过±1%，应用智能张拉控制系统等值张拉法控制单根索力均匀性。

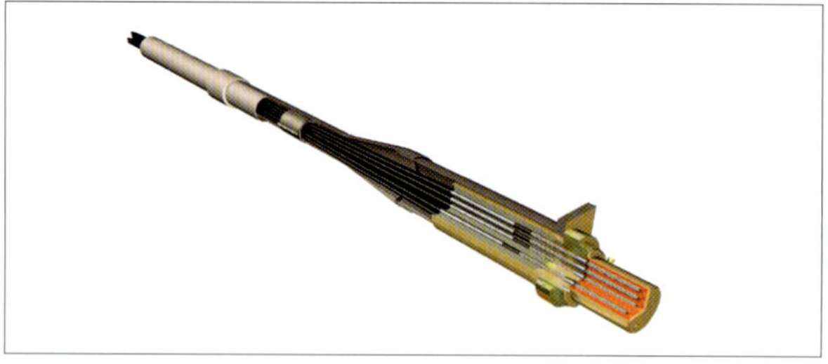

▲ 钢绞线斜拉索组装示意图

（5）斜拉索PE护套涂油镀锌钢绞线高防腐技术。大桥选用优质桥梁用盘条，在钢丝镀锌过程中采用小颗粒木炭进行抹拭、镀后拔工序中应用压力模方式、采用耐老化HDPE塑料粒子生产护套、应用满足钢绞线水密性的涂覆技术等，以确保其高防腐性能，使钢绞线防腐方面达到世界领先水平。

（6）墩身模板脚手一体化施工技术。根据墩身模板脚手一体化施工要求，对20米及以上桥墩均采用墩身模板脚手一体化施工，每一节模板上层布置脚手平台，同时应用分节段制造安装的可以快速灵活倒用施工步梯实现标准化施工；设置与新立墩身内模可靠连接且可灵活倒运的钢筋绑扎接高操作室，加快施工进度，保证操作的安全可靠。

（7）复杂水文地质条件下大型沉井基础施工技术。分别有：①钢沉井整节段制造、运输及接高技术。②侧向定位船定止摆技术。③连通管球阀注水着床技术。④深水贴面爆破技术。

4. 十八项专利及发明

名　称
一种大型钢沉井施工中水平摆动的止摆方法
一种大型钢沉井整节段吊装接高施工方法及设备
铁路无砟轨道钢桁梁正交异性钢箱桥面
铁路无砟轨道多线钢桥的梁端横向联动装置设计
一种大型钢沉井快速注水、着床的施工方法
一种钢桁梁桁片单元和钢桁梁结构及其安装方法
大吨位钢桁梁的顶推施工方法及滑块倒换系统
钢筋绑扎接高操作室及钢筋绑扎接高方法
一种用于桥梁顶推施工的横向限位与纠偏装置
一种大型沉井穿越胶结夹层的施工方法
一种管口伸出塔壁外侧的斜拉桥索导管施工方法
分段后装式斜拉索索导管结构
气举反循环泥浆循环系统
钢桁梁全焊桁片结构
一种空心混凝土桥墩内腔顶模的施工方法
一种墩身模板脚手一体化的施工方法
一种可定位并携带主筋的劲性骨架
一种混凝土浇筑分料设备

（供稿：京福铁路客运专线安徽有限责任公司）

新建安庆至九江铁路江西段工程

基本情况

新建安庆至九江铁路（以下简称安九铁路）江西段工程，线路全长17.1公里，建设内容包括车站1个及九江相关工程（九江动车存车库及动车行走线，改建既有铜九线）。

主要技术标准：铁路等级为高速铁路；正线数目是双线；设计时速350公里；正线线间距5米；最小曲线半径，正线一般地段7000米，困难地段5500米，局部地段限速；最大坡度20‰，个别地段25‰；动车组类型为CRT；到发线有效长度650米；CRTSⅢ型板式为无砟道床；列车运行控制方式是自动控制；行车调度指挥方式为综合调度集中。

审批依据

《国家发展改革委关于新建安庆至九江铁路可行性研究报告的批复》（发改基础〔2016〕2716号）。

建设意义

1. 推动沿线经济发展

安九铁路的建设对“皖江经济带”“环鄱阳湖经济圈”两大区域经济带的发展将起到极大的促进作用，建成后将为沿江经济圈提供良好的交通基础设施，对改善投资环境、促进沿江城市间和经济圈间的商贸往来、对沿线经济互补起到积极的促进作用。

2. 促进沿线旅游资源开发

安九铁路沿线区域分布众多著名旅游景点，如庐山、鄱阳湖、浔阳楼、九华山、牯牛降、升金湖等，建成后将为华东、华中区域提供大运力快速客运通道，为沿线旅游资源的开发奠定坚实的交通基础，提高旅游作为新的经济增长点对GDP的贡献率。同时，便利的交通环境将使周边区域的人来沿线旅游景点进行短期度假成为可能，双休日旅游将成为普遍现象。

3. 改善大别山交通经济条件

安九铁路途经大别山革命老区，建成后将极大改善沿线交通基础设施条件，加强周边地区间的互动，促进大别山革命老区的对外经贸往来，对推动地方资源开发和经济建设具有明显的带动作用。

4. 实现运输通道合理分工

在京九客运专线建成之前，安九铁路北与商合杭客运专线，南与昌吉赣客运专线连通，将形成一条位于河南、安徽、江西三省境内的南北向大运力快速的客运通路，发挥京九客运专线的功能。京九客运专线建成之后，安九铁路又可成为京九客运专线重要的东部辅助通道；同时与宁安城际铁路、武九客运专线连通，形成一条沿江的东西向大运力快速的客运通路，发挥沿江客运通道功能。

工程的实施让区域内东西南北四个方向的快速交流成为可能。另外，安庆至九江通道内有合九线、铜九线主要承担货运，兼顾少量沿途客流，主客流依靠安九线完成，实现了合理分工。

5. 构建区域立体交通网络

安九铁路的实施优化了区域内路网结构，完善了路网布局，使运输质量得到显著改善、运输能力得到极大释放、运行速度得到明显提高，为该线影响区域内的旅客交流和货物运输提供了更加快速、便捷的交通方式，使华东沿江区域与华中、华南、西南地区间的交流又多了一条通路，满足了人们日益增长的高质量出行的需求。

工程进度

截至2018年7月，投资累计完成11.3亿元，完成江西段总投资的20.04%。主要完成情况为：征地累计完成总量的7.15%，房屋拆迁累计完成总量的46.91%；桥梁累计完成总量的6%。

控制工程庐山特大桥左、右线（56+56）米“T”构转体、（64+64）米“T”构转体工期满足施组要求，其他路基、桥梁工程进展满足专业工期要求。

项目评估

1. 工程稳步推进

在各有关部门的支持、指导、帮助下，依法合规推进工程招标工作，新建安庆至九江铁路江西段站前工程于2017年10月23、19日分别完成施工、监理招标。为体现“超前谋划、抓早赶前、快速有序”的思路，公司于2017年10月27日召开安九铁路江西段站前工程中标单位授标、合同（协议）签订暨工程建设动员会，对工程建设快速有序进场及开工，早布置、早安排、早落实。年内拌和站、试验室、钢筋加工场等大临工程施工和征地拆迁工作按施组安排稳步推进。

2. 确保“开工必优、一次成优”

工程按照“巩固、深化、常态”的思路，以安全管理规范化、现场作业标准化、检查整治常态化为抓手，纵深推进标准化管理；同时建立完善一套“实施有标准，操作有程序，过程有控制，结果有考核”的管理制度。在工程建设过程中，把四个支撑手段体现在高标准建设上，并以现场文明施工和标准化作业为重点，实现工装、工艺、工序有序衔接，将工程建设成“精品工程”“安全工程”。

投资主体

安九铁路总投资336.3亿元，资本金占总投资的50%，计168.2亿元。安徽、湖北、江西三省分别承担境内段资本金的50%（含各自承担的征地拆迁费用，按规定程序经各方认可后计入项目股份）。其余资本金由中国铁路总公司负责筹措，使用自有资金等解决。资本金以外的资金使用国内银行贷款。

其中，江西段工程由中国铁路总公司与江西省人民政府合资建设，可研批复投资62.76亿元，初设批复投资56.37亿元。

实施单位

单位类别	单位名称
建设单位	昌九城际铁路股份有限公司
设计单位	中铁第四勘察设计院集团有限公司 中铁第五勘察设计院集团有限公司
施工单位	中铁四局集团有限公司
监理单位	陕西华营工程建设监理有限公司

（供稿：昌九城际铁路股份有限公司）

新建安庆至九江铁路湖北段工程

基本情况

新建安庆至九江铁路（以下简称安九铁路）起于安徽省安庆市，经安庆所辖怀宁县、潜山县、太湖县、宿松县进入湖北省境内，经湖北省黄梅县于蝙鱼洲跨越长江至江西省九江市境内，引入既有庐山站。新建线路建筑长度198.25公里，其中安徽省境内130.14公里、湖北省境内51.01公里、江西省境内17.1公里。

安九铁路湖北段线路从安徽省宿松县境内进入湖北黄梅县后第一次跨越沪渝高速公路后折向西南，于黄梅县城东南方向约3公里附近设黄梅南站，出站后第二次跨沪渝高速公路、福银高速公路，在孔垄镇北侧张官房附近设孔垄北站，出站后依次跨既有合九线、国道105、既有京九线，南下于蝙鱼洲跨越长江，至长江鄂赣省界，最后引入既有庐山站。

湖北省境内正线长度51.01公里；江西段代建工程正线长度1.53公里；孔垄上行联络线6.22公里，下行联络线6.18公里。

长江特大桥位于长江下游河段，拟建桥位南侧位于九江市紫桑区，北侧位于黄梅县，线位距下游已建成通车的长江公路大桥约5.3公里。长江特大桥主航道桥采用双塔双索面混合梁斜拉桥，按四线布置（两线为客运专线，两线为预留货运外绕线），全长1320米。桥跨布置为（50+50+224+672+174+50+50+50）米，是该工程重难点和控制性工程。

主要技术标准：

1. 正线主要技术标准

铁路等级为客运专线；正线数目是双线；设计荷载是ZK活载；设计行车速度350公里/小时；最小曲线半径，正线一般地段7000米、困难地段5500米；最大坡度20‰；动车组类型为CRH动车组；牵引种类为电力；正线线间距5米；道床形式CRTSⅢ型板式为无砟道床，局部地段采用有砟道床。

2. 孔垄上、下行联络线主要技术标准

铁路等级是客运专线；正线数目是单线；设计荷载为ZK活载；设计行车速度160公里/小时；最小曲线半径，一般地段1600米，困难地段1400米；最大坡度20‰；动车组类型为CRH动车组；牵引种类是电力；道床形式是有砟道床。

3. 预留外绕线主要技术标准

铁路等级为国铁I级；正线数目是双线；设计荷载是中--活载；速度目标值200公里/小时；最小曲线半径，一般地段3500米，困难地段2800米；最大坡度6‰；正线线间距4.4米（局部范围加宽）；牵引种类为电力；机车类型为客机类型SS9、动车组货机类型HXD。

▲鳊鱼洲长江大桥主桥5号墩钻孔桩施工

审批依据

《国家发展改革委关于新建安庆至九江铁路可行性研究报告的批复》（发改基础〔2016〕2716号）。

《关于新建安庆至九江铁路初步设计的批复》（铁总鉴函〔2017〕411号）。

《关于新建安庆至九江铁路施工图审核报告审查意见的函》（工管施审函〔2017〕131号）。

建设意义

1. 构建快速运输通道

铁路位于安徽省西南部的安庆地区、湖北省东南部的黄梅县和江西省北部的九江地区。在京九客运专线建成之前，安九铁路北将与商合杭客运专线，南与昌吉赣客运专线连通，形成一条位于河南、安徽、江西三省境内的南北向大运力、快速的客运通路，发挥京九客运专线的功能；京九客运专线建成之后，它又可成为京九客运专线重要的东部辅助通道；同时又与宁安城际铁路、武九客运专线连通，形成一条沿江的东西向大运力、快速的客运通路，发挥沿江客运通道功能。

2. 促进沿线区域经济发展

安九铁路的建设将对“皖江经济带”“环鄱阳湖经济圈”两大区域经济带的发展起到积极的促进作用，为沿江经济圈提供良好的交通基础设施，推进沿江城市间、经济圈间的商贸往来，提升经济互补效果。另外，该工程途经大别山革命老区，建成后将极大改善沿线交通基础设施条件，加强革命老区与周边经济发达地区的交流与互动，促进大别山区的对外经贸往来，对推动地方资源开发和经济建设具有明显的带动作用。

投资主体

依据安九铁路国家发展和改革委员会批复，工程总投资336.3亿元，资本金占总投资的50%。安徽、湖北、江西三省分别承担境内资本金的50%，其余资本金由中国铁路总公司负责筹措。剩余资金使用银行贷款解决。

其中，湖北段工程初步设计静态投资90.84亿元，由中国铁路总公司、湖北省人民政府共同筹资。

工程进度

截至2018年9月，湖北段AJZQ-1标完成投资2.5亿元；AJZQ-2标完成投资1.21亿元；AJZQ-3标完成投资1.97亿元；代建段完成投资1.87亿元。

工程完成情况：

1. 路基工程

路基正线挖方基本完成，正在进行CFG桩地基处理，CFG桩地基处理已完成13300米/1380根，占设计的12%。联络线路基高压旋喷桩已完成试桩工作，临近营业线施工严格按照邻近营业线施工方案进行施工，准备大面积展开。

2. 桥涵工程

钻孔桩设计13616根，累计完成2263根，占设计14.27%；承台设计1527个，累计完成34个，占设计2.22%；墩身设计1527个，累计完成11个，占设计

0.72%；涵洞工程42座，累计完成4座。

3. 隧道工程

隧道4条，设计长度3666.72米，累计完成216.8米，占设计5.91%。

4. 大临工程

试验室、拌和站、钢筋加工厂，便道全部完成。

5. 征地

湖北省正式用地总计2211.07亩，累计完成2043.9亩，完成比例92.44%。

6. 拆迁

湖北省住宅总计788户，累计完成774户，完成比例98.22%；企业总计6家，累计完成6家，完成比例100%。

7. 管线迁改

湖北段地下管线迁改共计65处，开累完成天然气管道12处，自来水管道19处。

合同外地下管线迁改暂共计19处，开累完成15处。

规划内容变更主要为隧道开挖工法的变更，由原设计的三台阶施工法变更为大断面机械化配套施工法。

▲ 钻孔桩施工

实施单位

单位类别	单位名称
建设单位	武九铁路客运专线湖北有限责任公司
设计单位	中铁第五勘察设计院集团有限公司
站前施工单位	中铁十二局集团有限公司 中铁十一局集团有限公司 中铁大桥局集团有限公司
站前监理单位	西安铁一院工程咨询监理有限责任公司 铁四院（湖北）工程监理咨询有限公司 铁科院（北京）工程咨询有限公司

新技术应用

1. 超深水头矩形围堰施工关键技术

4号主塔墩基础围堰位于主河槽的中部，采用埋床式低桩承台，承台施工期间围堰抽水水头大，最大抽水水头达30米以上；围堰下沉难度大，围堰入河床最大深度近20米。

根据工程施工工期水位情况和承台施工围堰受力特点，通过对围堰受力的准确计算，最终研究出一套适用于工程施工的围堰结构，以及围堰下沉控制技术。

2. 大跨度钢箱梁交叉索斜拉桥施工关键技术

针对主桥上部结构的受力特点和高速铁路对线形

控制高的要求，主桥上部结构采用钢箱梁交叉索斜拉桥，此类结构形式在高速铁路上是首次采用。工程方在施工过程中，运用大型有限元软件建立主梁施工阶段仿真分析模型，通过模型计算得到钢梁安装的位置标高以及斜拉索安装索力等参数，并根据这些参数选择合适的施工设备。

3. 长江大堤险段施工防护关键技术

5号主塔墩位于九江大堤主堤上，施工期间需要对大堤坡脚进行开挖。为确保在大堤开挖过程中的安全，必须对大堤进行防护。防护工程采用双排钻孔桩方案，通过对防护方案进行数值仿真分析，并根据地质勘查相关成果进行修正，最终得出一套合适的防护方案及施工方法。

4. 宽幅重载曲线单箱六室预应力混凝土箱梁斜拉桥牵索挂篮施工技术

通过施工阶段仿真计算分析，研究斜拉体系在悬臂浇筑过程中的结构行为特点，研发适用于北汉航道桥的宽幅单箱六室曲线箱梁的牵索挂篮，主梁悬臂浇筑过程中开展线形监控。

▲拌和站

5. 超大体积混凝土结构智能化温控技术

通水冷却仿人工智能控制系统采用流量和温度传感器组获取通水水温、流量以及混凝土内部温度，安装电动阀门实现通水流量调节控制，测控装置搭载算法软件后储存温控设计要求、水温与流量、混凝土温度等数据，对通水降温的效率进行计算，并将混凝土内部温度与设计要求的目标温度进行比较，找出差距后按照同样的降温效率增、减流量，指挥阀门动作调节至计算流量，通过不断感知和反复学习修正，实现对大体积混凝土温度的智能化控制。

6. 桥梁施工设备智能化升级改造

对桥梁施工中混凝土生产供应设备进行智能化升级改造，实现拌和站所有管理要素的“智能集中控制”、实现拌和站的“绿色施工”。

对传统的移动模架进行功能多样化、信息化改造，变“高空野外作业”为“室内工厂化”作业。对牵索挂篮、液压爬模、钢梁顶推进信息化和智能化升级，提高工效、提升结构安全智能管控水平、质量安全智能保障能力。

通过先进的“BIM+物联网”技术，实现对设备、设施的实时监测和可视化管理，实时给出施工期间主要设备、设施的安全状态，监测信息与施工设备的智能联动，进而实现“施工智能管理”，不断推进桥梁智能建造技术。

7. 软弱围岩大断面机械化施工控制技术

软弱围岩承载力低，自稳性差，容易塌方。采用全断面施工的关键措施，对软弱围岩提前加固并做好初期支护。除采用传统的喷锚进行加固外，区别不同围岩、不同地段，进一步采取不同加固。

新设备：三臂凿岩台车、湿喷机械手、多功能作业台车、液压仰拱栈桥、自动化防水板台车、数字化衬砌台车、智能养护台车。

新材料：玻纤锚杆、YE低预应力锚杆。

存在问题

截至2018年9月，马尾山隧道、黄梅镇跨沪渝高速公路特大桥控制性悬灌梁工程滞后于计划工期，鳊鱼洲长江大桥等其余工程进度基本符合工期要求。经分析主要有以下几点因素：

（1）桥梁桩基施工设备数量不足，无法形成连续高产。

（2）隧道大型机械化施工未能深入研究，相关技术人员新工艺工法施工经验不足，导致设备使用率低，工序及循环时间长。

（3）前期设备及临建投入巨大，资金紧张，导致很长一段时间内现场无法正常运转。

（4）部分变更图纸由于审批流程时间长，不能完全满足现场施工需要。

（5）因施工作业人员陆续进场，施工准备及模板调配耽误一定工期，检桩程序也存在一定制约，自检到三检流程烦琐。

（6）承台工作面有延误，加之破桩数量及破桩效率较低，高温作业时间受限，致使承台施工严重滞后。

【铁路隧道开挖工法及施工技艺】隧道工法，是指以隧道工程为对象，工艺为核心，运用系统工程的原理，把先进技术和科学管理结合起来，经过工程实践形成的综合配套的施工方法。隧道工法必须具有先进、适用和保证工程质量与安全、提高施工效率、降低工程成本等特点。

隧道工法根据隧道穿越地层的情况不同分为以下三类：山岭隧道：矿山法和掘进机法；浅埋及软土隧道：明挖法，盖挖法，浅埋暗挖法和盾构法；水底隧道：沉埋法和盾构法。本文涉及的是山岭隧道施工中的矿山法，又称钻爆法。

【矿山法】又称爆破法，指用开挖地下坑道的作业方式修建隧道的一种施工方法。

矿山法的基本原理是隧道开挖后受爆破影响，造成岩体破裂形成松弛状态，随时都有可能坍落。基于这种松弛荷载理论，按照分部顺序分割式开挖，并以木或钢构件作为临时支撑，待隧道开挖成型后再予以替换。该方法所需木料耗用多，且支撑复杂，随着喷锚支护的出现，进而发展成新奥法。

矿山法有全断面法、台阶法、环形开挖预留核心土法、三台阶七步开挖法、中隔壁法、交叉中隔壁法、双侧壁导坑法（眼镜工法）等不同的施工方式。

【全断面施工法】又称全断面掘进法，是指在整个断面上向前推进，按巷（隧）道设计开挖断面，一次开挖到位的施工方法。

主要有三种开挖方式：新奥地利全断面开挖法、护板全断面开挖法和掘进机护板全断面开挖法。

全断面施工法作业集中，便于管理，通风条件好，轨道管线可一次铺成，可提高施工机械化程度和工效，适用于围岩稳定、节理不发育、不需临时支护、高度不大的硐室掘进施工。

全断面施工应符合下列要求：应采用多段微差爆破，并严格控制单段最大装药量；应采用大型配套机械化作业，各道工序尽量平行交叉作业，缩短循环时间；应确定合理的循环进尺，确保两个循环的接茬位置平滑、圆顺；应在每次循环爆破后及时找顶，初期支护施作前应按要求进行地质素描。

全断面法主要适用于Ⅰ～Ⅲ级围岩，当断面在50平方米以下，隧道又处于Ⅲ类围岩地层时，为了减少对地层的扰动次数，在采取局部注浆等辅助施工措施加固地层后，也可采用全断面法施工。但在第四纪地层中采用此施工方法时，断面一般均在20平方米以下。

（供稿：武九铁路客运专线湖北有限责任公司）

新建兴国至泉州铁路工程

基本情况

新建兴国至泉州铁路（以下简称兴泉铁路），起于京九铁路兴国站，终于福厦线泉州站，正线长459.34公里，划分为兴国至宁化段（以下简称兴宁段）和宁化至泉州段（以下简称宁泉段）。

1. 兴宁段

路段正线长160.47公里。其中，路基地段长59.47公里，占37.06%；桥梁长50.22公里，占31.3%；隧道长50.78公里，占31.6%；桥隧总长101公里，占正线建筑长度的62.94%。最长隧为于都一号隧道，长6275米。新建兴国疏解线3.3公里。

全线设兴国、兴国南（线路所）、何屋、江背、于都北、葛坳、赖村、邮村、宁都、果子园、首墩、荷树下、石城、新屋里、妥楼岭15个车站（线路所）。其中，江背、葛坳、邮村、首墩、妥楼岭5个车站初期缓设。

▲ XQNQ-4将军寨隧道进口，应用三臂凿岩台车

主要技术标准:铁路等级为I级；正线数目是单线；设计行车速度160公里/小时；限制坡度，单机6‰，双机13‰；最小曲线半径，一般地段2000米，困难地段1600米，引入枢纽加减速地段可适当减小；牵引种类为电力；机车类型是客机HXD3D（单机），货机HXD3（双机）；牵引质量是4000吨；到发线有效长度为单机850米，双机880米；闭塞类型是自动站间闭塞。

2. 宁泉段

路段正线长298.87公里，其中，路基长38.89公里，占13%；桥梁长43.41公里，占14.5%；隧道长216.6公里，占72.5%；无砟轨道长110.13公里，占全线长度的36.8%。

全线共设车站31个。黄塘站为区段站；泉州为客运站；宁化、清流、明溪、三元、永安南、小湖、大田、德化、永春、安溪东、南安北11个车站为中间站；另改建漳泉肖线惠安南、肖厝为中间站；其余均为会让站和预留会让站。全线车站除永安南、泉州、惠安南、肖厝为既有站，其余均为新建车站。永安南站与南龙铁路分场共站，站场土建工程委托福平公司代建，纳入变更设计。

主要技术标准：铁路等级为Ⅰ级；正线数目是单线（安溪东至玉湖双线）；设计行车速度160公里/小时；最小曲线半径，一般地段2000米，困难地段1600米；

限制坡度：6‰，加力坡13‰；牵引种类是电力；机车类型为客机HXD3D，货机HXD3；牵引质量是4000吨；到发线有效长度850米，双机地段880米；闭塞类型为宁化至安溪东自动站间闭塞；安溪东至玉湖自动闭塞；玉湖至泉州自动站间闭塞。

兴泉铁路建设总工期4.5年。其中，宁泉段于2016年9月开工建设（工程先期开工段于2016年9月开工建设，全线于2017年3月开工建设）；兴宁段于2016年12月开工建设（工程先期开工段于2016年12月开工建设，全线于2017年8月开工建设）。

审批依据

《中国铁路总公司、江西省人民政府关于新建铁路兴国至泉州线兴国至宁化段可行性研究报告的批复》（铁总计统函〔2016〕140号）。

《关于新建兴国至泉州铁路宁化至泉州段可行性研究报告的批复》（发改基础〔2016〕1265号）。

《中国铁路总公司、江西省人民政府关于报送兴国至泉州铁路兴国至宁化段初步设计报告的函》（铁总计统函〔2016〕516号）。

《中国铁路总公司、江西省人民政府关于新建兴国至泉州铁路兴国至宁化段DK25+180～D1K32+800段站前工程初步设计的批复》（铁总鉴函〔2016〕799号）。

《关于新建铁路兴国至泉州线建设用地预审意见的复函》（国土资预审字〔2016〕32号）。

《中国铁路总公司、江西省人民政府、福建省人民政府关于新建兴国至泉州铁路兴国至宁化段初步设计的批复》（铁总鉴函〔2017〕277号）。

建设意义

1. 打造四通八达的铁路网

兴泉铁路是东南沿海泉州港通往内陆纵深的主要集散运输通道，也是蒙华铁路重要的下海大通道。兴国端与拟建蒙华铁路和既有京九铁路相连，并经在建和拟建赣衡、怀邵衡、沪昆、渝怀和湘桂等铁路，可分别通往华中、内蒙古、西南和西北地区；中部在永安与鹰厦铁路相连，形成泉州、华中、西南地区至三明地区的便捷通道；东端与既有福厦铁路以及众多的港口支线有机衔接，共同形成海西经济区铁路网。

2. 带动沿线区域经济发展

兴泉铁路的建设，对做大做强泉州港，让泉州港更好地融入国家“一带一路”建设具有重要的意义。同时，对开发沿线丰富的煤炭、花岗岩以及旅游资源开发利用，推动宁化、清流和明溪老区的经济发展，具有积极的促进作用。

3. 构建快速连接的铁路通道

该工程与龙厦、赣龙铁路一同构成两条海西经济区腹地通往中南及西南等地区的快速铁路通道，构建了连接海西经济区与华中、赣、湘及西南、西北等内陆地区的大能力快速铁路通道，对促进各地区经济文化交流，加强沿线区域的联系与互动，打造协同发展的经济环境，意义重大。

投资主体

该工程由中国铁路总公司和江西省人民政府、福建省人民政府共同筹资建设，由中国铁路南昌局集团有限公司、中国铁路发展基金股份有限公司作为中国铁路总公司出资者代表，由福建省铁路投资集团有限责任公司作为福建省人民政府出资者代表，由江西省铁路投资集团公司作为江西省人民政府出资者代表，通过对向莆铁路股份有限公司增资扩股的方式实现投资。该工程由向莆铁路股份有限公司作为项目法人，建成后委托中国铁路南昌局集团有限公司运营管理。

新建兴国至泉州铁路可研批复投资估算总额372.2亿元（兴宁段98.8亿元、宁泉段273.4亿元）。其中，工程投资369.2亿元（兴宁段97.8亿元、宁泉段271.4亿元)。初步设计批复概算总额349.98亿元（兴宁段94.25亿元、宁泉段255.73亿元），其中静态投资335.56亿元（兴宁段89.92亿元、宁泉段245.64亿元）。

兴宁段资金来源：资本金占总投资的70%，约69.2亿元。江西省和福建省承担部分工程投资以及各自境内段征地拆迁工作和费用。征地拆迁费用依照国家及地方政府有关规定，经股东各方认可后计入地方股份。江西省共出资28亿元，福建省共出资6.5亿元，其余资本金34.7亿元由中国铁路总公司负责筹措，使用自有资金等解决（中央资金安排另行研究）。资本金以外的资金使用国内银行贷款。

宁泉段资金来源：泉州地区货车外绕线、安溪东漳泉肖铁路联络线、安溪东至玉湖单双线及德化至泉州经安溪绕行方案增加的静态投资共51.1亿元由福建省承担，其余投资222.3亿元，资本金按70%安排，计155.6亿元，福建省承担征地拆迁费用和部分工程投资77.8亿元，并负责征地拆迁工作；中国铁路总公司承担资本金77.8亿元，使用自有资金等解决。资本金以外的66.7亿元，使用国内银行贷款。

▲ XQXN-4标省界隧道出口

▲ XQNQ-8标安溪东站路基填筑压实检测

实施单位

单位类别	单位名称	标段
建设单位	向莆铁路股份有限公司	
设计单位	中铁二院工程集团有限公司	
施工单位	中铁二十一局集团有限公司	兴宁段
	中铁二局集团有限公司	
	中铁五局集团有限公司	
	中铁十一局集团有限公司	宁泉段
	中铁三局集团有限公司	
	中铁十局集团有限公司	
	中铁十七局集团有限公司	
	中铁隧道局集团有限公司	
	中铁十八局集团有限公司	
	中国水利水电第四工程局有限公司	
	中铁十二局集团有限公司	
	中铁二十四局集团有限公司	
监理单位	中国华西工程设计建设有限公司	兴宁段
	上海天佑工程咨询有限公司	
	中铁济南工程建设监理有限公司	
	上海先行建设监理有限公司	宁泉段
	中土集团福州勘察设计研究院有限公司	
	北京现代通号工程咨询有限公司	
	南昌华路建设咨询监理有限公司	
	西安铁一院工程咨询监理有限责任公司	

工程进度

1. 投资计划完成情况

截至2018年7月，兴泉铁路开累完成80.21亿元，完成初设批复349.98亿元的22.9%。

兴宁段年累完成投资9.09亿元，为年度计划22亿元的41.33%，开累完成16.14亿元，为已批复投资94.25亿元的17.13%。

宁泉段年累完成投资33.57亿元，为年度计划65亿元的51.64%，开累完成投资64.07亿元，为已批复投资255.73亿元的25.05%。

2. 征地拆迁完成情况

截至2018年7月，兴泉铁路永久征地完成超过85%，房屋拆迁完成30%左右。

兴宁段永久征地开累完成6764.68亩，占设计总量7470亩的90.5%；临时征地开累完成4309.64亩，占设计总量5042亩的85.5%；房屋拆迁开累完成8.43万平方米，完成设计33万平方米的25.19%；三电迁改开累完成522处，占设计总量594处的87.88%。

宁泉段永久征地开累完成8827亩，占设计总量10291.74亩的85.76%；临时征地开累完成8194.18亩，占设计总量11524.65亩的71.1%；房屋拆迁开累完成27.27万平方米，占设计总量72.7万平方米的37.51%；三电迁改开累完成310处，占设计总量1127处的27.5%。

3. 总体形象进度

截至2018年7月，兴宁段隧道工程开累完成8930.38成洞米，占设计总量5.12万洞米的17.43%；桥梁工程开累完成7006.77延米，占设计总量5.25万延米的16.51%；涵洞工程开累完成31座，占设计总量242座的12.8%；路基工程开累完成701.81万方，占设计总量1940.4万立方米的35.62%。

宁泉段隧道工程开累完成3.47万洞米，占设计总量22.98万洞米的15.11%；桥梁工程开累完成1.66万延米，占设计总量5.67万延米的29.19%；涵洞工程开累完成32座，占设计总量172座的18.6%；路基工程开累完成1189.56万立方米，占设计总量3837.97万立方米的30.99%。

兴泉铁路兴宁段工程总体进展基本满足施组要求；宁泉段工程总体进展滞后批复指导性施组2~9个月，控制性工程三阳隧道关键线路剩余2985米，进度滞后指导性施组工期60天，但均不影响总工期要求。

4. 分项工程形象进度

路基工程：兴宁段路基200段，开工77段，完成12段，涵洞242座，开工64座，完工31座；宁泉段路基187段，开工62段，完成0段，涵洞172座，开工60座，完工32座。

隧道工程：兴宁段隧道40条，开工26条，已贯通1条（荷树二号）；宁泉段隧道96条，开工66条，已贯通3条。重点隧道于都二号隧道开累完成690.43洞米，完成设计4552米的15.17%；于都一号隧道开累完成3069.31洞米，完成设计6285米的47%；省界隧道开累完成338.48洞米，完成设计5823米的5.8%；金井隧道开累完成580.2成洞米，占设计量7297米的7.9%；将军寨隧道开累完成659.9成洞米，占设计量10077米的6.5%；戴云山一号隧道开累完成2267.3洞米，完成设计13720米的16.5%；戴云山二号隧道开累完成1566.48洞米，完成设计12790米的12.25%；灯峰隧道开累完成867.3洞米，完成设计6215米的13.95%。

桥梁工程：兴宁段桥梁164座（含框架桥），开工70座，下部主体完工0座；宁泉段桥梁155座，开工93座，下部主体完成1座。重点桥梁宁都跨泉南高速公路特大桥开累完成275.78桥米，完成设计728.24米的37.87%；宁化跨泉南高速公路特大桥开累完成1096.7桥米，完成设计3147.97米的34.8%；永安沙溪特大桥开累422.5延米，占设计量1163.95米的36.2%；华兴均溪特大桥开累147.73成桥米，占设计量909.23米的16.2%；马跳车站双线大桥：设计406.3米，完成钻孔桩11根；省新双线特大桥累计完成1422.19桥米，完成设计4083.45米的34.83%；吾宅滨江路特大桥累计完成369桥米，完成设计3414.55米的10.8%。

（供稿：向莆铁路股份有限公司）

新建福州至厦门铁路工程

基本情况

新建福州至厦门铁路，自福厦线福州南站至福厦线漳州站，正线长度277.42公里。其中，路基40.46公里，占比14.58％；桥梁85座181.23公里，占比65.33％；隧道32条55.72公里，占比20.09％；桥隧占比85.41％。

此外，沿海客运专线同步建设长度2.95公里（福州端1.02公里，漳州端1.94公里）；联络线长度1.06公里（福州南上行反发线单线）；预留厦门北联络线同步建设长度3.4公里（上行联络线单线1.48公里，下行联络线单线1.91公里）；动车走行线长度单线长21.26公里（福州南动走线2条，单线3.55公里、双线5.32公里；厦门北动走线2条，单线2.7公里、双线2.18公里）。

全线共设车站8座，其中，新建车站3座，分别为福清西站、泉港站、泉州南站；利用既有车站1座，为福州站；并行既有车站新建车场3座，分别为福州南站、莆田站、厦门北站；改建既有车站1座，为漳州站。平均站间距41.58公里，最大站间距59.69公里（泉港—泉州南），最小站间距18.48公里（福州—福州南）。

主要技术标准：铁路等级为客运专线；正线数目是双线；速度目标值350公里/小时；正线线间距5米；最小曲线半径，一般地段7000米，困难地段5500米；最大坡度20‰，困难情况30‰；到发线有效长度为650米；动车组类型是电动车组；列车运行控制方式为自动控制；行车调度指挥方式为综合调度集中；最小行车间隔3分钟。

审批依据

《中国铁路总公司、福建省人民政府关于新建福州至厦门铁路可行性研究报告的批复》（铁总计统函〔2016〕882号）。

《中国铁路总公司办公厅关于新建福州至厦门铁路节能评估报告审查意见的函》（铁总计统函〔2016〕313号）。

《新建铁路福州至厦门客运专线沿线压覆矿产资源评估报告》（闽国土资储压〔2016〕24号）。

《关于新建福厦客运专线建设用地预审意见的复函》（国土资预审字〔2016〕147号）。

《关于报送〈新建铁路福州至厦门客运专线社会稳定风险评估报告〉的函》（闽发改交通函〔2016〕510号）。

《关于新建福州至厦门客运专线水土保持方案的批复》（水保函〔2016〕199号）。

《中国铁路总公司、福建省人民政府关于新建福州至厦门铁路初步设计的批复》（铁总鉴函

〔2017〕464号）。

建设意义

1. 缩短运行时间

新建福州至厦门铁路北端衔接合福铁路、温福铁路，南端衔接厦深铁路、龙厦铁路，与东南沿海铁路福厦段共通道，既是京福厦高速铁路客运通道，也是东南沿海铁路客运通道的重要组成部分。新建福州至厦门铁路是福建省首条时速350公里的高速铁路，建成后，将把福州与厦门间行程缩至1小时内，对促进城市资源共享，加强城市间的联系与互动，具有十分重要的作用。

2. 打造现代化运输体系

新建福州至厦门铁路是福建省融入国家“一带一路”建设的重要通道，是福建省与长三角、珠三角地区联系的重要纽带，是落实中央支持福建省进一步加快发展决策部署、深化交通运输供给侧改革的重要举措。

该工程建成通车后，对推动沿线新型城镇化建设、打通东南沿海高速铁路大通道、完善区域快速铁路网布局、构建现代化综合交通运输体系、提升通道客运服务质量，具有重要意义。

▲ 新建福州至厦门铁路5标海尾隧道进口

工程进度

截至2018年7月，该工程施工进展情况：

1. 路基工程

路基130段，开工21段，完成0段；涵洞111座，开工1座，完工1座。开累完成68.99万立方米，占设计总量2879.2万立方米的2.39％。

2. 隧道工程

隧道65条，开工19条，已贯通0条。重点隧道霞美村隧道、蔡营隧道、福社隧道、新刘塘3号隧道、新云居山隧道、石竹山隧道等未开工。杨梅山隧道开累完成66.3洞米，完成设计10669米的0.62％；碧峰寺隧道开累完成4.5洞米，完成设计8434.27米的0.2％。开累完成354.67洞米，占设计总量64915洞米的0.54％。

3. 桥梁工程

桥梁109座，开工42座，下部主体完工0座。重点桥梁安海湾特大桥开累完成308.5桥米，完成设计9460.64米的3.26％；西溪特大桥开累完成836.84桥米，完成设计24681.64米的3.34％；九龙江特大桥开累完成164.57桥米，完成设计10289桥米的1.6％；太城溪特大桥开累完成35.33桥米，完成设计729.64米的4.84％；雷公山特大桥开累完成172.08桥米，完成设计2631.66桥米的6.54％；木兰溪特大桥开累完成468.52桥米，完成设计18746.89桥米的2.5％；湄洲湾特大桥开累完成112.25桥米，完成设计14701.91桥米的0.76％；乌龙江特大桥未开工。开累完成4972.67延米，占设计总量181232延米的2.74％。

4. 其余工程

涵洞工程开累完成0座，占设计总量112座的0％；三电迁改开累完成1073处，占设计总量7001处的15.32％。

该工程总工期为60个月（可研批复建设工期为5年、初设批复工期5年），全线站前工程开工日期为2017年9月30日，计划于2022年10月1日前建成通车。

实施单位

单位类别	单位名称
建设单位	东南沿海铁路福建有限责任公司
设计单位	中铁第四勘察设计院集团有限公司
施工单位	中铁大桥局集团有限公司
	中铁十二局集团有限公司
	中铁十六局集团有限公司
	中铁十一局集团有限公司
	中铁上海工程局集团有限公司
	中交第二航务工程局有限公司
	中国铁建大桥工程局集团有限公司
	中铁四局集团有限公司
	中铁六局集团有限公司
	中铁十七局集团有限公司
监理单位	中铁华铁工程设计集团有限公司
	中铁二院（成都）咨询监理有限责任公司
	北京中铁诚业工程建设监理有限公司
	北京铁研建设监理有限责任公司
	内蒙古沁原工程建设监理有限责任公司
	中铁武汉大桥工程咨询监理有限公司
	长沙中大建设监理有限公司
	上海华东铁路建设监理有限公司
	铁四院（湖北）工程监理咨询有限公司

投资主体

该工程由中国铁路总公司和福建省人民政府共同筹资建设，并分别由中国铁路南昌局集团有限公司和福建省铁路投资有限责任公司作为双方出资者代表，以通过对东南沿海铁路福建有限责任公司增资扩股的方式实现项目投资。由东南沿海铁路福建有限责任公司作为项目法人，建成后委托中国铁路南昌局集团有限公司运营管理。

该工程可研批复投资估算总额530.4亿元，静态投资478.1亿元；建设期贷款利息30.0亿元；动车组购置费22.0亿元；铺底流动资金0.3亿元。初步设计批复概算总额499.02亿元（含征地拆迁及综合开发用地费用共93亿元），静态投资446.68亿元；建设期贷款利息30亿元；动车组购置费22亿元；铺底流动资金3365万元。

▲ 厦门北站路基

▲ 乌龙江特大桥

▲ 新建福州至厦门铁路8标智控中心

▲ 新建福州至厦门铁路8标智控中心沙盘展示区

资本金占总投资的50％，约265.2亿元。福建省承担征地拆迁费用及工作（征地拆迁内容包含铁总计统〔2014〕97号文附件1明确的范围及路地双方商定的综合开发用地和拆迁），费用约93.0亿元，由地方包干使用，征地拆迁费用经双方认可后作为地方出资，计入工程股份。其余工程投资资本金为172.2亿元，福建省承担39.6亿元，约占工程投资资本金的23％；中国铁路总公司承担132.6亿元，约占工程投资资本金的77％。中国铁路总公司出资使用铁路建设债券等，地方出资由地方政府自筹。资本金以外使用银行贷款解决。

存在问题

1. 环保、水保要求高，科学安排施工

该工程线路经过或穿越泉州湾河口湿地省级自然保护区、天竺山省级森林公园、水源保护区等5处保护区、渔业资源集中养殖区等环境敏感区，沿线生态环境良好。途经福州、福清、莆田、泉州、厦门、漳州等多个市区，沿线经济发达，居民区及厂区多。环保、水保要求高，涉海施工海洋环境保护要求高。为此，工程方积极制定措施，在保护环境的基础上，有序施工。

2. 部分工程进度滞后，不影响总工期

该工程受征地拆迁、用林、用海批复进度滞后影响，总体进展滞后指导性施组2～7个月，但不影响总工期要求，控制性工程泉州湾特大桥因海上用地与海洋许可批复进度滞后，影响海上栈桥施工进度滞后施组5个月，但不影响总工期要求。

【供给侧结构性改革】是从提高供给质量出发，用改革的办法推进结构调整，旨在调整经济结构，使要素实现最优配置，提升经济增长的质量和数量，是当前经济工作的核心。

供给侧结构性改革最早于2015年在中央财经领导小组会议提出，就是用增量改革促存量调整，在增加投资过程中优化投资结构、产业结构开源疏流，在经济可持续高速增长的基础上实现经济可持续发展与人民生活水平不断提高；就是优化产权结构，国进民进、政府宏观调控与民间活力相互促进；就是优化投融资结构，促进资源整合，实现资源优化配置与优化再生；就是优化产业结构、提高产业质量，优化产品结构、提升产品质量；就是优化分配结构，实现公平分配，使消费成为生产力；就是优化流通结构，节省交易成本，提高有效经济总量；就是优化消费结构，实现消费品不断升级，不断提高人民生活品质，实现创新—协调—绿色—开放—共享的发展。

（供稿：东南沿海铁路福建有限责任公司）

新建蒙西至华中地区铁路煤运通道工程

基本情况

新建蒙西至华中地区铁路煤运通道工程（以下简称蒙华铁路）北起东乌铁路浩勒报吉站，途经内蒙古自治区鄂尔多斯地区，陕西省榆林、延安、韩城，山西省运城地区，河南省三门峡、南阳地区，湖北省襄阳、荆门、荆州地区，湖南省岳阳，江西省宜春市、新余市，南至京九铁路吉安站，经7省17市，全长1814.5公里。

蒙华铁路穿越沙漠、黄土高原、中低山区、冲积平原、盆地、丘陵区等多个地貌单元，地层种类齐全，地质条件复杂。风沙、滑坡、岩溶、采空、瓦斯、高地应力、湿陷性黄土、膨胀土（岩）、软土、盐渍土等我国主要的不良地质和特殊岩土均有发育。

正线路基总长约966公里，风沙、湿陷性黄土、软土、岩溶、滑坡等特殊路基段落620公里，占路基总长的64%；大中桥745座约381公里，特殊结构桥梁123座199处，龙门黄河大桥、三门峡黄河公铁两用大桥、汉江特大桥、荆州长江公铁两用大桥、洞庭湖特大桥、赣江特大桥为全线重难点控制性桥梁工程；隧道228条约468公里，10公里以上的特长隧道10条，阳山、万荣、中条山、崤山、西安岭、连云山、九岭山7条隧道为全线重难点控制性隧道工程；穿越自然、水源、文物保护区等环境特殊敏感点37处；跨越既有铁路40处、高速公路及国省道80余处，并多处跨越输气（油）管道；工程建设难度大。

审批依据

《国家发展改革委关于新建蒙西至华中地区铁路煤运通道工程项目建议书的批复》（发改基础〔2012〕199号）。

《国家发展改革委关于新建蒙西至华中地区铁路煤运通道可行性研究报告的批复》（发改基础〔2014〕1642号）。

《中国铁路总公司关于新建蒙西至华中地区铁路煤运通道站前工程初步设计的批复》（铁总办函〔2014〕1399号）。

▲ 白城盾构

《中国铁路总公司关于新建蒙西至华中地区铁路煤运通道控制性工程开工建设的批复》（铁总计统函〔2015〕608号）。

建设意义

1. 打造能源运输通道

蒙华铁路是国家“北煤南运”新的能源战略通道，建成后，将形成蒙陕甘宁能源“金三角”地区直达鄂湘赣等华中地区的便捷煤运主通道，新增运能2亿吨以上，与包西、宁西、焦柳、京广等共同构筑“金三角”地区至华中地区能力强大的煤炭运输系统，满足鄂湘赣等华中地区的煤炭需求，并有足够的能力储备，适应煤炭需求的季节性波动，对保障鄂湘赣等华中地区能源供应，促进中部崛起具有重要作用。

2. 构建绿色交通体系

建设蒙华铁路，能够以最小的土地占有和资源消耗形成大能力的运输通道，实现路网整体效益的最大化，充分发挥铁路全天候、大能力、低能耗、少污染等运输优势，加快构建绿色生态的交通运输体系，保障区域经济可持续发展。

投资主体

蒙华铁路可研批复工程投资估算总额1930.4亿元，（含荆州长江公铁两用大桥和三门峡黄河公铁两用大桥公路桥部分投资共16.4亿元）初步设计概算1750.6亿元，经过经济效益评估和公司股东大会审议后，工程投资管理目标为1710亿元。蒙西华中铁路股份有限公司作为项目法人负责蒙华铁路项目策划、资金筹措、组织建设、生产经营、债务偿还及资产的保值增值等。

资金来源：资本金占总投资的35%，由蒙西华中铁路股份有限公司各股东按公司章程规定出资：中国铁路建设投资公司出资20%；神华能源股份有限公司、中煤能源股份有限公司、国投交通公司、陕西煤化工集团有限公司、淮南矿业（集团）有限责任公司、内蒙古伊泰煤炭股份有限公司均按10%出资；河南铁路投资有限责任公司、湖北省客运铁路投资有限责任公司、内蒙古蒙泰煤电集团有限公司、榆林统万投资有限责任公司、湖南省铁路投资集团有限公司、中国华能集团燃料有限公司、中电投物流有限责任公司、山东能源国际物流有限公司、江西省铁路投资集团公司分别按3.5%、3.3%、3.2%、2.5%、2.1%、1.4%、1.4%、1.4%、1.2%出资。各股东出资通过自筹解决。资本金外的资金使用国内银行贷款解决。

荆州长江公铁两用大桥公路桥部分投资由湖北省自筹解决，三门峡黄河公铁两用大桥公路桥部分投资由山西、河南两省自筹解决。

工程进度

蒙华铁路控制性工程于2015年6月5日先行开工，2015年8月1日土建工程全线开工，并按2019年10月1日的开通运营目标组织工程建设。截至2018年12月，全线路基土石方完成占比99%；桥梁工程完成98%；隧道工程完成99%；制梁完成90%；架梁完成85%；铺轨工程完成1052单线公里，占比24%；无砟道床完成施工499单线公里，占比65%；全线站后工程正全面展开。

截至2018年4季度，投资累计完成1294亿元，工程建设按既定目标正有序有效、平稳推进。

新技术应用

1. 重载隧道修建技术

（1）建造理念：明确隧道初期支护为主要承载结构，与围岩共同承担施工期的全部荷载。二次衬砌作为结构安全储备，根据监控量测信息，结合施工组织安排适时施作。

（2）工法选择：支护、加固、保护围岩，开挖工法选择顺序：全断面法→两台阶法→三台阶法。

（3）施工要点：一强化（强化量测），二紧跟（钢架紧跟掌子面，仰拱紧跟下台阶），三超前（超前预报、超前加固、超前支护），四到位（工法选择到位，支护措施到位、快速封闭到位、衬砌质量到位）。

2. 大断面异形盾构

蒙华铁路采用大断面异形盾构隧道，是铁路山岭隧道软土地质领域首次应用，已荣获2018年国际隧协唯一技术创新工程奖。

（1）工程特点。

白城隧道全长3345米，最大埋深约81米；隧道主要穿越地层以粉砂、细砂、砂质新黄土为主，围岩级别为V、VI级，其中V级地段长2730米，VI级地段长305米。

下穿高茂高速（埋深仅25米）、天然气管线、供水管线等，围岩整体稳定性较差，采用传统矿山法施工难度大且风险高。

（2）盾构型号。

土压平衡盾构刀盘高10.95米，宽11.9米，刀盘采用9个小刀盘共同组成；盾体采用梭式结构，双螺旋输送机出土，皮带运输出渣；单片管片最大重量达10吨，管片混凝土等级C50，抗渗等级P10。

（3）技术优势。

①施工速度快，正常情况下掘进速度10米/天（2017年3月创下单月掘进308.8米的记录，单日最高掘进10环16米），较传统矿山法施工工效得到极大提高。

②盾壳支护，预制管片拼装及同步注浆工艺，保证施工安全，降低工人劳动强度，改善工作环境。

③较传统盾构（圆形截面）提高了隧道空间利用率，减小10%～15%的开挖面积。

3. 重载桥梁工程关键技术

（1）新型简支T梁结构。

结合现有简支T梁，建设方主持开展常用跨度简支T梁设计优化，成果已纳入铁路系统全线推广。

▲ 荆州长江公铁两用大桥

创新点：优化人行道结构；取消避车台；取消外挂电缆，改为内置混凝土电缆槽；取消梁端伸缩装置，改为挡水台覆盖钢盖板；优化声屏障梁挡砟墙现浇施工。

技术经济性：人行道结构更加合理；混凝土构件工厂化程度高，提高工效；统一有、无声屏障梁型结构；简化运营期养护维修；减少工程投资。

（2）洞庭湖特大桥。

大桥全长10445.59米，跨越洞庭湖口桥梁主跨采用（98+140+406+406+140+98）米三塔钢箱钢桁叠合梁斜拉桥，主塔采用花瓶形混凝土结构。

创新点：世界最大跨度的重载铁路三塔双索面斜拉桥；新型箱桁组合结构钢主梁；首次采用中塔稳定索，解决多塔受力不平衡，优化结构刚度；创新采用先箱后桁分次成桥的方法；创新倾斜破碎板岩深水基础成套施工技术。

（3）荆州长江公铁两用大桥。

大桥全长6317.67米，采用公铁合建方案，合建段长度为2015.9米，公路行车道宽度为2×（2×3.75）米，主跨（98+182+518+182+98）米钢桁梁双塔斜拉桥及4×94.5米连续刚桁梁，主塔采用混凝土H型桥塔。

创新点：首次采用重载铁路大跨度公铁两用斜拉桥；采用板桁组合结构，设置副桁提高主梁的横向刚度；主梁锚固点与主桁节点分离设置，改善主桁的受力；创新荆江河段近堤深水基础快速施工技术；创新主桁副桁桥面板一体化制造安装精确合龙技术。

（4）三门峡黄河公铁两用大桥。

该工程建设中采用四线铁路+六车道高速公路合建模式跨越黄河，全桥长5663.75米，主跨为（84+9×108+84）米四线连续钢桁梁。

创新点：四线铁路+六车道高速公路公铁两用桥跨越黄河，为高烈度区高墩大跨长联重载钢桁结合梁桥；主桥连续钢桁梁首次采用三主桁无横联结构体系；主墩采用双曲面减隔震支座；采用多点同步顶推施工，长度1142米，重量4.3万吨。

项目评估

按照该工程可研批复要求，在工程建设过程中，坚持“依法合规、遵守合同、实事求是、诚信协商、实现共赢”的建设管理思路，按照“有序有效、务实创新”的工作方针，遵循工程建设客观规律，积极开展建设管理创新探索与实践。

蒙华铁路建设坚持以质量安全为导向，充分发挥建设单位主导作用；开展单价承包实践，有效解决工程实施过程中的问题；依法规范分包管理，明确承包人和分包人的责权利，确保各方利益；实行班组长工程质量责任制，明确施工作业层对工程质量、安全的直接责任，切实维护农民工权益；改进和强化工程技术管理，逐工点开展施工图现场核对，有效开展变更设计，加强关键措施，确保质量安全；实施技术质量分级管理，全面提升施工企业工程管理、技术水平和质量自控自管能力，提高现场施工效率。实现打造中国货运铁路重载、快速、高效示范线的目标。

实施单位

单位类别	单位名称
业主、建设单位	蒙西华中铁路股份有限公司
参建单位	中国中铁股份有限公司 中国铁建股份有限公司 中国交通建设股份有限公司 中国电力建设集团有限公司 中国建筑集团有限公司 新疆北新路桥建设股份有限公司
其他单位	5家勘察设计单位、3家设计咨询单位、15家监理单位参建。

（供稿：蒙西华中铁路股份有限公司）

新建九景衢铁路江西段工程

基本情况

新建九景衢铁路西起江西省九江市，东至浙江省衢州市，经江西省九江市、湖口县、都昌县、上饶市鄱阳县、景德镇市、浮梁县、上饶市婺源县、德兴市，东至浙江省衢州市。

正线全长333.3公里，江西段全长244.9公里。其中，九江至琵琶湖利用既有铜九双线现状电化，运行速度120公里/小时；琵琶湖至湖口增建上行二线，设计运行速度160公里/小时，下行利用既有铜九线现状电化，运行速度140公里/小时；湖口至省界新建双线，设计运行速度200公里/小时，客货共线。江西段路基237段107公里，桥梁189座82.5公里，正线隧道80条49公里，桥隧比为55.1%。

▲建设中的九景衢铁路昌江特大桥

▲九景衢铁路澎湖特大桥

江西段共设11个车站，分别为九江、琵琶湖、湖口、都昌、油墩街、鄱阳、景德镇北、赋春、桥上村、婺源（衢九场）和德兴东站，其中，九江、琵琶湖、湖口为既有车站，都昌、鄱阳、景德镇北、德兴东为新建客运站。

审批依据

《国家发展和改革委员会关于新建九景衢铁路项目建议书的批复》（发改基础〔2009〕2574号）。

《关于新建铁路九景衢铁路环境影响报告书》（环审〔2010〕251号）。

《关于新建九景衢铁路建设用地预审意见的复函》（国土资预审字〔2010〕271号）。

▲九景衢铁路路基施工

《国家发展改革委关于新建九景衢铁路可行性研究报告的批复》（发改基础〔2011〕1132号）。

《中国铁路总公司、江西省人民政府、浙江省人民政府关于新建九景衢铁路初步设计的批复》（铁总办函〔2013〕569号）。

《中国铁路总公司关于新建九景衢铁路景德镇、鄱阳北、都昌、新岗山等四站站房工程初步设计的批复》（铁总鉴函〔2015〕1129号）。

建设意义

1. 完善铁路区域路网布局

新建九景衢铁路在九江与既有武九、京九、合九、铜九、在建合安九铁路相连；在景德镇与皖赣、在建的昌景黄、规划建设的阜六景铁路相连；在婺源与合福客运专线共站；在衢州与既有沪昆铁路、在建衢宁铁路相连。

它的建设，构成了沪汉蓉与沪昆铁路间的辅助联络线，有效缓解沪昆、京九两大铁路干线运输紧张状况，对进一步完善路网布局，改善赣东北地区交通运输条件具有重要意义。

2. 拉动沿线经济社会发展。

该工程的运营开通，为环鄱阳湖经济圈补上最后一笔，都昌县、鄱阳县结束了不通火车的历史，并一步跨入动车时代。而千年文化名城——瓷都景德镇也正式迈入动车时代。经景德镇到九江，转武九客运专线可北上武汉，转昌九城际铁路可南下南昌，依托日益完善的铁路网，景德镇前往上海、北京、福州、厦门等地也将更为便捷。

因此，该工程的建设实施对进一步加快江西的旅游、矿产资源开发，促进环鄱阳湖经济区及沿线经济社会的发展起到十分重要的作用。

投资主体

该工程概算投资206.4亿元，中国铁路发展基金股份有限公司出资44.92亿元，江西省铁路投资集团公司出资41.28亿元，中国铁路南昌局集团有限公司出资17亿元，剩余资金使用银行贷款解决。

工程进度

（1）建设用地。2014年12月30日完成正式用地征用；2015年6月30日完成房屋征收（正式用地国土部已批复）。

（2）土建工程。该工程先行标段于2013年12月15日开工，全线于2014年5月12日开工；2016年7月16日隧道全部贯通；2016年9月路基主体工程完成；2017年3月正线T梁架设完成。

（3）轨道工程。2017年4月全线轨排铺设完成；5月长轨换铺完成；6月无缝线路锁定完成；8月底完成轨道精调。

（4）四电工程。2016年2月开工，2017年9月完成。

（5）房建工程。2016年4月开工，2017年11月完成。

项目评估

根据工程特点，分九江至湖口（含）、湖口（不含）至局界两部分验收。

1. 九江至湖口（含）

2017年5月5日至8月18日完成静态验收（主要包括工务、通信、信号、电力、房建、信息、客服、环水保等工程）；8月22日，完成动态验收；8月31日，完成初步验收；9月4日，完成安全评估；9月21日，开通运营。

2. 湖口（不含）至局界

（1）静态验收。2017年5月5日中国铁路南昌局集团有限公司开始组织静态验收，9月27日专家组完成评审并通过。

（2）动态验收。2017年9月27日至11月15日完成联调联试；11月16日，开始运行试验；12月1日，专家组完成评审并通过。

（3）初步验收。2017年12月9日至11日，初步验收委员会完成评审并通过。

（4）安全预评估。2017年12月11日至14日，中国铁路南昌局集团有限公司运营安全预评估组完成预评估并通过。

（5）安全评估。2017年12月15日至18日，运营安全评估组完成评估并通过。

2017年12月28日，新建九景衢铁路正式通车。

实施单位

单位类别	单位名称	标段
建设单位	九景衢铁路江西有限责任公司	
设计单位	中铁第四勘察设计院集团有限公司	总体设计
	悉地国际设计顾问(深圳)有限公司	鄱阳、景德镇北站站房设计
施工单位	中铁二十四局集团有限公司	站前1标
	中铁二十五局集团有限公司	站前2标
	中铁十七局集团有限公司	站前3标
	中铁六局集团有限公司	站前4标
	中交第二公路工程局有限公司	站前5标
	中国铁建大桥工程局集团有限公司	站前6标
	中国铁建电气化局集团有限公司	四电
	中铁五局集团有限公司	站房
监理单位	上海天佑工程咨询有限公司	站前1标
	北京铁研建设监理有限责任公司	站前2标
	铁四院（湖北）工程监理咨询有限公司	站前3标
	南昌华路建设咨询监理有限公司	站前4标
	北京铁城建设监理有限责任公司	站前5标
	上海先行建设监理有限公司	站前6标
	南昌华路建设咨询监理有限公司	四电
	南昌华路建设咨询监理有限公司	站房
咨询单位	中铁上海设计院集团有限公司	施工图审核
	铁道第三勘查设计院集团有限公司（现已更名中国铁路设计集团有限公司）	站房
	中铁二院工程集团有限责任公司	路基沉降、精测网评估
站房工程代建单位	中国铁路南昌局集团有限公司南昌房建工程建设指挥部	

（供稿：九景衢铁路江西有限责任公司）

新建赣州至深圳铁路江西段工程

基本情况

新建赣州至深圳铁路（以下简称赣深铁路）江西段，全长134.52公里。设赣州西站、信丰西站、龙南东站、定南西站4个车站，新建车站3座，在建车站1座（赣州西站）。

主要技术标准：铁路等级是高速铁路；正线数目为双线；设计行车速度350公里/小时；正线线间距5米；最小曲线半径一般地段7000米、困难地段5500米；限制坡度20‰；牵引种类为电力；机车类型为动车组；到发线有效长度650米；列车运行控制方式采用自动控制；行车调度指挥方式为综合调度集中。

审批依据

《国家发展改革委关于新建南昌至赣州铁路客运专线可行性研究报告的批复》（发改基础〔2014〕2247号）。

《国家发展改革委关于新建赣州至深圳铁路可行性研究报告的批复》（发改基础〔2016〕2128号）。

建设意义

1. 打造大能力快速客运通道

赣深客运专线为京九客运专线的最南段，纵贯江西、广东两省，途经江西省赣州市，广东省河源、惠州、东莞、深圳等地市，其南端衔接沿海铁路、广深港客运专线，中部与广梅汕铁路、广汕铁路相衔接，北端沟通昌赣客专、赣龙铁路、渝长厦铁路、赣韶铁路等，并向北可延伸至北京，形成继京广深（港）、京沪、沿海等纵向客专后，又一条跨越我国南北众多省市、横亘华北、华中、华南地区的南北向大能力快速客运通道。

赣深铁路是京九客运专线的重要组成部分，是一条长三角与珠三角间交流的重要通道，承担珠三角、粤东地区对外中长途客流为主同时兼顾沿线及粤东与珠三角间城际客流，龙川至惠州段还将承担广梅汕快速铁路通道的客运功能。

2. 促进沿线经济快速发展

建设赣深铁路，对改善赣南地区基础设施，提高路网质量、完善路网布局、增强运输灵活机动性，加快江西等内陆省份对接珠三角，实现珠三角地区产业转移，带动沿线城镇化进程、沿线旅游资源开发具有重要意义。

投资主体

赣深铁路总投资641.3亿元。江西段工程为中国铁路总公司与江西省人民政府合资建设，可研批复投资177亿元，初设批复投资154.66亿元。

江西省承担部分工程投资以及各自境内段征地拆迁工作和费用。

江西省共出资35.4亿元（征地拆迁费用计列10.5亿元），其余资本金由中国铁路总公司负责筹措，使用自有资金等解决。资本金以外的资金使用国内银行贷款解决。

工程进度

先建段于2016年12月19日签订合同并进行了开工动员。

截至2017年底，控制工程龙南隧道年累完成1283.3延米，超额完成年计划的1%；黄柏山隧道完成1106.4延米，超额完成年计划的3%；路基完成34.5万方，超额完成年计划的8.5%；桥梁完成1380.5成桥米，超额完成年计划的0.1%；隧道完成4985.5成洞米，超额完成年计划的0.4%。

截至2018年7月，投资累计完成19.8亿元，完成江西段总投资的12.8%。主要完成情况为：征地累计完成总量的68.46%，房屋拆迁累计完成总量的5.88%；路基土石方累计完成总量的60.83%，桥梁累计完成总量的14.49%，隧道累计完成总量的27.83%。

控制工程龙南隧道、关西隧道、跨龙河高速及京九铁路特大桥等工期满足施组要求，其他路基、桥梁工程进展满足专业工期要求。

项目评估

1. 该工程各项工作稳步推进

在路地各有关部门的支持、指导、帮助下，依法合规推进工程招标工作，赣深铁路江西段站前工程剩余3个站前标段于2017年10月18日、21日分别完成施工、监理招标。

工程方遵循“超前谋划、抓早赶前、快速有序”的建设思路，组织召开赣深铁路江西段站前工程中标单位授标、合同（协议）签订暨工程建设动员会，促进工程建设高起点谋划、高效率推进。拌和站、试验室、钢筋加工场等大临工程施工和征地拆迁工作按施组安排稳步推进。

2. 总体进度满足工期要求

该工程以线下工程为主线，围绕路基土石方、大跨连续梁、长大隧道工程等重点工程，科学有序组织生产，根据公司年度调整投资计划和指导性施组安排，合理分配各工点关键部位及关键线路的施工任务，优化各类资源配置，充分理解施工图设计意图，结合具体工点的特点和难点，4次集中梳理分析重难点控制性工程及架梁、铺轨等关键线路工期，优化资源配置，制定保障措施，控制工程总体进度满足施组工期要求。

3. 注重安全管理工作

牢固树立质量精品意识、安全责任意识。继续坚持“全覆盖、零容忍、严管理、重实效”和“超前预判、过程管控、问题究责”的严管措施，按照“严管严查严考核、问题坚决零容忍”要求，严格红线管理，狠抓质量安全风险控制，认真开展质量安全排查整治专项行动，有效落实“风险工点责任包保，关键作业干部带班，风险隐患挂牌销号”制度，把质量安全措施落到工点、落到岗位，进一步提升参建人员的质量精品意识、安全责任意识。

4. 形成齐抓共管态势

以“平安工地”建设为载体，大力推进现场文明施工。继续坚持推行每月一次全线拉网式检查，每年增加一个主题质量安全专项排查活动（今年以标准化管理的平安工地为主题）；每月一次质量安全、生产调度和投资控制分析会；每季一次建设工作推进会和参建单位局集团公司主要领导约谈会；每季度就现场情况及需要重点关注的工作向各参建单位局集团公司书面情况通报一次，真正形成多管齐下、齐抓共管的态势。

实施单位

单位类别	单位名称
建设单位	昌九城际铁路股份有限公司
设计单位	中铁第四勘察设计院集团有限公司
施工单位	中铁十二局集团有限公司 中国铁建大桥工程局集团有限公司 中铁三局集团有限公司 中铁十六局集团公司
监理单位	南昌华路建设咨询监理有限公司 上海天佑工程咨询有限公司 石家庄铁源工程咨询有限公司 北京铁城建设监理有限责任公司

▲ 赣深铁路江西段3标项目部及拌和站

▲ 中铁十六局承建赣深铁路三标龙南隧道

【平安工地】是在交通运输快速发展背景下，为促进行业安全发展，在全国范围内开展的一项重要活动，是贯彻落实党中央、国务院有关安全生产一系列方针政策的重要举措。

全国交通运输工作会议要求交通行业围绕建设畅通、有效、安全、绿色交通运输体系的目标，深化体制改革，加快建设步伐，加强队伍建设，推进交通运输快速、高效、安全、绿色发展，为经济社会发展提供强有力的交通运输保障。目前，我国的交通基础设施建设正处在蓬勃发展时期，质量安全是不变的主题，抓好工程质量安全是实现交通运输业发展目标的关键。

“平安工地”建设活动，以打造安全工地为目标，通过建立安全法规体系和监管体系，使安全责任制得到有效落实，安全监管效果日益增强。

随着平安工地活动的推进，在交通建设不断发展的背景下，安全事故明显下降，安全形势持续稳定。

安全是工程的前提，在工程建设中，有三个情况应引起高度重视。

首先是工程施工过程中，坍塌事故比重大，且增幅明显，应加强管理，科学合理安排施工，减少这类事故的发生。

其次是人为因素直接导致的事故比重偏大。在施工中，有时会因操作不当等原因，导致事故发生，这类人为事故完全可以通过加强现场管理和人员培训等方式加以避免。

最后是重大事故隐患仍然存在。在推进安全发展理念过程中，安全措施落实不到位，基层与基础工作薄弱，施工安全管理亟待加强。

通过“平安工地”建设活动，增强了安全意识，加强了安全管理工作，凝聚共识，确保工程安全顺利实施。

（供稿：昌九城际铁路股份有限公司）

新建赣州至深圳铁路广东段工程

基本情况

新建赣州至深圳铁路（以下简称赣深铁路）广东段途经河源、惠州、东莞、深圳市。新建正线长度297.03公里；惠州地区联络线12.98公里、动车组存车场等工程；深圳枢纽深圳北与广州方向、深圳站与赣州方向联络线8.01公里、深圳东至笋岗动车组走形线2.97公里、广深铁路改线共3.65公里；新建深圳北动车所第二场及动走线、西丽方向羊台山隧道、深茂联络线等工程，深圳北线路所至深圳北联络线、深圳北站改造工程。

主要技术标准：铁路等级是高速铁路；设计行车速度350公里/小时；正线数目为双线；正线线间距5米；最小曲线半径，一般地段7000米，困难地段5500米；最大坡度，一般地段20‰，困难地段30‰；到发线有效长度是650米；列车运行控制方式是自动控制；行车调度指挥方式为综合调度集中；最小行车间隔3分钟。

建设意义

1. 构建城际间快速运输通道

▲赣州至深圳铁路效果图

▲ 林寨隧道进口

该工程是京九客运专线的重要组成部分，是长三角与珠三角交流的重要通道，建成后，主要承担珠三角、粤东地区对外中长途客流，同时兼顾沿线及粤东与珠三角间城际客流，龙川至惠州段还将承担广梅汕快速铁路通道的客运功能。

2. 促进沿线地区经济发展

该工程段建设，对改善赣南地区基础设施，提高路网质量、完善路网布局、增强运输灵活机动性，加快江西等内陆省份对接珠三角，实现珠三角地区产业转移，推动沿线城镇化进程、加快沿线旅游资源开发具有重要意义。

工程进度

1. 总体工期计划

赣粤省界至塘厦站（含）段开工日期为2017年10月30日，竣工日期为2021年9月30日（达到开通运营条件），总工期47个月。

塘厦站（不含）至深圳北段开工日期为2018年8月30日，竣工日期为2021年9月30日（达到开通运营条件），总工期为37个月。

深圳北站改造工程开工日期为2018年6月30日，竣工日期为2019年6月30日，总工期12个月。

2. 分项工程工期计划

2019年6月30日前，完成深圳北站改造工程；2020年10月31日，完成站前土建工程；2020年9月18日前，完成架梁；2021年4月30日前，完成站后工程、轨道整道及精调；2021年5月1日前，完成各专业静态验收；2021年 7 月31日前，完成联调联试；2021年8月31日前，完成运行试验；2021年9月30日前，完成初步验收及安全评估；2021年10月1日试运营。

3. 工程施工进度

2018年计划投资60亿元。截至2018年10月底，完成年度投资50亿元，完成年度计划的83.47％；开累完成投资65亿元，完成总投资444.89亿元的14.64％。完成路基工程28.60％、桥梁工程22.55％、隧道工程32.32％。

路基工程开累完成941万立方米，占比26.85％；桥梁工程开累完成32701延长米，占比24.08％；隧道工程开累完成13527成洞米，占比11.07％。工期与批复指导性施组工期安排相符。

4. 重点工程进展情况

（1）松岗山隧道全长9881米，施组计划2020年8月30日完工，中铁三局集团有限公司承担施工。已开挖完成241.4米，二衬完成12米。

（2）林寨隧道全长6236米，施组计划2020年5月31日完工，中铁六局集团有限公司承担施工。

截至2018年10月，开挖完成422.4米，二衬完成计227米。

（3）博罗隧道全长5791米，施组计划2020年8月31日完工，中铁四局集团有限公司承担施工。截至2018年10月，开挖完成546.3米，二衬完成335米。

（4）柳城东江特大桥全长2600.76米，施组计划2020年1月31日完工，中铁二十五局集团有限公司承担施工。截至2018年10月，完成桩基215根，承台2个。

▲时速350公里高铁桥梁—封闭式声屏障系统

（5）剑潭东江特大桥全长1844.79米，施组计划2020年5月31日完工，中交第三航务工程局有限公司承担施工。截至2018年10月，桩基完成91根。

投资主体

根据国家批复的工程可研报告及吸引社会资本情况，赣深铁路广东段投资总额为464.2亿元，资本金占50.65%，为235.1亿元。其中，中国铁路总公司认缴出资118.4亿元，占比50.36%；广东省人民政府认缴出资113.7亿元（征地拆迁费用计列58亿元），占比48.36%；中国铁路通信信号股份有限公司认缴出资1亿元，占比0.43%；中铁电气化局集团有限公司认缴出资2亿元，占比0.85%。

该工程投资主体为赣深铁路（广东）有限公司。初步设计投资概算444.89亿元，投资各方均以货币出资，资本金一次性认缴，分期到位。

审批依据

《国家发展和改革委员会关于新建赣州至深圳铁路可行性研究报告的批复》（发改基础〔2016〕2128号）。

《中国铁路总公司、江西省人民政府、广东省人民政府关于新建赣州至深圳铁路赣州至塘厦段初步设计的批复》（铁总鉴函〔2017〕528号）。

《中国铁路总公司、广东省人民政府关于新建赣州至深圳铁路塘厦至深圳北段初步设计的批复》（铁总鉴函〔2018〕248号）。

新技术应用

1. 拌和站吹灰系统

在拌和站建设中采用全套的粉料吹灰监管系统，粉料吹灰监管系统生产台账和材料消耗管理功能可实时监测粉料的进料、剩料情况，可对拌和站生产提供有效的指导及服务，并实现粉料申请检验、使用情况监控等信息化管理，有效监管拌和站生产过程中粉料的使用，杜绝粉料由于检测龄期的因素而发生未检先用的违规现象。

2. 数控张拉系统

在铁路桥梁建设中，预应力混凝土施工已被广泛应用，传统张拉施工靠施工人员凭经验手动操作，误差率很高，无法保证预应力施工质量（伸长值偏差及张拉力偏差均无法保证）。智能张拉系统稳定性强，精度高，能完全排除人为因素干扰，确保预应力张拉施工质量。

3. 自动喷淋系统

在梁场箱梁养护方面采用自动喷淋养护系统。系统翼板底部是自动喷淋养生的关键部位，蝶形喷头在180度旋转时可以使翼板底部全部达到湿润状态，底板下方的喷头可以360度旋转，充分解决人工养护难以喷洒到的难题，并且养护充分；系统可自动、定时对预制箱梁进行混凝土养护，避免人工浇水养生因受操作者的质量意识和工作态度影响，时常出现漏养现象；系统一人可操作多台，降低用人及用水成本。

4. BIM技术应用

在信息化建设中充分采用BIM技术。通过无人机拍摄建设地理模型，应用BIM软件根据施工图纸1:1比例完成BIM模型创建工作后，进行三维协调设计、可视化漫游，图纸"差、错、漏、碰"检查，工程量检算等工作。同时，基于BIM三维信息模型进行二次开发，接入铁路工程管理平台，协同对各阶段业务流程进行管理，实现基于三维模型的施工精细化管理及生产进度管控。

▲ 数控张拉系统

5. 时速350公里高铁桥梁—封闭式声屏障系统

在工程建设中，将进行高铁桥梁—封闭式声屏障系统结构及降噪关键系统研究，这项研究将综合考虑列车风荷载、自然风荷载和轮轨激励的共同作用，解决桥上封闭式声屏障的静动力性能、降噪效果、养护维修及耐久性问题，为赣深线桥上封闭式声屏障的设计提供有力的技术支持。

6. 铁路隧道仰拱开挖安全预警系统

石门岗隧道、松岗山隧道将进行铁路隧道仰拱开挖安全预警系统研究，通过该项研究揭示围岩时间效应的变形机制，确定隧道开挖诱发围岩变形时间效应临界值，开发基于围岩变形时空效应的仰拱开挖预警系统，获得不同围岩级别下，掌子面与仰拱封闭之间的合理长度，完善现有规范，使之适应大规模机械化作业的空间需求。

实施单位

单位类别	单位名称
建设单位	中国铁路广州局集团有限公司深圳工程建设指挥部
设计单位	中铁第四勘察设计院集团有限公司
施工单位	中铁三局集团有限公司 中铁四局集团有限公司 中铁六局集团有限公司 中铁十局集团有限公司 中铁十六局集团有限公司 中铁十九局集团有限公司 中铁二十五局集团有限公司 中交第三航务工程局有限公司
监理单位	河南长城铁路工程建设咨询有限公司 北京铁研建设监理有限责任公司 华南铁路建设监理公司 上海天佑工程咨询有限公司 华南铁路建设监理公司和沃森工程技术（北京）有限公司联合体

（供稿：中国铁路广州局集团有限公司）

鲁南高速铁路工程

基本情况

鲁南高速铁路是国家"八纵八横"高速铁路网的重要连接通道，是山东省"三横五纵"高速铁路网的重要组成部分，也是山东省有史以来建设里程最长、投资规模最大、建设条件最复杂、沿线覆盖人口最多的铁路工程。

审批依据

《关于鲁南高速铁路日照至临沂段可行性研究报告的批复》（铁总计统函〔2016〕989号）。

《关于鲁南高速铁路临沂至曲阜段初步设计的批复》（铁总鉴函〔2016〕822号）。

《关于鲁南高速铁路曲阜至临沂段可行性研究报告的批复》（铁总计统函〔2016〕169号）。

《关于鲁南高速铁路日照至临沂段初步设计的批复》（铁总鉴函〔2017〕273号）。

《关于鲁南高速铁路菏泽至曲阜段可行性研究报告的批复》（铁总发改函〔2018〕532号）。

《关于鲁南高速铁路菏泽至曲阜段初步设计的批复》（铁总鉴函〔2018〕714号）。

建设意义

鲁南高速铁路建成后，将与京沪高速铁路、青连铁路、郑徐客运专线以及规划的京九、京沪客运专线二通道五条国家干线铁路实现互联互通，将有效解决鲁南、鲁西南及中原地区群众快速出行问题。同时，对推进"一带一路"倡议实施、实现山东省"十三五"期间"市市通高铁"、打造"1、2、3" 小时交通圈，起到重要的支撑和保障作用。

投资主体

鲁南高速铁路有限公司经山东省人民政府批准，于2016年9月28日正式成立。公司首期注册资本10亿元，由山东铁路建设投资有限公司（出资5亿元）、济宁市铁路投资有限公司（出资2.5亿元）、临沂铁路建设投资有限公司（出资2.5亿元）共同先行发起设立。

▲鲁南高铁架梁施工

鲁南高速铁路有限公司以高速铁路工程建设及其运营管理为主业，实行多元化经营，目前主要负责鲁南、济莱、济滨高速铁路工程的建设管理。

工程进度

1. 主体工程

截至2018年9月该工程临沂至曲阜施工段（以下简称临曲段）线下工程已基本完成；日照至临沂施工段（以下简称日临段）路基填筑、桥涵隧道等线下主体工程全部完工。

2. 铺轨工程

铺轨工程于2017年11月进场施工并开始存轨基地建设，2018年6月27日，已完成第一对500米长轨条铺设，计划2019年4月30日前完成全线长轨铺设。

▲鲁南高铁费县站附近

▲临沂北站

3. 四电工程

四电工程施工人员已于2018年4月23日进场，计划2019年6月底完成。

4. 站房工程

临曲段和日临段县级站主体结构已开工建设；2018年12月，菏泽至曲阜施工段正式开工建设；临沂北站及曲阜东站计划于2019年10月底完成。

实施单位

单位类别	单位名称
建设单位	鲁南高速铁路有限公司
设计单位	中铁二院工程集团有限责任公司 中铁第四勘察设计院集团有限公司
咨询单位	中国铁路设计集团有限公司
监理单位	中铁华铁工程设计集团有限公司 铁四院（湖北）工程监理咨询有限公司 天津新亚太工程建设监理有限公司 西安铁一院工程咨询监理有限责任公司 沈阳铁路建设监理有限公司 中铁济南工程建设监理有限公司
施工单位	中交第一航务工程局有限公司 中交隧道工程局有限公司 中交一公局集团有限公司 中交第四公路工程局有限公司 中交路桥建设有限公司 中交第三航务工程局有限公司 中铁十四局集团有限公司 中铁十九局集团有限公司 中铁二十一局集团有限公司 山东省路桥集团有限公司 中国铁建大桥工程局集团有限公司 中铁十局集团有限公司

（供稿：鲁南高速铁路有限公司）

新建济南至青岛高速铁路工程

基本情况

新建济南至青岛高速铁路（以下简称济青高速铁路）是2008年由国家发展和改革委员会批准实施的中长期铁路网规划中“八纵八横”高速铁路主通道中青银铁路通道的重要组成部分，是第一条路省合资、省方控股的高速铁路。

正线全长307.9公里，设计速度350公里/小时。全线桥梁22座250.37公里，占81.31％；路基40.82公里，占13.25％；隧道2条17.35公里，占5.6％。新建车站10个，改造既有车站1个。

审批依据

《国家发展改革委关于环渤海地区山东半岛城市群城际铁路规划（2014～2020年）调整方案的批复》（〔2014〕878号）。

▲济青高铁联调联试

《国家发展改革委关于新建济南至青岛高速铁路项目建议书的批复》（发改基础〔2014〕1247号）。

《国家发展改革委关于新建济南至青岛高速铁路可行性研究报告的批复》（发改基础〔2015〕51号）。

《中国铁路总公司、山东省人民政府关于新建济南至青岛高速铁路初步设计的批复》（铁总鉴函〔2015〕1057号）。

建设意义

1. 打造山东客运网络

该工程与京沪高速铁路、石济客运专线、胶济客运专线、青连铁路等有效衔接，构成山东连接其他地区的高标准铁路客运网络。

2. 助力山东新旧动能转换

该工程对助力山东新旧动能转换和区域协调发展战略的实施，促进沿线经济社会发展，改善沿线区域交通环境，具有重要意义。

投资主体

济青高速铁路总投资599.8亿元。其中，山东铁路投资控股集团有限公司出资64.33％，中国铁路发展基金股份有限公司及中国铁路济南局集团有限公司出资20％。

此外，工程方充分发挥社会资本投资铁路建设示范项目的品牌优势，成功引入中国建筑集团有限公司、中国中车集团有限公司、国开发展基金有限公司战略投资47亿元。其中，中国建筑集团有限公司出资（或占股）8.67%，中国中车集团有限公司4.33%，国开发展基金有限公司2.67%。

在济青高速铁路站后工程建设中，将工程施工招标和引入社会投资人招标同步组织实施，引进中标人社会资本约10亿元。

实施单位

单位类别	单位名称	标段
建设单位	济青高速铁路有限公司	
设计单位	中国铁路设计集团有限公司 杭州中联筑境建筑设计有限公司	
施工单位	中铁隧道局集团有限公司	站前施工1标
	中铁十局集团有限公司	站前施工2标
	中铁三局集团有限公司	站前施工3标
	中铁十一局集团有限公司	站前施工4标
	中铁五局集团有限公司	站前施工5标
	中铁上海工程局集团有限公司	站前施工6标
	中铁北京工程局集团有限公司	站前施工7标
	中铁二十一局集团有限公司	站前施工8标
	中铁一局集团有限公司	站前施工9标
	中铁十二局集团有限公司	站前施工10标
	中国建筑股份有限公司	站前施工11标
	中铁十局集团有限公司	站房1标
	中铁三局集团有限公司	站房2标
	中铁城建集团有限公司	站房3标
	中铁五局集团有限公司	站房4标
	中铁十二局集团有限公司	站房5标
	中铁城建集团有限公司	站房6标
	中铁城建集团有限公司	站房7标
	中国建筑股份有限公司	站房8标
	中铁十局集团电务工程有限公司	四电1标
	中国铁建电气化局集团有限公司	四电2标

监理单位

标段	单位名称
站前监理1标	中铁济南工程建设监理有限公司
站前监理2标	中铁济南工程建设监理有限公司
站前监理3标	铁科院（北京）工程咨询有限公司
站前监理4标	济南市建设监理有限公司
站前监理5标	北京瑞特工程建设监理有限责任公司
站前监理6标	天津市路安电气化监理有限公司（现已更名天津路安工程咨询有限公司）
站前监理7标	上海华铁工程咨询有限公司
站前监理8标	乌鲁木齐铁建工程咨询有限公司
站前监理9标	北京中铁诚业工程建设监理有限公司
站前监理10标	北京铁研建设监理有限责任公司
站前监理11标	上海天佑工程咨询有限公司
站房监理1标	中铁济南工程建设监理有限公司
站房监理2标	济南市建设监理有限公司
站房监理3标	北京铁城建设监理有限责任公司
站房监理4标	上海天佑工程咨询有限公司
站房监理5标	北京瑞特工程建设监理有限责任公司
站房监理6标	北京中铁诚业工程建设监理有限公司
站房监理7标	中铁济南工程建设监理有限公司
站房监理8标	上海天佑工程咨询有限公司
四电监理1标	天津市路安电气化监理有限公司（现已更名天津路安工程咨询有限公司）
四电监理2标	北京中铁诚业工程建设监理有限公司

工程进度

济青高速铁路于2015年12月20日正式开工。

胶州北（不含）至红岛（不含）站前、四电及县级站房工程于2018年6月底开始静态验收，8月1日开始联调联试，10月7日结束；济南东枢纽地区10月11日正式开始联调联试，11月12日结束；胶州北站至红岛枢纽地区10月26日开始联调联试，各项试验数据满足要求；潍坊北站、红岛站房装饰装修及设备安装已全部按计划完成。

济青高速铁路顺利通过专家组验收，于2018年12月26日正式通车运营。

项目评估

1. 体制机制优势得到充分发挥

济青高速铁路工程充分发挥路地双方的优势，既保证工程公司内部按照现代企业管理制度依法决策，又保证铁路完全按照中国铁路总公司有关规范要求建设。实践证明，地方控股投资铁路建设的道路是可行的，济青高速铁路模式具有较强的总结、借鉴意义，起到良好的示范效应。

2. 高标准，高效率，高质量

济青高速铁路自开工以来秉承“创新、奉献、高效、和谐”的理念，坚持高标准起步，高效率推进，高质量达标。工程开工后，原定1年完成红线内征地拆迁任务，实际只用4个月基本完成，实现建设用地全面移交。在该工程建设过程中，全面推行标准化管理，统筹抓好安全、质量、工期、投资、环保、稳定等工作，路基、桥梁、隧道、无砟轨道、铺轨、房建工程、四电工程、静态验收、联调联试等各项重要节点，督促节点工程按施组计划推进或完成，工程进度及安全质量得到国家铁路局上海铁路监督管理局、山东省发展和改革委员会、中国铁路总公司、中国铁路济南局集团有限公司等单位的高度评价。

3. 社会资本投资示范工程

作为国家发展改革委确定的全国首批社会资本投资铁路领域8个示范工程之一，济青高速铁路积极引入社会资本，以银行贷款的方式降低债务性资金成本，保障工程建设资金。特别是在投资控制方面，把“省”贯彻到设计优化、施工招标、物资采购、财务管理等全过程，极大节约了建设资金。

新技术应用

1. 研发推广应用建设实名制管理系统

该工程利用信息化技术，对全体管理和作业人员进行身份信息采集，对每一类工程的作业人员和管理人员进行实名登记，有效解决了工程质量不可追溯的难题。

2. 基于物联网应用二维码信息

以实名制为基础，在全线桥梁、接触网工程中应用基于物联网的二维码信息标签，将技术、施工和人员溯源信息进一步推送到施工现场，实现建设信息的实时查询，提高安全质量监督效率。

3. 推广应用BIM（建筑信息模型）技术

济青高速铁路在建设中，重点在隧道施工和站房施工中推广应用BIM技术，通过信息化的手段，实现建筑信息的形象化模型，为现场施工提供更好的设计保障。其中，“济青高速铁路红岛站BIM综合应用”荣获第六届“龙图杯”全国BIM大赛综合组一等奖。

▲ 济青高铁铺轨仪式

（供稿：济青高速铁路有限公司）

新建郑州至济南铁路郑州至濮阳段工程

基本情况

新建郑州至济南铁路（以下简称郑济铁路）郑州至濮阳段工程，东起濮阳市濮阳东站，途经濮阳市、安阳市、省直管县滑县、鹤壁市、新乡市、郑州市，终至既有郑州东站。

正线全长197.28公里，联络线及相关工程全长7.64公里。其中路基长17.34公里，占线路总长度的8.8％，全线土石方632.05×104断面方；双线特大桥7座178.34公里，占正线长度90.4％；单线特大桥3座5.17公里，单线大桥4座0.9公里，框架中桥8407.6顶平方米，框架小桥2711.5顶平方米，涵洞3060.59横延米。

正线铺轨397.78公里，新建、改（扩）建车站7个，其中，郑州东站、新乡东站为既有车站改（扩）建，濮阳东、内黄、滑县浚县、卫辉南、平原新区为新建车站；同时，新建杨庄、马渡共2个线路所，改建郑徐客专鸿宝线路所，另设有线路所3个，生产生活房屋9.98×104平方米，永久用地10076.11亩，取弃土场临时用地3393.47亩，房屋拆迁39.12×104平方米。建设工期48个月。

审批依据

《中国铁路总公司、河南省人民政府关于新建郑州至济南铁路郑州至濮阳段可行性研究报告的批复》（铁总计统函〔2016〕677号）。

《中国铁路总公司、河南省人民政府关于新建郑州至济南铁路郑州至濮阳段初步设计的批复》（铁总鉴函〔2016〕722号）。

《中国铁路总公司工程管理中心关于新建郑州至济南铁路郑州至濮阳段先期开工段站前工程施工图审核报告审查意见的函》（工管施审函〔2016〕181号）。

《中国铁路总公司工程管理中心关于新建郑州至济南铁路郑州至濮阳段站前（含部分站后）工程施工图审核检查意见的函》（工管施审函〔2017〕42号）。

《中国铁路总公司、河南省人民政府关于新建郑州至济南铁路郑州至濮阳段郑州黄河特大桥补充设计的批复》（铁总鉴函〔2017〕176号）。

《中国铁路总公司工程管理中心关于新建郑州至济南铁路郑州至濮阳段站前（含部分站后）工程施工图审核报告审查意见的函》（工管施审函〔2017〕43号）。

建设意义

1. 促进沿线地区经济发展

郑济铁路将有效推进“中部崛起”战略、落实“一带一路”倡议，对完善区域快速客运网、提高铁路运输能力和运输质量，促进沿线地区的经济发展意义重大。

2. 加强城市间互动

该工程是全国《中长期铁路网规划（2016—2030）》中山东半岛至中原及西南地区的重要通道，将与规划建设中的京港高速铁路以及京广、京沪高速铁路连接互通。工程完工后，将有效缩短各城市间的距离行车时间，加强城市间的联系互动、资源共享，对各城市的协同发展有着深远的影响。

实施单位

单位类别	单位名称	标段
建设单位	河南城际铁路有限公司	
设计单位	中铁工程设计咨询集团有限公司	
施工单位	中铁三局集团有限公司	先期开工段
	中铁三局集团有限公司	Ⅰ标段
	中铁十八局集团有限公司	Ⅱ标段
	中铁十四局集团有限公司	Ⅲ标段
	中铁十九局集团有限公司	Ⅳ标段
	中铁十六局集团有限公司	Ⅴ标段
	中铁二局集团有限公司	Ⅵ标段
	中铁大桥局集团有限公司	Ⅶ标段
	中铁七局集团有限公司	Ⅷ标段
监理单位	河南长城铁路工程建设咨询有限公司	先期开工段
	北京中铁诚业工程建设监理有限公司	Ⅰ标段
	中铁隧道洛阳监理有限公司	Ⅱ标段
	中铁济南工程建设监理有限公司	Ⅲ标段
	内蒙古沁原工程建设监理有限责任公司	Ⅳ标段
	成都西南交大工程建设咨询监理有限责任公司	Ⅴ标段
	河南长城铁路工程建设咨询有限公司	Ⅵ标段
	北京中铁诚业工程建设监理有限公司	Ⅶ标段
	郑州中原铁道建设工程监理有限公司	Ⅷ标段

投资主体

该工程总投资342.97亿元，由中国铁路总公司和河南省人民政府共同投资。河南省承担征地拆迁费用。工程投资资本金，河南省约占62%；中国铁路总公司约占38%。

工程进度

1. 工程形象进度

各主要阶段计划工期：

（1）施工准备阶段，自2017年6月1日至2017年8月31日，共3个月。

（2）路基工程，分为路基填筑和路基附属及防护工程。路基填筑包括地基处理、区间路基土石方、站场土石方等，自2017年9月1日至2018年12月31日，共16个月；路基附属及防护工程，自2018年1月1日至2019年4月30日，共16个月。

（3）桥梁工程，包括桥梁下部、桥梁上部、黄河特大桥主桥段、桥面系等，自2017年9月1日至2020年4月30日，共32个月。

（4）无砟道床，自2018年12月1日至2020年4月18日，共17个月。

（5）铺轨，自2020年5月1日至2020年8月30日，共4个月。

（6）其他站房工程、四电工程、客户信息工程等，自2018年6月1日开始，计划于2020年11月30日结束。2020年12月1日开始验收，至2021年5月31日验收完成。

2. 工程施工进度

截至2018年10月，工程施工进度正在按计划进行。其中，路基处理CFG桩完成100.9万延米，占设计量51.4%；桥梁下部工程完成钻孔桩3.06万根，占设计量58.9%；承台完成1545个，占设计量27.7%；墩身完成1245个，占设计量22.6%；预制箱梁完成519孔，占设计量8.6%；连续梁共75联，截至2018年10月正在进行桥梁下部施工，开工45处，占设计量60%；钢桁梁共78493吨，制造2500吨，占设计量3.2%。

新技术应用

1. 完成重大科研成果转化

高速铁路40米简支箱梁预制技术是中国铁路总公司重大科研课题，取得了一系列的研究成果。设计依托郑济铁路郑州黄河特大桥北引桥（共344孔40米预制架设简支箱梁），成功地将该重大科研成果转化为工程设计与应用；同时引入BIM标准化设计，有利于保证箱梁工程质量和提高生产效率，也为新时代标准化梁场的建设做出了贡献。

该工程是时速350公里预制无砟轨道40米简支箱梁在我国高速铁路上的首次工程化应用，对推动我国大跨度预制架设简支箱梁的发展具有重要意义。

2. 推广使用无砟轨道

该工程郑州黄河特大桥主桥采用1联（112+6×168+112）米连续钢桁梁+7孔112米简支钢桁梁结构。主桥钢梁跨度适中（最大主跨168米），且为双层桥面公铁两用桥，铺设CRTS Ⅰ型双块式无砟轨道。

在大跨度钢桥上推广使用无砟轨道，不仅是实现高速铁路高速平稳运营的要求，同时对节约工程造价，降低后期轨道养护维修工作量都有积极的意义。

【中部崛起】中部地区是指山西、安徽、江西、河南、湖北和湖南六省在内的区域。中部崛起战略首次施行于第十一个五年规划期间。

2016年12月7日，国务院常务会议审议通过了《促进中部地区崛起规划（2016—2025年）》，提出了新时期促进中部地区崛起的九项主要任务：

第一项，优化空间，构建区域协调发展新格局。主要包括严格保护重点生态功能区和农产品主产区，打造网络化开放格局，扶持特殊困难地区加快发展，规范发展区域功能性平台。

中部地区有很多集中连片特困地区，扶贫、脱贫任务特别是异地扶贫搬迁任务较重，目前正在全力推进。

第二项，改革创新，培育区域发展新动能。主要包括推进供给侧结构性改革，深化重点领域和关键环节改革，实施创新驱动发展战略，推动大众创业万众创新。

第三项，转型升级，建设现代产业新体系。主要包括推动制造业提升改造，发展战略性新兴产业，促进产业集群化发展，加快发展现代服务业。

第四项，做强做优，开创现代农业发展新局面。主要包括巩固提升全国粮食生产基地地位，推进农村一二三产业融合发展，提高农业科技支撑水平，构建新型农业经营体系。

第五项，统筹城乡，推动新型城镇化取得新突破。主要包括加快城市群建设发展，建设和谐宜居智慧平安城市，促进农业转移人口市民化，推动城乡协调发展，建设美丽宜居乡村。

第六项，纵横联通，构筑现代基础设施新网络。主要包括强化综合交通运输枢纽地位，提高能源保障水平，加强水利基础设施建设，构建新一代信息基础设施。

第七项，绿色发展，打造蓝天碧水新家园。主要包括筑牢生态安全屏障，加大环境治理力度，加强重点流域治理，节约集约利用资源。

第八项，增进福祉，促进人民生活迈上新台阶。主要包括全力实施脱贫攻坚，大力发展教育卫生文化事业，健全就业和社会保障体系，创新社会治理。

第九项，开放合作，塑造区域竞争新优势。主要包括加快融入重大国家战略，全面推进双向开放，深化区域内部合作。

（供稿：河南城际铁路有限公司）

新建太原至焦作铁路河南段工程

基本情况

新建太原至焦作铁路（以下简称太焦铁路）位于山西省、河南省交界，自山西省泽州县南侧引出，主要以隧道形式近南北走向穿越太行山南麓低山丘陵区，之后近东西走向走行于山前冲积平原地带，经沁阳市北部、博爱县北部到达该线设计终点焦作车站，与郑焦铁路相连。建设周期50个月。

其中，河南段工程正线全长33.41公里，路基长11.11公里，占全线总长的33.3%。桥梁工程长13.42公里，隧道工程长8.89公里，桥隧占线路总长比为66.7%。全线新建车站1座，改建车站1座。

路基区间土石方为133.1万立方米，站场土石方为94.4万立方米；全段特大、大中桥共18座，其中，特大桥12.01公里/4座，梁式大中桥1.22公里/10座，框架中桥4座193.83纵延米6252.7顶平方米，桥梁总长度占线路总长度的40.1%；框架小桥涵31座，框架小桥12座219.26横延米2115.84顶平方米，框架涵19座549.93横延长米，框架小桥涵平均每路基公里2.79座；简支箱梁共335孔，预制架设简支箱梁330孔，现浇简支箱梁5孔；隧道8.89公里/3.5条，4公里<L≤10公里。隧道3.71公里/0.5条，3公里<L≤4公里，隧道3.64公里/1条，L≤1公里，隧道1.53公里/2条；正线铺轨64.4公里，无砟铺轨长度16.6公里，有砟铺轨长度47.8公里，铺道砟14万方；站线铺轨8.39公里，铺道砟3万方，新铺道岔34组。

建设意义

该工程开通后，将进一步完善区域路网布局，提升中原经济区综合竞争力，强化晋东南与中原经济区的互动联系，对打造中原城市间的经济圈，优化沿线各地区的运输结构，带动地区经济快速发展，实施可持续发展战略具有重要意义。

投资主体

新建太原至焦作铁路概算总投资为412.33亿元，山西省和河南省承担部分工程投资，并分别承担境内段征地拆迁工作及费用，其余资本金由中国铁路总公司使用铁路发展资金等方式负责筹措。资本金以外的资金，使用国内银行贷款解决。河南段总投资37.75亿元。

审批依据

《关于新建太原至焦作城际铁路水土保持方案的批复》（水保函〔2015〕57号）。

《国家发展改革委关于新建太原至焦作铁路可行性研究报告的批复》（发改基础〔2016〕1045号）。

《中国铁路总公司、山西省人民政府、河南省人民政府关于新建太原至焦作铁路初步设计的批复》（铁总鉴函〔2016〕363号）。

《关于新建太原至焦作城际铁路环境影响报告书的批复》（环审〔2016〕51号）。

《关于新建太原至焦作城际铁路建设用地预审意见的复函》（国土资预审字〔2016〕25号）。

实施单位

单位类别	单位名称
建设单位	河南城际铁路有限公司
施工单位	I标——中铁隧道局集团有限公司，承担从省界至博爱车站（含）线下土建工程，不包含箱梁预制架设及铺轨 II标——中铁七局集团有限公司，承担从博爱站（不含）至焦作站（含）线下土建工程，包含全线箱梁预制架设及铺轨施工
监理单位	I标——中铁隧道洛阳监理有限公司，负责从省界至博爱车站（含）线下土建工程监理，不包含箱梁预制架设及铺轨，全线站后工程监理 II标——郑州中原铁道建设工程监理有限公司，承担从博爱站（不含）至焦作站（含）线下土建工程监理，包含全线箱梁预制架设及铺轨工程监理

工程进度

该工程于2016年10月20日正式启动，计划2020年12月底完工。工程进度正在按计划进行。

1. 工程形象进度

截至2018年10月，全线大临工程已全部完成；路基完成5.2%，正在进行地基处理及土石方填筑；桥梁完成30.9%，正在进行下部工程及特殊结构施工；隧道完成32.9%，贯通一条，其余3条正在掘进及二衬施工；四电工程正在进行施工图设计；站房工程方案征集已完成，正在编制实施方案。

2. 投资进度情况

2018年计划投资8亿元。截至2018年9月底完成投资6.25亿元，完成年度计划的78.1%；工程完成投资12.25亿元，完成总投资的32.5%。

存在问题

1. 工程工期受影

控制工程太行隧道河南段，因受办理林业用地手续的影响，前期无法形成正常施工局面，直至2017年5月10日才进洞施工，比原施组滞后了129天；后又受2017年《京津冀及周边地区2017—2018年秋冬季大气污染综合治理攻坚行动方案》的制约，2017年12月至2018年3月间因水泥供应不足等问题被迫停工共计48天，截至2018年9月节点工期滞后原施组99天。

2. 征迁工作进展缓慢

按照《中国铁路总公司关于加强铁路建设项目征地拆迁工作的指导意见》（铁总计统〔2014〕97号）的要求，工程方与河南省国土厅签订了征迁协议，协议约定由河南省国土厅代表河南省政府负责统一实施太焦铁路河南段征地拆迁。自工程开工以来，河南省政府、河南省国土厅多次协调推进征迁工作，但仍有多个节点未兑现。

3. 工程资金出现缺口

工程征迁资金缺口较大（概算内征地拆迁资金为3.95亿元，现估算约需11.54亿元，资金缺口约为7.59亿元），工程方多次向河南省政府及有关部门进行了汇报，截至2018年10月18日概算外资金仍未落实。

4. 全线工期滞后

该工程开工以来，受各种因素影响，工期出现滞后。截至2018年10月，全线385处三电迁改仅完成迁改17处；全线永久用地交付81.4%，已交地地段中有7.5公里因三电迁改和拆迁垃圾等问题仍无法施工（含8处连续梁，全线连续梁共计14处）。按2018年11月底完成河清线220千伏高压铁塔迁改计，全线工期将滞后4个月。

在后续施工中，将组织施工单位切实做好各项预案，避免因材料供应问题出现停工现象，同时加强施工组织；继续协调地方政府落实征迁资金，加快征迁工作进度。

【无砟轨道】又称无碴轨道，是指采用混凝土、沥青混合料等整体基础取代散粒碎石道床的轨道结构，是极为先进的轨道技术。

与传统的有砟轨道相比，无砟轨道避免了飞溅道砟，无论是从平顺性，稳定性，还是从使用寿命，维修方面都具有突出的优势，而在无砟轨道上，列车运行时速可达350千米以上。

无砟轨道的原材料采用了自身稳定性较好的混凝土或沥青道床来传递行车时的动、静荷载，而行车时需要的弹性变形主要由设置在钢轨或扣件下精确定义的单元材料提供。与此同时，无砟轨道的结构设计具有很好的抗冻安全性，对其下部结构在铺轨完成后出现的后续沉降变形要求严格。

无砟轨道按照不同参数，可分为不同的结构类型：按钢轨支承方式可分为点式和连续式；按支承扣件方式可分为有轨枕和无轨枕；按轨枕支承方式可分为埋入式、嵌入式和支承式；按道床板材料可分为混凝土和沥青；按道床板施工方式可分为预制和现浇。

无砟轨道结构，一方面提高系统的荷载传递、扩散功能，另一方面其适应下部结构沉降变形的能力却大为下降，因而无砟轨道结构对路基的要求原则上是一样的。

大量的现场测试表明，当外部条件相同时，列车处于运行状态，无砟轨道路基中动荷载的差别较小。

随着我国铁路事业的快速发展，无砟轨道成为铁路轨道铺设的重要技术，从试验段到大规模推广，无砟轨道技术逐渐走向成熟。

2004年9月，原铁道部决定在遂（四川遂宁）渝（重庆）铁路建设我国首条无砟轨道试验段，正线全长13.16公里。

2007年1月3日，遂渝铁路无砟轨道试验段开始综合试验。据原成都铁路局发布的消息，我国首条无砟铁路轨道于2007年1月10日晚完成综合试验。

试验结果显示，动车组时速达到232公里，其平稳性、舒适度达到优级，测试的各项数据都在安全标准之内。

2009年12月26日，武广高速铁路投入运行。采用从德国睿铁公司（RAIL.ONE）引进的RHEDA 2000双块式无砟轨道技术。

无砟轨道技术成熟后，我国的大型铁路如京沪、京石、广深港、京沈、哈大、沪宁城际等高速铁路均采用无砟轨道技术。该项技术将更广泛地应用于铁路的建设当中，为中国铁路发展提供先进的技术支撑。

【晋东南】晋东南、晋中、晋北、晋南，主要依据地域特色和行政划分。按照山西省城镇体系规划，在未来5～10年内，将发展成为全省四个一级城市经济区。

其中，晋东南经济区包括长治、晋城两个二级经济区，以长治为中心，以太焦线为重点布局轴带，形成长治都市区和晋城城镇组群两个相对集中的城镇分布区。该经济区将着力完善区域中心城市功能，优化区域经济结构，重点加强太行山区的生态环境建设、中部区域的环境治理和耕地资源保护，促进区域与城镇的可持续发展。

此外，晋中经济区以太原为中心，重点发展装备制造业、高新技术产业和第三产业。晋北经济区以大同、朔州为中心，加快资源型经济转型发展，突出环境生态建设与历史文化遗产的保护。晋南经济区以临汾—侯马—运城为复合中心，大运为一级发展轴，形成带状布局结构。

（供稿：河南城际铁路有限公司）

新建太原至焦作铁路山西段工程

基本情况

新建太原至焦作铁路（以下简称太焦铁路）山西段，位于山西省东南部地区，线路北连山西省省会太原市，向南经晋中、长治、晋城市，终至河南省焦作市。正线总长325.35公里。桥梁103座，长95.87公里，占线路长度的29.47%；隧道36条，长145.22公里，占线路长度的44.63%；路基长84.26公里，占线路长度的25.9%。有太原南站、新鸣李、晋中3个改建车站，设太谷东、榆社西、武乡西、襄垣东、长治东、长治县、高平东、晋城东8个新建车站。

主要技术标准：铁路等级为高速铁路；正线数目是双线；设计行车速度250公里/小时；正线线间距4.6米；最大坡度一般地段20‰，困难地段30‰；最小曲线半径，一般地段3500米，困难地段3000米；牵引种类为电力；列车类型为动车组；到发线有效长度650米；列车运行控制方式是自动控制；行车调度指挥方式为综合调度集中。

审批依据

《中国铁路总公司关于授权松江河至漫江等铁路项目出资人代表的通知》（铁总计统函〔2015〕899号）。

《中华人民共和国建设项目选址意见书》（选字第2015-098号）。

▲太焦铁路赵卜峪隧道

《关于新建太原至焦作城际铁路建设用地预审意见的复函》（国土资预审字〔2016〕25号）。

《国家发展改革委关于新建太原至焦作铁路工程可行性研究报告批复》（发改基础〔2016〕1045号）。

《关于新建太原至焦作铁路初步设计的批复》（铁总鉴函〔2016〕363号）。

《国土资源部办公厅关于新建太原至焦作城际铁路山西省段控制性工程先行用地的复函》（国土资厅函〔2016〕958号）。

建设意义

1. 促进地区经济发展

太焦铁路地处山西东南部，北起山西省会太原市，途经上党之地长治，南至河南焦作，是我国重要的南北运输通道。它的建设，对彻底解决晋东南地区铁路运输落后状况，带动地区经济转型发展，增强山西省内各市交流，促进山西省经济协调发展意义重大。

2. 完善地区快速客运网络

太焦铁路是国家快速铁路网的重要组成部分，建成后，将成为山西省南出的主要客运通道，起到完善华北西部地区快速客运网络、拓展快速运输覆盖范围，增强西部与内地的联系，优化铁路网布局，增加旅客运输机动灵活性的作用。

3. 缩短地区间的运行时间

太焦铁路在太原枢纽衔接大西客运专线、石太客运专线、太中银铁路，并与郑焦城际铁路贯通，在郑州枢纽与京广、陇海（郑合）、商合杭等快速客运网沟通，不仅直接联通太原和中原两个城市群，促进山西经济转型发展；还可形成呼和浩特至大同至太原至郑州快速客运通道，缩短山西、蒙西等地与我国中东部地区的行车时间，增强山西、蒙西与中南、华东地区间的联系。

投资主体

新建太原至焦作铁路概算总投资为412.33亿元，山西段概算投资为374.58亿元。山西段资金由山西省人民政府、中国铁路总公司及银行贷款承担。其中，山西省出资123.1亿元，中国铁路总公司出资77.36亿元，银行贷款174.13亿元。

截至2018年7月底，中国铁路总公司完成出资40.7亿元，山西能源交通投资有限公司完成出资36亿元。

工程进度

1. 投资完成情况

截至2018年8月31日，开累完成投资132.8亿元，占总投资374.58亿元的35.5%。

2. 形象进度情况

（1）路基工程。挖方完成1606.2万立方米，占总挖方量的1689.9万立方米的95%；填方完成372.5万立方米，占总填方量的1053.3万立方米的35.4%；边坡防护完成23.64万立方米，占总量64.79万立方米的36.5%；支挡结构完成13.29万立方米，占总量23.73万立方米的56%；排水沟完成3.09万米，占总量16.67万米的18.5%。

（2）桥梁工程。完成桩基25638根，完成总量29142根的88%；承台完成2408个，完成总量3043个的79.1%；墩台完成2197个，完成总量3043个的72.2%；预制箱梁完成772榀，完成总量2677榀的28.8%；架梁完成162榀，完成总量2677榀的6.1%；现浇简支箱梁完成14跨，完成总量151跨的9.3%；桥梁特殊结构共有55处，已经开工52处，合拢7处。

（3）隧道工程。隧道斜井开挖完成19704.7米，完成总量19974米的98.7%；隧道正洞开挖完成63483.6米，完成总量145219米的43.7%。隧道贯通5条，即，东坡隧道、吴北村2号隧道、堡后隧道、黄麓坡隧道、杨家岭1号明洞。

新技术应用

工程方组织参建各方积极开展创新活动，先后编撰了《关于在太焦铁路建设中开展创新活动的指导意见（试行）》《太焦铁路创新项目推进计划》等相关文件，为工程建设创新工作提供了制度支撑。目前，整体创新氛围已形成，部分创新工程已完成并应用到了现场。截至2018年8月31日，太焦铁路开展的创新项目共计40项。

路基工程开展的创新工程共计3项：螺杆桩桩头前截法施工、螺杆桩桩帽旋挖施工工艺、防护栅栏安装工装。

桥梁工程开展的创新工程共计16项：桥梁钻孔桩桩头标高控制工艺、可调节式钻孔桩钢筋笼孔口连接精确对位工装、钻孔桩桩头凿除成套工艺、承台预埋墩身钢筋定位工装、垫石锚栓孔定位工装、预制箱梁的液压内模齿轨行走系统、预制梁锚穴橡胶圈定位工艺、预制梁支座板防空鼓工艺、预制梁封锚成套工装工艺、连续梁接触网基础预埋螺栓定位工装创新、连续梁桥面系三墙钢筋定位技术、承台自动喷淋养护技术、墩身"穿衣戴帽"自动喷淋养护工艺、连续梁自动喷淋养护技术、预制梁综合养护技术创新、预制箱梁端混凝土养护工装创新。

隧道创新工程共计12项：大断面软弱围岩三台阶带仰拱施工工艺、超前小导管和锁脚锚管施工定位工装、防水板挂设台车按压工装、防水板电磁焊工艺工装应用及创新、二衬钢筋层间距和保护层可调螺杆定位工装、接触网槽道组装平台、二衬拱顶预防脱空预警装置、悬臂式混凝土自动喷淋养护系统、隧道二衬混凝土智能蒸汽养护台车、仰拱填充找平层凿毛及混凝土摊铺整平机的创新应用、隧道衬砌全断面自动检测台车、隧道全断面清洗台车。

▲太焦铁路晋中特大桥跨二广高速公路128米连续梁合拢

▲太焦铁路晋中特大桥架梁作业

信息化技术应用及创新工程共计9项：信息化技术在铁路施工管理中的应用、BIM+GIS技术在桥梁施工中的创新及应用、信息化技术在梁场管理中的创新及应用、BIM技术在桥梁工程装配式模板动态周转中的应用及创新、邻近高铁施工对既有高铁自动化监测系统、信息化在螺杆桩施工中的应用及创新、隧道二衬钢筋间距一体化检测装置创新、测量全站通系统应用及创新、BIM技术在隧道施工中的应用及创新。

1. 取得的国家级创新成果

（1）预制箱梁的液压内模齿轨行走系统

系统利用液压内模主梁下方齿板轨道作为驱动轨道，通过齿轮驱动系统内模自行移出，提高了梁场生产效率；液压内模自重大，能够有效防止混凝土浇筑过程中模板上浮问题。

（2）预制箱梁封端养护

装置由配套水循环管、底板养护板和腹板养护板组成，采用定位卡具固定在梁端，实现梁端混凝土自动养护和梁端及封锚混凝土持续养护。

（3）隧道超前小导管定位工装

装置由包含固定连接系统及小导管定向调节系统两部分组成。施作超前小导管前，将工装安装至钢架上，可实现小导管位置及角度的精准施作，操作简便，有利于充分发挥小导管的支护作用。

（4）隧道二衬拱顶防脱空预警装置

隧道二衬混凝土施工前，在衬砌台车上配置触压连通式预警装置，沿拱顶中线布设4组监测点，通过混凝土挤压感应器开关进行报警，当报警器灯亮后，再稳压泵送3次，即可保证二衬混凝土压顶质量，预防拱顶脱空。

（5）BIM+GIS综合协同管理平台

通过地理信息系统与建筑信息模型深度结合，加以遥感影像与无人机航拍模型叠加，实现真实环境模拟，为铁路施工搭建了一个3D平台，提高了工作效率。

2. 新技术在太焦铁路建设中的推广应用

太焦铁路强力推行隧道衬砌施工成套技术、桥梁下部工程成套工装、悬臂浇筑连续梁相关施工工艺、箱梁预制相关工装工艺、路基附属工程成套工装等新工艺、新工装、新技术共计40项，确保了工程建设的质量和安全。

实施单位

单位类别	单位名称	标段
建设单位	大西铁路客运专线有限责任公司	
勘察设计单位	中国铁路设计集团有限公司	
	中铁工程设计咨询集团有限公司	
施工图咨询单位	中铁第四勘察设计院集团有限公司	
施工单位	中铁隧道局集团有限公司	先期1标
	中铁三局集团有限公司	站前1标
	中铁十局集团有限公司	站前2标
	中铁十六局集团有限公司	站前3标
	中铁十二局集团有限公司	站前4标
	中铁一局集团有限公司	站前5标
	中铁五局集团有限公司	站前6标
	中铁十七局集团有限公司	站前7标
	中铁四局集团有限公司	站前8标
	中交第二公路工程局有限公司	站前9标
	中铁十一局集团有限公司	站前10标
监理单位	铁四院（湖北）工程监理咨询有限公司	站前先期监理1标
	山西铁建工程监理咨询有限责任公司	站前监理1标
	天津路安工程咨询有限公司	站前监理2标
	上海天佑工程咨询有限公司	站前监理3标
	北京瑞特工程建设监理有限责任公司	站前监理4标
	石家庄铁源工程咨询有限公司	站前监理5标
	天津新亚太工程建设监理有限公司	站前监理6标
	中铁华铁工程设计集团有限公司	站前监理7标
	中铁二院（成都）咨询监理有限责任公司	站前监理8标
	河南长城铁路工程建设咨询有限公司	站前监理9标

第三方检测单位

标段	单位名称
检测1标	武汉铁辰工程检测有限公司
检测2标	上海同纳建设工程质量检测有限公司
检测3标	中铁咨询集团北京工程检测有限公司
检测4标	中铁九局集团工程检测试验有限公司
检测5标	廊坊市中铁物探勘察有限公司
水土保持监测单位	黄河流域水土保持生态环境监测中心
水土保持专项监理单位	西安黄河工程监理有限公司
环境保护专项监理单位	中铁第一勘察设计院集团有限公司
精测网评估单位	中铁二院测绘工程设计研究院
沉降咨询评估单位	中国铁路设计集团有限公司

项目评估

1. 注重环保施工

太焦铁路山西段自开工以来，现场狠抓质量安全工作，工程质量安全总体可控。工程推进过程中，严格落实国家、中国铁路总公司、山西省的各项环水保措施，先后接受了水利部海河水利委员会和黄河水利委员会的4次检查，环水保工作满足《水利部关于新建太原至焦作城际铁路水土保持方案的批复》（水保函〔2015〕572号）和生态环境部《关于新建太原至焦作城际铁路环境影响报告书的批复》（环审〔2016〕51号）的要求。

2. 积极协调各方做到有序施工

在工程推进过程中，依靠地方政府，积极协调各方关系，维稳工作良好。各参建单位，紧紧围绕工程建设，配齐配强各种资源，工程建设有序推进。受前期资金不到位、征地拆迁、三电迁改、地材供应紧张影响，太焦铁路山西段个别桥梁、隧道工期滞后，通过加强与地方协调，增加资源配置，强化施工组织，提高施工工效，可保证铺架通道畅通，满足总体工期要求。

（供稿：大西铁路客运专线有限责任公司）

新建商丘至合肥至杭州铁路河南段工程

基本情况

新建商丘至合肥至杭州铁路（以下简称商合杭铁路）位于河南、安徽和浙江三省境内，线路自河南商丘起，经安徽亳州、阜阳、淮南、合肥、芜湖、宣城，浙江省湖州至杭州。线路北端衔接郑徐铁路客运专线和规划中的京九客运专线，与中原、西北、华北地区相通；中部通过沪汉蓉铁路与川渝鄂地区连通，通过合福铁路向南辐射海峡西岸和台湾；南端衔接宁杭客运专线，通过杭州枢纽通达浙江省，还可通过规划建设的湖州至苏州吴江至上海铁路接入上海。

商合杭铁路为双线高速铁路，设计行车速度为350公里/小时，最小曲线半径一般地段7000米，困难地段5500米，限制坡度20‰，到发线有效长度650米，列车设计运行控制方式为自动控制。

▲架梁施工现场

▲商丘特大桥跨西南联络线及京九下行转体连续梁施工

商合杭铁路河南省境内正线长47.99公里，自商丘站引出，经商丘新区站至豫皖省界，设商丘、商丘新区2站，其中商丘站与郑徐客运专线并站设置。新建正线2座特大桥，桥梁长度40.98公里（商丘特大桥长13.27公里，木兰特大桥河南境内长27.84公里）。正线路基长度3.39公里。

商合杭铁路批复建设工期5年，河南段于2015年12月25日开工建设。

建设意义

1. 带动区域经济协调发展

长三角是我国三大经济区中综合经济实力最强的区域，对中西部的辐射和带动能力强大。

商合杭铁路的建设，对发挥长三角地区经济辐射和带动作用，推进和承接长三角产业转移，形成东中西部互联互补、相互促进、相互发展格局，最终实现区域经济的协调发展具有十分重要的意义。

2. 打造高效交通枢纽

商合杭铁路所经地区城市密集、人口众多、矿产资源丰富，既有商合杭线路运输能力已接近饱和，无法满足沿线经济的快速发展。

建设商合杭铁路，不仅能释放既有线的货运能力，为沿线地区经济发展提供运力保障，还能让沿线地区至省会城市均实现"一小时通达"，推进区域城市间相互协作沟通，提升省会城市的聚集、辐射和带动功能，催生同城效应，促进沿线资源进一步开发，繁荣地方经济。

审批依据

《国家发展改革委关于新建商丘至合肥铁路项目建议书的批复》（发改基础〔2013〕1991号）。

《关于新建商丘至合肥至杭州铁路客运专线环境影响报告书的批复》（环评〔2014〕260号）。

《关于新建商丘至合肥至杭州铁路客运专线水土保持的批复》（水保函〔2014〕317号）。

《国家发展和改革委员会关于新建商丘至合肥至杭州铁路可行性研究报告的批复》（发改基础〔2015〕948号）。

《关于新建商丘至合肥至杭州铁路初步设计的批复》（铁总鉴函〔2015〕803号）。

工程进度

商合杭铁路河南段工程进展顺利，自2015年开工后，于2017年完成了桥梁下部及上部特殊结构施工，2018年完成了全部箱梁预制架设工作。

截至2018年10月底，路基、桥梁下构及连续梁工程已全部完成，制梁完成100%，架梁完成97.3%。无砟轨道铺设完成57%。

通信、信号、电力、接触网等四电工程、商丘新区站及沿线生产生活房屋工程分别于2018年9月、10月开工建设，接触网立柱完成42%，通信铁塔基础完成75%，四电房屋完成10%，站房基础桩基完成100%，站台雨棚基础完成95%。

工程累计完成投资60.2亿元，占投资总额的63.7%。

▲商合杭新区站站房效果图

▲商丘特大桥箱梁架设

投资主体

商合杭铁路工程总概算960.8亿元，由中国铁路总公司、河南省、安徽省和浙江省人民政府共同出资建设。河南省、安徽省、浙江省负责境内征地拆迁工作和费用，征地拆迁费用由投资各方确认后计入工程地方股份，其余资本金由中国铁路总公司使用铁路发展基金解决。资本金以外的资金使用国内银行贷款解决。

项目评估

截至2018年10月，施工进度满足施组计划要求。正在开展无砟轨道和站房、“四电”施工。站前工程计划2019年6月30前完成；“四电”、站房工程计划2019年7月30日前完成，同时启动静态验收。

该工程按照设计组织施工，开工以来未发生任何质量安全等级事故，工程质量符合标准要求，施工安全有序可控。

新技术应用

1. 采用连续梁结构，调整施工方案

商合杭铁路，上跨京九铁路上行线及睢阳大道采用（40+64+40）米连续梁、跨西南联络线及京九下行线采用（48+80+48）米连续梁、跨西北联络线采用（48+80+48）米连续梁，因连续梁跨度大、临近营业线施工安全风险高，经研究后采取异位挂篮施工、天窗点内转体合龙到位的施工方案，三处转体施工均转体到位，安全合龙。

2. 设计8榀门型墩，现场吊装

商合杭铁路与京九铁路东北联络线、西南联络线斜交角度小，设计采用8榀门型墩跨越既有铁路。门型墩钢横梁涉及营业线施工，安装重量大，安全风险高。钢横梁采用工厂加工完成、现场吊装就位的施工方案，经线下试验吊装，最终采用650吨吊机，天窗点内安全吊装就位、安装完成。

实施单位

单位类别	单位名称
建设单位	郑西铁路客运专线有限责任公司
设计单位	铁道第三勘察设计院集团有限公司（现已更名中国铁路设计集团有限公司）
施工单位	中铁一局集团有限公司 中铁七局集团有限公司 中铁十七局集团有限公司 中铁十八局集团有限公司 中铁电气化局集团有限公司 中国铁路通信信号股份有限公司
监理单位	北京中铁诚业工程建设监理有限公司/沃森工程技术（北京）有限公司联合体 郑州中原铁道建设工程监理有限公司

（供稿：郑西铁路客运专线有限责任公司）

南昆铁路南宁至百色段增建二线工程

基本情况

南昆铁路南宁至百色段增建二线（以下简称南百二线）位于广西壮族自治区境内，起自南宁铁路枢纽江西村站，终至百色站，沿既有南昆铁路建设，途经隆安、平果、田东、田阳等县，全长209公里。

南百二线铁路等级为国铁I级；正线数目为双线；设计行车速度120公里/小时；最小曲线半径一般地段1200米，困难地段800米；既有线维持现状限制坡度6‰；牵引种类电力，牵引质量4000吨；到发线有效长度850米；闭塞类型为自动闭塞。

主要工程量：永久征地7442亩，拆迁房屋26.8万平方米，路基土石方1350万立方米，路基圬工方139万立方米，桥梁167座45.5公里，隧道及棚洞25座13.9公里，涵洞587座7150横延米。该工程批复建设工期30个月。

▲南百二线（左）、既有南昆线（中）、云桂线（右）并行跨越右江

南百二线的开工建设，有利于提高西南至华南地区铁路通道能力，增强云贵地区货物外运能力，扩大北部湾港口群对西南地区辐射范围，促进西部地区开发和环北部湾经济圈发展，加强“泛珠三角”地区合作、有效缩小东西部差距，造福西南各族人民，增进民族团结，具有十分重要的意义。

建设意义

南昆铁路被称为“中华第一扶贫线”，是沟通西南与华南沿海的一条重要通道，也是云、贵、川出海的最佳捷径。

自1997年建成通车以来，沿线货物发送量每年以30%左右速度递增，虽经多次扩能改造，仍然不能满足地方经济发展的需要，不到二十年时间，单线运能已趋于饱和。

审批依据

《国家发展改革委关于南昆铁路南宁至百色段增建二线工程可行性研究报告的批复》（发改基础〔2014〕2221号）。

《中国铁路总公司关于南昆铁路南宁至百色段增建二线工程初步设计的批复》（铁总办函〔2014〕1422号）。

《中国铁路总公司关于南昆铁路南宁至百色段增

建二线控制性工程开工建设的批复》（铁总计统函〔2015〕370号）。

工程进度

该工程于2014年12月完成施工及监理招标。2015年4月，中国铁路总公司批复工程。

1. 2015年进展情况

（1）投资完成。计划完成投资21亿元，实际完成投资22.8亿元，实际完成为年度计划的108%。

（2）形象进度。2015年度主要进行铁路下部工程施工，至年底各专业开累完成情况如下：路基土石方完成35%；桥梁下构完成42%；隧道完成38%；涵洞完成27%；简支混凝土梁预制完成20%。

（3）进度差异分析。对照批复的施工组织设计，工程推进顺利，实际进展略超前于原计划，主要得益于地方政府的大力支持及参建单位的共同努力。

2. 2016年进展情况

（1）投资完成。计划完成投资45亿元，实际完成投资45.1亿元，实际完成为年度计划的100%。

（2）形象进度。2016年度工程全面铺开，至2018年底各专业开累完成情况如下：路基土石方完成94%；桥梁下构完成87%；制梁完成73%；隧道完成100%；涵洞完成96%；轨道开累完成49%；房建完成57%；电力完成55%；接触网完成60.0%；通信信号完成 57%。

▲桥梁下部结构

（3）进度差异分析。对照批复的施工组织设计，工程推进正常，实际进展与计划进度基本吻合。

3. 2017年进展情况

（1）投资完成。计划完成投资20亿元，实际完成投资20亿元，实际完成为年度计划的100%。

（2）形象进度。该年度主要进行站前专业的收尾及站改、“四电”、轨道作业。按照分段开通的安排，自2017年9月份起，全线分6段依次开通。至2017年底，南百二线全线开通，实现复线运营。

（3）进度差异分析。对照批复的施工组织设计，工程按时完工，达到了预期目标。

实施单位

单位类别	单位名称
建设单位	中国铁路南宁局集团有限公司
设计单位	中铁二院工程集团有限责任公司
施工单位	中铁三局集团有限公司
	中铁四局集团有限公司
	中铁五局集团有限公司
	中铁十四局集团有限公司
	中铁十七局集团有限公司
	中铁十九局集团有限公司
	中铁二十五局集团有限公司

投资主体

南百二线由中国铁路总公司与广西壮族自治区人民政府共同出资建设，总投资98.83亿元。其中，广西壮族自治区负责征地拆迁资金12亿元，中国铁路总公司负责工程资金87亿元。工程资本金约占总投资的35%，计34.6亿元。资本金以外资金使用国内银行贷款解决。

▲南百二线全线竣工开通运营

项目评估

南百二线的审批完全按照规定程序进行，依法合规地开展工作。建设过程中，严格执行国家和行业有关政策、规程、规范和标准，严格按图施工，工程质量和系统功能满足设计及标准规定，环境保护、水土保持、劳卫、消防设施同步设计、同步建成，同步投入使用，静态验收、动态验收、初步验收、安全评估等验收结论均为合格，工程顺利开通。

工程方从等级、生产、施工、控制四方面着手，对整个工程施工全方位、立体化管理监督，以确保工程顺利开通。

1. 采用标准化管理

工程方结合南百二线营业线施工、膨胀土病害、站改工程量大的具体特点，积极推进“管理制度标准化、人员配备标准化、现场管理标准化、过程控制标准化”的管理模式，构建以建设单位为龙头，参建各方全面参与，贯穿项目建设全过程、全方位的标准化管理格局，规范参建各方的日常行为，实现工程质量、安全、工期、投资、环保、技术创新的管理目标。

2. 落实“工厂化”生产

严格遵守“施工生产能厂化则工厂化，充分利用社会资源”的原则，统筹安排各专业工厂化的具体内容。T梁、钢构件、沟槽盖板、钢筋混凝土构件（路基防护栅栏、桥面栏杆、附属工程混凝土预制件等）全部实行工厂化制作，确保产品质量。

3. 开展“机械化”施工

根据工程具体特点，针对性地进行设备选型，按工作需要配备成套机械设备，以机械化提高工效及保证工序质量。如针对临近营业线施工，用机械开挖（液压扩张设备）代替石方爆破，降低了安全风险；针对线路拔接需要及时开通的要求，配备大机捣固车及道岔捣固车，降低了封锁时间，确保了线路开通质量。

4. 运用“信息化”控制

工程方以网络技术、计算机技术与现代信息技术为基础，建立了包括协同办公、视频会议、验工计价、拌和站及实验试监控等信息化平台，实现各方数据共享，现场实时监控，使各级管理人员“看得见、够得着、管得好”。

【信息化】是指培育、发展以智能化工具为代表的新的生产力并使之造福于社会的历史过程。

随着科技的发展，信息资源得到更高效的利用，尤其是信息共享，使个人行为、组织决策和社会运行趋于更加合理化的状态。

【信息化平台】是指某个领域、某个区域或某个组织为信息化的建设、应用和发展而营造的环境。它是在高度信息化的基础上建立的。

信息化平台包括：开发利用信息资源、建设信息网络、推进信息技术应用、发展信息技术、制定和完善信息化政策体系等。

在交通建设领域，引入了智能的信息化技术，通过建设信息化平台，做到了数据共享，实时监控，实现了对项目的科学管理。

（供稿：中国铁路南宁局集团有限公司）

新建贵阳至南宁铁路贵州段工程

基本情况

新建贵阳至南宁铁路（以下简称贵南铁路）位于贵州省东南部和广西壮族自治区西北部，北起贵州省贵阳，向南经龙里、贵定、都匀、独山、荔波和广西壮族自治区的环江、金城江、都安、马山、武鸣等地，止于南宁市，正线全长482.65公里。建设工期6年。

1. 建设规模

贵南铁路贵州段正线199.64公里，引入贵阳枢纽相关工程。其中，新建贵阳枢纽大土联络线11.08公里；扩建贵安站及联络线工程9.47公里；新建贵阳北第二动车运用所及相关动车走行线2.96公里（投资纳入该工程，按成贵线I类变更设计办理）。

2. 工程设计主要内容

路基工程：正线路基（含站场）84段，累计长度约17.9公里，占线路长度的9％；路基土石方1095.34万断面方（区间土石方429.28万断面方，站场土石方666.06万断面方），复合地基桩长28.65万延米，防护支挡圬工42.5万圬工方。

桥梁工程：新建正线桥梁（含站场）总座数为83座，合计52.99公里，占贵州段正线长度的26.6％;预制架设整孔箱梁1311孔。

隧道工程：新建正线隧道共计63.5条，合计128.36公里，占贵州段正线长度的64.4％。

站场共5处：改扩建贵广铁路上的龙里北、贵定县、都匀东3座车站，新建独山东、荔波2座车站，均为中间站。

正线铺轨400.69单线公里，站线铺轨19.68公里,道岔88组。新建接触网529.57条公里，改建2.68条公里，新建牵引变电所2处，移址改建1处，扩容改造3处。房屋面积74455平方米。

▲朝阳隧道二号横洞

▲中心实验室

大临工程：新建引入便道128.5公里，改(扩)建便道104公里，箱梁制梁场4处，节段箱梁预制场1处，材料厂5处，轨枕(板)预制场1处，铺轨基地1处，混凝土集中拌和站34处。

3. 主要技术标准

铁路等级为高速铁路；正线数目是双线；速度目标值350公里/小时；正线线间距5米；最大坡度一般地段20‰，困难地段25‰；最小曲线半径一般地段7000米，引入枢纽地段可适当减小；到发线有效长度650米；列车运行控制方式是自动控制；行车调度指挥方式为综合调度集中；最小行车间隔3分钟。

审批依据

《中国铁路总公司关于新建贵阳至南宁铁路客运专线预可行性研究的审查意见》（铁总计统函〔2015〕468号）。

《国家发展改革委关于新建贵阳至南宁铁路可行性研究报告的批复》（发改基础〔2016〕1980号）。

《国家发展改革委办公厅关于贵阳至南宁铁路客运专线节能评估报告的审查意见》（发改办环资〔2016〕1387号）。

《国土资源部办公厅关于新建贵阳至南宁铁路贵州省段控制性工程先行用地的复函》（国土资厅函〔2016〕2140号）。

《中国铁路总公司、贵州省人民政府、广西壮族自治区人民政府关于新建贵阳至南宁铁路初步设计的批复》（铁总鉴函〔2017〕497号）。

《中国铁路总公司工程管理中心关于新建贵阳至南宁铁路贵州境内段（不含先期开工段）站前工程施工图审核报告审查意见的函》（工管施审函〔2017〕200号）。

《关于新建铁路贵阳至南宁客运专线环境影响报告书的批复》（环审〔2017〕6号）。

建设意义

贵南铁路位于西南资源型经济区和华南外向型经济区的结合部，是西南与华南间相互开放以及华南向西南腹地经济辐射的重要载体，是西南及西北地区与华南沿海经济区联系的重要纽带。

1. 提升沿线区域运输能力

贵南铁路是国家综合运输通道“包广通道”的重要组成部分，是沟通西南与华南沿海地区的重要干线铁路通道。北端经贵阳枢纽分别与在建的成贵、沪昆客运专线和渝黔新双线，以及贵广客运专线相衔接，形成了川渝黔及西北地区与南宁、北部湾、粤西、海南及东盟等地旅客交流的便捷、快速通道。建成后，将极大地提高通道运输能力，较好地满足川渝黔及西北地区与华南沿海地区间客货交流的运输需求。

2. 满足社会经济发展需求

建设贵南铁路是贯彻落实国发〔2012〕2号文件精神和将广西打造成为我国西南中南地区开放发展新战略支点的需要；是提高西南地区与华南沿海地区铁路通道能力和质量，完善区域快速客运网络的需要；是开发沿线旅游资源，促进沿线城镇化进程，带动沿线经济社会发展的需要；是构建资源节约型、环境友好型交通运输体系，实现区域可持续发展的需要。

投资主体

贵南铁路工程初步设计批复先期开工段概算总额为17.33亿元（全部为静态投资：贵州段11.48亿元，广西段5.85亿元）；不含先期开工段初步设计批复概算总额为670.7亿元（贵州段294.3亿元，静态投资258.7亿元；广西段376.4亿元，静态投资327.6亿元）。

贵南铁路由中国铁路总公司、贵州省人民政府、广西壮族自治区人民政府合资建设，资本金按总投资的50％考虑。资本金总投资构成比例贵州省、广西壮族自治区政府承担60％，中国铁路总公司承担40％。

资本金以外的50%使用国内银行贷款解决。

贵州省境内工程概算总额按305.78亿元控制，静态投资270.18亿元、建设期贷款利息20.85亿元、动车组购置费14.5亿元、铺底流动资金2500万元。贵南铁路贵州段工程的项目法人为沪昆铁路客运专线贵州有限公司，负责贵州段工程的建设和运营管理。

工程进度

1. 先期开工朝阳隧道

大临建设：拌和站3座建设已完成；钢构件加工厂1座已完成；洞口临建设施已全部完成；弃渣场3处已完成表土剥离、渣底盲沟、挡渣墙等施工，弃渣场周边截水天沟正在施工。

工程形象进度：工程设计投资9.28亿元，开累完成投资3.32亿元，完成总量的35.8%；隧道工程辅助导坑开挖设计总量9227米，开累完成4670米，完成总量的50.6%；正洞开挖设计总量12734米，开累完成1590米，完成总量的12.5%.

2. 贵南铁路贵州段其余标段工程形象进度

大临建设：中心试验室共计11个，全部建成并验收通过（含监理标4个中心试验室）。

混凝土拌和站计划建31座，24座建成并验收通过，4座在建或验收中，3座梁场拌和站待建。

钢筋（钢构件）厂计划建22座，17座建成并验收通过，3座在建或验收中，2座梁场钢筋加工厂待建。

骨料加工厂计划建15座，已建成并验收通过3座，3座已经建好试生产或验收中，9座在建或筹建中。

中心料库计划建7座，5座建成；5、6标在建中，5标临时中心料库建成。

炸药库计划建15座，4座建成并由地方验收通过，11座在建或验收中。

施工形象进度：主要形象进度为路基土石方完成2万立方米；桥梁完成40延米；隧道完成46延米。

▲洞口材料库

3. 重点工程形象进度

（1）九万大山一号隧道。

九万大山一号隧道进口里程DK177+048，出口里程DK194+060，全长17012米。全隧分进口、横洞、出口工区共三个工区组织施工。进口工区承担正洞施工2952米，横洞工区承担正洞施工4800米。出口工区承担正洞施工9260米。进口累计开挖36米，横洞累计开挖49米，出口平导累计开挖49.2米。

（2）青苗寨隧道。

青苗寨隧道进口里程DK7+436，出口里程DK15+776，全长8340米。隧道于DK10+800处设置一座无轨单车道斜井，长1245米，断面尺寸为5米（宽）×6米（高）。全隧分进口、斜井、出口共3个工区组织施工。进口工区承担正洞施工2164米，斜井工区承担正洞施工2800米，出口工区承担正洞施工3376米，暂未开工。

（3）斗篷山一号隧道。

斗篷山一号隧道进口里程DK39+223，出口里程DK43+468，全长4245米。隧道于DK39+800线路左侧处设置横洞，长75米，断面尺寸为7.5米（宽）×6.2米（高），于左线左侧约25米设置泄水洞，长2521.704米，断面尺寸为4.5米（宽）×5.0米（高）。全隧共分进口工区、横洞工区和出口工区3个工区。进口工区承担正洞施工DK39+223～DK39+800段长577米；横洞工区承担正洞施工DK39+800～DK42+300段长2500

米，承担横洞施工长75米，泄水洞施工长2521.7米。出口工区承担正洞施工DK42+300～DK43+468段长1168米。暂未开工。

（4）斗篷山二号隧道。

斗篷山二号隧道进口里程DK45+175，出口里程DK52+980，全长7805米。隧道于DK48+700处设置一个横洞，长530米。全隧分进口工区、横洞工区、出口工区共3个工区组织施工。进口工区承担正洞施工长度为1595米，横洞工区承担正洞施工长度为4108米，出口工区承担正洞施工长度为2102米。暂未开工。

（5）独山一号隧道。

独山一号隧道进口里程DK80+425，出口里程DK88+913，全长8488米。全隧共分进口工区、横洞工区和出口工区3个工区。进口工区承担正洞施工长2430米；横洞工区承担正洞施工长4465米，承担横洞施工长1096米；出口工区承担正洞施工长1593米。进口工区工期安排38个月，横洞工区工期安排44个月，出口工区工期安排25个月，出口开挖12米。

（6）独山二号隧道。

独山二号隧道进口里程DK89+225，出口里程DK99+662，全长10437米。隧道于DK92+300线路左侧设置1号斜井，长740米，断面尺寸为7.5米（宽）×6.2米（高），于DK96+700线路右侧设置2号斜井，长668米，断面尺寸为7.5米（宽）×6.2米（高）。全隧分进口、1号斜井、2号斜井、出口工区共4个工区组织施工。

进口工区承担正洞施工长1695米；1号斜井工区承担正洞施工长3580米，承担斜井施工长740米；2号斜井工区承担正洞施工长3560米，承担斜井施工长668米；出口工区承担正洞施工长1602米。进口工区工期安排30.6个月，1号斜井工区工期安排43个月，2号斜井工区工期安排43个月，出口工区工期安排33个月。2号斜井进洞开挖23米。

▲朝阳隧道

实施单位

单位类别	单位名称
建设单位	沪昆铁路客运专线贵州有限公司
设计单位	中铁二院工程集团有限责任公司
施工图审核单位	武汉铁四院工程咨询有限公司
施工单位	中铁十二局集团有限公司（先期开工段）
监理单位	北京铁研建设监理有限责任公司（先期开工段）

根据中国铁路总公司《铁路建设项目施工招标投标实施细则》（铁总建设〔2014〕59号文）的要求，遵循标段划分适应于建设模式和管理模式，贵南铁路贵州段三电迁改1个标段，站前工程划分为7个土建标段，提前实施的四电专业既有昌明变电所改扩建和移址新建都匀东牵引变电所（含既有变电所拆除工程，变电所房屋及相关附属）划分为1个标段；监理标划分为4个标段。

贵阳枢纽及相关工程（新建贵阳枢纽大土联络线10.76公里，改建贵安站及联络线工程9.43公里）委托中国铁路成都局集团有限公司代建，确保接入枢纽及相关工程同步实施、同步投入使用。

捞村特大桥南宁台尾（DK196+418.95)至省界（DK228+223）范围的土建工程委托云桂铁路广西有限公司代建。

（供稿：沪昆铁路客运专线贵州有限公司）

新建贵阳至南宁铁路广西段工程

基本情况

贵阳至南宁铁路（以下简称贵南铁路）位于贵州省东南部和广西壮族自治区西北部，线路起自贵阳枢纽龙里北站，经贵州省都匀、独山、荔波，广西壮族自治区环江、金城江、都安、马山、武鸣，终至南宁枢纽南宁东站，正线全长约481公里，共设13个车站，桥隧比为90%。规划输送能力4000万人次/年。建设工期6年。2016年4月，贵南铁路被列入国家“十三五”交通扶贫“双百”工程百项骨干通道工程。

主要技术标准：铁路等级为高速铁路；正线数目是双线；速度目标值350公里/小时；最小曲线半径，一般地段7000米、引入枢纽地段可适当减小；最大坡度，一般地段20‰，困难地段经行车检算后不大于25‰；到发线有效长度650米；牵引种类是电力；列车运行控制方式是自动控制；行车调度指挥方式为综合调度集中。其他具体技术标准依照2014年国家铁路局批准发布的《高速铁路设计规范》（TB 10621—2014）执行。

审批依据

《国家发展改革委、交通运输部关于印发〈交通基础设施重大工程建设三年行动计划〉的通知》（发改基础〔2016〕730号）。

《关于印发〈关于进一步发挥交通扶贫脱贫攻坚基础支撑作用的实施意见〉的通知》（发改基础〔2016〕926号）。

《关于印发《中长期铁路网规划》的通知》（发改基础〔2016〕1536号）。

▲钻机作业施工现场

《国家发展改革委关于新建贵阳至南宁铁路可行性研究报告的批复》（发改基础〔2016〕1980号）。

《中国铁路总公司、贵州省人民政府、广西壮族自治区人民政府关于新建贵阳至南宁铁路DK159+793.114～DK172+545段和DK362+872.794～DK378+380.374段站前工程初步设计的批复》（铁总鉴函〔2016〕798号）。

《中国铁路总公司、贵州省人民政府、广西壮族自治区人民政府关于新建贵阳至南宁铁路初步设计的批复》（铁总鉴函〔2017〕497号）。

建设意义

1. 打造快速便捷主通道

贵南铁路是2016年国家发展和改革委员会批准实施的《中长期铁路网规划》"八纵八横"高速铁路网中包海通道的组成部分。建成后，将与成贵、贵广、渝黔高铁等共同构成川渝黔及西北地区至华南沿海地区间旅客交流的快速铁路通道，形成川渝黔及西北地区与南宁、北部湾、粤西、海南及东盟国家等地区旅客交流的便捷主通道。

2. 促进区域经济可持续发展

贵南铁路是广西壮族自治区第一条时速350公里的高速铁路，建成后对促进广西及贵州两省区沿线旅游资源开发；推动少数民族地区城镇化及脱贫致富；带动沿线经济社会发展；建设资源节约型、环境友好型综合运输体系；实现区域可持续发展具有重要意义。

▲内学双线特大桥桩基施工现场

投资主体

贵南铁路初步设计概算总额按670.7亿元控制。其中，静态工程投资586.3亿，建设期贷款利息48.8亿元；动车组购置费35亿元；铺底流动资金6000万元。广西壮族自治区境内工程概算总额按 376.4亿元控制，静态投资327.6亿元；建设期贷款利息27.95亿元；动车组购置费20.5亿元；铺底流动资金3500万元。贵南铁路广西段工程的项目法人为云贵铁路广西有限责任公司，负责广西段工程的建设和运营管理。

工程进度

贵南铁路广西段于2017年12月20日全线开工，计划2023年12月20日开通运营，总工期72个月。

1. 工程施工进度及已完成工程的价值量

截至2018年8月，贵南铁路广西段年累完成投资21.2699亿元，开累完成35.2699亿元；桥梁工程开累完成8914成桥米，占全线设计长度的7%；隧道工程开累掘进338.6米，掘进长度占全线隧道长度的0.25%；路基工程开累完成岩溶注浆1463.79立方米，占设计量的0.8%；路基挖方开累完成12.66万立方米，占设计量的2.2%；都安梁场开累完成32.5米箱梁两孔，占预制梁数量的0.032%。

2. 规划内容的变更

（1）澄江特大桥（83+156+83）米连续梁调跨变更设计已上报中国铁路总公司完成了批复。

（2）德兴隧道改线I类变更设计将上报中国铁路总公司。

项目评估

1. 推广技术，攻克建设难关

（1）推广智能铁路建造技术。

以京沪高速铁路的运营品质为标杆，以"智能京张"为智能铁路的技术追求，全面推广应用京沪高速铁路、京张客运专线建造技术，把贵南高铁建设成世界一流的艰险山区高速铁路精品工程。

（2）积极应用现代信息技术。

在施工建设中，工程方全面推广应用中国铁路总公司铁路建设管理平台，开展基于GIS+BIM技术的高速铁路土地资产、工程结构大数据、风险、环境保护与水土保持、隧道防排水系统仿真、大跨度桥梁线形监控等管理系统的开发和应用，主导参建单位使用物联网、大数据、移动互联网、北斗定位、低空遥感航测、智能建造等先进技术，建设数字铁路。

（3）对技术难题展开攻关。

工程方积极推广应用高速铁路隧道机械化配套施工技术，对喀斯特地貌艰险山区隧道普遍遇到的防排水、通风、超前地质预报、隐伏岩溶探测、岩溶整治等技术难题进行攻关。

2. 加强管理，打造精神工程

（1）超前谋划，协调推进。

开工以来，工程方通过强化沟通、科学组织，有序推进征地拆迁、优化施组、岗前培训等工作，上半年共完成投资12.1亿元，占计划的30.3%。大临工程建设基本完成，正在全力推进全面施工。

（2）加强红线管理，实现安全可控。

严格制定红线管理实施细则，认真细化地质超前预报、危岩落石处理等专项方案。成立专门的安全质量巡查组，对现场实行不间断全覆盖检查，形成分段

▲按标准化工艺进行作业的钢筋笼制作现场

包保、高压落责、实时监控、联防共建的良好局面。为提高非正常情况下的应急处置能力，建立三级应急救援体系，确保安全管理有序可控。

（3）高标准建设，打造新时代精品工程。

为加快智能建造技术攻关应用，全面提升“四化支撑”应用水平和成效，工程方全面推行施工现场网格化管理，严格实施标准化达标验收，开工条件评估和首件评估制度，切实保证工序质量。同时，以全线质量手册为指导，建立和落实“一图四表”及“五定、三统一、一负责”检查制度和一体化质量体系和绩效考核制度，形成各方共同治理、各层逐级负责的工作格局，有效督促落实风险管理规定，努力把贵南铁路建成新时代精品工程。

实施单位

单位类别	单位名称
建设单位	云桂铁路广西有限责任公司
设计单位	中铁二院工程集团有限责任公司
站前施工单位	中铁一局集团有限公司
	中铁二局集团有限公司
	中铁十一局集团有限公司
	中铁十二局集团有限公司
	中铁十四局集团有限公司
	中铁十八局集团有限公司
	中铁二十一局集团有限公司
	中铁北京工程局集团有限公司
	中铁上海工程局集团有限公司
	中铁广州工程局集团有限公司
监理单位	北京铁研建设监理有限责任公司
	四川铁科建设监理有限公司
	中铁第四勘察设计院集团有限公司
	中咨工程建设监理有限公司
	北京通达监理有限公司

（供稿：云桂铁路广西有限责任公司）

重庆市沙坪坝铁路枢纽综合改造工程

基本情况

重庆市沙坪坝铁路综合枢纽改造工程位于重庆市沙坪坝区城市核心，紧临三峡商圈商业中心。

该工程作为国内首例高铁车站上建设城市综合体的案例，建设内容包含成渝铁路客运专线沙坪坝站场、综合交通换乘枢纽、相关城市道路工程和城市轨道交通节点工程四部分，总用地面积21.42公顷。

成渝铁路客运专线沙坪坝站场，在既有沙坪坝站位置新建客运车场，里程范围DK295+970.82（桥头）～DK297+290（隧道口），线路长1.32公里。客运车场按5台（面）7线规模设计建设。

综合枢纽工程总用地面积10.2公顷，总建筑规模约75万平方米，其中盖下枢纽及站房面积26.75万平方米。

包括：新建1.4万平方米铁路客站，采用上进下出站型；新建换乘大厅及通道、公交站场、出租车场及车库、站前架空通道等地上、地下配套工程，共计25.35万平方米。

相关城市道路工程包括改建既有站西路、站东路、天陈路，新建站西路、站东路下穿道及匝道，天陈路下穿道，站南路及东、西连接路等，道路建设总长度4.78公里。

▲沙坪坝枢纽工程

▲沙坪坝土地开发示意图

审批依据

《关于新建成都至重庆铁路客运专线初步设计的批复》（铁鉴函〔2010〕652号）。

《重庆市沙坪坝铁路枢纽综合改造工程可行性研究评审报告》（铁鉴建筑函〔2012〕133号）。

建设意义

1. 推进城市一体化

沙坪坝火车站及铁路区域由于年代久远，建筑老旧，与城市中心区不协调，成渝客运专线由西向东将沙坪坝核心区分割为南北两半，严重制约了铁路以南区域的发展。火车站地区虽然与三峡广场商圈一路相隔，但两者对比十分强烈，其低矮老旧建筑，影响了整个城市风貌。该项目通过铁路上盖工程，辅以适当物业开发，打造标志性建筑，形成新的发展核心，对推动火车站以南地区的发展有着极其重要的作用。

2. 打造立体交通布局

该工程打破了国内大型枢纽站场惯用的平面布局方式，实现立体交通布局。颠覆传统土地平面出让模式，以空间权属出让，盖下建设综合枢纽，盖上进行物业开发，闲置空间资源得到最大程度利用，使国有土地利用效率得以显著提升。

3. 服务地区经济

2020年该工程全面建成运营后，预计日均旅客发送量达4万人次，将带动城市综合体日均人流量超过90万人次，创造4万个就业岗位，新增社会商品零售总额50亿元人民币，使该地区形成新的资源、信息与财富聚集地。

投资主体

重庆城市综合交通枢纽（集团）有限公司全资子公司——重庆城市综合交通枢纽开发投资有限公司承担枢纽、部分铁路、部分市政道路工程，投资51.58亿元。

重庆市轨道交通（集团）有限公司（轨道九号线一期工程业主）承担轨道九号线节点工程投资2.65亿元。

重庆迈瑞城市建设投资有限责任公司承担枢纽范围外道路工程，投资23.59亿元。

成渝铁路客运专线有限责任公司承担部分铁路投资3.38亿元。

工程进度

截至2018年10月，铁路相关工程已全部完成，并顺利验收：2017年10月27日至2018年1月12日，完成静态验收；2017年12月7日至2018年1月13日，完成联调联试和动态检测；2018年1月15日，完成初步验收；2018年1月19日，完成安全评估；2018年1月25日，沙坪坝站顺利开通。

此外，道路相关工程、枢纽相关工程已全部完成。轨道交通相关工程除新增轨道环线钢楼梯外，其余工程已全部完成。

新技术应用

1. 采用先进的TOD模式

该工程综合打造集高速铁路、地铁、公交车、出租车于一体的综合性便捷换乘枢纽，采用先进的TOD模式实现物业开发与公共交通的有机结合，重视与城市交通网络系统的融合，整合各类交通资源，形成多种交通方式综合协调，一体化换乘的枢纽结构模式。

▲建设中的沙坪坝工程

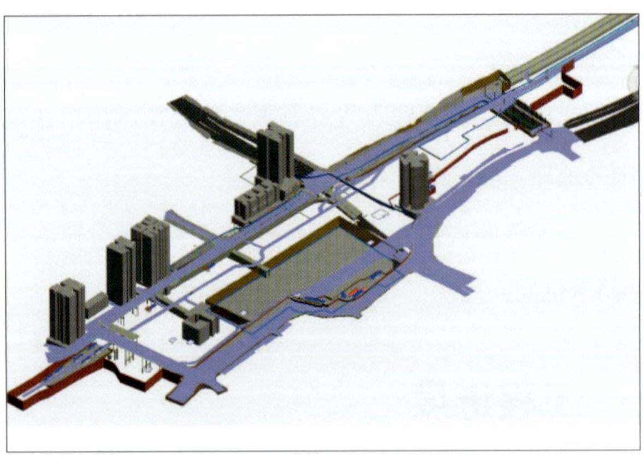

▲铁路、枢纽、轨道交通结构模型

2. 开展9项研究子课题

该工程在工程作业期间，组织技术人员开展针对复杂城市环境下综合交通枢纽成套技术研究，共包含9个研究子课题，有效解决了工程施工过程中遇到的施工难题。该工程的建设经验及技术研究，为我国复杂城市交通枢纽建设提供了宝贵的经验。

3. 立体换乘模式建设高铁枢纽站场

该工程改变了以往各类交通站场平移布局的模式，采用立体换乘体系，在50米步行范围、2分钟时间内实现高铁、轨道、公交、共享汽车、出租车5种交通方式零换乘，提升出行便捷度。

4. 开展土地集约、节约利用

该工程利用地下空间建设综合枢纽和社会停车场，利用铁路站场上盖空间进行城市综合开发，为土地集约、节约利用提供了有益的经验探索。

实施单位

单位类别	单位名称
业主单位	重庆城市综合交通枢纽（集团）有限公司
设计单位	中铁二院工程集团有限责任公司
施工单位	中铁十七局集团有限公司
监理单位	成都大西南铁路监理有限公司（铁路部分） 重庆赛迪工程咨询有限公司（枢纽部分）

存在问题

由于政策因素影响，上盖物业开发单位需在土地招拍挂后才能确定，但上盖方案必须在前期落实。如何保证方案的可行性，同时在后续开发单位进场时以最小的调整满足使用要求，是该工程遇到的一大难题。

建议TOD工程可以考虑协议出让，在工程方案阶段落实物业开发单位。

（供稿：重庆城市综合交通枢纽开发投资有限公司）

新建长沙至昆明铁路客运专线贵州段工程

基本情况

新建长沙至昆明铁路客运专线（以下简称长昆客运专线）贵州段，自新晃西站（不含）经贵阳北站至黔滇省界，全长559.72公里（K1504+343～K2064+059）。该工程于2010年12月27日开工建设，其中新晃西站（不含）至贵阳北站段于2015年6月18日进入初期运营，贵阳北站至黔滇省界段于2016年12月28日进入初期运营。

审批依据

《国家发展改革委关于新建长沙至昆明铁路客运专线项目建议书的批复》（发改基础〔2009〕1901号）。

《国家发展改革委关于新建长沙至昆明铁路客运专线可行性研究报告的批复》（发改基础〔2010〕483号）。

《关于新建长沙至昆明铁路客运专线初步设计的批复》（铁鉴函〔2010〕769号）。

建设意义

长昆客运专线是国家发展和改革委员会发布的《中长期铁路网规划》中“四纵四横”上海至昆明铁路快速通道的重要组成部分。它的开工建设对缓解沿线铁路运输紧张状况，提高铁路服务水平，促进西南少数民族区域经济社会协调发展，形成贵州、云南与华北、中南、华东地区快速客运通道具有重要意义和作用。

▲长昆客运专线贵阳北站示意图

投资主体

该工程可研批复投资719.95亿元，初步设计批复投资680.08亿元，由原铁道部和贵州省人民政府出资建设，资本金为总投资的50%，可研批复资本金中贵州省承担征地拆迁费用21.1亿元，其余资本金由原铁道部使用铁路建设基金和自由资金安排。资本金以外的资金利用国内银行贷款解决。

工程进度

截至2018年10月，累计完成投资685.16万元，占总投资711.98万元的96.23%；开累完成路基土石立方米4816万立方米，占设计的100%；特大、大、中桥12.56万延米，占设计的100%；隧道32.75万成洞米，占设计的100%；铺轨1158.4公里，占设计的100%；房屋完成13.40万平方米，占设计的100%；接触网1437.31公里，占设计的100%。

新技术应用

该工程建设方积极参与高速铁路环保、桥梁及轨道工程等科学技术研究，并在施工中应用和推广研究成果，保证了工程质量。

1. 安装超高强混凝土声屏障

组织实施了大地特大桥右侧（D2K793+400+950）超高强混凝土声屏障安装，并顺利通过验收；工程方适时发布超高强混凝土声屏障通用参考图，标志着超高强混凝土声屏障开始在高速铁路建设中全面使用。

2. 研究艰险山区拱桥技术

依托北盘江特大桥建设，积极参与艰险困难山区高速铁路大跨度钢筋混凝土拱桥关键技术研究。

3. 组织实施聚氨酯固化有砟道床的应用

从设计、施工和建设管理三个方面，对聚氨酯道床首次在全路实行机械化施工进行了全面总结，为聚氨酯施工在高速铁路特殊和困难地段推广应用积累了经验。

实施单位

单位类别	单位名称
建设单位	沪昆铁路客运专线贵州有限公司
勘察设计单位	铁道部第二勘察设计院集团有限公司（现已更名中铁二院工程集团有限责任公司）
	中南建筑设计院股份有限公司（安顺西等4座站房）
	中铁第五勘察设计院集团有限公司（贵阳东）
	中铁时代建筑设计院有限公司（平坝南站房）
监理单位	西南交通大学建设监理公司（现用名成都西南交大工程建设咨询监理有限责任公司）（贵阳枢纽段）
	河南长城铁路工程建设咨询有限公司
	北京铁研建设监理有限责任公司
	四川铁科建设监理有限公司
	甘肃铁科建设工程咨询有限公司
	西安铁一院工程咨询监理有限责任公司
施工单位	中国水利水电第七工程局有限公司
	中铁三局集团有限公司
	中国交通建设股份有限公司
	中交一公局集团有限公司
	中铁十七局集团有限公司
	中铁二十四局集团有限公司
	中铁二十三局集团有限公司
	中铁八局集团有限公司
	中铁十四局集团有限公司
	中铁五局集团有限公司
	中铁二十局集团有限公司
	中铁港航局集团有限公司
	中国铁建大桥工程局集团有限公司
	中铁二十二局集团有限公司
	中铁电气化局集团有限公司
	中国铁路通信信号股份有限公司
	中国铁建电气化局集团有限公司
	中国建筑一局（集团）有限公司

（供稿：沪昆铁路客运专线贵州有限公司）

新建中卫至兰州铁路宁夏段工程

基本情况

新建中卫至兰州铁路位于宁夏回族自治区和甘肃省境内，线路北起宁夏回族自治区中卫市，向南经白银市平川区、靖远县、白银区，后向西经兰州新区接至既有中川机场线树屏线路所。该工程是京兰客运专线的重要组成部分，是我国"一带一路"倡议发展核心区域的重要交通基础设施。

线路正线全长218.49公里。宁夏回族自治区境内46.21公里，投资估算约40亿元。甘肃省境内172.28公里，估算总投资约298亿元。

工程设计及技术标准：铁路等级为客运专线；正线数目是双线；速度目标值250公里/小时；最小曲线半径3500米，困难地段3000米；正线线间距4.6米；最大坡度，一般地段20‰，困难地段不大于30‰；到发线有效长650米；牵引种类是电力；机车类型为CRH型动车组；行车调度指挥方式为综合调度集中；列车运行方式是自动控制；建筑限界满足新建时速250公里客专线建筑限界。

建设意义

1. 打造便捷快速客运通道

该工程的建设可打破西北地区连通华北、东北地区缺少快速客运通道的瓶颈。加快形成该工程的便捷快速客运通道，同时，也可形成陆桥通道外西部地区直达沿海地区的快速客运通道，对进一步推动西部地区经济建设，提升西部省区经济实力，加快西部大开发，具有重要意义。

2. 促进沿线区域经济协调发展

甘肃省和宁夏回族自治区，处于我国"一带一路"倡议发展建设的核心区域。2015年3月国家发展和改革委员会、外交部、商务部联合发布的《推动共建丝绸之路经济带和21世纪海上丝绸之路的愿景与行动》公报中明确指出"发挥陕西、甘肃综合经济文化和宁夏、青海民族人文优势，打造西安内陆型改革开放新高地，加快兰州、西宁开发开放，推进宁夏内陆开放型经济试验区建设，形成面向中亚、南亚、西亚国家的通道、商贸物流枢纽、重要产业和人文交流基地"。

该工程的建设不仅将"兰州-西宁开发开放区""宁夏内陆开放型经济试验区"紧密联系在一起，还通过兰新第二双线连接"丝路经济带核心区（新疆）"；通过京兰客运专线连接"呼包鄂城市群""环渤海经济区"，形成连接我国"一带一路"多个国家战略经济区的快速铁路通道，为各经济区间资源共享，跨区合作提供了强有力的支撑，对进一步缩小区域发展差距，加强东部沿海地区辐射，实现多个国家战略经济区协调发展具有重要意义。

3. 带动西北地区经济增长

该工程经过地区工业相对薄弱，2013年人均GDP仅26440元，仅为全国平均水平的46.5%。沿线地处“陕甘宁革命老区”“六盘山集中连片特困区”，除兰州市经济较为发达外，其余所经地区经济十分落后。

随着我国“一带一路”倡议和西部大开发战略的实施，区域内重点打造“宁夏内陆开放型经济试验区”“兰州-西宁开发开放区”“沿黄经济带”“兰白经济区”等经济平台，并将成为国家向西开放的战略平台，以及西北地区新的增长极，发展潜力巨大。该工程的开工建设，满足了西部人民群众对高速铁路的殷切盼望和要求，加强了沿线地区对外联系，缩短沿线地区对外交流时间距离，改善了沿线地区的投资环境，对进一步加快城市发展和城镇化建设，带动沿线经济发展，构建社会主义和谐社会起着十分重要的作用。

审批依据

《国家发改委关于新建中卫至兰州铁路可行性研究报告的批复》（发改基础〔2016〕2415号）。

《中国铁路总公司、宁夏回族自治区人民政府、甘肃省人民政府关于新建中卫至兰州铁路初步设计的批复》（铁总鉴函〔2017〕443号）。

▲建设中的峡门隧道

投资主体

中卫至兰州铁路宁夏段，报资估算约40亿元，由宁夏回族自治区人民政府出资70%、中国铁路总公司出资30%共同投资建设。

实施单位

单位类别	单位名称
建设单位	中国铁路兰州局集团有限公司 宁夏铁路建设指挥部
设计单位	中铁第五勘察设计院集团有限公司
施工单位	中铁二十局集团有限公司（1标段）
	中铁北京工程局集团有限公司（2标段）
	中铁大桥局集团有限公司（3标段）
监理单位	中铁一院集团南方工程咨询监理有限公司
	北京铁研建设监理有限责任公司

工程进度

投资完成情况：2018年8月全线开工建设，开工累计完成3.6亿元，占总投资的11.4%。

工程进度情况：先期开工段1标段正在开展桩基、承台施工、箱梁预制等工作，梁场认证已完成。2、3标段拌和站、钢筋加工厂等大临设施基本完成；香山隧道施工已进洞，1号至5号斜井正在进行导向墙、大管棚注浆施工。

项目评估

该工程各参建单位基本能够履行管理职责，落实建设程序，及时贯彻落实有关规定，建立健全了较为完善的管理制度，保证了工程管理有章可依。

混凝土拌和站、工地试验室、钢筋加工厂、箱梁预制场都采用了标准化建设、信息化管理，进一步提高了建设管理水平和工程安全质量管理水平。

（供稿：宁夏城际铁路有限责任公司）

新建中卫至兰州铁路甘肃段工程

基本情况

新建中卫至兰州铁路（以下简称中兰铁路）地处甘肃省、宁夏回族自治区境内，起自宁夏回族自治区中卫市，经甘肃省白银市平川区、靖远县、白银区及兰州市皋兰县、兰州新区，在兰州枢纽西端利用中川城际铁路引入兰州西站，区间增建三四线，线路从福利区站引出，接入既有兰州西站。正线全长219.67公里。建设总工期5年。

该工程甘肃段工程主要包括：正线DK76+270(省界)～DK246+765.16，全长173.46公里；兰州新区联络线，左线线路长6.49公里，右线线路长6.41公里；兰州枢纽及配套工程，福利区至兰州西增建三四线及兰州西动车运用所改扩建工程。

▲中兰召开中卫至兰州铁路控制性工程开工建设大会

工程设计及技术标准：铁路等级为高速铁路；正线数目是双线；旅客列车速度目标值250公里/小时；正线线间距4.6米；最小曲线半径，一般地段3500米，困难地段3000米，枢纽加减速地段根据设计速度合理选定；最大坡度，一般地段20‰，困难地段30‰；到发线有效长度650米；列车运行控制方式为自动控制；行车调度指挥方式采用综合调度集中；最小行车间隔3分钟。

审批依据

《中长期铁路网规划》（发改基础〔2016〕1536号）。

《关于新建中卫至兰州铁路可行性研究报告的批复》（发改基础〔2016〕2415号）。

《关于新建中卫至兰州铁路初步设计的批复》（铁总鉴函〔2017〕443号）。

《关于新建中卫至兰州铁路工程尖山隧道施工图审核报告审查意见的函》（工管施审函〔2017〕92号）。

《关于新建中卫至兰州铁路站前工程（含兰州枢纽站后工程）施工图审核检查意见的函》（工管设函〔2018〕128号）。

《关于新建中卫至兰州铁路站前工程（含兰州枢

纽站后工程）施工图审核报告审查意见的函》（工管设函〔2018〕129号）。

建设意义

1. 科学意义

中兰铁路的开工建设，强化了西北地区快速客运网，协调发挥各通道运输能力，提升区域客运网整体运输效率和效益的需要。

它是对我国“八纵八横”高速铁路客运网的重要补充，将加快形成我国西北地区连接华北、东北地区的便捷快速客运专线通道，较经陇海-京广客专节省233公里，大大降低运输成本，进一步强化西北地区快速客运网，增加路网的通达性，减轻京广客运专线的运输压力。

该工程可以为其连接的兰新第二双线、兰州至张掖城际铁路带来大量的诱发运量和转移运量，充分发挥相关线路运输能力，提高能力利用率和运输收入，对均衡区域客运专线网，进一步提高区域整体效益具有重要意义。

2. 战略意义

（1）加快西部大开发，实施“一带一路”倡议。该工程处于“一带一路”发展的核心区域，是区域内重要的交通基础工程，它的开工建设将加快形成我国西北地区连接华北、东北地区的便捷快速客运通道，打通西北地区连通华北、东北地区缺少快速客运通道的瓶颈，同时，形成陆桥通道外西部地区直达沿海地区的快速客运通道，对进一步推动西部地区经济建设，提升西部省区经济实力，加快西部大开发，实施“一带一路”倡议具有重要作用。

（2）实现联动经济区开发，协调发展。中兰铁路的建设不仅将“兰州-西宁开发开放区”“宁夏内陆开放型经济试验区”直接紧密联系在一起，还通过兰新第二双线连接“丝路经济带核心区（新疆）”；通过京兰客运专线连接“呼包鄂城市群”“环渤海经济区”，形成了连接我国“一带一路”多个国家战略经济区的快速铁路通道。

该工程的建设，加强了各经济区间人员的交流，进一步缩小了区域发展差距，增强了东部沿海地区辐射，实现了多个国家战略经济区的联动开发与协调发展。

3. 社会效益

（1）拓展旅游市场，促进丝绸之路旅游线路开发。该工程的建设将提升铁路服务质量和特性，提高铁路出行的舒适度，将与兰新第二双线一起将多处西部极具丝路特色的旅游景观串联起来，对进一步拓展区域旅游市场，促进丝绸之路特色国际精品旅游线路开发具有重要意义。

（2）带动沿线地区经济发展，构建和谐社会。该工程的实施，将满足西部人民群众对高铁的殷切盼望和要求，大大加强沿线地区对外联系，缩短沿线地区对外交流的时间成本，改善投资环境，对进一步加快城市发展和城镇化建设，带动沿线经济发展，构建和谐社会起着十分重要的作用。

投资主体

新建中卫至兰州铁路初步设计概算总额按288.55亿元控制。其中，静态投资266.49亿元；建设期贷款利息10.07亿元；动车组购置费11.7亿元；铺底流动资金2881万元。资本金占总投资的70%。甘肃省、宁夏回族自治区人民政府承担境内征地拆迁工作、费用及部分工程投资。甘肃省出资125.2亿元（征地拆迁费用计列27.71亿元）；宁夏回族自治区出资20.93亿元（征地拆迁费用计列1.51亿元）；其余资本金62.62亿元由中国铁路总公司使用自有资金等渠道筹措。资本金以外的资金使用国内银行贷款解决。

甘肃段范围初步设计概算总额按248.28元控制，静态投资227.84亿元；建设期贷款利息8.5亿元；动车组购置费11.7亿元；铺底流动资金2326万元。

该工程由甘肃省人民政府和中国铁路总公司共同筹资建设，原甘肃投资集团铁路有限责任公司（现已更名甘肃省铁路投资建设集团有限公司）和中国铁路兰州局集团有限公司分别作为甘肃省政府和中国铁路总公司出资人代表，共同组建中兰铁路客运专线有限公司。

实施单位

单位类别	单位名称	标段
建设单位	中兰铁路客运专线有限公司委托中国铁路兰州局集团有限公司	
设计单位	中铁第五勘察设计院集团有限公司	正线及兰州新区联络线
	中铁第一勘察设计院集团有限公司	兰州枢纽配套工程
监理单位	中铁济南工程建设监理有限公司	ZLKZ-JL1
	中铁一院集团南方工程咨询监理有限公司	ZLKZ-ZQJL2
	成都西南交大工程建设咨询监理有限责任公司	ZLKZ-ZQJL3
	兰州交大工程咨询有限责任公司	ZLKZ-ZQJL4
	上海先行建设监理有限公司	ZLKZ-SNJL
	甘肃信达建设工程咨询有限公司	ZLKZ-QGJL
施工单位	中铁十四局集团有限公司	ZLKZ-XQ标段
	中国土木工程集团有限公司	ZLKZ-ZQSG1标段
	中铁大桥局集团有限公司、中铁十四局集团第三工程有限公司联合体	ZLKZ-ZQSG2标段
	中铁十七局集团有限公司	ZLKZ-ZQSG3标段
	中国铁建大桥工程局集团有限公司	ZLKZ-ZQSG4标段
	中铁七局集团有限公司	ZLKZ-ZQSG5标段
	中铁二十二局集团有限公司	ZLKZ-ZQSG6标段
	中铁七局集团有限公司	ZLKZ-ZQSG7标段
	中铁十一局集团有限公司	ZLKZ-PG标段

▲各重点工程现场调研

工程进度

1. 总体形象进度计划

全线计划2018年9月1日开工，实际上2018年8月中旬中标单位已进场作业，施工期40个月，静态验收、动态验收、联调联试及运行试验5个月，标准化评定、安全评估及初步验收1.5个月。全线计划于2022年9月15日建设完成，总工期48.5个月。

尖山隧道工程作为先期开工段已于2017年7月1日开工建设，计划完工日期为2020年6月30日（含正洞洞口施工准备3个月，但不含沉降观测期及无砟轨道等后续工程工期）。

2. 工程施工进度

全线仅尖山隧道正在施工，截至2018年8月12日正洞开挖累计完成1031米，斜井开挖完成645米。

3. 投资完成进度

截至2018年7月，中兰铁路　甘肃段开累完成投资16.99亿元。

存在问题

由于2017年12月及2018年1月、2月均处于停工期，未组织冬季施工，导致整体施工形象进度较计划工期滞后；另外因斜井地质条件发生变化，原设计Ⅲ级围岩段落实际围岩较差，无法按原设计施工，变更为Ⅳ级围岩进行开挖支护，导致斜井进度滞后。

项目评估

1. 提高效率，工程进入建设阶段

工程方以开工前期手续的批复办理为主线，倒排工期，控制节点，按时办理完成各项开工前置批复手续，2017年6月19日如期举行开工建设大会，工程正式进入建设阶段。

2. 开创“进场交地”先河

自工程开工后，工程方充分利用秋收后春播前的有利时机，全力展开征地拆迁工作，基本完成了白银段、新区段的征地任务，开创了铁路项目建设“进场交地”的先河。

3. 注重安全质量管理

严抓现场安全质量管理，建立健全质量安全监管体系，开展各类专项检查，全面排查现场安全质量隐患，杜绝触碰“十严禁”，多措并举从源头、过程、关键环节强化安全质量管理，确保安全质量可控、在控。

4. 审批，招标工作有序进行

完成施工图审批、指导性施工组织设计的修编、上报审批及靖远黄河特大桥防洪评价的行政许可批复，完成三电迁改五方核查及高等级电力线路迁改设计。组织第三方检测，完成分标咨询，中心试验室等服务类项目招标工作。

▲控制性工程尖山隧道大临设施建设

▲中兰客专项目控制性工程尖山隧道出口工区

5. 施工队进入施工现场

2018年6月8日，中兰铁路客运专线有限公司与中国铁路兰州局集团有限公司签订《新建中卫至兰州铁路（甘肃段）工程委托建设协议书》；6月29日，工管中心批复全线施工图设计；7月，组织开展全线工程施工监理及全线站前工程招标工作，发送中标通知书，8月中旬工程进入全线开工建设阶段。

【八纵八横】是中国高速铁路网络的短期规划图。八纵通道包括沿海通道、京沪通道、京港（台）通道、京哈-京港澳通道、呼南通道、京昆通道、包（银）海通道、兰（西）广通道。八横通道包括绥满通道、京兰通道、福银通道、青银通道、陆桥通道、沿江通道、沪昆通道、厦渝通道、广昆通道。

【兰新第二双线】兰新铁路第二双线，又称兰新高速铁路，简称兰新高铁，又名兰新铁路第二双线，是中国一条连接甘肃省兰州市与新疆维吾尔自治区乌鲁木齐市的高速铁路，是世界上一次性建成通车里程最长的高速铁路，是中国《中长期铁路网规划》的重点项目，也是亚欧大陆桥铁路通道的重要组成部分。

兰新高速铁路于2009年6月获中国国务院批复；2009年11月4日正式开工建设；2014年12月26日全线开通运营。

（供稿：中国铁路兰州局集团有限公司）

新建银川至西安铁路宁夏段工程

基本情况

新建银川至西安铁路（以下简称银西铁路）位于陕西省、甘肃省及宁夏回族自治区境内，连接关天经济区、陇东地区和沿黄城市带，行经整个黄土高原。线路南起西北地区中心城市西安，向西北经陕西省咸阳市、甘肃省庆阳市、宁夏回族自治区吴忠市后接入宁夏回族自治区首府银川市。正线长度616.55公里，其中陕西省境内162.37公里、甘肃省境内272.74公里、宁夏回族自治区境内181.44公里。建设工期5年。

该工程南端通过西安枢纽与郑西、西成等客运专线铁路衔接，连通华东、中南、西南等广大地区；中部与太中银铁路等相连，北端通过包兰通道及银川地区辐射宁夏回族自治区和内蒙古自治区西部。两端连接省会城市和区域城市群，途经庆阳、吴忠等革命老区和多民族聚集区，所经线路顺直便捷，区位条件优越。

▲车辆通行

▲施工现场

正线主要技术标准：铁路等级为客运专线；正线数目是双线；设计速度目标值250公里/小时、预留350公里/小时；正线间距5米；最小曲线半径3500米；最大坡度20‰，困难地段不大于30‰；到发线有效长度650米；行车调度指挥方式为综合调度集中；列控方式是自动控制。满足新建时速300～350公里客运专线的建筑限界。

审批依据

《国家发展改革委关于新建银川至西安铁路调整可行性研究报告的批复》（发改基础〔2015〕2580号）。

《中国铁路总公司、宁夏回族自治区人民政府、甘肃省人民政府、陕西省人民政府关于新建银川至西安铁路初步设计的批复》（铁总鉴函〔2016〕260号）。

▲施工现场

建设意义

1. 助力西部地区经济发展

银西铁路工程南北两端分别连接关中—天水经济区和宁夏内陆开放型经济实验区。

关中—天水经济区处于承东启西、连接南北的战略要地，经济基础相对较好，科教、人才资源富集，是全国重要的装备制造业、航空航天业、现代农业、高新技术产业基地，历史文化旅游产业繁荣，正在成为支撑和带动西部地区快速发展的重要增长极。该工程的建设，将进一步完善现有交通网络，提升地区经济活力，强化地区间交流共享，对促进沿线地区经济发展起到积极的推动作用。

2. 促进对外交流合作

宁夏回族自治区地处内陆，是我国最大的回族聚居区，主要发展能源化工、清真食品和穆斯林用品、特色优势农产品生产加工、区域战略性新兴产业、物流中转、国际旅游等产业。

该工程的实施，将促进宁夏回族自治区对外交流合作，发挥其独有的产业优势，在中国与阿拉伯国家及世界穆斯林地区之间架起一座沟通的桥梁。

3. 缩短地区间的行车时间

宁夏回族自治区与蒙西地区间文化相近、产业互补性强、合作潜力巨大，然而长期以来，两地缺乏便捷的南下快速通道，合作空间受到限制。

该工程的建设，在关中—天水经济区和宁夏回族自治区内陆开放型经济实验区间形成了一条快速运输通道，并通过西安枢纽使区域加快融入国家快速交通网，缩短了宁夏回族自治区、蒙西地区与陕西省及中东部发达地区的行车时间，对加强区域经济合作、促进技术和人才资源的合理流动有十分重要的作用和意义。

4. 完善西部地区路网布局

银西铁路建成后，银川至西安通行时间将缩短至3小时左右，南端通过西安枢纽可实现与国家快速铁路网的互联互通，形成两大城市群城际铁路基本架构。

该工程落实了国家快速铁路网规划，将扩大路网的覆盖面，促进区域综合交通运输体系建设。

工程进度

投资完成情况：开工累计完成167.3亿元，完成总投资的77.1%（其中，吴忠至甘宁界段、银川至吴忠段分别计划完成投资30亿元、23亿元，实际分别完成28.9亿元、22.7亿元，分别为年度计划的96.3%、98.7%；开工累计分别完成56.5亿元、110.8亿元，分别为总投资的 66.5%、83.9%）。

▲施工现场

工程进展情况：吴忠至甘宁界段征地拆迁全部完成；惠安堡隧道已贯通；路基及边坡防护基本完成；桥梁基础、墩台全部完成；预制梁完成率98.9%；桥面附属完成总量的65%；架梁完成91.3%，铺轨基地已建设完成，机械设备已基本到位，钢轨、轨枕和道砟正在陆续进场，基本具备铺架能力。

银川至吴忠段铺轨和路基、桥涵等线下工程全部完成，正在进行轨道精调、银川站改造、生产生活房屋及站后四电等配套工程。

投资主体

根据国家批复的工程可研报告，甘肃段和宁夏段投资总额为572.6亿元，资本金为286.3亿元。中国铁路发展基金股份有限公司认缴出资125亿元，占43.66%；宁夏铁路投资有限责任公司认缴出资79亿元，占27.59%；中国铁路兰州局集团有限公司认缴出资48.3亿元，占16.87%；甘肃投资集团铁路有限责任公司认缴出资34亿元，占11.88%。各方均以货币形式出资。项目资本金一次性认缴，分期到位。

实施单位

银西高速铁路吴忠至甘宁界段

单位类别	单位名称
建设单位	银西铁路有限公司
设计单位	中铁第一勘察设计院集团有限公司
施工单位	中铁上海工程局集团有限公司 中铁一局集团有限公司 中铁三局集团有限公司
监理单位	中铁华铁工程设计有限公司 北京中铁诚业工程建设监理有限公司 兰州交大工程咨询有限责任公司

银西高速铁路银川至吴忠段

单位类别	单位名称
建设单位	兰州局集团银川工程建设指挥部
设计单位	中铁第一勘察设计院集团有限公司
施工单位	中铁十九局集团有限公司 中国铁建大桥工程局集团有限公司 中铁一局集团有限公司 中铁十六局集团有限公司 中铁二十一局集团有限公司 中铁北京工程局集团有限公司 湖南省建筑工程集团总公司 中铁建工集团有限公司 中铁二十一局集团有限公司（四电） 中铁电气化局集团有限公司（四电） 中铁二十一局集团有限公司（迁改） 中铁电气化局集团有限公司（迁改）
监理单位	兰州交大工程咨询有限责任公司 甘肃信达建设工程咨询有限公司 石家庄铁源工程咨询有限公司 乌鲁木齐铁建工程咨询有限公司 北京铁城建设监理有限责任公司

项目评估

该工程各参建单位履行管理职责，落实建设程序，及时贯彻落实有关规定，建立健全较为完善的管理制度，保证工程管理有章可循。

路基、桥梁工程基本符合设计要求，质量基本符合高铁验收标准。拌和站、试验室、钢筋加工厂、箱梁预制场采用标准化建设、信息化管理。总体工程质量、安全基本处于受控状态。

（供稿：银西铁路有限公司）

新建吴忠至中卫铁路工程

基本情况

新建吴忠至中卫铁路位于宁夏回族自治区沿黄经济区的吴忠和中卫两市，向北可延伸至包头、呼和浩特，向南可延伸至白银、兰州，与京张、呼张客运专线共同构成北京至兰州的快速客运通道。该工程是实现宁夏回族自治区“五市同城化”的关键工程，同时也是呼包银兰快速客运通道和宁夏城际铁路网的重要组成部分。

全线北起吴忠市，向南沿京藏高速公路经关马湖和滚泉，穿越牛首山丘陵区至中宁东设站，向西沿黄河南岸经宣和至中卫市设计终点。正线长度136.05公里，桥隧比53%。

主要技术指标：铁路等级为客运专线；正线数目是双线；速度目标值250公里/小时；最小曲线半径，一般地段3500米，困难地段3000米；最大坡度20‰；正线线间距4.6米；牵引种类是电力；动车组类型为CRH系列；到发线有效长度650米；列车运行控制方式采用自动控制；行车调度指挥方式为综合调度集中。

审批依据

《中国铁路总公司、宁夏回族自治区人民政府关于新建吴忠至中卫铁路可行性研究报告的批复》（铁总计统函〔2015〕784号）。

《中国铁路总公司、宁夏回族自治区人民政府关于吴忠至中卫铁路初步设计的批复》（铁总鉴函〔2015〕1220号）。

建设意义

1. 完善沿线交通网络

该工程的开工建设，将完善沿线综合交通运输结构，充分满足城际客流的运输需求，推进宁夏“五市同城化”的进程，对加强包兰通道运输能力，提高运输质量具有重要的意义和作用。

2. 促进地方经济发展

该工程的实施，将进一步拉近工程沿线城镇之间的距离，提升卫星城镇对居民的吸引力，加快区域产业分工，带动沿线城市经济发展，实现城市群空间发展战略，贯彻落实宁夏沿黄经济区发展规划，它的建设，将对沿线经济发展，起到积极的促进作用。

▲1-1

3. 加强民族团结

该工程所经区域是我国少数民族集聚区，它的开工建设，对加快少数民族地区发展，加强民族团结，构建和谐社会，意义重大。

投资主体

该工程初设批复投资136.15亿元。其中，宁夏回族自治区人民政府出资70%，中国铁路总公司出资30%。后期由宁夏回族自治区政府引入社会投资人中国铁建股份有限公司，并转让30%股份。

项目评估

1. 管理有章可寻

该工程采用“PPP+施工总承包”模式，各参建单位基本履行管理职责，建设程序基本落实，及时贯彻落实有关规定，建立健全了较完善的管理制度，保证了工程管理有章可寻。

▲1-2

▲1-3

2. 标准化建设施工

在工程施工过程中，拌和站、试验室、钢筋加工厂、箱梁预制场都采用标准化建设、信息化管理，提高了建设管理和施工安全质量水平。多种有效措施组合应用，保证了施组工期目标。

3. 工程相关资料齐全

该工程变更台账齐全。路基、桥梁工程基本符合设计要求，质量基本符合高铁验收标准。质量控制资料基本完整，主要工程的安全和功能检测资料基本齐全。引入平键平检单位，工程质量、安全基本处于受控状态。

工程进度

该工程于2016年6月全线开工建设，计划2019年建成通车。

投资完成情况：截至2018年10月，开工累计完成121.85亿元，完成总投资的89.5%。

工程进展情况：路基、桥涵主体和附属完成100%；正线铺轨完成100%，已进入捣固阶段；生产生活房屋完成97%；客站综合完成90%；四电专业完成95%；剩余工程为室内外设备安装、调试。

实施单位

单位类别	单位名称
建设单位	宁夏城际铁路有限责任公司
设计单位	中铁第一勘察设计院集团有限公司
施工单位	中铁十六局集团有限公司
监理单位	甘肃铁科工程建设咨询有限公司 中铁济南工程建设监理有限公司 成都西南交大工程建设咨询监理有限公司 山东铁正工程试验监测中心有限公司

（供稿：宁夏城际铁路有限责任公司）

新建格尔木至库尔勒铁路新疆段工程

基本情况

新建格尔木至库尔勒铁路（以下简称格库铁路）新疆段位于新疆维吾尔自治区东南部巴音郭楞蒙古族自治州境内。该段线路东起青海省茫崖石棉矿，穿越阿尔金山，先后经过巴什考供、米兰、若羌、铁干里克、尉犁，西抵库尔勒市，正线长度约708.18公里。

主要技术标准：铁路等级是国铁Ⅰ级；正线数目为单线；最小曲半径，一般地段1200米，困难地段800米；限制坡度6‰；电力牵引质量4000吨；到发线有效长度580米，双机880米；闭塞类型为自动站间闭塞。

审批依据

《国家发展改革委关于新建格尔木至库尔勒铁路可行性研究报告的批复》（发改基础〔2014〕2225号）。

建设意义

1. 增强区域路网灵活性

格库铁路是我国2008年国家发展和改革委员会批准实施段《中长期铁路网规划》中确定的规划项目，是西部地区重要的路网性干线，同时也是原铁道部与新疆维吾尔自治区人民政府《关于加快推进新疆铁路跨越式发展的会议纪要》中新疆"四纵四横"铁路主骨架之一。

它的开工建设缓解了兰新、兰渝通道的运输压力。据测算，库尔勒至成都经库格线、格成线比绕行兰新线运输距离缩短226公里，有效提高了路网运输效率，增强了区域路网的机动灵活性。

2. 协调平衡区域路网

格库铁路地处我国路网覆盖较少、路网结构较单薄的西北区域，以兰新线、南疆线、青藏线为骨架的路网结构无法满足未来经济发展的需要。

▲ 429S1标给路基撵压

▲ S1标桥梁架子队钢筋工检查钢筋间距

该工程的建设，衔接方向多、辐射地域广，西连南疆线库尔勒站，通过南疆线与中吉乌、中巴、喀和、库伊、兰新等多条铁路相连，辐射南北疆腹地；途经若羌与规划南疆环线连通，南北辐射和田、且末、罗布泊、哈密等地；西接青藏铁路格尔木站，连接青藏线西格段、格拉段、敦格线、格成线，分别辐射西宁、拉萨、敦煌、成都等地。该工程连接六条既有及规划铁路，辐射九个方向，具有一定的路网协调与平衡作用，是区域路网中的重要干线。

3. 构建地区通道新格局

该工程的建设，对落实中央新疆工作座谈会精神，构筑出疆通道新格局，推动新疆跨越式发展和长治久安，全面构建和谐社会、增强民族团结、建设边疆和巩固国防具有重要的意义和作用。

4. 促进沿线区域经济发展

该工程建成后，连接新疆、甘肃、西藏、成都、西宁五省区，贯穿西北地区，对推动我国西北区域之间的经济发展，增强沿线城市间的交流互动，加快建设“西部大开发特色优势产业基地”，促进沿线国土资源开发，建设丝绸之路经济带起到积极的促进作用。

投资主体

格库铁路总投资376.4亿元其中工程投资370.4亿元、机车车辆购置费6亿元。

资本金比例为50%，计188.2亿元。新疆维吾尔自治区人民政府出资7.7亿元，占总投资2%；中国铁路总公司出资79.2亿元，占总投资21%；中央预算资金53.77亿元，占总投资14%。资本金以外的资金使用国内银行贷款解决。

工程进度

格库铁路新疆段投资总额为228.6亿元，2018年计划投资36亿元。截至2018年10月，完成年度投资33.29亿元，为年度计划投资的92.48%；开累完成投资128.66亿元，完成总投资的56.28%。

路基工程：全线路基土石方设计数量5321.7万立方米，开累完成5270.04万立方米，占设计数量的99.1%。

桥涵工程：桥梁设计数量82299.26延长米，开累完成81263.19延长米，占设计数量的98.7%；涵洞设计数量33834.42横延米，开累完成33748.24横延米，占设计数量的99.7%。

隧道工程：全线16条隧道设计数量39964.77延长米，开累完成26759.25延长米，占设计数量的66.96%。

轨道工程：正线铺轨设计数量717.29公里，开累完成475公里，占设计数量的66.2%。

实施单位

单位类别	单位名称
建设单位	中国铁路乌鲁木齐局集团有限公司格库铁路建设指挥部
设计单位	中铁第一勘察设计院集团有限公司
施工图监理单位	中铁第四勘察设计院集团有限公司
施工单位	中铁十六局集团有限公司（S1标） 新疆北新路桥集团有限公司（S2标） 中铁二十一局集团有限公司（S3标） 中铁十五局集团有限公司（S4标） 中铁三局集团有限公司（S5标） 中铁隧道工程局集团有限公司（S6标） 中铁一局集团有限公司（PJS标） 中铁电气化局集团有限公司（RDS标） 中国铁建电气化局集团有限公司（QDS标）
监理单位	乌鲁木齐铁建工程咨询有限公司（J1、J2标） 北京中铁诚业工程建设监理有限公司（J3标） 河南长城铁路工程建设咨询有限公司（J4标） 北京通达监理有限公司（J5标）

（供稿：中国铁路乌鲁木齐局集团有限公司）

新建阿勒泰至富蕴至准东铁路工程

基本情况

新建阿勒泰至富蕴至准东铁路（以下简称阿富准铁路）位于新疆维吾尔自治区东北部阿勒泰地区（392.6公里），正线全长420.4公里，延伸至昌吉州（27.8公里）接入乌将铁路。线路西起北阿铁路阿勒泰站，阿勒泰至富蕴段穿越奎阿高速公路、克兰河，跨越喀腊塑克水库、额尔齐斯河至富蕴站；富蕴至准东段跨乌伦古河后沿216国道穿越卡拉麦里山有蹄类野生动物自然保护区，经喀木斯特后至准东北站。

主要技术标准：铁路等级Ⅰ级（线上Ⅱ级）；正线数目是单线；最小曲线半径，一般地段1200米，困难地段800米；限制坡度为6‰，局部地段上行6‰、下行12.5‰；牵引种类是内燃、预留电化条件；到发线有效长度850米、预留1050米条件；闭塞类型为自动站间闭塞。

审批依据

《关于新建阿勒泰至富蕴至准东铁路可行性研究报告的批复》（发改基础〔2015〕2194号）。

《中国铁路总公司关于阿勒泰至富蕴至准东铁路DK0+000至DK16+000段工程初步设计的批复》（铁总鉴函〔2015〕1149号）。

《中国铁路总公司、新疆维吾尔自治区人民政府关于阿勒泰至富蕴至准东铁阿勒泰至富蕴段工程初步设计的批复》（铁总鉴函〔2016〕190号）。

《中国铁路总公司、新疆维吾尔自治区人民政府关于阿勒泰至富蕴至准东铁路富蕴至准东段初步设计的批复》（铁总鉴函〔2017〕208号）。

建设意义

1. 促进北疆沿线经济持续发展

阿富准铁路的修建对加快区域经济协调发展、提升区域优势互补，改善新疆维吾尔自治区北部地区的交通和投资环境，提高地区产品的市场竞争力，促进北疆沿线地区及延边口岸社会经济的可持续发展，意义重大。

2. 巩固国防，维护社会稳定

该工程完成后，将极大加强北疆边陲地区与内地的联系、促进对外文化交流，提高区域内各族人民的物质文化水平，对巩固国防，增进民族团结，维护社会稳定的重要作用。

3. 构建区域铁路运输体系

阿富准铁路是适应区域社会经济发展、巩固国防、加强民族团结的需要；是促进对外贸易合作，充分利用“两种资源和两个市场”的需要。它的开工建设，对构建区域综合交通运输体系，完善北疆铁路网，提高路网灵活性，促进区域运输体系的快速发展具有重要意义。

4. 带动矿产、旅游资源开发

该工程的建设将加快区域经济协调发展和优势互补，改善当地的交通和投资环境，促进区域内矿产资源和旅游资源的开发，提高该地区产品的市场竞争力，对促进沿线地区社会经济可持续发展起到重要的推动作用。

投资主体

阿富准铁路可行性研究阶段总投资82.1亿元，初步设计阶段总投资77.4亿元，采用全额资本金。其中，新疆维吾尔自治区人民政府出资12.77亿（含征地拆迁费用4.75亿），负责该工程征地拆迁工作；中国铁路总公司负责工程建设投资。征地拆迁费用经中国铁路总公司、新疆维吾尔自治区投资双方认可后计入地方股份。

该工程自2015年12月正式开工，同年基本建设投资计划为3.2亿元。铁路权益性出资1000万元（铁路专项资金1000万元）未到位，新疆维吾尔自治区出资（征地拆迁）3.1亿元全部到位。

2016年，基本建设投资计划为11亿元，铁路权益性资金10亿元，均为中央预算内资金，2016年11月1日到位2亿元，12月23日到位8亿元；新疆维吾尔自治区出资（资本金）1亿元，2016年6月8日全部到位。

2017年，基本建设投资计划为5000万元，2017年10月19日已到位。新疆维吾尔自治区出资(资本金)3亿元。

2018年，基本建设投资计划为21.5亿元。铁路权益性资金17.35亿元（车辆购置税7.5亿元，铁路债券9.85亿元）。新疆维吾尔自治区出资（资本金）2.5亿元，新疆维吾尔自治区征拆出资（资本金）1.65亿元。已到位铁路债券9.85亿元。

截至2018年10月，新疆维吾尔自治区出资（征地拆迁）3.1亿元，新疆维吾尔自治区出资(资本金)4亿元，中央预算内资金10亿元，铁路债券9.85亿元。

工程进度

该工程自2015年12月开工，设计总工期3.5年。

2017年，受地方征地拆迁资金不到位及《卡拉麦里山有蹄类野生动物自然保护区条例》和索尔苏隧道中心深埋水沟工艺等因素影响，致使该工程总体进度滞后于原设计工期。2017年，经中国铁路乌鲁木齐局集团有限公司研究，新建阿富准铁路竣工节点富蕴至准东段（含富蕴站）竣工时间调整为2019年12月，阿勒泰至富蕴段竣工时间调整为2020年8月。

该工程路基工程设计总量3883万立方米（卡山保护区内设计量1466万立方米）。截至2018年10月开累完成2438万立方米，完成设计总量的63.9%。

1. 桥梁工程

设计32431延长米/124座（卡山保护区内设计量11245延长米/34座），已开工90座，未开工34座。开累完成23077延长米，完成设计总量的 70.5%。

2. 隧道工程

设计数量7720米/4条（4条全部开工），开累完成3713米，完成设计总量的47.3%。

3. 铺架工程

设计正线铺轨410.86公里，开累完成3.9公里，完成设计量的0.9%；站线铺轨42.6公里，开累完成8.93公里，完成设计量的2%；道岔铺设110组，开累完成32组，完成设计总量29%。

4. 桥梁预制

总计962孔，开累完成304孔，完成设计总量28.1%；桥梁架设总计962孔，开累完成116孔，完成设计总量13%。

5. 房建工程

总计12个车站，累计单体231个，建筑面积69814.05

平方米。截至2018年9月14日，车站完成比例0%，单体完成比例0%，建筑面积完成比例6%。

6. 电力工程

高压电缆线路（含架空、干线）280.88公里，低压电缆线路79.6公里，变电所（含配电所、开闭所）17座。

7. 通信、信号和信息工程暂未开始施工

具体工程量：通信光电缆敷设1249.2公里，无线铁塔81座，通信机房设备安装126站；信号工程电缆敷设201公里，信号机183架，车站设备安装12站；信息机房设备安装73站。

实施单位

单位类别	单位名称
建设单位	中国铁路乌鲁木齐局集团有限公司 哈密铁路建设指挥部
设计单位	中铁第一勘察设计院集团有限公司
施工单位	中交第二公路工程局有限公司（S1标） 中铁十局集团有限公司（S2标） 中铁二十一局集团有限公司（S3标） 中铁一局集团有限公司（PJS标） 通号工程局集团有限公司（S4标）
监理单位	乌鲁木齐铁建工程咨询有限公司（J1、J2、J4标） 西安铁一院工程咨询监理有限责任公司（J3标） 北京中咨华宇环保技术有限公司（环境监理） 北京水保生态工程咨询有限公司（水保监理） 乌鲁木齐优尼科检测技术有限公司（环境监测） 新疆绿疆源生态工程有限责任公司（水保监测）

【卡拉麦里有蹄类野生动物自然保护区】保护区地处卡拉麦里山一带，总面积1.4万平方公里。地理坐标为东经88°33′~90°0′，北纬44°40′~46°0′，海拔500~1200米。

自然保护区于1982年经新疆维吾尔自治区人民政府以新政发〔1982〕93号文批准成立。

保护区的保护对象主要是野马、野驴、鹅喉羚、野山羊等有蹄类野生动物，以及野生动物赖以生存的自然环境，如沙漠植物胡杨、沙拐枣、梭梭、铃铛刺、柽柳和野蔷薇等和保护区内的水资源。

卡拉麦里有蹄类野生动物自然保护区具有重要的科学意义和观赏价值，是科学考察和探险旅游的理想地。

《卡拉麦里山有蹄类野生动物自然保护区管理条例》

《卡拉麦里山有蹄类野生动物自然保护区管理条例》全称《新疆维吾尔自治区卡拉麦里山有蹄类野生动物自然保护区管理条例》，2017年5月27日经新疆维吾尔自治区第十二届人民代表大会常务委员会第二十九次会议讨论通过，2017年7月1日起施行。

该《条例》共5章37条，确立了跨行政区域的统一管理体制；明确规定卡山自然保护区管理工作坚持生态保护优先和可持续发展的原则。

《条例》对卡山自然保护区总体规划的编制、规划的效力以及与相关规划之间的衔接问题做了明确规定，对加强基础设施建设和野生动物饲草料基地、饮水点、投食点等特殊设施建设以及项目建设管理、生态损害赔偿补偿制度、相对集中行使行政处罚权等内容做出明确规定。

《条例》的公布施行，是进一步明确保护区法律地位、依法加强保护和管理的重要体现，更是有效推进自治区生态文明建设的迫切需要。

（供稿：中国铁路乌鲁木齐局集团有限公司）

公路篇

延崇高速公路北京段工程

基本情况

延崇高速公路是一条从北京市延庆到河北省张家口崇礼的高速公路，全长约114.4公里。公路呈南北走向，起点南接兴延高速公路，终点位于崇礼区太子城赛场。其中，北京段全长约33.2公里，河北段全长约81.2公里。延崇高速公路北京段分为平原段（兴延高速至国道110段）和山区段（国道110至市界段）。

延崇高速公路北京段工程位于延庆区内，是北京市与河北省张家口地区联系的一条重要道路，也是2019年中国北京世界园艺博览会（以下简称北京世园会）与2022年北京冬季奥运会（以下简称北京冬奥会）的重要联络线。

延崇高速公路北京段工程起点位于兴延高速公路，终点位于京冀界，途经4个镇、26个自然村，采用双向四车道标准（部分路段预留双向六车道条件），路基宽度分别为28.5米和26米（延康路以南段采用28.5米，延康路以北段采用26米），设计速度80公里/小时。其中，延崇高速公路平原段（兴延高速至国道110段）路线全长约15.2公里，位于规划延庆城区段，高速公路边旁设置辅路，辅路范围为延康路至康河路段，道路标准按照一级公路标准建设，路线长度8.7公里，设计速度60公里/小时。

全线设互通式立交5处、管理养护区1处、服务区1处、隧道所1处，主线收费站在延崇高速公路河北段统一设置，北京范围内不设置主线收费站。按照交通运输部部署，延崇高速公路取得“一会三函”模式全部审批手续后，控制性工程于2016年12月29日开工，实施进展顺利。其中，平原段已于2018年底实现通车，山区段将于2019年底完工。

审批依据

关于先期开展延崇高速公路（北京段）工程相关“一会三函”主要文件为：

《关于研究延崇高速公路前期推进工作有关问题的会议纪要》（北京市人民政府办公厅第161号）。

▲ 施工现场

▲ 预制梁首件混凝土浇筑

《关于先期开展延崇高速公路（北京段）工程相关前期工作的复函》（京发改〔2016〕1095号）。

《延崇高速公路（北京段）道路工程设计方案的批复》（市规函〔2016〕1221号）。

《施工登记意见书》（公施意〔2016〕003号）。

建设意义

延崇高速公路被列为北京市重点工程，是为2019年北京世园会和2022年北京冬奥会提供交通服务的通道。同时，作为京津冀交通一体化北京西北方向的高速通道之一，连接北京城区、延庆新城与河北张北地区，对服务北京冬奥会、缓解西北通道客货运交通压力，提高道路通行能力和行车安全都具有重要意义。

1. 构建京津冀一体化交通体系

北京西北通道拥堵现象严重，存在较大安全隐患。延庆区是西北通道上的重要节点，对过境交通影响较大。

随着京津冀一体化的发展，以及兴延高速公路的开工建设，高速通道继续向北延伸，而延崇高速公路的建设将打通兴延高速公路向北衔接的通道，为北京西北增加一条新的快捷通道，对进一步完善区域高速公路网，疏解西北通道京藏高速公路、京新高速公路客货运交通压力，促进沿线区域经济发展，促进张北贫困地区经济和旅游的发展意义重大。

2. 服务北京世园会和北京冬奥会

2019年北京世园会和2022年北京冬奥会举行在即，为保障北京世园会和北京冬奥会的顺利进行，北京市政府决定新建延崇高速公路，用以分流西北通道内京藏高速公路及其辅路进出京车流，缓解京藏高速公路频繁拥堵的交通状况。

投资主体

延崇高速公路北京段工程造价估算包含道路工程、排水工程、桥梁工程、隧道工程、交叉工程、交通工程、绿化工程和沿线设施等，为163.22亿元。其中，建筑安装工程费110.57亿元；设备及工器具购置费3.62亿元；工程建设其他费41.59亿元（征地拆迁费25.2亿元）；工程预备费7.45亿元。每公里造价约4.15亿元。

高速公路部分总投资的25%拟申请北京市财政支持，25%申请交通运输部补助，50%申请银行贷款解决。

实施单位

（1）建设单位：北京市首发高速公路建设管理有限责任公司。

（2）现场管理单位：北京市首发高速公路建设管理有限责任公司延崇项目管理处。

工程进度

延崇高速公路于2016年12月31日开工建设，计划2019年年底通车。

新技术应用

1. 妫水河科技创新

工程方针对工程特点，开展软弱富水地层深长大明挖隧道基坑设计施工关键技术研究；富水软弱地层预应力锚杆多次高压劈裂注浆施工工艺研究和移动式自撑单侧支架及模板体系施工技术研究。

2. 桩头整体移除技术

在施工中，通过在桩基钢筋笼桩头部位钢筋及声测管处设置套管，实现桩将桩头整体拔除。

3. 墩柱钢筋整体吊装技术

为防止墩柱钢筋在起吊扶正过程中发生变形现象，对墩柱钢筋提前绑扎，预制成骨架，进行整体吊装。

项目评估

1. 建设标准高

延崇高速公路是国家首批绿色公路项目之一，工程方在施工中，将品质工程、绿色公路、智慧公路融合为一体，始终坚持高标准建设。

2. 社会关注度高

延崇高速公路作为“世园之路”和“冬奥之路”，受到了社会的高度关注。

3. 环保要求高

延崇高速公路作为绿色公路示范工程，穿越国家级、市级自然保护区，对外开放的景区景点多达30余处。为尽可能减少对自然环境的干扰及对保护区内动植物的影响，对工程施工提出了极高的环保要求。

▲施工现场

4. 桥隧比例大

延崇高速公路平原段共设桥梁7座，其中，特大桥10座/13937米，大桥1座/120米；桥梁全长14057米，总面积约为47.4×104平方米；山区段共设桥梁13座，桥梁总面积12.9万平方米。北京段全线桥隧比约92%。

5. 施工难度大

延崇高速公路隧道地质构造复杂、不良地质和特殊岩土发育种类多，并伴有河道改移、道路改移、高压线改移的交通接驳需求，施工安全风险大，安全费用投入高，施工难度要远高于其他公路。

6. 工期压力大

延崇高速公路为保障北京世园会，平原段工程需要于2018年年底通车，现该路段已按计划实现通车。为保障2022年北京冬奥会顺利进行，山区段工程需要于2019年底建成通车。工区冬期寒冷，可施工时间短，冬季施工功效低，工期压力大。

【“一会三函”】2016年8月5日，北京市人民政府发布《北京市公共服务类建设项目投资审批改革试点方案》，积极开展公共服务类建设项目投资审批改革试点，着力推进北京城市副中心建设。由此，“一会三函”模式出世。“一会”指召开会议集体审议决策，“三函”指建设项目前期工作函、设计方案审查意见函、施工意见登记函。

【妫水河】古称沧河、清夷水、清水河，为北京境内河，属永定河水系。妫水河发源于北京市延庆县城东北13公里处，南流至永宁镇小庄科与新华营河汇合向西横贯延庆盆地，沿途有9条支流汇入，在下屯乡大路村北入官厅水库后入永定河，河长18.5公里，宽75米至250米，流域面积1073.6平方公里。

（供稿：北京市首发高速公路建设管理有限责任公司）

新机场北线高速公路（京开高速公路至京台高速公路段）工程

基本情况

新机场北线高速公路（京开高速公路至京台高速公路），工程主要位于大兴区礼贤镇，路线自西向东跨越京开高速公路（设计起点位于京开高速公路西侧，实施起点位于京开高速公路东侧）、京九铁路、大狼垡沟、磁大路、青礼路旧线、田营沟、京台高速公路，至道路终点，全长14.66公里（实施长度13.51公里，不含京开高速立交主线桥）。设计速度120公里/小时，横断面布置为双向八车道加硬路肩，路基宽度41米，道路红线100米。

主线桥梁共17座，其中特大桥2座、大桥8座、中桥1座、小桥6座，桥梁面积18.0万平方米。主线桥梁长度4.17公里，主线桥梁占比28.4%。全线设置互通式立交6处（实施4处，预留2处）、分离式立交5处、通道4座、人行天桥1座。全线无主线收费站，设匝道收费站1处。

新机场北线高速公路西延及东延工程位于北京市大兴区，路线全长11.08公里。其中，东延段起点京台高速公路，接新机场北线高速公路一期工程终点，终点为京冀界，长2.87公里；西延段起点京开高速公路，接新机场北线高速公路一期工程实施起点，终点京冀界，长8.21公里。道路等级为高速公路，设计速度采用120公里/小时，红线宽度100米，横断面布置为双向八车道加硬路肩，路基宽度41米。

主线桥梁共12座，长4.79公里，其中特大桥4座（京台互通立交主线桥及永定河特大桥实施长度均为全桥的一部分）、大桥1座、中桥3座、小桥4座，桥梁面积19.97万平方米，桥梁比例43.2%。

全线设置互通式立交3处，其中实施2处（分别为京台互通式立交、京开互通式立交）、预留1处（为芦西路互通式立交）。此外，设分离式立交4处、通道1处。其中，京开互通式立交实施与河北涿州方向联系的4条匝道，京台互通式立交实施与河北廊坊方向联系的4条匝道；芦西路互通式立交预留主线不符合指标条件，故暂不实施。东延段及西延段各设置一处主线收费站；东延段配套附属设置收费管理所1处；西延段配套附属设置管理分中心1处（含监控、通信分中心、养护工区）。

▲ 钢筋加工厂

投资主体

该工程法人为北京华北投新机场北线高速公路有限公司。工程总投资110亿元。其中，中段总投资63.35亿元，包括建安费投资30.78亿元，其他费用32.57亿元；东西延段总投资46.65亿元，包括建安费投资25亿元，其他费用投资21.65亿元；全线建安费共55.78亿元，其他费用54.22亿元。

建设意义

建成后的新机场北线高速公路将以最短的距离实现三大南北主动脉的东西互通，连接京港澳高速公路、首都地区环线等重要交通线路；实现与北京中心城区、天津、保定、廊坊等城市以及雄安新区的快速连接，形成集航空、高铁、城际、地铁、公路等多种交通方式为一体的“环首都一小时”综合交通运输体系。该工程的建设开通对满足新机场周边交通需求，构建京津冀交通一体化主骨架，破解北京地区航空硬件能力饱和，辐射京津冀空港经济，服务雄安新区建设发展，意义重大。

审批依据

《北京市发展和改革委员会关于开展新机场北线高速等5项工程前期工作的函》（京发改〔2015〕2035号）。

《北京市规划委员会关于新机场北线（京开高速公路-京台高速公路）高速公路工程设计方案的批复》（市规函〔2015〕1710号）。

《北京市交通委员会关于对新机场北线高速公路（京开高速—京台高速）工程社会稳定风险分析报告的审查意见》（京交函〔2016〕1142号）。

《北京市大兴区环境保护局关于新机场北线（京开高速公路—京台高速公路）高速公路工程环境影响报告书的批复》（市环审〔2016〕0472号）。

▲ 架梁

《北京市规划和国土资源管理委员会建设项目用地预审意见》（市规划国土兴预〔2016〕7号）。

《北京市发展和改革委员会、北京市住房和城乡建设委员会关于印发北京市2017年重点工程计划的通知》（京发改〔2017〕251号）。

《北京市发展和改革委员会关于新机场北线高速公路（京开高速—京台高速段）工程项目建议书（代可行性研究报告）的批复》（京发改（审）〔2017〕98号）。

《北京市规划和国土资源管理委员会关于新机场北线（京开高速公路—京台高速公路）高速公路工程初步设计的批复》（市规划国土函〔2017〕1854号）。

工程进度

路基填筑设计量410.25万立方米（含磁大路互通区土立方米），累计完成333.48万立方米，占设计量的81.27%；路面工程中，二灰稳定碎石设计量80.9万平方米，累计完成18.28万平方米，占设计量的22.6%；水泥稳定碎石设计量127万平方米，累计完成26.9万平方米，占设计量的21.1%；沥青路面设计63万平方米，累计完成6.3万平方米，占设计量的10%；桥梁全长10857.85米（含匝道桥梁），累计完成7302米，占桥梁总长的67.3%。

该工程累计完成投资32.17亿元，其中建安费16.65亿元、拆迁费14.41亿元、其他费用1.11亿元，共占中标总投资额110.007亿的29.24%。

项目评估

1. 加强质量管理

工程方坚持高起点、高标准、高水平创建"品质工程"，不断加强质量管理、质量控制、质量重要性的宣传工作，开展质量知识宣贯会议、比武大赛、专题检查和通病治理活动、样板工程观摩活动，通过邀请专家进行现场指导等方式，让工程质量管理上了一个新的台阶。

2. 强化安全意识

在施工中，始终坚持以最严的标准、措施和要求确保安全生产工作。根据北京市交通委《申报2018年度公路工程平安工地市级示范创建项目的通知》要求，积极完成"平安工地"备案及创建"平安工地"示范项目申请工作。2018年9月11日以"优良"的成绩通过"平安工地"初期考核。

3. 保证施工进度

工程方在管理中，认真部署，制定措施，强力推进建设进度，督促总包部配备优质施工队伍，细化、量化考核进度，按照定标准、定目标、定时间、定奖惩的原则，全天候把关每一个施工细节，确保工程顺利推进。

▲路面摊铺作业

4. 启动环保措施

为全面做好环保管理工作，成立环保巡查组，每日对施工现场"六个百分百"落实情况进行自查自纠；要求总监办每日进行现场巡查，督促施工单位落实环保措施；在空气重污染预警期间，坚持每天进行环保巡查，确保空气重污染预警响应机制及时启动，各项应对措施有效落实。

新技术应用

1. 培养BIM技术人才

工程方通过BIM技术培训和工程的实际应用，培养各专业建模人员、动画制作人员、模型渲染人员等，为工程科技创新平台建设提供技术支撑和人才储备。

2. 运用BIM5D技术建模分析

工程公司通过 BIM5D"三端一云"进行数据共享和集中分析，实现工程上场初期的临建及场地布置的合理化、碰撞检查后施工图深化设计的快速化，实现施工过程中的施工技术交底的三维可视化、现场施工质量和安全问题、设备构件和进度跟踪管理的形象直观化，总结出了模型搭建及BIM维运的宝贵经验。

实施单位

单位类别	单位名称
建设单位	北京华北投新机场北线高速公路有限公司
设计单位	北京国道通公路设计研究院股份有限公司
监理单位	北京京博通工程项目管理有限公司
施工单位	中国铁建大桥工程局集团有限公司 中铁十六局集团有限公司

（供稿：北京华北投新机场北线高速公路有限公司）

津石国家高速公路津冀界至保石界段工程

基本情况

津石国家高速公路（以下简称津石高速公路）津冀界至保石界段起于进入河北省与天津市交界处的子牙河，在大城县北经大城县工业园区预留走廊带，向西跨廊沧高速后进入文安县境，继续向西跨任文干渠后，在任丘市北分别跨京九铁路、京广高速公路、大广高速公路，经马棚淀蓄滞洪区东堤后进入高阳县境，分别跨越潴龙河、孝义河、马棚淀蓄滞洪区西堤后在高阳北跨保沧高速公路，后进入蠡县境内，经蠡县西、博野东与G337河龙线、朔黄铁路相交，安国南与G230安新线相交，跨小清河、大沙河后与津石高速公路石家庄段相接。

▲ 千里堤特大桥

该工程路线全长171.12公里，主线全线采用双向六车道高速公路标准建设，设计速度120公里/小时，路基宽度33.5米。设计桥涵汽车荷载采用公路—Ⅰ级，其余指标均按《公路工程技术标准》（JTG B01—2014）及有关规范执行。

全线设互通式立交16处，其中服务型互通立交12处、枢纽互通式立交4处；跨公路分离式立交桥3918米/40座，主线上跨京九铁路分离式立交1277米/1座，下穿朔黄铁路分离式立交27米/1座，天桥4座，通道223道；主线设特大桥9181米/5座，大桥7171米/25座，中桥856米/12座，小桥242.5米/9座，涵洞47道；设主线收费站1处、匝道收费站12处、服务区4处、停车区1处、养护工区4处、监控通信分中心1处；同步建设连接线九条共74.46公里。该工程永久性占地共计24388.25亩。建设总工期3年。

审批依据

《国家发展和改革委员会、交通运输部关于印发〈京津冀协同发展交通一体化规划〉的通知》（发改基础〔2015〕2689号）。

《交通运输部办公厅关于开展交通基础设施政府与社会资本合作试点项目（第一批）的通知》（交办财审函〔2015〕298号）。

《"十三五"现代综合交通运输体系发展规划》（国务院国发〔2017〕11号）。

《关于对河北雄安新区规划纲要的批复》（中国中央、国务院，2018年4月14日）。

建设意义

1. 促进高速公路网互联互通

该工程是2013年，国家发展和改革委员会发布的《国家公路网规划（2013年 — 2030年）》中国家高速公路网津石高速公路的重要组成路段，是7条首都放射线之一的京沪高速公路的唯一一条联络线。它不仅是国家高速公路骨架的组成部分，同时自东向西可联通京沪高速公路、京台高速公路、京港澳高速公路和京昆高速公路四条首都放射线，因此，该工程对高速公路的互联互通具有重要的作用。建成后，将华北中心城市之一的天津市和京津冀都市圈核心区的保定市和石家庄市紧密联系起来，实现区域互联互通，对贯彻落实"三大战略"，发挥高速公路支撑引领作用具有重要意义。

2. 加快京津冀协同发展

该工程已被列入国家发展和改革委员会和交通运输部编制的《京津冀协同发展交通一体化规划》的重要工程，也是交通运输部推行的首批PPP试点项目，还是雄安新区规划"四纵三横"区域高速公路网的重要组成部分。它的开工建设对完善国家和河北省综合交通网布局，加快京津冀协同发展，促进雄安新区建设，推动沿线经济社会发展意义重大。

投资主体

该工程建设采用政府和社会资本合作PPP管理模式，河北省高速公路管理局为工程实施机构，河北交通投资集团公司为工程代表政府出资人，工程社会投资人为中电建路桥集团有限公司、中国电力建设股份有限公司、成都华川公路建设集团有限公司组成的联合体。河北交通投资集团公司代表政府与社会投资人组成中电建冀交高速公路投资发展有限公司。公司注册资本104.7亿元。其中，河北交通投资集团公司出资51.3亿元，持股比例49%；中电建路桥集团有限公司出资27.23亿元，持股比例26.01%；中国电力建设股份有限公司出资4.81亿元，持股比例4.59%；成都华川公路建设集团有限公司出资21.36亿元，持股比例20.4%。

工程总投资239.25亿元，国家安排中央车购税46.42亿元作为投资补助。资本金47.85亿元，占总投资20%，由河北交通投资集团公司、中电建路桥集团有限公司、中国电力建设股份有限公司、成都华川公路建设集团有限公司以自由资金出资。其余资金采用国内银行贷款等方式解决。

实施单位

单位类别	单位名称
建设单位	中电建冀交高速公路投资发展有限公司
设计单位	河北省交通规划设计院
施工总承包单位	中电建路桥集团有限公司河北高速公路总承包部
	成都华川公路建设集团有限公司河北省津石高速公路总包项目经理部
施工单位	中国水利水电第一工程局有限公司
	中国水利水电第十四工程局有限公司
	中国水利水电第六工程局有限公司
	中国电建市政建设集团有限公司
	成都华川公路建设集团有限公司
	成都华川公路建设集团有限公司
	中国水利水电第五工程局有限公司
	黑龙江省远升公路工程咨询监理有限责任公司
	山东东泰工程咨询有限公司
	河北华达公路工程咨询监理有限公司
	河北四方公路工程咨询有限公司
监理单位	河北省交通建设监理咨询有限公司
	北京炬桓工程项目管理有限公司
	北京正立监理咨询有限公司

▲碎石桩

▲钢箱梁吊装

工程进度

1. 投资完成情况

工程累计完成投资92.83亿元，2018年年度计划完成投资68亿元，至2018年10月年累计完成投资65.63亿元。

2. 形象进度完成情况

津石高速公路工程路基工程完成33.48%；桥梁工程完成28.16%；总体进度完成23.34%。其中，路基填方完成9.8%；路基挖方完成19.6%；桩基完成85.7%；墩柱完成73.8%；盖梁完成46.5%；梁板预制完成44%；梁板安装完成14.6%；现浇桥完成0.7%；通道完成69%；涵洞完成41.4%；工字梁加工完成0%；钢箱梁完成22.8%。

新技术应用

1. 沥青路面最新科研成果——胶粉改性沥青面层

结合工程区域路面早期破损的经验教训和河北省沥青路面最新科研成果，路面结构采用胶粉改性沥青防水层，6厘米胶粉改性沥青中面层，废胎胶粉掺量达到20%，有效节约建设成本，延缓路面病害发生时间，极大地提高了路面结构的使用寿命。

2. 建筑信息模型（BIM）在高速公路建设工程中的应用技术研究

结合交通运输部办公厅《关于开展公路BIM技术应用示范工程建设的通知》（交办公路函〔2016〕1283号）文件精神，运用BIM技术进行高速公路设计与施工管理信息系统研发，实现设计、施工与管理全生命周期的集成管理平台。

3. 土工织物散体桩处理软土地基技术

津石高速公路约有90公里位于蓄滞洪区，软土地基路段较长且情况复杂，采用碎石或砂砾等散体材料外套土工织物筒形成基桩，能较好地提高复合地基承载力。

4. 无人值守收费站建设

采用ETC车道结合智慧发卡车道及非现金自助缴费模式等，原则上实现无人值守收费，同时对货车ETC车道软件进行升级，进一步提高收费站通行效率，提升高速公路智能化管理水平。

5. 模块化箱涵快速施工移动滑模装置施工技术

以盘扣式支架作为主体支撑结构，底部采用工字钢及底托支撑系统，配备行走及导向系统，采用2台卷扬机进行牵引滑动，具有移动、安装方便，施工效率高，通用性强，安全高效的特点。

存在问题

1. 土源落实困难

津石高速公路位于平原区，路线里程较长，虽对路线纵断进行多次优化调整，但全线借土填方数量仍高达3600万立方米，土源落实困难，制约工程进度，需积极协调沿线地方政府落实土源。

2. 路线需行经煤炭矿产范围

津石高速公路大城县境内穿越“河北省大城县大城区煤炭勘探”探矿权，已查明煤炭矿产范围长约55公里，宽约10公里，路线无法避让探矿权。压覆矿产资源调查报告后置后未获得批复，影响工程土地组卷，需协调探矿权单位、河北省国土部门解决该事项。

3. 实际占地超出预期

由于津石高速公路施工图设计路线与工可阶段路线不一致，造成高速公路实际占地占用基本农田近10000亩，影响土地组卷工作，需咨询国土部门补划或重新预审。

4. 拆迁价格存在争议

津石高速公路所经区域经济发达，局部路段养殖、经营性企业和电力线路、通信线路及各种管线密集，拆迁工作难度大、周期长，普遍存在对评估结果不认可，企业所有人要价远远高于评估价格的情况。各县（市）已启动评估补偿工作。

5. 碎石、砂砾等料源价格上涨

碎石、砂砾等地材价格涨幅过大，料源不稳定，对工程进度和投入影响巨大。

6. 经行蓄滞洪区施工条件复杂

津石高速公路所经蓄滞洪区较长，沿线软基段落、坑塘处理方案变化较大。

项目评估

该工程稳步履行公路基本建设程序，按计划完成投资及形象进度。总包方起牵头作用，工作态度严谨，制定工作计划有效，统筹协调，办事效率高。施工方发扬工匠精神，在保证施工质量和安全的前提下，采取加大人员机械投入、加强管控力度等一切必要措施加快施工进度。

勘察设计单位设计方案技术可行、经济合理，积极配合建设单位进行各项前期工作，派驻后期服务组常驻施工现场解决施工过程中出现的设计问题。

监理单位能规范监理流程，强化监理措施，落实监理责任，严格事先把关，加强事中控制，严肃事后处理，并做好服务和指导工作。

第三方试验检测单位能按时完成建设工程委托的各项试验检测工作，为建设单位提供技术支持。

津石高速公路工程投资完成38.8%，形象进度总体完成23.34%，计量支付完成5次共计27.62亿元，清表完成路线总长度88.88%。

▲路床首件施工

▲预制梁场

（供稿：中电建冀交高速公路投资发展有限公司）

溧阳至宁德公路江苏段工程

基本情况

溧阳至宁德公路（以下简称溧宁公路）江苏段是交通运输部规划的长三角区域高速公路网和江苏省高速公路网规划的“五纵九横五联”中纵五的组成部分，是2013年国家发展和改革委员会发布的《国家公路网规划（2013年 — 2030年）》中溧宁公路中重要组成部分，北接已建的扬溧高速公路，南接安徽省已建的扬州至绩溪高速公路安徽段。

该工程起自与宁杭高速公路交叉设置的新昌枢纽，向南跨越芜太运河（Ⅲ级），利用南渡镇规划预留的走廊带布线，向南与G104、S239交叉后，沿观山山脚至周城东，与规划中去往天目湖风景区道路（溧阳X001）衔接，其后路线折向西南方向，经过金峰水泥厂北跨越周城河（规划Ⅵ级航道），至前宋水库水源保护区范围以西，在社渚镇以东与S360相交，继续向南于社渚农场附近、石塘冲水库以东布线，止于苏皖交界处，与溧宁公路安徽段相衔接。路线全长23.72公里（包括新昌枢纽二期工程主线）。建设工期3年。

全线高速公路标准建设，设计速度120公里/小时。其中，起点新昌枢纽至南渡南枢纽约7.4公里，采用双向六车道，路基宽度34.5米；南渡南枢纽至苏皖省界段16.32公里，采用双向四车道，路基宽度27米。桥涵设计汽车荷载等级采用公路Ⅰ级。其余技术标准按照《公路工程技术标准》（JTG B01—2014）和《工程建设标准强制性条文》（公路工程部分）的规定执行。

全线设置主线跨河桥梁3座，桥梁总长2165.9米。设置主线上跨分离式立交7处，桥梁总长为973.6米；互通主线桥4座，长度约为1901.6米；互通匝道桥8座，长度为2007.7米。全线设置支线上跨桥4座，长度为538米；共设置新昌枢纽（二期工程）、南渡互通、南渡南枢纽、周城互通、社渚互通5处互通式立交，服务区1处前宋为服务区，主线收费站1处。

审批依据

《国家发展改革委关于溧阳至宁德公路江苏段可行性研究报告的批复》（发改基础〔2017〕501号）。

▲景观桥梁效果图

▲芜太运河大桥效果图

▲南渡南枢纽效果图

《交通运输部关于溧阳至宁德公路江苏段初步设计的批复》（交公路函〔2017〕1042号）。

建设意义

溧宁公路江苏段的开工建设对完善长三角地区高速公路网，缓解太湖西侧南北向通道压力，加强苏南地区与皖南地区的经济联系，促进沿线社会经济发展、旅游开发等均具有重要意义。

投资主体

该工程法人为江苏交通控股有限公司。初步设计批复概算33.24亿元。建设资金来自中央专项建设基金（车购税）、常州市人民政府、江苏交通控股有限公司。三方按约定比例出资，作为该工程资本金。资本金约占总投资的50%。其余资金使用国内银行贷款解决。

工程进度

投资进度：自开工累计完成投资6.5亿元，占投资概算19.56％。

形象进度：2018年底启动房屋拆迁及用地移交，开展杆线迁移；组织施工、监理单位进场并开展驻地、三场及便道便桥建设。

存在问题

（1）区域内地下管线分布较多，拆迁工程量大。

（2）沿线绿化林地，苗木较多，环境保护要求高。

（3）沿线鱼塘较多，软土地质分布较广，处置技术要求高。

（4）沿线均为基本农田，无法设置取土坑，需要提前多渠道备土。

（5）重要工点多，起点、终点及南渡南枢纽与多条高速公路顺接，交通安全要求高。

（6）存在两处高边坡处理及两座特大桥建设，施工要求等级高。

实施单位

单位类别	单位名称
建设单位	江苏省交通工程建设局
设计单位	中设设计集团股份有限公司
施工单位	江苏省交通工程集团有限公司（LN-LY1标） 天津五市政公路工程有限公司（LN-LY2标）

（供稿：江苏省交通工程建设局）

苏锡常南部高速公路常州至无锡段工程

基本情况

苏锡常南部高速公路常州至无锡段是江苏省"五纵九横五联"高速公路网规划中"横六"的组成部分。路线起自常州武进区前黄镇，跨越锡溧漕河改线段、常漕公路及新长铁路，与锡宜高速公路交叉后，经雪堰镇穿越常州太湖湾旅游度假区，下穿邀贤山后进入无锡马山境内，穿越太湖梅梁湖，终点在无锡南泉接无锡环太湖高速公路。

路线全长43.9公里，无锡段22.43公里，常州段21.47公里。全线采用六车道高速公路标准建设，路基宽度34.5米。太湖隧道全长10.79公里，横断面采用折板拱两孔一管廊形式，两侧行车孔单孔净宽17.45米、净高7.25米，中间为管廊。建设工期4年。

建设意义

苏锡常南部高速公路是国家发展和改革委员会和交通运输部确定的支撑"三大战略"发展的地方高速公路。建成后，将有效提升沪宁通道作为国家综合运输大通道的功能作用，对拉动长三角经济，促进沿线苏、锡、常城市发展具有重要意义和作用。

审批依据

《江苏省发展改革委关于苏锡常南部高速公路常州至无锡段初步设计的批复》（苏发改基础发〔2016〕1547号）。

投资主体

该工程批复概算约159.12亿元（无锡段103.74亿元，常州段55.38亿元）。资本金由江苏交通控股有限公司及无锡市、常州市政府分别组织投入。资本金以外部分由工程公司通过申请国内银行贷款等方式多渠道筹措解决。

实施单位

单位类别	单位名称
建设单位	江苏省交通工程建设局
设计单位	中设设计集团股份有限公司 上海市隧道工程轨道交通设计研究院
监理单位	江苏东南工程咨询有限公司（CX-JL-1标） 江苏兆信工程项目管理有限公司（CX-JL-2标）
施工单位	中铁十四局集团第三工程有限公司（CX-CZ1标） 中南无锡路桥集团股份有限公司（CX-CZ2标） 中铁二局集团有限公司（CX-CZ3标） 中交路桥建设有限公司（CX-WX1标） 中交第三航务工程局有限公司（CX-WX2标） 中铁四局集团有限公司（CX-WX3标） 南京交通工程有限公司（CX-WX4标）

▲苏锡常工程建设中

▲工程混凝土供应中心

工程进度

形象进度：截至2018年10月底，CX-WX1标（先导段）基本完成全部软基处理和钻孔灌注桩，路基填筑、桥梁上部结构稳步推进。太湖隧道标段完成驻地和三场建设，完成钢板桩围堰10公里，完成钻孔灌注桩25%、土方开挖20%。CX-WX2标、CX-WX3标主体结构底板分别完成200米和500米。

其他路基桥梁CX-CZ1、CX-CZ2、CX-CZ3、CX-WX4标完成驻地、标准化工地试验室、水泥混凝土拌和站、钢筋加工场、梁板预制场建设，开展软基处理和桥梁下部结构施工。

投资完成情况：截至2018年10月底，完成投资23.95亿元，占年度投资计划的72.6%；完成实物工作量8.44亿元，占年度计划的49.6%；累计完成投资37.17亿元，占概算的23.4%。

项目评估

在工程建设过程中，工程方对太湖隧道面临的重大技术问题进行筹划，开展针对性的科学研究。其创新成果为工程顺利进行提供了技术支撑。

1. 课题研究评审科学

制定《苏锡常南部高速公路太湖隧道科研规划大纲》，对立项的太湖隧道混凝土结构抗裂及防水成套技术研究、太湖隧道围堰-基坑围护渗流控制研究、湖底隧道开挖淤泥就地固化及填料化利用关键技术研究和超长超宽越湖隧道沉降模式与结构内力沉降效应研究等课题的中期成果进行评审。

2. 课题研究工作进展良好

完成2018年超长超宽太湖隧道施工期动态智能反演与实时反馈分析研究、高速公路特长湖底隧道安全环保铺装关键技术研究、明挖湖底隧道土体扰动引起附加沉降变形规律与控制技术研究、明挖现浇湖底隧道混凝土温度控制及施工关键技术研究、太湖流域高速公路全过程"环保管家"体系及关键共性技术应用研究等课题的立项并开展相关工作。

3. 施工现场管理严治

组织科研单位完成主体结构混凝土配合比设计、冬季混凝土配合比设计及现场验证工作，对承包人混凝土供应中心提出温控设施要求，对承包人降排水方案进行指导，对淤泥固化进行现场试验验证，对监控薄弱环节提出要求。

4. 编制纲领性文件

结合太湖隧道及邀贤山隧道工程特点编制了《苏

锡常南部高速公路隧道工程施工质量风险清单》。同时，编制了《苏锡常南部高速公路太湖隧道主体结构混凝土施工作业指导书》《苏锡常南部高速公路太湖隧道主体结构防水手册》，作为纲领性文件指导现场施工，提高施工质量。

存在问题

1. 施工难度大

太湖隧道水中围堰分仓逐段施工，每一段都是一项系统工程。同时，工程建设需要克服跨标段、跨市、长距离土方调运的困难，解决隧道开挖与路基填筑进度匹配的难题，土方调配与主体结构交叉施工衔接困难，施工工作难度较大。

2. 施工技术要求高

太湖隧道大体积混凝土浇筑以及侧墙与底板混凝土龄期差极易产生收缩裂缝，结构纵、横向不均匀沉降也会导致混凝土开裂，混凝土抗裂、防水要求高，施工监测及其控制标准高。太湖隧道断面尺寸大、运营距离长，火灾等安全事故发生时的紧急救援和快速恢复技术复杂，防灾、救援措施技术含量高。

3. 安全风险大

太湖隧道采用堰筑法施工，集超长水中围堰、长大深基坑、多种支护形式施工于一体，作业周期长，需经历三个汛期施工；施工专用船械、大型设备多，水上作业量大，隧道与三条营运航道交叉，安全风险大，管理难度高。

4. 征迁协调难度大

工程所在区域经济发达，穿越城市开发区和核心景区，沿线企业、群众的利益诉求多元，迁移协调工作难度较大。

▲苏锡常工程建设中

▲隧道效果图

（供稿：江苏省交通工程建设局）

南京长江第五大桥工程

基本情况

南京长江第五大桥采用桥隧组合过江方案，跨越长江主江工程采用跨江大桥方式，穿越夹江采用隧道方式。其中，跨江大桥总长4130米，跨江主桥全长1796米，采用纵向钻石型钢壳混凝土索塔、中央双索面的三塔斜拉桥，跨径（80+218+2×600+218+80）米；夹江隧道总长1755米，其中盾构段1160米，盾构直径15米。

路线起自南京市浦口区五里桥，接拟改建的江北大道跨越长江主航道后，经梅子洲，下穿夹江，止于夹江南岸，接已建成的江山大街，全长10.3公里。在五里桥、丰子河路、临江路和葡园路设置4处互通式立交。

▲隧道盾构机组装

全线采用双向六车道一级公路标准建设，路基和桥梁段设计速度100公里/小时，宽度30.5米（桥梁不含布索区）；隧道段设计速度80公里/小时，净宽2×12.25米。建设工期54个月。

审批依据

《国家发展改革委关于南京长江第五大桥可行性研究报告的批复》（发改基础〔2016〕1497号）。

《交通运输部关于南京长江第五大桥初步设计的批复》（交公路函〔2017〕90号）。

《国土资源部办公厅关于南京长江第五大桥控制性工程先行用地的复函》（国土资厅函〔2017〕329号）。

《省交通运输厅关于南京长江五桥A1、A2、B1标施工图设计的批复》（苏交建〔2017〕9号）。

《省交通运输厅关于南京长江五桥夹江隧道施工图设计的批复》（苏交建〔2017〕10号）。

《国土资源部关于南京长江第五大桥工程建设用地的批复》（国土资函〔2018〕56号）。

建设意义

1. 落实跨江发展战略

南京长江第五大桥是2014年国务院发布的《长江

经济带综合立体交通走廊规划》和2017年经国务院批复发布的《南京市城市总体规划》中规划新建的公路过江通道。该工程的实施对保障国家公路畅通，优化国家和区域公路网南京节点方案，进一步改善过江交通条件，满足交通量增长需求，推动国家级南京江北新区建设，实施跨江发展战略，促进经济社会协调发展等具有重要意义。

2. 加强城市区域互动

该工程连接江南主城与江北新区，可有效促进江北新区的建设和开发开放，加强南京市沿江两岸的联系，缩小两岸经济差距，也将完善南京都市圈的过江通道布置，拓展城市发展空间，提升城市综合实力。

投资主体

该工程法人为南京重大路桥建设指挥部，估算总投资约为62亿元。其中，国家安排中央专项建设资金（车购税）8.26亿元，其余资金由江苏省和南京市通过财政性资金筹措解决。

工程进度

该工程于2016年初先期启动五桥配套先导工程建设。2017年3月底，征地拆迁工作已基本完成，完成了施工驻地场地整平、施工便道、江南江北栈桥码头。

主体工程施工队进场后，于2017年4月1日开始主桥水上钻孔施工平台及陆上驻地建设，5月8日跨江大桥主桥基础工程正式开工建设。

截至2018年10月，主桥索塔均已施工至T22节段；南引桥已完成下部结构施工，正在开展节段梁安装，北引桥正在开展下部结构施工；夹江隧道梅子洲侧正在开展盾构机组装工作，江南工作井正在进行主体结构施工；北接线正在开展桩基、下部结构施工，同时上部结构节段梁安装和现浇梁施工也已开展；房建工程主体已封顶，正在进行墙体砌筑及二次结构混凝土浇筑。

工程进度满足总体要求，自2018年年初至10月底累计完成建安费12.24亿元，占年度建安费计划的84.5%；完成总投资12.92亿元，占年度投资计划的86.1%。自开工至2018年10月底工程累计完成投资31.97亿元，占总投资的51.6%。

新技术应用

1. 采用钢混组合索塔

在世界上首次创新采用了钢壳混凝土新型组合索塔结构，有效解决了多跨斜拉桥中塔稳定性等问题。钢壳与混凝土塔柱作为整体共同参与受力，具有承载力高、抗震性能优越、耐久性出色等优点。

索塔将大部分钢筋在工厂内预穿并随钢壳整体吊装装配，现场仅需连接节段间钢筋、环缝焊接和浇筑混凝土，节段间钢筋通过工厂预拼装确保对接精度，有效减少现场作业强度及难度，实现索塔施工的工厂化与装配化。

▲首件钢壳总拼完成

▲粗骨料活性粉末混凝土生产线

2. 运用粗骨料活性粉末混凝土桥面板

跨江主桥主梁为流线型扁平整体箱型组合梁，在世界大跨度斜拉桥上首次创新采用了含粗骨料的超高性能混凝土为桥面板。组合梁全宽35.6米，桥面板厚度仅为17厘米。混凝土工厂预制桥面板，钢结构厂制作主梁底板、腹板等钢结构，两者通过T型预埋件相连，现浇湿接缝形成组合梁。

3. 开展超大直径过江盾构隧道施工

夹江隧道盾构开挖直径15.46米，管片外径15米，为国内直径最大的公路盾构隧道。盾构区间主要穿越粉砂、粉细砂地层，石英含量较高，掘进过程对刀盘刀具磨损严重。隧道最深处位于江面以下40米，同时需穿越浅覆土段、江底冲槽段、夹江大堤等重要部位，泥水压力控制精度要求极高。盾构接收井开挖深度达38.9米，周边环境复杂，临近南京眼、青奥双塔楼等重要建筑物，紧贴已建成的青奥轴线隧道，无法采取坑外降水，盾构接收风险极大。

存在问题

砂石料、水泥、钢材、粉煤灰等建筑材料价格大幅上涨，市场的供应远不能满足工程建设的需要，造成建设成本上涨较大，无法按工程概算进行投资控制，且对工程进度、质量、安全带来一定的影响，需各级部门根据市场情况出台相关概算及材料差价调整指导性文件。

项目评估

（1）南京长江第五大桥工程开工前完成开工许可申请并获得批复，并申报江苏省工程质量监督局报监，工程建设基本程序符合规定。

（2）工程参建单位均通过合法招投标程序中标进场，无围标串标、恶意低价抢标、挂靠借用资质、转包和违法分包等违法违规行为。

（3）已完工程经江苏省工程质量监督局中间质量监督检查，所有检测项目均合格。该工程未存在严重质量缺陷或重大安全隐患。

（4）在施工过程中未发生质量事故或较大及以上生产安全责任事故，施工有序进行，未发生对社会上造成严重影响的质量或安全事件。

（5）在建设期间未发生重大环境污染或生态破坏等在社会上造成严重影响的事件。

（6）该工程没有因党风廉政违法违纪案件被追究刑事责任的情形。

实施单位

单位类别	单位名称
建设单位	南京市公共工程建设中心
设计单位	中交公路规划设计院有限公司
施工单位	中交第二航务工程局有限公司（A1标、C1标）
	中交第二公路工程局有限公司（A2标）
	中铁十四局集团有限公司（A3标）
	中铁宝桥集团有限公司（B1标）
	南京东部路桥工程有限公司（D1标）
	中铁四局集团有限公司（D2标）
	江苏省苏中建设集团股份有限公司（FJ1标）
监理单位	中铁武汉大桥工程咨询监理有限公司（JL1标）
	上海建通工程建设有限公司（JL2标）
	武汉桥梁建筑工程监理有限公司（JL3标）
	江苏兆信工程项目管理有限公司（JL4标）
	南京交通建设项目管理有限责任公司（JL5标）
	江苏华宁工程咨询有限公司（JL6标）

（供稿：南京市公共工程建设中心）

海安至启东高速公路工程

基本情况

海安至启东高速公路是江苏省“五纵九横五联”高速公路网规划中“横三”（南京经泰州至启东）的重要组成部分。该工程西起沈海高速公路与启扬高速公路交汇处的雪岸枢纽，经海安、如皋、如东、南通滨海园区、海门、启东，东接沪陕高速公路，向南经崇启大桥与上海相连。

路线全长130.75公里，按双向四车道高速公路标准设计，设计速度为120公里/小时，路基宽度28米，设计荷载公路-I级。全线设置雪岸枢纽、雪岸、栟茶、洋口港、如东、如东南枢纽、海晏、海门港、吕四港、合作、南阳、启东北枢纽共计12处互通立交和3处服务区。建设工期4年，计划于2019年底建成通车。

审批依据

《江苏省发展和改革委员会关于海安至启东高速公路可行性研究调整报告的批复》（苏发改基础发〔2014〕972号）。

▲摊铺基层

《江苏省发展和改革委员会关于海安至启东高速公路可行性研究报告的批复》（苏发改基础发〔2013〕1002号）。

建设意义

该工程的开工建设对完善区域高速公路网络，推进沿海开发战略的实施，增强苏中和苏北东部沿海地区与上海浦东的联系，主动接受上海辐射，促进区域经济社会协调发展具有重要意义。

投资主体

概算总投资109.1亿元。资本金由江苏交通控股有限公司、南通市政府分别组织投入。资本金以外部分由工程公司通过申请国内银行贷款和使用企业债券资金等方式筹措解决。

新技术应用

1. 箱形通道施工技术创新

在施工中采用整截面、大节段箱形通道预制拼装技术，积极探索专业化设计、工厂化预制、标准化安装的装配式预制通道新途径。并开展了6×3.5米和4×2.7米两种规格的通道预制研究。

箱身采用全预制结构，预制节段之间采用承插式构造，每4～5节采用精轧螺纹钢或钢绞线进行张拉锚固。委托大型模板厂进行模板制作，钢筋半成品在钢筋加工场内制作。通过在后场进行节段预制、养生，现场拼装、张拉，确保预制节段过程可控，总体质量内实外美。

2. 绿色柔性边坡防护技术实现工程边建边绿

以水稻秸秆为原料制作草帘、草毯铺设在已施工的路基边坡上，播种经设计的植物种子，进行洒水养护，短期内形成优质植被，边坡的冲刷灾害基本不会发生，有效解决施工期间砂性土路堤雨水冲刷、水毁严重、修复工程量大、施工成本上升等问题。

工程方采用秸秆编制草帘、草毯，变废为宝，每公里边坡防护可利用秸秆约6.4吨。这解决了一部分沿线镇村的秸秆再利用问题，既增加农民收入，又减少秸秆焚烧现象，实现工程部与沿线群众利益的“双赢”。该技术已获得国家实用新型专利。

存在问题

1. 原材料价格大幅上涨，造成工程成本增加

自工程开工以来，路基工程受材料价格上涨，造成的成本增加已接近中标价的15%，工程成本大幅增加。

2. 路面用石料供应紧张

随着环保力度的日益加大，石料开采受到了严格管理和限制，大量环保要求不达标的碎石生产企业被迫减产、停产，优质路面用石料供不应求，该工程路面石料用量巨大，供应保障压力极大。

▲主线桥梁

实施单位

单位类别	单位名称
建设单位	江苏省交通工程建设局
设计单位	中设设计集团股份有限公司 苏交科集团股份有限公司
监理单位	江苏东南工程咨询有限公司（HQ-JL1标） 江苏润通项目管理有限公司（HQ-JL2标） 南京交通建设项目管理有限责任公司（HQ-JL3标） 盐城市交通工程咨询监理有限责任公司（HQ-JL4标） 南通市交通建设咨询监理有限公司（HQ-JL5标）
路基施工单位	徐州市公路工程总公司（HQ-RH1标） 江苏恒基路桥有限公司（HQ-RD1标） 南通路桥工程有限公司（HQ-RD2标） 苏州交通工程集团有限公司（HQ-RD3标） 中铁二十局集团有限公司（HQ-RD4标） 中铁十六局集团第三工程有限公司（HQ-RD5标） 中铁二十局集团第一工程有限公司（HQ-RD6标） 南京东部路桥工程有限公司（HQ-RD7标） 中铁四局集团有限公司（HQ-BH1标） 中铁十二局集团有限公司（HQ-BH2标） 中交二航局第二工程有限公司（HQ-HM1标） 中交第二航务工程局有限公司（HQ-HM2标） 中交一公局桥隧工程有限公司（HQ-QD1标） 中铁六局集团有限公司（HQ-QD2标） 南京交通工程有限公司（HQ-QD3标）
路面施工单位	江苏省交通工程集团有限公司（HQ-21标） 江苏捷达交通工程集团有限公司（HQ-22标） 南通路桥工程有限公司（HQ-23标）

（供稿：江苏省交通工程建设局）

安徽省望东长江公路大桥工程

基本情况

安徽省望东长江公路大桥是国家高速公路网济南至广州高速公路中最为便捷的过江通道，是北京市、山东省、河南省通往江西、福建、广东等地的重要通道。

该工程起自安庆市望江县城东北茶庵，接拟建望东长江公路大桥北岸连接线（潜山至望江段）高速公路终点，在司家阁附近跨越长江，经香隅，止于池州市东至县城南良田，接已建的安庆至景德镇高速公路。路线全长38.03公里。其中，长江大桥段长3.61公里，北岸接线长11.44公里，南岸接线长22.97公里。共设互通式立交4处，设管理处及服务区各1处。

望东长江公路大桥工程长江大桥段（K11+443～K15+051）采用双向六车道，设计速度100公里/小时，路基宽度33.5米，长江大桥桥面宽度33米；由长江大桥主体工程、南北引桥工程组成。

▲即将建成的望东长江公路大桥

长江大桥主桥长1250米，跨径布置为（78+228+638+228+78）米，为双塔双索面半漂浮体系组合梁斜拉桥。主塔采用钻石型塔桥塔，主塔从承台顶面总高为217米，主梁采用双边箱组合梁形式。

北岸引桥全长783米（含桥台），上部结构采用先简支后连续组合小箱梁。跨堤引桥全长200米，90米主跨跨越同马大堤。上部结构采用单箱单室预应力混凝土变截面悬浇箱梁；下部墩身采用矩形实体结构，钻孔灌注桩基础。江内引桥全长715米，上部结构采用单箱单室预应力混凝土现浇箱梁，移动模架施工；下部采用根式沉井基础。

南岸引桥全长660米（含桥台），上部结构采用单箱单室预应力混凝土现浇箱梁，移动模架施工；下部墩身采用矩形实体结构，钻孔灌筑桩基础。

望东长江公路大桥为全联PK箱组合梁斜拉桥，主跨跨径为638米，是同年世界上已建和在建跨径最大的组合梁斜拉桥。

审批依据

《国家发展改革委关于安徽省望东长江公路大桥项目建议书的批复》（发改基础〔2008〕2923号）。

《国家环保部关于安徽省望东长江公路大桥工程环境影响报告书的批复》（环审〔2009〕488号）。

《安徽省发改委关于报送安徽省望东长江公路大桥工程可行性研究调整报告的请示》（皖发改基础〔2010〕7号）。

《国家交通运输部关于安徽省望东长江公路大桥工程可行性研究报告的审查意见》（交函规划〔2010〕175号）。

《国家发展改革委关于安徽省望东长江公路大桥可行性研究报告的批复》（发改基础〔2011〕1010号）。

《国土资源部关于望东长江公路大桥工地建设用地的批复》（国土资函〔2012〕681号）。

建设意义

1. 完善安徽省高速公路网和过江通道布局

该工程作为沟通安徽省西部地区的纵向干线公路，被纳入2012年国家发展和改革委员会《长江干流桥梁（隧道）建设规划》，同时它也是“纵四”商丘-景德镇公路的重要组成部分。

它的运营通车对完善国家高速公路网和安徽省过江通道布局，构建一体化的现代交通体系，实现与长三角、珠三角地区的无缝对接，完善承接产业转移的基础设施支撑，具有重要意义。

2. 助推地方投资环境的改善和经济快速发展

该工程的建成保证了大桥北岸连接线工程、东至-九江高速公路工程、安景高速公路工程的顺利连接与通车，结束了望江县不通高速公路的历史。对改善地方投资环境，促进地方经济快速发展，起到较大的推动作用。

投资主体

该工程概算总投资50.38亿元，中央财政专项资金为5.67亿元。约占总投资的11.3%；安徽省财政性资金为2.59亿元，占5.1%；其他资金由安徽省交通控股集团有限公司自筹建设资金和使用银行贷款解决。

工程进度

1. 工程进度管控

望东长江公路大桥工程以关键工程为控制线分解各标段施工计划，组成“建设项目—标段—单位—分部—分项—进度单元”的“项目结构图”，并通过工程信息管理系统对工程总体进度、安全、质量、费用等进行系统管理。

2. 工程进度概况

2012年12月20日，望东长江公路大桥工程主桥正式开工；2013年6月25日，路基工程正式开工；2015年6月7日，龙头岭隧道全线贯通；2015年12月18日，为连接望江北接线及东九高速公路通车提前进行部分交工验收。2016年11月南、北岸接线具备通车条件，2016年12月30日全线通车。

3. 各标段完成时间

望东长江大桥工程各标段完成时间			
2013年12月11日	北引桥安装首片箱梁	2013年8月31日	主墩承台第一层混凝土浇筑
2014年3月21日	北引桥盖梁施工完成	2014年4月24日	下塔柱第一节混凝土浇筑
2014年7月3日	江内引桥首跨箱梁浇筑	2014年11月25日	中塔柱合龙
2015年5月13日	主墩塔柱封顶	2015年5月16日	主塔柱封顶
2015年10月19日	江内引桥现浇箱梁全部浇筑完成		首片主梁吊装
2015年12月28日	挂篮悬臂浇筑完成	2015年12月16日	浅滩区支架存梁完成
2016年4月14日	主桥边跨合拢完成	2016年4月30日	边跨主梁合拢完成
2016年8月10日		主桥中跨合拢完成	
2016年11月12日		主桥桥面沥青铺装	
2016年11月16日		引桥桥面铺装完成	

▲望东长江公路大桥剪影

新技术应用

望东长江公路大桥在充分调研国内外组合梁斜拉桥结构技术的基础上，采用数值分析、模型试验、工艺试验和工程应用相结合的方法，通过判定新方案、采用新技术、运用新方法，累计节省资金约8700万元。

（1）工程方系统构建大跨径组合梁斜拉桥“竖向大位移弹性支撑+纵向多阶约束”的组合约束体系，显著改善桥面系结构的受力状态。

①竖向大位移弹性支撑。采取在辅助墩处设置弹性支座的方法，优化了辅助墩处主梁的结构受力，使得采用普通C55混凝土桥面板即可使结构成立，并且减少了边跨桥面板预应力配置和钢梁板厚度。该方法能有效减小后期运营过程中活载作用下支座处梁段的负弯矩。

②纵向多阶约束。组合梁斜拉桥结构自重大，较同等跨径的钢箱梁斜拉桥，地震响应更大。纵向多阶约束采用E型钢与LOCKUP装置的联动装置，在温度等缓慢作用下，约束力可忽略不计，在地震、制动力、大风等工况作用下，E型钢参与受力，而在大震工况下，E型钢屈服进入第二平台段，通过变形消耗能量，达到减隔震的效果，减小基础规模及桥塔结构尺寸，降低工程造价。

（2）建立基于0.2毫米割线刚度理论的剪力钉抗剪刚度计算公式，以及桥面板不均匀收缩简化计算方法，为组合梁斜拉桥设计提供理论支撑。

（3）提出工厂一体化预组合节段梁的设计与制造新技术，提高桥面板预制、匹配的精度，减少桥面板湿接缝。

（4）提出组合梁架设工艺——悬臂吊装无预应力施工新技术。

（5）创建大倾角裸岩面超大异型自适应钢围堰卧拼、卧运、竖转、定位及着床等成套施工技术，解决特殊地貌和施工环境下的钢围堰施工难题。

▲望东长江公路大桥剪影

▲望东长江公路大桥施工现场

（6）形成基于CACE方法的工程质量风险预控及评价体系，建立风险识别库和措施库，并研发质量风险权重分析软件。

项目评估

（1）抽查的路基、路面、桥梁工程和交通安全设施质量基本符合交通运输部颁布的公路工程技术标准、规范、规程及国家有关部门的相关规定和设计文件要求，具备交工验收条件。

（2）对建设项目交工安全设施工程进行抽样测试，基本要求和外观鉴定符合上述标准要求，分项工程实测项目的合格率均不低于90%。

▲望东长江大桥——龙头岭隧道

实施单位

单位类别	单位名称	合同段
建设单位	安徽省交通控股集团有限公司望东长江公路大桥项目办公室	
勘察设计单位	安徽省交通规划设计研究总院股份有限公司	勘察设计WDQ-SJ-01
	中交公路规划设计院有限公司	勘察设计WDQ-SJ-01
	安徽省交通规划设计研究总院股份有限公司	勘察设计WDQ-SJ-02
	中国公路工程咨询集团有限公司	勘察设计WDQ-SJ-03
	江苏省交通规划设计院股份有限公司	勘察设计WDQ-SJ-FJ

施工单位

单位名称	合同段
中交第二航务工程局有限公司	路基WDQ-01标
中交第二航务工程局有限公司	主桥WDQ-02标
中交路桥建设有限公司	主桥WDQ-03标
中交第三航务工程局有限公司	路基WDQ-04标
中交第三公路工程局有限公司	路基WDQ-05标
中交第一公路工程局有限公司	路基WDQ-06标
中铁宝桥集团有限公司、江苏中泰桥梁钢构股份有限公司（联合体）	主梁WDQ-S-01标
柳州东方工程橡胶制品有限公司	WDQ-S-02
中交第二公路工程局有限公司	路面WDQ-LM-01标
安徽省公路桥梁工程有限公司	路面WDQ-LM-02标
安庆市第一建筑安装工程公司	房建WDQ-FJ-01标
安徽龙山建设集团有限公司	房建WDQ-FJ-02标
合肥建工金鸟集团有限公司	房建WDQ-FJ-03标
安徽金煌建设集团有限公司	房建WDQ-FJ-04标
盐城市大鹏交通电力有限公司	WDQ-GJG-01标
河南省豫建市政园林工程有限公司	绿化WDQ-LH-01标
绿建景观设计工程有限公司	绿化WDQ-LH-02标
合肥佳洲园林建设集团有限公司	绿化WDQ-LH-03标
安徽开源园林绿化工程有限公司	绿化WDQ-LH-04标
江阴华新钢缆有限公司	斜拉索WDQ-S-03标
威胜利工程有限公司	斜拉索WDQ-S-04标
安徽共耕高速公路桥梁构件有限公司（安徽省现代交通设施工程有限公司）	WDQ-S-08标
衡水宏力工程橡胶有限公司	WDQ-S-09标
江苏无锡交通设施有限公司	WDQ-S-10标
江苏中路交通发展有限公司	WDQ-S-11标
安徽皖通科技股份有限公司	WDQ-S-05标
江苏中压电气工程集团有限公司	WDQ-S-06标
山西四和交通工程有限责任公司	WDQ-S-07标
宁波路宝科技实业集团有限公司	WDQ-ZQ-SSF
苏州莱茵电梯股份有限公司	WDQ-DT-01

（供稿：安徽省交通控股集团有限公司）

济南至祁门高速公路淮南至合肥段工程

基本情况

济南至祁门高速公路淮南至合肥段工程北起淮南毛集，止于合肥肥西，线路全长82.75公里。

全线路基挖方146.45万立方米，路基填方1213.32万立方米。建设特大桥1座11836米、大桥7座1712米、中桥11座593.66米、小桥2座64.12米、分离立交16处1453.09米、车行天桥6座630.08米、互通匝道桥9座1528.76米、涵洞通道211道5897.16米、圆管涵278道9963.43米，钢结构加工制造50375吨。路面工程使用细粒式沥青混凝土（AC-13厚40毫米）231万平方米、中粒式沥青混凝土（AC-20厚60毫米）229万平方米、粗粒式沥青混凝土（AC-25厚80毫米）184万平方米。

▲济祁高速剪影

全线互通式立交5处、匝道收费站4处、管理中心1处、服务区2处、养护工区2处，同步建设绿化、交安设施、机电等附属工程。

审批依据

《关于济南至祁门高速公路淮南至合肥段工程可行性研究报告的批复》（皖发改基础函〔2013〕536号）。

《关于济南至祁门高速公路淮南至合肥段初步设计的复函》（皖发改设计函〔2013〕736号）。

《关于济南至祁门高速公路淮南至合肥段工程施工图设计的批复》（皖交建管函〔2014〕130号）。

《关于济南至祁门高速公路淮南至合肥段水土保持方案报告书的批复》（皖水保函〔2013〕342号）。

《关于济南至祁门高速公路淮南至合肥段工程环境影响报告书的审批意见》（皖环函〔2013〕463号）。

《关于济南至祁门高速公路淮南至合肥段工程建设用地的批复》（国土资函〔2013〕911号）。

建设意义

该工程的建设实施是落实鲁豫皖三省高速公路网规划，发挥高速公路规模效益，振兴皖北经济，统筹区域经济发展，推进合肥经济圈建设的重要举措。

▲ 预制墩

投资主体

该工程项目法人为安徽省交通投资集团有限责任公司。资金来源包括中央专项建设基金（车购税）、安徽省财政安排和工程业主自筹（包括自有资金和国内银行贷款）。其中，中央专项建设资金（车购税）安排4.86亿元，安徽省财政安排4515万元，工程业主自筹32.64亿元（国内银行贷款25.05亿元，国开发展基金有限公司5.95亿元，自有资金1.64 亿元）。

工程进度

该工程于2014年4月完成工程施工许可工作，并正式开始路基工程建设施工。2015年6月，路基开始规模交验，作业面逐步向路面及附属工程单位过渡交接，并进入路基工程收尾和路面工程规模施工阶段，小区房建、机电、绿化等工程同步展开。2016年4月，交通安全设施进场开展规模施工。2016年11月整个工程建设完成，2016年年底交工验收后投入试运营。

新技术应用

1. 探索新型钢板组合梁技术

工程方通过对钢板组合梁的研究，解决预制墩钢板组合梁桥体系在设计、建造、管养中的关键技术难题，建立标准化的成套规模技术。该项综合研究对钢板组合梁桥在实际工程中的推广应用大有裨益。

2. 实现安全生产在线检测

系统运用专用物联网设备，实现现场工人设备的使用过程数据采集。通过相应管理方法构建数字化管理模式，实现安全生产全过程实时在线监测。系统成果有助于提升高速公路施工现场安全管理，为工程顺利进行提供安全保障。

3. 研究支撑横梁体系钢板组合梁抗震性能

通过研究获得支撑横梁体系钢板组合梁在抗震性能方面的重要特点，发展该类桥梁的抗震设计方法，有效降低桥梁在不同地震水平下的震害，为其推广应用奠定坚实基础。

4. 鼓励创新，运用新工艺

该工程在建设过程中，注重创新，并大力推广创新成果，通过创新提高工效改进工艺。如施工中采用缓凝剂涂刷钢模工法，提高质量标准，节省劳动力；采用插入式圆形垫块，提高钢筋保护层合格率；采用串连钢圈附着法，加强钢波纹管在箱梁中的定位控制；应用张拉T型活动挡板降低张拉危险；对装配式涵洞的调运通过综合管理实现制造、拉运和安装的顺畅工序转换；针对该工程沟塘清淤较多（平均每个路基标70多处），实行四方每处必检，创新交工检测单位取芯抽检制度，保证清淤回填质量等。

项目评估

1. 科学规划，实现既定目标

该工程地处江淮之间，属平原微丘区，跨越淮河、合六叶高速公路，施工协调难度大、周期长，安全管理压力大，通过科学组织、精心策划，顺利完成合同约定的工作量，实现既定的质量、安全、进度和环保目标。

2. 强调标准化，建管并重

在建设过程中，工程方不断创新管理方法，推动技术创新，积极应用新技术、新工艺，实现从场站标准化到施工工艺标准化，直至管理标准化的阶梯式提升。淮河特大桥的钢板组合梁引桥通过标准化设计、工厂化制造、装配化施工，基本实现桥梁的工业化建造。此外，工程方通过开展信息化建设，大大提升工程管理实效；通过开展工程策划，着眼全寿命周期成本控制，强化建管并重。

3. 工程质量较好，全面通过检测

工程路线指标选择恰当，路基密实，边坡稳定，路面平整，排水设施齐全，桥梁、涵洞质量较好，交通安全设施通过专项验收，机电工程设施符合设计要求，环保设施完善。档案资料基本齐全。交工质量检测单位对路基、桥梁、路面及交安设施进行全面检测，对部分桥梁进行动静载试验，检测结果全部合格，没有交工检测质量不符合清单项。

实施单位

单位类别	单位名称	标段
建设单位	安徽省交通控股集团有限公司	
设计单位	安徽省交通规划设计研究总院股份有限公司	
总监办单位	安徽省中兴工程监理有限公司	
驻地办监理单位	安徽虹桥交通建设监理有限公司	路基第一驻地办
	山东省交通工程监理咨询有限公司	路基第二驻地办
	安徽省公路工程建设监理有限责任公司	路基第三驻地办
	安徽省中兴工程监理有限公司	路基05s驻地办
	武汉广益交通科技股份有限公司	路基第四驻地办
	合肥工大建设监理有限责任公司	路面、绿化、交安第一驻地办
	安徽省公路工程建设监理有限责任公司	路面、绿化、交安第二驻地办
	安徽省高等级公路工程监理有限公司	路面、绿化、交安第三驻地办
	安徽省公路工程建设监理有限责任公司	植物纤维毯防护第一驻地办
	武汉广益交通科技股份有限公司	植物纤维毯防护第二驻地办

施工单位

标段	单位名称
路基1标	安徽省公路桥梁工程有限公司
路基2标	中铁二十四局集团有限公司
路基3标	安徽省交通建设有限责任公司
路基4标	安徽省路港工程有限责任公司
路基5标	上海远通路桥工程有限公司
路基6标	中交一公局第三工程有限公司
路基7标	安徽水利开发股份有限公司
路基8标	中交第二公路工程局有限公司
混凝土小型预制构件集中预制工程	中交第三公路工程局有限公司
桥梁钢结构工程	中铁宝桥集团有限公司
钢结构工程	中铁山桥集团有限公司
路基04s标	安徽省路港工程有限责任公司
路基08s标	安徽省新路建设工程集团有限责任公司
安丰塘互通	安徽省路港工程有限责任公司
路面1标	山东省公路建设（集团）有限公司
路面2标	中国铁建大桥工程局集团有限公司
路面3标	吉林省中盛路桥工程有限公司
交安1标	江苏无锡交通设施有限公司
交安2标	南京公路防护设施工程有限责任公司
交安3标	安徽鑫路交通设施工程有限公司
绿化1标	合肥佳洲园林建设集团有限公司
绿化2标	江西滕王阁环境建设集团有限公司
绿化3标	安徽华明园林建设有限公司
草毯防护1标	安徽开源园林绿化工程有限公司
草毯防护2标	华艺生态园林股份有限公司
机电工程	安徽汉高信息科技有限公司
通信管道工程	安徽电信工程有限责任公司
高店枢纽互通立交机电工程	安徽汉高信息科技有限公司
中心试验室	交通运输部公路科学研究院

（供稿：安徽省交通控股集团有限公司）

南昌至宁都高速公路冈上至宁都段工程

基本情况

南昌至宁都高速公路冈上至宁都段是南昌至韶关国家高速公路（联络线）的重要组成部分，是江西“四纵六横八射线”高速公路网主骨架的重要路段，在国家高速公路网中编号为G6011。路线起点位于南昌市南昌县冈上镇，途经宜春市丰城市、抚州市乐安县、吉安市永丰县、赣州市宁都县等5个县（市）26个乡镇，终点位于宁都县赖村镇，与泉南高速公路石吉段相接。建设里程248.6公里。建设工期26个月。

▲ 南昌至宁都高速公路

▲ 施工现场

主要技术标准：采用双向四车道高速公路标准建设，路基宽度26米，设计速度100公里/小时；汽车荷载：公路-I级；沥青混凝土路面，设计年限15年、设计标准轴载BZZ-100kN；设计洪水频率：特大桥1/300，其余桥涵及路基1/100；地震动峰值加速度≤0.05g；连接线采用二级公路标准，路基宽12米，设计速度80公里/小时（宁都连接线部分路段设计速度为60公里/小时）。

主要工程量：路基土石方5366万立方米，涵洞通道1094道；特大桥2座，总长3131米；大、中、小桥178座，总长28996米；隧道9条，总长21155米，其中，特长隧道3条，总长约12808米（最长的雩山隧道为5100米），长隧道5条，总长约8236米；沥青路面107.57万立方米；互通式立交12处，服务区4处。

审批依据

《江西省发展和改革委员会关于批复南昌至宁都高速公路岗上至宁都段项目建议书的函》（赣发改交通字〔2013〕324号）。

《江西省发展和改革委员会关于批复南昌至宁都高速公路冈上至宁都段新建工程可行性研究报告的函》（赣发改交通〔2013〕67号）。

《江西省发展和改革委员会关于批复南昌至宁

都高速公路冈上至宁都段新建工程初步设计的函》（赣发改设审〔2013〕83号）。

《江西省发展和改革委员会关于南昌至宁都高速公路冈上至宁都段新建工程技术设计及概算审核意见的函》（赣发改设审〔2013〕168号）。

《江西省交通运输厅关于南昌至宁都高速公路冈上至宁都段主体工程施工图设计的批复》（赣交基建字〔2014〕71号）。

建设意义

1. 建设一条“振兴苏区路”

该工程为2012年《国务院关于支持赣南等原中央苏区振兴发展的若干意见》规划建设的路网工程，沿线的永丰、乐安、宁都三县均为革命老区，经济发展相对滞后，该工程的建设将有助于沿线资源优势转化为经济优势，推动沿线地区经济发展。

2. 建设一条“红色旅游路”

该工程将南昌英雄城、中央苏区、赣南革命老区连成一条“红色旅游线”，将沿线著名的八一起义纪念馆、第一次反围剿龙冈指挥所、第四次反围剿主战场、宁都起义指挥部等景点串联起来，打造出独具特色的红色旅游产业。

3. 建设一条“生态观光路”

该工程沿线各类自然保护区和生态旅游区星罗棋布，如阁皂山生态旅游区、流坑千年古村生态旅游区、老虎脑自然保护区、水浆自然保护区、翠微峰生态旅游区等，生态环境优良，水系、植被非常丰富，该工程的建设开通对开发沿线旅游资源起到重要的推动作用。

投资主体

该工程投资主体为江西省高速公路投资集团有限责任公司，出资比例为100%。工程总概算173.93亿元。工程资本金约75亿元，其中车购税补助4.27亿元，其余资金由建设单位自筹解决。工程所需剩余98亿元建设资金申请国内银行贷款解决。

工程进度

2013年4月7日，江西省高速公路投资集团有限责任公司批准成立项目办。

2013年8月16日，江西省政府召开新闻发布会，宣布启动工程征地和房屋征收动员工作。

2013年10月28日，江西省政府召开新闻发布会，宣布工程开工建设。

▲南昌至宁都高速公路

▲ 南昌至宁都高速公路

2013年11月上旬，工程各参建单位进驻现场，工程正式动工。

2013年12月至2014年10月，为工程建设第一阶段——开局阶段。

2014年11月至2015年6月，为工程建设第二阶段——攻坚阶段。

2015年7月至2015年12月，为工程建设第三阶段——收尾阶段。

2015年12月中旬，实体工程建设全部完成，并顺利通过江西省交通建设工程质量监督管理局交工验收。

存在问题

1. 跨铁路施工较多

该工程3跨高速公路、4跨铁路，在南昌丰城境内不到30公里线路5跨高速公路、铁路，分别是温厚高速公路、向莆铁路、浙赣铁路、京九铁路、洛市地方铁路，其中多条公路、铁路为运输主干线，货运、客运车流量非常大，施工协调和安全管理难度大。

2. 地理环境复杂

全线纵贯江西南北，路线地质情况复杂，分别经过平原水网密集区、微丘区、山岭重丘区，地形落差达到千米级。

该工程所经区域地质情况复杂，特别是永丰、宁都境内，部分大跨径高墩桥梁穿越溶洞发育等特殊地质群，部分隧道围岩较差，地表地下水极为发育，工程总目标控制难度非常大。

实施单位

单位类别	单位名称
建设单位	江西省高速公路投资集团有限责任公司
代建单位	江西交通咨询有限公司
现场管理单位	江西省高速集团南昌至宁都高速公路建设项目办公室
质量监督单位	江西省交通建设工程质量监督管理局
设计、施工、监理单位	全线工程建设采用国内公开招标方式公开招标，其中设计单位6个、监理单位14个、施工单位68个、设计咨询单位1个。

▲ 雩山隧道

（供稿：江西省高速公路投资集团有限责任公司）

济南至青岛高速公路改扩建工程

基本情况

济南至青岛高速公路（以下简称济青高速公路）作为山东省第一条高速公路，自1993年底建成通车以来，一直发挥着重要作用。它横贯山东省东西，连接山东省省会济南、沿海重要开放城市青岛及山东重镇淄博、潍坊、滨州等5市23县，承担了山东全省近15%的高速公路通行量，是一条名副其实的"黄金大通道"。随着区域经济的快速发展和高速公路网的逐步完善，济青高速公路交通量迅猛增长，改扩建前全线日平均交通量已达7万辆，是原设计交通量的两倍，处于超饱和状态，事故频发，节假日拥堵成为常态，已不能适应经济社会发展和交通量增长的需求，更难以满足国家公路运输大通道的功能要求。为此，济青高速公路改扩建工程在2016年启动。

▲济青高速边通车边施工

济青高速公路改扩建工程路线全长309.2公里，按照八车道高速公路标准建设，设计速度120公里/小时，采用"两侧拼宽为主、局部分离为辅、部分路段采用高架桥"的方式，路基宽度42米。全线改扩建互通式立交32处、特大桥5座、服务区7处、收费站24处。工程总占地面积约为3024.19公顷，计划总工期42个月。

审批依据

《国家发展改革委关于济南至青岛高速公路改扩建工程核准的批复》（发改基础〔2015〕3013号）。

《山东省环境保护厅关于济南至青岛高速公路改扩建工程环境影响报告书的批复》（鲁环审〔2015〕178号）。

《国土资源部关于济南至青岛高速公路改扩建工程建设用地预审意见的复函》（国土资预审字〔2015〕209号）。

《建设项目选址意见书》山东省住房和城乡建设厅（选字第370000201500027号）。

《关于济青高速改扩建节能评估的审查意见》（发改办环资〔2015〕3235号）。

投资主体

工程法人为山东高速股份有限公司，总投资

300.62亿元。其中，资本金为75.16亿元，约占总投资的25%，由工程业主山东高速股份有限公司出资。其余225.46亿元资金使用国内银行贷款解决。

建设意义

1. 提升公路容量及通行标准

济青高速公路改扩建工程对现有公路进行了扩容，有效提升了公路的运力水平，保障交通运输的畅通，在山东省东西方向，构建一条与经济发展相适应的快捷通道。

2. 加速山东经济圈战略实施

济青高速公路改扩建工程完成后，将极大地提高济青高速公路通行能力和服务水平，对完善国家和山东省高速公路网络，适应青银高速公路主通道发展，以及实施山东半岛蓝色经济区和省会城市群经济圈战略，促进沿线城市的经济发展，具有重要意义。

新技术应用

该工程成功申报交通运输部绿色科技示范工程。工程方积极开展绿色科技研究与推广，取得了一系列研究成果。

1. 开展科技攻关

工程方重点围绕“全寿命周期设计施工一体化、不间断交通的施工交通组织与安全保障提升、旧路材料与大宗工业废弃物循环利用、生态防护与节能减排、信息化建管养效率提升”5个专项关键技术，开展27个科技示范子项的科技攻关和推广应用，制定了《济南至青岛高速公路改扩建绿色科技示范工程实施方案》。

在施工中，切实解决济青高速公路改扩建工程设计、建设、运营、管理过程中的各种问题，着力打造“安全耐久、资源利用、节能环保、智慧共享”的现代化绿色高速公路。

▲济青高速路面反开挖施工

2. 加大技术创新投入

通过“工程质量创优”“技术革新”“管理创新”“品质工程竞赛”等活动，推广应用“四新”技术，组织学习样品工程，加大创新投入。

在工程建设过程中，先后推广应用了钢筋数控加工设备、混凝土自动凿毛机、预应力智能张拉和压浆系统、桥梁拆除静力切割、平地机竖刀开挖路基台阶、高速液压夯、平板液压夯、重型压路机、三钢轮压路机配合小型夯实机具对路基薄弱部位夯实补强、龙门吊接触式滑槽供电技术、钢筋绑扎定位模具、梁板智能张拉和压浆系统、养生自动喷淋系统、冬施蒸汽、暖棚养生系统、钢箱梁棘块式顶推施工、翼缘板高压水射流破碎、全断面沥青摊铺机、大功率整幅桥面铺装振动梁，提升工程施工效率和施工水平。

工程进度

该工程于2016年6月开工。截至2018年11月9日，济青高速公路改扩建工程已累计完成投资169.39亿元，占概算总投资的56.85%；累计完成建安投资117.82亿元，占有效合同价的83.2%。临时工程完成89.32%；路基工程累计完成92.92%；路面工程完成77.68%；桥梁工程完成81.08%；交通安全设施完成71.38%；环保设施完成76.20%。

实施单位

单位类别	单位名称	标段
建设单位	山东高速股份有限公司	
设计单位	山东省交通规划设计院	勘察设计1合同段
	中交第一公路勘察设计研究院有限公司	勘察设计2合同段
	中交公路规划设计院有限公司	勘察设计3合同段
施工单位	中铁十四局集团有限公司	主体工程施工1标
	山东省公路桥梁建设有限公司	主体工程施工2标
	中国建筑第八工程局有限公司	主体工程施工3标
	中交路桥建设有限公司	主体工程施工4标
	山东省公路建设（集团）有限公司	主体工程施工5标
	山东省路桥集团有限公司	主体工程施工6标
	山东滨州城建集团公司	房建工程施工1标
	山东三箭建设工程管理有限公司	房建工程施工2标
	山东省建设建工（集团）有限责任公司	房建工程施工3标
	山东圣大建设集团有限公司	房建工程施工4标
	山东省路桥集团有限公司	房建工程施工5标
	江西中金建设集团有限公司	房建工程施工6标
	紫光捷通科技股份有限公司	机电工程施工1标
	山东博安智能科技股份有限公司	机电工程施工2标
监理单位	山东高速工程咨询有限公司	总监办
	青岛交通工程监理咨询有限公司	第一驻地办
	山东省滨州市公路工程监理咨询公司	第二驻地办
	山东华潍工程监理咨询中心	第三驻地办
	北京中交公路桥梁工程监理有限公司	第四驻地办
	济南金诺公路工程监理有限公司	第五驻地办
	山东省交通工程监理咨询有限公司	第六驻地办
	上海市市政工程管理咨询有限公司	房建工程1、2、3标段
	山东能建建设管理有限公司	房建工程4、5、6标段
	山东省交通工程监理咨询有限公司	机电工程
	山东高速工程咨询有限公司	

存在问题

1. 更换护栏型式，提升安全防护等级

济青高速公路改扩建工程原设计中央分隔带及路侧护栏采用A级双波梁护栏和利用旧护栏改造的双板双波梁护栏。

2018年1月1日，《公路交通安全设施设计规范》（JTG D81—2017）及《公路交通安全设施设计细则》（JTG/T D81—2017）开始实施。为响应国家新规范，提高公路护栏的安全防护性能，避免重复投资，工程方对全线护栏型式进行变更处理。

通过改造已进场护栏，成功研发基于旧护栏板利用的A级双层四波护栏和SB级双层五波护栏，并通过试验验证，实现了新规范防撞等级要求，满足国家规范和标准。这两种护栏能够完全利用已进场护栏，避免返工延误工期，并且施工安装极为方便，费用降低明显。

2. 优化交通组织及临时交安设计

济青高速公路改扩建工程原设计采用双向四车道保通，设置移动钢护栏、活动混凝土护栏和水马等临时安全设施。

因济青高速公路交通量大，根据交警部门及专家评审意见，调整工程交通转序保通方式，统一全线临时隔离设施设置原则，提高转序施工期间的行车安全和施工安全水平。

▲ 济青高速现场照片

（供稿：山东高速股份有限公司）

沈海高速公路莆田至炎陵联络线广昌至吉安段新建工程

基本情况

沈海高速公路莆田至炎陵联络线广昌至吉安段（以下简称广吉高速公路）新建工程起自广昌县城南，接已建莆田至炎陵国家高速公路船顶隘（闽赣界）至广昌段和已建济南至广州国家高速公路，经头陂、黄陂、潭头、新圩、万合，止于泰和澄江，接已建泉州至南宁国家高速公路石城（闽赣界）至吉安段，全长约156公里。

全线采用双向四车道高速公路标准建设。其中，起点至青原枢纽互通段约137公里，设计速度80公里/小时，路基宽度24.5米；青原枢纽互通至终点段约19公里，设计速度100公里/小时，路基宽度26米。桥涵设计汽车荷载等级采用公路—Ⅰ级，其他技术指标均设计符合交通运输部颁发的《公路工程技术标准》（JTG B01—2014）中的规定。

▲ 宁都北枢纽

全线在广昌小港、头陂、东山坝、宁都北、小布、上固、三坊、水南、新圩、青原、万合、泰和北设置12处互通式立交；采用二级公路标准建设7条互通连接线，共计约12公里。

该工程另建设吉安支线。路线起自主线青原枢纽互通，经富滩，止于吉水县文峰镇葛山村，接已建抚州至吉安高速公路，全长约34公里。支线采用双向四车道高速公路标准建设，设计速度80公里/小时，路基宽度24.5米。在吉安东、将军山、吉水设置3处互通式立交。采用二级公路标准建设2条互通连接线，共计约4公里。同步建设必要的交通工程和沿线设施。建设工期26个月。

审批依据

《水利部关于沈海高速莆田至炎陵联络线广昌至吉安段新建工程水土保持方案的批复》（水保函〔2014〕282号）。

《关于沈海高速莆田至炎陵联络线广昌至吉安段新建工程环境影响报告书的批复》（环审〔2014〕321号）。

《国家发展改革委关于江西省广昌至吉安公路可行性研究报告的批复》（发改基础〔2015〕114号）。

《关于广昌至吉安高速公路建设用地预审意见的

复函》（国土资预审字〔2015〕14号）。

《交通运输部关于江西省广昌至吉安公路初步设计的批复》（交公路函〔2016〕397号）。

建设意义

该工程是2013年，国家发展和改革委员会发布的《国家公路网规划（2013年—2030年）》沈海国家高速公路第七条联络线福建莆田至湖南炎陵中的一段，也是《江西省高速公路网规划（2013—2030年）》中“四纵、六横、八射、十七联络线”高速公路网第三横的路段之一，是三省区域经济往来的高速公路运输大通道。

该工程的开工建设对开展泛珠三角区域合作，贯彻落实科学发展观，实现促进中部地区崛起协调发展战略，推动和提升周边地区及中部地区经济发展水平具有十分重要的意义。

投资主体

该工程法人为江西省高速公路投资集团有限责任公司。实际批复概算126.24亿元，估算总投资约为131.62亿元（静态投资124.52亿元）。其中，国家安排中央专项建设资金（车购税）30.93亿元（用于主线工程），工程单位安排自有资金19.74亿元，共计50.67亿元作为工程资本金，约占总投资的38.5%。其余80.95亿元资金使用国内银行贷款解决。

工程进度

截至2018年11月8日，广吉高速公路土石方工程完成99.9%，排水工程完成99.7%，防护工程完成99.4%，路基交验完成99.8%，全线控制性工程泰和北赣江特大桥全桥已合龙。隔离栅完成88.3%，里程标、百米标、界碑完成25.6%。上边坡绿化完成99.8%，服务区、互通绿化完成99.8%。路面基层备料已全部完成，基层摊铺完成97.8%；面层备料完成97.2%，摊铺完成72.1.%，新泽西墙浇筑完成97.4%，中央分隔带绿化完成76.9%，房建工程完成81.4%，机电工程完成70.7%，波形护栏安装完成29.4%，标识标牌基础浇筑完成85.6%。累计完成投资107.93亿元，完成投资占比85.5%。该工程已按计划于2019年1月22日建成通车。

新技术应用

1. 排水沥青路面技术

在广吉高速公路建设中，应用排水沥青路面技术，路面结构设计方案为4厘米高黏度改性剂改性沥青混凝土上面层（PAC-13C）+6厘米SBS改性沥青混凝土下面层（AC-20C）+9厘米ATB-25沥青碎石上基层+20厘米水泥稳定碎石中基层+17（19）厘米低剂量水泥稳定碎石下基层+20厘米级配碎石底基层。排水路面通过其内部发达的连通空隙，可将路表积水快速排出路面外，从而减小路面的水膜厚度和行车水雾，降低雨天行车事故发生率。

2. 橡胶沥青路面技术

该工程约70公里路段应用橡胶粉复合改性沥青路面技术，将废胎胶粉应用于沥青改性可实现废轮胎的大量消耗，对减少废轮胎的占地以及避免废轮胎的堆积而带来的细菌灾害等，具有重要的环保意义。根据统计，广吉高速公路将消耗废胎胶粉4000吨左右，使约14万条大货车轮胎得到资源回收利用。

3. BIM技术应用

广吉高速公路泰和北赣江特大桥长1075.08米，主桥采用63+110+110+63预应力混凝土变截面连续箱梁，引桥采用11×40+7×40先简支后连续预应力混凝土T梁。该工程应用BIM技术辅助特大桥的设计、建设及管理。在设计阶段，利用BIM模型，进行赣江特大桥方案优化，最大限度减少错、漏、碰、缺等设计质量通病，提高设计质量和效率。在施工阶段，应用赣江特大桥BIM模型动态信息管理系统，开展桥梁工程BIM信息协同工作，对施工进度等信息进行动态管理。在运营管理阶段，将赣江特大桥BIM模型动态信息管理系统交付运营养护单位使用，便于养护管理。

4. 钢混组合梁桥技术

广吉高速公路在宁都北枢纽架设钢混组合梁桥，钢混组合桥梁结构是继钢结构与混凝土结构之后兴起的一种新型结构，它具有自重轻、承载力高、施工速度快、耐火性能好、耐腐性能好、抗震性能好，明显减小车辆行驶噪音等诸多优点；特别是在当前钢材产能过剩，国家去产能政策的大背景下，钢混组合桥梁必将成为我国高速公路常规桥梁建设中的首选桥型之一。

存在问题

截至2018年11月8日，存在问题如下：

1. 摊铺任务重

全线油面层还剩单幅单层344.12公里，按照11月底摊铺完成计划，每天需摊铺单幅单层15.6公里，任务非常繁重。

2. 质量风险大

广吉高速公路三种路面结构将在该工程中大规模实施，尤其是排水路面，国家缺少相应技术标准，施工单位相关的技术储备不足，产生质量隐患风险较大。在工期只剩70余天的情况下，时间紧、任务重，如果在某一方面出现问题，用于解决问题的时间有限，势必会影响通车。

面对上述困难，工程方合理组织路面摊铺，配备充足的人员和设备，确保天气允许情况下，人停机不停，做到连续摊铺。同时，持续加强沥青检测工作，沥青检测一切凭检测数据说话，基质沥青卸船入库、出库前以及到施工现场进行三道检测，改性沥青在施工现场增加掺量检测。此外，持续抓好路面摊铺质量，紧盯摊铺碾压等关键工艺环节，摊铺后及时检测，指导完善施工工艺，确保摊铺质量。

实施单位

单位类别	单位名称	施工	标段
建设单位	江西省高速公路投资集团有限责任公司广昌至吉安高速公路建设项目办公室		
设计单位	北京交科公路勘察设计研究院有限公司		设计1标
	中交第一公路勘察设计研究院有限公司		设计2标
	江西省交通设计研究院有限责任公司		设计3标
监理单位	江西省公路工程监理公司		监理1标
	江西交通建设工程监理所		监理2标
	江西省嘉和工程咨询监理有限公司		监理3标
	江西科力咨询监理有限公司		监理4标
	江西交通咨询有限公司		监理5标
施工单位	江西省宜春公路建设集团有限公司	路面施工	AP1标
	中国铁建大桥工程局集团有限公司		AP2标
	中国路桥集团西安实业发展有限公司		BP1标
	成都市路桥工程股份有限公司		CP1标
	中铁十局集团第二工程有限公司		CP2标
	中铁二十一局集团第三工程有限公司	路基施工	A1标
	核工业长沙中南建设工程集团公司		A2标
	青岛公路建设集团有限公司		A3标
	中交一公局厦门工程有限公司		A4标
	中铁二十三局集团第一工程有限公司		A5标
	中交路桥建设有限公司		A6标
	中铁十六局集团有限公司		B1标
	湖南路桥建设集团有限责任公司		B2标
	中铁十四局集团有限公司		B3标
	大成工程建设集团有限公司		B4标
	吉林省长城路桥建工有限责任公司		C1标
	中交第四公路工程局有限公司		C2标
	中交二公局第六工程有限公司		C3标
	山东科达基建有限公司		C4标
	山东科达基建有限公司		C5标

（供稿：江西省高速公路投资集团有限责任公司）

济南至东营公路工程

基本情况

济南至东营公路工程（以下简称济东公路），起点位于济南市济阳县太平镇谢家村北京沪高速公路乐陵至济南段的济阳西枢纽立交，终点在东营市利津县陈庄镇皂坝头村西与东营港疏港高速公路连接，经过山东省济南、滨州、东营三市，全长约162公里。

路线所经区域为鲁北黄河冲积平原，地势自西南向东北缓倾，跨越幸福河、徒骇河、小开河、胜利河、新立河、褚官河、沾利河等主要河流，跨越的主要公路有S246、S247、S248、S249、长深高速公路、S316、G205、荣乌高速公路利津连接线、S310、S231、东港高速公路等国省道以及部分县乡路和农村公路，与德大、滨港和黄大3条铁路交叉。

▲ 柔性基层施工现场

济东公路采用交通运输部《公路工程技术标准》（JTG B01—2003）规定的高速公路标准建设，设计速度120公里/小时，双向四车道，路基宽度28米，路基设计洪水频率为1/100，桥涵设计汽车荷载等级为公路-Ⅰ级；桥涵设计洪水频率为：特大桥1/300，大、中、小桥及涵洞1/100。拟建公路所经区域地震动峰值加速度分别为0.05g和0.10g。交通工程及沿线设施等级为A级。

该工程建大桥20座共4443.6米，中桥48座共3032.9米，小桥5座共129.7米，涵洞454座；互通式立交12处，分离式立交34座，天桥3座，通道158座；沿线服务区3处，匝道收费站9处。

审批依据

《山东省济南至东营公路工程建设项目地址灾害危险性评估成果备案证明》（鲁国土资字〔2011〕100号）。

《山东省发展和改革委员会关于济南至东营公路工程可行性研究报告的批复》（鲁发改能交〔2011〕1632号）。

《山东省水利厅关于济南至东营高速公路工程水土保持方案的批复》（鲁水保字〔2011〕108号）。

《山东省交通运输厅、山东省发展和改革委员会关于济南至东营高速公路初步设计的批复》（鲁交建管〔2012〕88号）。

《山东省交通运输厅关于济南至东营高速公路施工图设计文件的批复》（鲁交建管〔2013〕80号）。

《山东省人民政府关于济南至东营高速公路工程项目农用地转为建设用地的批复》（鲁政土字〔2014〕505号）。

《国土资源部关于济南至东营高速公路工程建设用地的批复》（国土资函〔2014〕512号）。

建设意义

1. 打造“蓝黄”战略交通基础

济东公路是国家高速公路东吕高速公路的重要路段，也是山东省“九纵、五横、一环、七连”高速公路网中“连四”的组成部分，是实施“蓝黄”两大国家战略的重要交通基础设施。

2. 推动黄河三角洲经济快速发展

济东公路建成通车后，极大地改善了途经地区的交通条件和投资环境，并在黄河三角洲中部形成了一条快速反应通道，加强了黄河三角洲与济南都市圈、山东半岛制造业基地和蓝色经济区的联系，实现了区域的联动发展，对促进黄河三角洲高效生态经济区的建设具有重要意义。

投资主体

该工程建设单位为齐鲁交通发展集团有限公司。2013年4月，山东省交通运输厅公路局负责投资并委托山东省交通规划设计院负责代建。2015年8月31日，山东省交通运输厅公路局与齐鲁交通发展集团有限公司签署移交协议，济东公路的投资、建设和运营等全部移交齐鲁交通发展集团有限公司。

工程概算投资102.52亿元，国家安排中央专项基金（车购税）3.5亿元，国家预算资金（燃油税返还）6.54亿元，山东省交通运输厅自筹资金9.66亿元，企业自筹资金4.29亿元，其余资金使用国内银行贷款解决。

工程进度

济东高速公路于2014年6月开工建设，2016年12月28日建成通车。

工程形象进展情况：工程全部完成。其中，路基填筑土方2818.23万立方米；路面底基层477.3万平方米，基层864.4万平方米；桥梁73座，涵洞454座；互通式立交12处，分离式立交34处，天桥3座，通道158座；沿线服务区3处，匝道收费站9处，房建工程建筑面积4.1万平方米；全线交通安全设施（标志、标线、护栏、隔离栅等）完成。

▲ 济阳西互通效果图

▲ 徒骇河大桥效果图

新技术应用

1. 打造绿色公路示范工程

济东公路建设共实施绿色循环低碳项目6类、22项，包括绿色能源应用、绿色服务区建设、绿色施工技术、智慧公路、环保和循环利用、能力建设。将绿色循环低碳要求落实到工程全程，确保各环节尽最大可能实现节能减排。

2. 科研探索助力工程实施

工程方针对山东黄泛区盐渍土地区的土质以及地质水文条件，研究黄泛区盐渍土地基条件下路基内部水盐运移规律和在不同水文、土质条件下冲积碾压施工工法及工艺参数，获得冲积碾压动应力传播规律、施工工艺及加固效果。

为保证路基填筑质量，研究粉土路基强夯与振动控制技术；针对黄河冲积平原路基工后沉降量大，桥头跳车严重的工程特点，提出基于工后沉降量和沉降速率双重控制标准，开展黄河冲积平原高速公路桥头跳车综合防治技术研究；利用现代化管理技术，改进管理体系，试验数据实时上传，减少人为干扰，保证试验数据的真实性。

▲路床掺灰施工

▲箱梁钢筋加工

3. 创新施工技术

在施工过程中，工程方陆续制定下发路基、小型预制件、钻孔灌注桩、箱涵等17项标准化工艺，并印发全线执行，效果良好。

项目评估

济东高速公路工程项目办与专业团队研发了《济东高速公路综合管理系统》，建立协同工作平台，实现了信息的及时交流和共享；后期添加征地拆迁和取土场管理模块，随时调取资料，管理效率得到有效提高。

实施单位

单位类别	单位名称
建设单位	齐鲁交通发展集团有限公司
设计单位	山东省交通规划设计院
咨询单位	中国公路工程咨询集团有限公司 （施工图设计双院制审查单位） 江苏省交通规划设计院股份有限公司 （现已更名中设设计集团股份有限公司） （房建工程施工图设计双院制审查单位）

监理单位。济东公路采取两级监理机构，设1个总监理办公室，下辖9个路桥驻地办、3个房建驻地办和1个机电驻地办。路桥驻地办负责18个路桥施工标段、9个绿化施工标段、20个安全设施施工标段监理工作；房建驻地办负责7个房建施工标段以及4个钢结构施工标段监理工作；机电驻地办负责3个机电施工标段、1个收费亭供应标段监理工作。

施工单位。通过国内公开招标，62个施工单位参与建设，其中路桥主体工程18个、房建工程7个、机电工程3个、收费亭工程1个、交通安全设施20个、绿化工程9个、钢结构工程4个。

（供稿：齐鲁交通发展集团有限公司）

滨莱高速公路淄博西至莱芜段改扩建工程

基本情况

滨莱高速公路淄博西至莱芜段改扩建工程，起自滨莱高速公路淄博西枢纽立交，向南经淄博市张店区、周村区、经济开发区、文昌湖区、淄川区、博山区，济南市莱芜区、高新区，止于滨莱高速公路莱芜枢纽立交。

线路全长72.8公里，采用新建复线、老路改扩建方式，其中改线新建段31.65公里、老路改扩建段41.15公里（由原双向四车道改扩建为双向八车道）。全线设大桥20座、分离式立交21座、天桥17座、互通式立交9处（新建5处，改扩建4处）、隧道5条，新建监控分中心、服务区、停车区各1处和养护工区3处（新建2处，利用1处）、匝道收费站8处。

▲滨莱高速双向八车道隧道效果图

全线采用双向八车道高速公路标准建设。其中，起点至博山北互通立交段设计速度120公里/小时，整体式路基宽度42米，分离式路基宽度28+20.75米；博山北互通立交至终点段设计速度100公里/小时，整体式路基宽度41米，分离式路基宽度2×20.5米。路基设计洪水频率为1/100。新建及拼宽桥涵设计汽车荷载等级为公路-Ⅰ级，利用桥涵进行检测评估后，维持原有汽车-超20、挂车-120级荷载标准。桥涵设计洪水频率为特大桥1/300，大、中、小桥及涵洞1/100。其余技术指标按《公路工程技术标准》（JTGB 01—2014）执行。

审批依据

《山东省发展和改革委员会关于滨莱高速公路淄博西至莱芜段扩建工程项目建议书的批复》（鲁发改能交〔2014〕1401号）。

《山东省发展和改革委员会关于滨莱高速公路淄博西至莱芜段扩建项目核准的批复》（鲁发改铁路〔2015〕1310号）。

《山东省水利厅关于滨莱高速公路淄博西至莱芜段扩建工程水土保持方案报告书的批复》（鲁水许字〔2015〕108号）。

《山东省水利厅关于滨莱高速公路淄博西至莱芜段扩建工程跨河桥梁工程征求意见的复函》（鲁水管

函字〔2015〕21号）。

《山东省国土资源厅关于滨莱高速公路淄博西至莱芜段扩建工程建设用地预审意见》（鲁国土资函〔2015〕297号）。

《山东省环境保护厅关于滨莱高速公路淄博西至莱芜段扩建工程环境影响报告书的批复》（鲁环审〔2015〕210号）。

《淄博市发展和改革委员会关于滨莱高速公路淄博西至莱芜段建设项目社会稳定风险评估的意见》（淄发改函〔2015〕72号）。

《山东省交通运输厅、山东省发展和改革委员会关于滨莱高速公路淄博西至莱芜段改扩建工程初步设计的批复》（鲁交建管〔2016〕20号）。

建设意义

1. 促进区域经济发展

该工程是山东省“九纵五横一环七连”高速公路网中“纵五”的组成部分，是山东省重要的南北大通道，也是山东省第一条山岭重丘区改扩建的高速公路。建成后，将极大地改善区域交通服务条件和投资环境，推动区域经济发展。

2. 服务新旧动能转换工程

该工程对沿线区域融入济南省会城市群经济圈、环渤海经济圈，联系黄河三角洲、临沂地区及日照港，强化京津唐、沪宁杭等发达地区的产业和经济脉络有极其深远的意义。建成后，将促进山东省交通事业可持续发展，服务新旧动能转换。

投资主体

该工程法人为山东滨莱高速公路有限公司。它是齐鲁交通发展集团有限公司和英大国际信托有限责任公司、中交投资基金管理（北京）有限公司三方共同设立的国有控股工程项目法人公司。

公司注册资本金30亿元，项目资本金30亿元，约占总投资的28%。其中，齐鲁交通发展集团有限公司出资18亿元（占比60%），英大国际信托有限责任公司出资6亿元（占比20%），中交投资基金管理（北京）有限公司出资6亿元（占比20%）。项目概算总投资107.21亿元，其余77.21亿元使用银行贷款解决。

工程进度

该工程于2016年8月开工建设，计划2019年12月完工通车，建设工期42个月。

截至2018年底，累计完成投资（计量支付）72.23亿元，其中建安费54.05亿元、征迁费16.67亿元、其他费1.51亿元。土地清表完成100%；施工便道完成100%；路基工程完成99.6%，其中填方完成95.7%，挖方完成96.1%；路面工程完成46.0%，其中底基层完成66.1%，基层完成59.5%，下面层完成68.9%，中面层完成46.4%，上面层完成10.0%；桥梁工程完成89.9%；涵洞工程82.6%；隧道工程完成98%；房建工程完成41%；交通安全设施完成16.2%；机电工程完成11.6%；绿化工程完成30.7%。

2018年7月31日，该路实现右幅单幅双向临时通行。2018年9月27日，五座新建隧道全部安全贯通。开挖跨度、开挖高度、开挖断面均创造了国内纪录；2018年10月31日，胶济铁路分离立交转体桥顺利完成转体，转体角度、转体重量及桥梁宽度均创造了山东省高速公路跨铁路双侧转体桥的新纪录。

▲滨莱高速樵岭前1号大桥-高墩

新技术应用

1. 国家实用新型专利3项

（1）为解决预制小箱梁施工中钢筋数量较多、种类复杂，原有施工台座绑扎不易控制间距、现测现控难度较大，工作效率低等缺点，开发“预制箱梁钢筋绑扎台架”，采用单独设立台座和固定钢筋绑扎台架的方法进行钢筋绑扎，拥有一次成型、提前加工、整体吊装、操作简单、实施方便的特点，大幅提高工作效率，满足集中化生产需求，达到标准化生产目标。

（2）为解决超大跨隧道初支、二衬混凝土养护问题，研发“隧道二次衬砌混凝土养护喷淋装置”，可及时对二次衬砌混凝土进行近距离喷淋养护，相比较常规搭设支架及高压喷淋养生，该装置效率高、喷洒均匀，养护效果好,同时有效跟进二衬施工进度。

（3）隧道初期支护支撑型钢按不同长度单元分段加工制作，各单元端部焊接钢板用螺栓连接形成整体钢架，在支立时人工操作安装。因各单元拱架较重，需数人合作调整对齐连接钢板及栓孔方可栓接，耗时耗力，工效极低，针对以上问题，自主研发“隧道拱部型钢拱架安装支撑微调装置”，减少拱架连接工时，提高工作效率。

2. 中国建设工程BIM大赛三等奖1项

积极开展BIM技术应用，在路桥信息模型建立、施工及交通组织方案论证、施工进度模拟控制、可视化图纸审查及技术交底、工程算量、生产成本控制等方面取得一定成果，促进了管理科学化、信息化。

3. 全国建设工程项目管理三等成果1项

根据工程整体需要，推行“综合性场站、标准化生产、精细化管理”的施工管理理念，并在工程实践中进行探索，设置了集中心实验室、混凝土拌和站、钢筋加工厂、预制梁场、盖板预制场及小型构件预制场于一体的综合性场站，大幅提高劳动生产率，优化工作环境，降低工程成本，取得良好效果。

▲ 预制台架

4. 全国交通企业管理现代化创新三等成果1项

根据本工程特点，充分利用施工条件，就地取材利用隧道出渣及石质路堑挖方进行片碎石加工，实现“降本增效、风险管控”目的，节约了材料成本，保障了施工进度，降低了施工成本，提高了经济效益。

5. 积其他新技术的应用

积极应用无人机航拍、二维码、视频监控、北斗定位系统、安全监测监控、工作协同平台、隧道智能门禁系统等技术；开展装配式拱架机械化施工应用研究，降低施工人员投入，提高施工效率和安全性；采用全智能数控激光、超声波双控混凝土摊铺机进行四车道大跨径桥面铺装施工。

实施单位

单位类别	单位名称
建设单位	山东滨莱高速公路有限公司
设计单位	山东省交通规划设计院
监理单位	山东省交通工程监理咨询有限公司
主体工程施工单位	中国建筑股份有限公司 中交第三公路工程局有限公司

（供稿：齐鲁交通发展集团有限公司）

周口至南阳高速公路工程

基本情况

周口至南阳高速公路起点位于周口市商水县西北商周高速公路与洛宁高速公路枢纽互通处，终点位于南阳市北绕城高速公路北约4.9公里处，与南兰高速公路相接。路线全长约195.52公里，其中周口市境内17.12公里、驻马店市境内87.2公里、平顶山境内23.68公里、南阳市境内67.51公里。

该工程建设标准为双向四车道高速公路，路基宽度27米，设计速度120公里/小时。全线挖方500.3万立方米，填方3425.6万立方米；设特大桥2座2688米，大桥37座10256.97米，中桥52座2954.16米，小桥2座62.08米，涵洞147座，隧道1条267米，互通式立交17处（13处服务型立交，4处枢纽型立交），分离式立交133处，通道253座，天桥16座，服务区5处，管理中心1处，养护工区2处，路政管理所4处。

审批依据

《河南省发展和改革委员会关于周口至南阳高速公路项目申请报告核准的批复》（豫发改基础〔2016〕986号）。

《河南省发展和改革委员会关于周口至南阳高速公路初步设计的批复》（豫发改设计〔2016〕1245号）。

《河南省交通运输厅关于周口至南阳高速公路主体工程施工图设计的批复》（豫交文〔2016〕740号）。

《中华人民共和国建设项目选址意见书》（选字第410000201600038号）。

《河南省环境保护厅关于周口至南阳高速公路项目环境影响报告书的批复》（豫环审〔2016〕1285号）。

《国土资源部关于周口至南阳高速公路周口段工程建设用地的批复》（国土资函〔2017〕516号）。

《国土资源部关于周口至南阳高速公路驻马店段工程建设用地的批复》（国土资函〔2017〕313号）。

《国土资源部关于周口至南阳高速公路平顶山段工程建设用地的批复》（国土资函〔2017〕577号）。

▲ 周口南通高速公路

▲ 周口南通高速公路

《国土资源部关于周口至南阳高速公路南阳段工程建设用地的批复》（国土资函〔2017〕498号）。

建设意义

1. 打造便捷交通体系

周口至南阳高速公路是商丘至南阳高速公路的重要组成部分，是连接豫东地区和豫西南地区的快速通道。该工程建成后，将对沿线的平顶山、南阳、周口、驻马店四个地级市产生深远影响，不仅能够促进这些地区的经济互动，加快地区经济发展步伐，还能与漯周界、京港澳、焦桐、兰南等多条高速公路和区域的省道连成交通网，打造更为便捷的交通运输体系，发挥区域路网的整体效益。

2. 拓展周边城市旅游版图

周口至南阳高速公路途经区域旅游资源丰富，该工程的开工建设，将带动周边旅游城市发展，促进沿线各城市间的联系互动与协同发展，对拓展周边城市旅游版图意义重大。

投资主体

该工程概算总金额为151.48亿元，由河南高速公路发展有限责任公司出资97%、河南省公路工程局集团有限公司出资2%、河南中天高新智能科技股份有限公司出资1%组成社会资本方，采用PPP模式进行投资建设。

按照PPP项目投资协议约定，由周口、驻马店、平顶山、南阳四市政府负责该工程征地拆迁、土地手续办理并承担相关费用，并以财政补贴方式为工程提供初步设计批复概算投资（扣除征地拆迁等地方承担费用）20%的可行性缺口资金补助。

资金筹措方式：

1. 自筹资金，即工程资本金

工程资本金由两部分组成：政府负责征地拆迁费用，约为18.54亿；社会资本方出资约为9.93亿元。两部分合计约占总投资（除耕地指标费外）的20%。

2. 投资补助资金

该工程采用ppp（政府和社会资本合作）模式建设，回报机制为可行性缺口补助。政府补助约为23.47亿元；国内贷款90.46亿元。两部分合计约占总投资（除耕地指标费外）的80%。

工程进度

截至2018年11月底，该工程累计完成投资约97亿元，占工程总投资的64%，施工单位上报计量支付金额占合同金额的44%，工程公司计量支付金额占合同金额的53%（含开工预付款、材料预付款）。

实施单位

单位类别	单位名称
建设单位	河南宛龙高速公路有限公司
设计单位	河南省交通规划设计研究院股份有限公司
监理单位	河南省公路工程监理咨询有限公司
施工单位	河南省公路工程局集团有限公司

（供稿：河南交通投资集团有限公司）

淮滨至信阳高速公路息县至邢集段工程

基本情况

淮滨至信阳高速公路息县至邢集段为2009年河南省人民政府发布的《河南省高速公路网规划调整方案》新增10条规划路线中的一条，是河南省12条东西横向通道的重要组成部分，是河南省首批采用PPP模式修建的高速公路之一。

该工程起点位于信阳市息县杨店乡附近，与已建淮息高速公路相接，依序经信阳市息县，驻马店市正阳县、确山县、信阳市平桥区，西与沪陕高速公路相接。路线全长98.49公里，设计为平原微丘区全封闭双向四车道高速公路，设计行车速度120公里/小时，路基宽度27米，最大纵坡3%，桥面净宽2×12米，桥梁设计荷载为公路-I级，设计洪水频率为大中桥和路基1/100。

全线共设主线桥梁24座3028.92米，涵洞89座，互通式立交11处，分离式立交62处，天桥8座，通道145座，服务区3处，养护工区1处，匝道收费站8处，管理分中心1处，路政管理所2处，超限劝返站8处。

审批依据

《河南省人民政府关于印发河南省高速公路网规划调整方案的通知》（豫政〔2012〕86号）。

《河南省发展和改革委员会关于淮滨至信阳高速公路息县至邢集段项目申请报告核准的批复》（豫发改基础〔2016〕987号）。

《河南省发展和改革委员会关于淮滨至信阳高速公路息县至邢集段初步设计的批复》（豫发改设计〔2016〕1350号）。

▲ 箱梁模板

▲ 淮滨至信阳高速公路跨大庆至广州高速公路

▲ 淮滨至信阳高速公路明河桥

建设意义

1. 加强与周边省份区域合作

该工程通过连接淮息、阜淮高速公路接入安徽省高速公路网，连接皖江经济带和中原经济区两个国家级主体功能区，建成后，对加快中原经济区的经济发展加强与周边省份区域合作将起到重要作用。

2. 促进区域经济发展

该工程建成后，将连接沿线重要的产业聚集区及乡镇，提升高速公路的服务能力，不仅能为驻马店、信阳区域做好出行服务，还能促进周边区域的经济发展。

3. 构建区域综合交通运输体系

该工程建成后将在信阳和驻马店之间形成一条东西向高速公路，与新阳、沪陕高速公路形成区域内又一条东西向公路运输快速通道，从而带动沿线产业集聚区快速、协同发展。

投资主体

该工程采用PPP模式建设，概算投资75.99亿元，自筹资金20％，河南高速公路发展有限责任公司、上海绿地建筑工程有限公司、河南省公路工程局集团有公司、贵州建工集团有限公司、河南中天高新智能科技股份有限公司、河南省交通规划设计研究院股份有限公司参与工程投资。剩余80％的工程资金源于银行商业贷款。

工程进度

该工程于2016年12月开工建设，计划2019年底建成通车，建设工期3年。

工程进展：截至2018年10月底，挖方完成93.7％；填方完成95％。

桥梁工程：基桩完成100％；立柱肋板完成99.4％；系梁承台完成98.2％；盖梁完成98.5％；箱梁预制完成98.1％；空心板梁预制完成99.7％；箱梁安装完成82.7％；空心板安装完成87％；桥面铺装完成48.8％。

涵通工程：涵通工程完成99％；涵洞通道地基处理完成100％，含涵基开挖、基础垫层、砂砾（碎石、灰土）垫层。

路面工程：底基层完成23.5％；基层完成9.7％。

新技术应用

1. 优化设计方案，提高施工标准

在设计阶段，工程方多次组织专家对现场实地考察，合理优化纵断面，降低路基填方高度，减少土方，节约占地，优化沿线结构物布设，合理确定涵洞、通道布局。针对功能类似、距离比较接近的涵洞通道进行合并，将沟渠位置以排水灌溉为主的2×2米的钢筋混凝土盖板涵洞优化为直径1.5米钢波纹管涵；结合便道与改路进行专项设计优化，提高便道设计施工标准，作为永久性改路使用。

2. 改良施工方式，因地制宜

工程对周边可用的填料进行调查，利用路线南侧约20公里外的淮河沙及路线终点附近的山皮土、风化砂作为路基填料，全线路基填筑共利用河沙、山皮土、风化砂等填料约900万立方米，超过总填方量的一半。沿线少设取土场，避免占用基本农田减少后期土地复耕问题。

在取土困难区域，采用远距离管道吹填砂技术，降低运输成本，通过因地制宜的方式，节约成本，提高施工效率；针对周边普遍存在的微膨胀土，研发出一种新型工业废渣水硬性胶凝材料，进行改良土施工，通过现场试验段铺筑对其工程应用价值进行验证，并在全线路基施工中广泛推广应用。

3. 合理利用清表土，保护原生植被

该工程在施工过程中，严格按照规范要求清表30厘米，彻底清除表层腐殖土，并将清表土集中堆放，覆盖防尘网，在进行边坡绿化前，在边坡表面覆盖一层表土，以利于绿化植物的生长；路基施工前，对沿线高速公路建设红线内的植被移栽后再利用，针对红线内处于路基清表范围外的植物，研究其利用价值，确定保留植被区域，并记录编号，将其作为原生植物保留。

4. 开展微创新，推广四新技术

该工程的微创新小组自制钢波纹管定位支架和钢筋保护层检测小工具，提高工作效率；针对安全吊钩卡扣容易脱落的问题，创造性地设计出防脱落吊钩；改进桥梁立柱养生方法，采用"两布一膜"法，有效确保混凝土表面湿润，克服塑料薄膜易损坏的缺陷；立柱外露钢筋采用PVC套管防护；预制梁场采用滑触线供电，提高供电安全系数；路堤临时排水采用可拆卸、易拼装的塑钢急流槽，材质轻，可重复利用。

▲ 管道吹填砂沉淀区

▲ 绵延的管道

采用新型粉料撒布车用于水泥、石灰的撒布，保证均匀性、提高作业效率；钢筋集中加工、混凝土集中拌和，预制构件集中预制，采用数控钢筋加工设备保证钢筋加工精度；混凝土拌和站引进砂石分离设备，将生产过程中产生的废弃混凝土回收再利用；箱梁预制采用智能张拉压浆设备，提升桥梁构件品质；水泥稳定碎石混合料采用振动搅拌技术，提高均匀性，进一步激发材料本身潜能。

5. 建立施工期能耗统计监测信息系统

工程方与河南省交通科学研究院合作开展河南省交通科技计划项目——河南省绿色低碳道路技术及评价标准研究，针对平原区高速公路建设特点，建立施工能耗统计系统，对施工各阶段的能耗和排放进行统计分析，确定耗能的主要环节、能源消耗类别、排放的重点环节等，采取相应对策最大限度地降低施工能耗和排放，并最终在此基础上建立绿色公路评价体系。

实施单位

单位类别	单位名称
建设单位	河南淮信高速公路有限公司
设计单位	河南省交通规划设计研究院股份有限公司
监理单位	河南省公路工程监理咨询有限公司
施工单位	河南省公路工程局集团有限公司 贵州建工集团有限公司

（供稿：河南交通投资集团有限公司）

G5513长沙至益阳高速公路扩容工程

基本情况

G5513长沙至益阳高速公路扩容工程全长50.28公里，采用双向六车道高速公路标准，设计速度120公里/小时，路基宽度33.5米。全线共设置互通式立交8处，收费站5处，服务区1处。建设工期36个月。

审批依据

《湖南省人民政府关于湖南省高速公路网规划（修编）的批复》（湘政函〔2014〕178号）。

《湖南省发展和改革委员会关于G5513长沙至益阳高速公路扩容工程可行性研究报告的批复》（湘发改基础〔2016〕217号）。

建设意义

该工程是交通运输部"绿色公路"建设典型示范项目，承担着"钢结构桥梁建设"和"绿色服务区"两个省级试点任务。建成后，将缓解现有长益高速公路的交通压力，增加长沙主城区"西大门"的出入口，完善现有交通网络，对促进区域社会经济协调发展具有重要意义。

投资主体

该工程由湖南省高速公路集团有限公司担任项目法人，投资总概算核定为77.79亿元。工程资本金19.49亿元，占总投资的25%，由申请的交通运输部补助、国家专项建设基金投入和湖南省交通运输厅自筹解决。其余资金使用国内银行贷款。

实施单位

单位类别	单位名称
建设单位	湖南省长益高速公路扩容工程建设开发有限公司
设计单位	湖南省交通规划勘察设计院有限公司 华杰工程咨询有限公司
监理单位	湖南省交通建设工程监理有限公司 湖南金路工程咨询监理有限公司
施工单位	中南建设集团有限公司 邵阳公路桥梁建设有限责任公司 湖南省湘平路桥建设有限公司 中铁二十三局集团有限公司 重庆交通建设（集团）有限责任公司 中铁十局集团第二工程有限公司 中铁十二局集团有限公司

工程进度

截至2018年10月底，投资累计完成47.13亿元。土建总体进度完成58%。其中，路基工程完成65.92%；

桥梁工程完成45.96％；隧道工程完成50％；通涵工程完成70.13％。

新技术应用

（1）在施工建设中，工程方运用BIM系统建立大数据综合管理平台，对工程全程把控。

▲ BIM技术应用

（2）为落实标准化建设，全线均采用钢筋滚焊机、钢筋数控弯曲机等先进机械设备。

▲ 钢筋滚焊机

（3）采用自动养生喷淋设备、液压行走式预制箱梁模板、智能压实系统。

▲ 液压行走式预制箱梁模板

（4）在施工中采用石墨烯防腐涂料。

▲ 石墨烯防腐涂料

（5）改良龙门吊安全滑触线。

▲ 龙门吊安全滑触线

存在问题

2016年底，碎石、河砂等地材价格上涨，且工程沿线均为土方，地材均需远距离外购，各承包人的地材实际购买价格大幅超出造价站发布价格。按照现行材料补差办法补差后，各承包人仍需额外负担高额地材差价，一定程度上导致各承包人建设资金周转出现困难。

项目评估

该工程在管理方面，通过科学谋划、合理统筹，制定“品质工程”“平安工地”建设活动方案和保障措施，保证工程顺利施工。此外，工程方积极采用和推广新工艺、新设备，创新信息化管理手段，将“互联网+”、BIM技术等科技手段运用于工程管理领域。

在施工中，扎实推进施工标准化、绿色公路、钢混组合结构桥梁试点及智慧工地建设，通过“微创新”“微改造”“微改良”等方式，改良施工生产设备和机具，优化施工工艺和工法，对提高施工安全，提升单项实体质量指标起到积极的促进作用。

（供稿：湖南省高速公路集团有限公司）

湖南省岳阳至望城高速公路工程

基本情况

岳阳至望城高速公路（以下简称岳望高速公路）是国家高速公路网许广高速公路（G0421）湖南段，即湖南省规划的“五纵七横”高速公路网中第三纵岳阳至临武（湘粤界）高速公路的北段，也是湖南省京港澳线通道扩容的重要组成部分。

路线起于岳阳市昆山，与随岳高速公路对接，途径岳阳市经开区、岳阳县、汨罗市、屈原管理区、湘阴县，止于长沙市望城区茶亭镇，与长湘高速公路相接，主线全长101.62公里，采用双向六车道标准建设。同步建设二级公路汨罗连接线8.63公里，一级公路长沙北连接线17.96公里。

全线设置服务区2处，分别为荣家湾、湘阴；停车区3处，分别为永安、屈子祠、洋沙湖；养护工区2处，分别为荣家湾、屈原；匝道收费站8处，分别为岳阳南、新墙河、黄沙街、汨罗北、屈原管理区、湘阴东、湘阴南、茶亭。

建设意义

岳阳高速公路的建成通车，标志着国网许广高速公路湖南段——岳临高速公路全线贯通。该工程建成后有效缓解京港澳高速公路湖南段的交通压力，改善沿线地区交通环境，为建设富饶美丽新湖南提供有力支撑。

▲ 岳望高速公路铺陈在秀美的湖湘大地上

工程进度

该工程于2013年9月正式动工，原投资人在建设过程中两次长时间停工，第一次从2015年8月至2016年2月，第二次从2016年8月开始停工，导致工程不能如期通车。2017年6月，湖南省高速公路集团有限公司接管剩余工程后，组建了湖南省岳望高速公路建设开发有限公司，负责后续工程建设管理具体事宜。

该公司采取公开招标的方式，重新择优选取了新的施工单位，克服了建设工期紧、剩余工程量大、遗留问题多等困难，想方设法保进度、保质量，全力以赴抓生产，确保该工程建设按计划强力推进，2018年9月29日顺利实现通车试运营。

审批依据

《国家发展改革委关于湖南省岳阳至望城公路项目核准的批复》（发改基础〔2012〕2573号）。

《交通运输部关于岳阳至望城公路初步设计的批复》（交公路发〔2012〕487号）。

▲ 现代化沥青拌和楼

▲ 路面沥青摊铺一次成型

投资主体

该工程总投资90.26亿元，原为湖南省招商引资项目，采用社会投资BOT模式建设，投资人为香港保利达国际控股有限公司。工程原计划2016年建成通车，建设过程中因投资人违约，导致工程不能如期完工。2017年6月15日，湖南省人民政府批准收回该工程特许经营权，交由湖南省高速公路集团有限公司接管剩余工程建设。

实施单位

单位类别	单位名称
建设单位	湖南省岳望高速公路建设开发有限公司
设计单位	湖南省交通规划勘察设计院有限公司 广东省交通规划设计研究院股份有限公司 湖南省交通科学研究院有限公司
监理单位	广东翔飞公路工程监理有限公司
施工单位	湖南路桥建设集团有限责任公司 岳阳市公路桥梁基建总公司

▲ 高速沿途风景如画

（供稿：湖南省岳望高速公路建设开发有限公司）

港珠澳大桥主体工程

基本情况

港珠澳大桥跨越伶仃洋，东接香港特别行政区，西接广东省珠海市和澳门特别行政区，是"一国两制"框架下粤、港、澳三地首次合作建设的超大型跨海交通工程，是国家高速公路网规划中珠江三角洲地区环线的组成部分和跨越伶仃洋海域、连接珠江三角洲东西岸的关键性工程。2009年12月，该工程正式开工。

港珠澳大桥路线起自香港口岸人工岛，经香港水域，穿越珠江口铜鼓航道、伶仃西航道、青州航道、江海直达船航道、九洲航道，接珠海、澳门口岸人工岛、珠海连接线，止于珠海洪湾。

▲ 港珠澳大桥

整个工程包括海中桥隧主体工程、香港接线及香港口岸、珠海、澳门接线和珠海澳门口岸，总长约55公里（珠海澳门口岸到香港口岸约41.6公里，珠海连接线长约13.4公里），是迄今为止世界上最长的跨海大桥。

港珠澳大桥主体工程，即海中桥隧主体工程，全长约29.6公里，采用桥岛隧组合方案。其中，穿越伶仃西航道和铜鼓航道段岛隧工程约6.7公里，桥梁工程22.9公里。该工程采用双向六车道高速公路标准建设，设计速度100公里/小时，桥梁总宽33.1米，隧道宽2×14.25米、净高5.1米。全线桥涵设计汽车荷载等级采用公路-Ⅰ级，同时满足香港《道路及铁路结构设计手册》中规定的活载要求。大桥的设计使用寿命为120年。

隧道工程采用沉管法施工，沉管段总长5664米，纵向分33个预制管节，标准管节长180米、宽37.95米、高11.4米、重约7.8万吨、最大沉放水深45米。隧道两端各设一个海中人工岛。其中，东人工岛全长625米，陆域形成面积约10.6万平方米；西人工岛全长625米，陆域形成面积约10.17万平方米。

桥梁工程包括：青州航道桥、江海直达船航道桥、九洲航道桥等三座通航孔桥和深水区非通航孔桥，浅水区非通航孔桥，珠澳口岸连接桥，东西人工岛连接桥。

房建工程主要包括：管理养护中心、珠澳口岸人工岛大桥管理区，以及海中桥隧工程东、西人工岛上房建工程。

审批依据

工可批复：《国家发展改革委关于审批港珠澳大桥工程可行性研究报告的请示的通知》（发改基础〔2009〕2813号）。

初步设计批复：《交通运输部关于港珠澳大桥主体工程初步设计的批复》（交公路发〔2010〕167号）。

施工许可：《港珠澳大桥主体工程岛隧工程施工许可申请书》（交公路施工许可〔2011〕1号）。

《港珠澳大桥主体工程桥梁工程施工许可申请书》（交公路施工许可〔2012〕21号）。

用海批复：《国家海洋局关于港珠澳大桥项目用海的批复》（国海管字〔2015〕16号）。

投资主体

港珠澳大桥主体工程由港珠澳大桥管理局负责建设和运营管理，由粤、港、澳三地共同出资建设，采用政府还贷公路模式。内地、香港、澳门共同出45.3%的概算投资作为资本金（资本金占比：中央和广东省共占44.5%，香港占42.9%，澳门占12.6%），资本金以外部分由港珠澳大桥管理局使用银行贷款解决。

建设意义

港珠澳大桥主体工程作为粤港澳三地首次合作共建共管的重大交通基础设施，建成开通后有利于三地人员交流和经贸往来，有利于促进粤港澳大湾区的发展，有利于提升珠三角地区的综合竞争力，对于支持香港、澳门融入国家发展大局，全面推进内地与香港、澳门互利合作具有重大意义。

实施单位

（1）建设管理单位：港珠澳大桥专责小组、港珠澳大桥三地联合工作委员会。

（2）建设单位：港珠澳大桥管理局。

<table>
<tr><th>单位类别</th><th colspan="2">单位名称</th><th>标段</th></tr>
<tr><td rowspan="13">监理单位</td><td colspan="2">中铁武汉大桥工程咨询监理有限公司联合体</td><td rowspan="3">ST01标</td></tr>
<tr><td rowspan="2">成员</td><td>广州港水运工程监理公司
（现已更名广州港工程管理有限公司）</td></tr>
<tr><td>广州市市政工程监理有限公司</td></tr>
<tr><td colspan="2">中国船级社实业公司</td><td>SB01标</td></tr>
<tr><td colspan="2">武汉桥梁建筑工程监理有限公司</td><td>SB02标</td></tr>
<tr><td colspan="2">铁四院（湖北）工程监理咨询有限公司联合体</td><td rowspan="2">SB03标</td></tr>
<tr><td>成员</td><td>广州南华工程管理有限公司</td></tr>
<tr><td colspan="2">西安方舟工程咨询有限责任公司联合体</td><td rowspan="2">SB04标</td></tr>
<tr><td>成员</td><td>中国船级社实业公司</td></tr>
<tr><td colspan="2">西安方舟工程咨询有限责任公司</td><td>SB05标</td></tr>
<tr><td colspan="2">广东重工建设监理有限公司</td><td>SA01标</td></tr>
<tr><td colspan="2">重庆中宇工程咨询监理有限责任公司联合体</td><td rowspan="2">SA02标</td></tr>
<tr><td>成员</td><td>珠海电力工程监理有限责任公司</td></tr>
<tr><td rowspan="10">咨询和第三方单位</td><td colspan="2">广东华路交通科技有限公司联合体</td><td rowspan="2">SE01标</td></tr>
<tr><td>成员</td><td>江苏省交通科学研究院股份有限公司
（现已更名苏交科集团股份有限公司）</td></tr>
<tr><td colspan="2">上海市政工程设计研究总院（集团）有限公司联合体</td><td rowspan="4">SC01标</td></tr>
<tr><td rowspan="3">成员</td><td>林同棪国际工程咨询（中国）有限公司</td></tr>
<tr><td>荷兰隧道工程咨询公司</td></tr>
<tr><td>广州地铁设计研究院有限公司</td></tr>
<tr><td colspan="2">中铁大桥勘测设计院集团有限公司</td><td>DS01标</td></tr>
<tr><td colspan="2">莫特麦克唐纳咨询(北京)有限公司联合体</td><td rowspan="2">质量顾问</td></tr>
<tr><td>成员</td><td>莫特麦克唐纳咨询(北京)有限公司</td></tr>
<tr><td colspan="2">江苏法尔胜材料分析测试有限公司</td><td>钢结构第三方检测</td></tr>
</table>

续上表

<table>
<tr><th>单位类别</th><th colspan="2">单位名称</th><th>标段</th></tr>
<tr><td rowspan="13">设计单位</td><td colspan="2">中交公路规划设计院有限公司联合体</td><td rowspan="5">DP01标</td></tr>
<tr><td rowspan="4">成员</td><td>丹麦科威国际咨询公司</td></tr>
<tr><td>奥雅纳工程顾问</td></tr>
<tr><td>上海市隧道工程轨道交通设计研究院</td></tr>
<tr><td>中交第一航务工程勘察设计院有限公司</td></tr>
<tr><td colspan="2">中交公路规划设计院有限公司联合体</td><td rowspan="2">DB01标</td></tr>
<tr><td>成员</td><td>日本国株式会社长大</td></tr>
<tr><td colspan="2">中铁大桥勘测设计院有限公司</td><td rowspan="2">DB02标</td></tr>
<tr><td>成员</td><td>合乐集团有限公司</td></tr>
<tr><td colspan="2">北京交科公路勘察设计研究院有限公司</td><td>DA01标</td></tr>
<tr><td colspan="2">广东省建筑设计研究院</td><td>DA02标</td></tr>
<tr><td rowspan="21">施工单位</td><td colspan="2">中国交通建设股份有限公司联合体</td><td rowspan="7">DT01标</td></tr>
<tr><td rowspan="6">成员</td><td>中交公路规划设计院有限公司</td></tr>
<tr><td>艾奕康设计与咨询（深圳）有限公司</td></tr>
<tr><td>丹麦科威国际咨询公司</td></tr>
<tr><td>上海城建（集团）公司</td></tr>
<tr><td>上海市隧道工程轨道交通设计研究院</td></tr>
<tr><td>中交第四航务工程勘察设计院有限公司</td></tr>
<tr><td colspan="2">中铁山桥集团有限公司</td><td>CB01标</td></tr>
<tr><td colspan="2">武船重型工程股份有限公司</td><td>CB02标</td></tr>
<tr><td colspan="2">中交第一航务工程局有限公司联合体</td><td rowspan="2">CB03标</td></tr>
<tr><td>成员</td><td>中交第二公路工程局有限公司</td></tr>
<tr><td colspan="2">广东省长大公路工程有限公司</td><td>CB04标</td></tr>
<tr><td colspan="2">中铁大桥局股份有限公司
（现已更名中铁大桥局集团有限公司）</td><td>CB05标</td></tr>
<tr><td colspan="2">重庆市智翔铺道技术工程有限公司</td><td>CB06标</td></tr>
<tr><td colspan="2">广东省长大公路工程有限公司</td><td>CB07标</td></tr>
<tr><td colspan="2">湖南省建筑工程集团总公司
（现已更名湖南建工集团有限公司）</td><td>CA01标</td></tr>
<tr><td colspan="2">中国铁建电气化局集团有限公司联合体</td><td rowspan="2">CA02标</td></tr>
<tr><td>成员</td><td>中国铁建电气化局集团第一工程有限公司</td></tr>
</table>

新技术应用

1. 设计理论方面

（1）研究沉管隧道接头剪力与地基刚度变化间的关系，揭示沉管隧道与垫层、地基间的相互作用机理，提出隧道不均匀沉降控制标准、节段接头剪力及张开量简化计算公式，开发具有独立知识产权的沉管隧道结构-基础集成分析软件，为港珠澳大桥关键性控制工程的6.7公里长深水沉管隧道的设计与施工打下了坚实的理论基础，弥补了我国在超长沉管隧道工程设计理论上的严重不足。

（2）针对外海复杂建设条件和桥梁埋床装配式基础技术问题，系统开展海洋环境下埋床式基础设计及受力机理、埋床法预制基础基坑开挖及回淤、预制墩台精确定位及安装技术、预制承台与钢管复合桩连接施工技术等研究，揭示钢管复合桩承载力与变形机理，提出大直径钢管复合桩构造及设计方法，有效支撑了港珠澳大桥工程深水区非通航孔桥梁工程的建设。

（3）结合港珠澳大桥混凝土结构耐久性设计需求，采用相似环境长期暴露试验数据与工程调查数据，提出基于可靠度理论的混凝土结构耐久性设计新方法。创新成果填补了国内空白，部分在国际上处于领先地位。

2. 工程标准

经过该工程科技研究所形成的工程专用技术标准近60项，在大桥建设过程中起到了重要指导作用，也为行业及国家标准的编制奠定了基础。

（1）完成国内首部《沉管隧道设计与施工指南》，直接支撑了沉管隧道施工图设计和施工。

（2）编制的《港珠澳大桥混凝土结构耐久性设计指南》《港珠澳大桥混凝土结构耐久性质量控制技术规程》和《港珠澳大桥大体积混凝土控裂技术规程》不但在沉管管节预制中得到应用，还在桥梁工程的施工质量控制上发挥了重要作用，其中混凝土结构近似概率耐久性极限状态方程，被国际同行称之为中国公式（港珠澳模型）。

（3）编制的《正交异性钢桥面板抗疲劳设计准则》《正交异性钢桥面板制造工艺》和《正交异性钢桥面板质量控制标准》为港珠澳大桥钢桥面板的设计与施工提供了支持。

（4）结合交通行业工程建设特点，提出融合多个组织的健康、安全、环保（HSE）一体化的管理方法和标准，编制的《交通运输基础设施建设健康、安全、环境一体化管理技术指南》在现场各施工标段组织实施示范，为安全生产和环境保护提供了重要保障。

（5）首次提出《施工海域中华白海豚的声学驱赶（保护）技术规程》，全力保护施工区域的中华白海豚等海洋生物，把工程建设对环境的影响减少到最小。

3. 施工工艺与产品装备

（1）研发的高水压120年设计使用寿命止水带打破国外公司的垄断，性能达到国际产品水准，通过参与止水产品的国际竞争投标，迫使国外厂商大大降低了投标报价。

（2）研发建造具有自主知识产权的，集定位测量、水下抛石、深水整平、质量检测为一体的自升平台式高精度碎石铺设整平船，实现碎石基床的精度达到30毫米；研制和改进全套设备的水上挤密砂桩船，实现了装备国产化。这些装备成为岛隧工程现场施工的核心装备。

（3）在桥梁工程中还建立全球首条数字化智能化的钢结构板单元生产流水线，全面提升了我国钢结构行业的加工制造水平。

（4）桥梁墩台施工全面实施工业化建造理念，建立先进的墩台预制工厂，制造大型海洋工程吊装设备，将传统粗放式的现场施工转变为现代精细化的工厂预制和现场装配，促进了我国交通基础设施建设行业的工业化进程。

（5）钢桥面铺装工程中研发了浇注式沥青混凝土（GMA）技术方案，首次提出采用浇注式沥青混凝土（GA）工艺生产传统沥青玛蹄脂（MA）浇注式沥青混合料的施工方法，显著提升了桥面铺装施工效率，保证了施工质量。

4. 关键技术

（1）深埋沉管隧道。33个沉管管节全部采用“工厂法”生产，在距离隧道轴线约7海里的桂山牛头岛预制厂中预制，然后整体拖运到工程现场进行沉放。管节工厂化制造在国内属于首次，相对传统作业模式建设具有连续作业、质量稳定可控的好处。

（2）沉管管节预制厂在预制直线段管节的同时，开创性地实现了曲线段管节工厂化预制。

（3）两条管节生产线集成了目前世界上最先进的技术和装备：大型自动化液压模板、混凝土搅拌及供应系统、混凝土温控及养护系统、管节顶推系统，有效解决了大断面复杂构件混凝土浇筑所面临的质量控制和效率难题。

（4）隧道基础处理，沉管隧道穿越外海深厚软基区域，大规模采用挤密砂桩地基加固技术和复合地基，依靠自主研发的大型装备，对基槽开挖、清淤、基床铺设等关键工序进行高精度控制，目前监测结果显示效果良好。

▲ 东人工岛及香港接线

（5）主动止水的沉管隧道最终接头。钢壳混凝土“工厂化预制、现场安装”整体化施工工法，化现场浇筑为工厂化制造，化被动止水为主动式压接止水，化人工作业为机械化作业，大大提高了工效，降低了水下作业强度，确保了施工质量，更减少了现场作业风险，是我国工程建设者又一次大胆创新和尝试。

（6）半刚性结构体系。在港珠澳大桥沉管隧道建设之前，沉管隧道结构体系分为整体式管节和节段式管节。整体式管节（长度一般在80～120米）从受力体系称为刚性管节，节段式管节（长度一般在120～180米）的节段之间无刚性连接，从受力体系上称为柔性管节。港珠澳大桥沉管隧道在柔性管节的基础上保留预应力索受力，增强节段间的刚度，使管节的整体刚度介于整体式管节和节段式管节之间。半刚性结构体系是世界沉管隧道首次提出并应用。

（7）海中人工岛快速成岛。人工岛建设采用深插式钢圆筒围护快速成岛工艺，并首次采用8台APE600液压振动锤联动振沉系统。钢圆筒共120组，单个直径22米，高40.5～50.5米，重约500吨，最大入土深度达29米。通过该创新技术，两个10万平方米的人工岛在215天内即完成岛体，比传统抛石围堰工法施工效率提高近五倍，且最大限度地减小了对海洋环境的污染。

5. 工业化建造技术体系

（1）承台墩身装配化施工。

为减少对河势、航道、水利等的不利影响，非通航孔桥190个承台全部埋入深达8～15米的海床面以下；通过采用新型胶囊Ginα止水带以及钢圆筒围堰干法施工等创新工法，成功解决了因采用埋置式承台而带来的止水和环保难题。

（2）桥塔、箱梁整体运输吊装。

非通航孔桥190个承台墩身（最大吊重约2600吨）、135片钢箱梁、148片组合梁以及5座斜拉桥钢塔全部在岸上工厂内预制，再由船舶运输至施工现场进行整体吊装。

（3）钢箱梁板单元全自动生产。

板单元自动化施工桥梁工程上部大规模采用钢结构，建成国内首条钢箱梁板单元制造自动化示范生产线，“工厂化、机械化、智能化、信息化”的钢箱梁板单元全自动生产线理念，推动了钢箱梁制造行业创新及变革，使我国钢结构加工制造水平一跃进入世界前列。

（4）GMA钢桥面铺装。

主体工程22.9公里的桥梁，桥面铺装规模达70万平方米，其中50万平方米为钢桥面，是目前世界规模最大的单体钢桥面铺装工程。创新了GMA浇筑式沥青混凝土铺装方案，创建了世界一流的集料生产线，大大提高钢桥面板除锈防腐及防水层施工的机械化程度，提出“移动工厂化施工”的理念，用各种方法极大地保证了施工质量，使港珠澳大桥钢桥面铺装技术和管理的复杂性得到妥善解决。

（5）沉管浮运安装。

单个管节体量巨大，且浮运线路位于伶仃洋最繁忙的通航水域，每天有超过4000艘船舶经过，操控难度极大，需精确预测气象、水文条件施工窗口，并实施海上临时交通管制和护航。采用8艘大马力全回转拖轮协同作业，配置深水无人沉放系统的国内首条安装船，通过信息技术和遥控技术实现管节姿态调整、轴线控制和精确对接。

6. 施工、运营全寿命周期的安全环保技术

首次在交通运输大型复杂工程建设领域提出融合多个组织的健康、安全、环保（HSE）一体化的管理方法和标准，并进行了工程示范，实现了在不确定因素高发条件下对健康、安全、环保的有效控制。

7. 跨境工程建设运营

港珠澳大桥跨越香港、珠海、澳门三地，三地的建设标准、营运标准不一，使工程设计之初就面临勘察技术标准、建筑材料检验标准、建设技术标准、施工标准、营运标准的不一致。港珠澳大桥管理局积极

协调各方，组织各参建单位学习研判三地标准，提出以“技术标准就高不就低”的原则建设港珠澳大桥，并得到了各方的认可。

8. 大型施工装备

自主研发的隧道基础施工核心装备——深水碎石整平船，在40米水深的整平精度可达到±35毫米，目前为世界第一；新研制的三艘砂桩船全部实现国产化制造；其他创新装备还包括：8锤联动大型振沉系统、深水自动定位多耙头基槽清淤船、深水无人沉放对接系统等。

9. 防灾减灾

针对沉管隧道防灾救灾，港珠澳大桥管理局专门组织开展了隧道结构防火和消防救灾1：1足尺模型试验。通过试验研究，在隧道顶部设置了防火板，在隧道内设置了温感、烟感、红外等多种火灾探测设备、纵向通风射流风机和重点排烟的轴流风机及泡沫自动水喷淋灯灭设施。

▲ 青州航道桥

▲ 青州航道桥

▲ 港珠澳大桥照片

10. 新材料开发及应用

依托工程研发并采用了75毫米预应力粗钢棒、120年橡胶止水带、组合梁钢混界面处的防腐橡胶密封条、高阻尼橡胶等类型隔震支座、TMD调谐质量阻尼器、国内开发生产的不锈钢筋及配套体系等一系列新材料新构件，打破国外技术壁垒，满足大桥建设的特殊需求。

11. 跨海集群工程技术标准体系

为完成港珠澳大桥的设计、施工、运营，分别制定了设计标准体系、施工标准体系、施工及质量验收标准体系、营运维护标准体系。技术标准体系文件不仅为港珠澳大桥建设所用，而且在国内后续其他类似工程中得到了推广应用。其中的部分标准体系已上升为地方标准和公路行业标准。

项目评估

该工程严格按照基本建设制度，组织完善质量管理体系，工程实体质量控制达到预期目标；工程质量保证资料齐全，施工单位自检频率、监理单位抽检频率达到规定要求；用于工程的原材料全部检测合格；岛隧、桥梁工程各部构件外形轮廓清晰，表面平整光洁，外观质量较好，钢结构检测指标符合设计及规范要求，标高、几何尺寸等各项指标满足评定标准要求；铺装工程各项检测指标符合设计要求；隧道、桥梁及人工岛排水系统完善，满足设计要求；东、西人工岛和珠澳口岸互通立交工程路基填筑密实稳定，压实度和弯沉等指标满足设计和规范要求；交通安全设施完善，质量符合设计和规范要求；机电设施性能和系统功能各项指标均满足技术规范和设计要求；档案管理工作基本符合有关要求。工程全面实施了“大型化、工厂化、标准化、装配化”的工业化建设理念。

根据《公路工程竣（交）工验收办法》《公路工程竣（交）工验收办法实施细则》《公路工程质量检验评定标准》《港珠澳大桥主体工程质量鉴定办法》《港珠澳大桥主体工程（岛隧工程人工岛/隧道工程/桥梁工程）施工及质量验收标准》的有关规定以及交工验收检测情况，结合工程监理单位《工程质量检验评定报告》意见，经交工验收委员会评定，该工程质量评分为99.17分，建设工程等级评定为合格。

▲ 港珠澳大桥最后一个钢塔吊装完成

工程进度

时间进度	工程阶段	工程进度
2011年1月14日	主体工程正式开工	交通运输部批准主体工程岛隧工程开工报告
2011年5月15日	东、西人工岛顺利全部成岛	岛隧工程西人工岛首个钢圆筒打设成功
		岛隧工程东人工岛最后一个钢圆筒振沉成功
2012年7月18日	主体工程钢箱梁制造开始实施	CB01标钢箱梁制造在山海关中铁山桥产业园率先开工
2012年8月5日	沉管预制正式启动	岛隧工程首节沉管E2-S5段开始混凝土浇筑
2012年10月12日	桥梁水上施工正式开工	九洲航道桥206号墩钢管桩正式插打
2012年12月28日	钢箱梁组拼工作正式开始	中铁山桥中山基地举行开工仪式
2013年5月6日	成功实现与西人工岛暗埋段的对接	岛隧工程首节E1管节顺利完成浮运、沉放和安装任务
2013年6月3日	主体工程施工	主体工程首个承台墩身整体顺利安装到位
2013年12月2日		主体工程首跨钢箱梁在深海区成功架设
2014年12月14日	所有桥梁桩基施工全部完成	桥梁工程最后一根桩基浇筑完成
2015年2月2日	主体工程施工	主体工程第一座桥塔完成整体提升竖转
2015年9月6日	主体工程220座墩台全线完工	完成最后一件上节墩身安装
2016年6月2日	主体工程七座桥塔施工全部完成	江海直达船航道桥138号钢塔成功吊装
2016年6月29日	主体工程桥梁成功合龙	完成江海直达船航道桥最后一个中跨钢箱梁吊装
2016年7月30日	主体工程桥面铺装正式开工	组合梁桥面铺装首制件顺利完成
2016年9月27日	港珠澳大桥主体工程桥梁工程全线贯通	
2016年12月26日	港珠澳大桥海底隧道33节沉管预制全部完成	
2017年3月7日	沉管隧道33节管节全部安装完毕	海底隧道最后一节沉管——E30管节安装取得圆满成功
2017年5月2日	隧道合龙段安装	海底沉管隧道最终接头吊装到指定位置
2017年7月7日	港珠澳大桥海底隧道暨大桥主体工程顺利贯通	
2017年7月27日	桥梁工程主线桥面铺装圆满完成	
2017年12月31日	主体工程施工任务基本完成，基本具备通车条件	港珠澳大桥主体工程点亮全线灯光
2018年2月6日	具备通车试营运条件	港珠澳大桥主体工程通过交工验收
2018年10月23日	举行港珠澳大桥开通仪式	
2018年10月24日	正式营运	

（供稿：港珠澳大桥管理局）

广西壮族自治区乐业至百色高速公路工程

基本情况

乐业至百色高速公路是2016年广西壮族自治区人民政府批准实施的《广西高速公路网规划修编（2006—2020）》中"纵7"天峨（黔桂界）至龙邦高速公路的重要组成部分，是2013年国家发展和改革委员会批准的《国家公路网规划（2013年—2030年）》银川至龙邦高速公路广西境内路段的重要组成部分，是贵州、重庆等大西南地区通往广西壮族自治区沿海及东盟的最便捷的公路通道。

该工程起自天峨县下老乡百塘村（黔桂界），接2018年在建贵州省惠水至罗甸（黔桂界）公路，经百塘、下老、逻西、马庄、乐业县城、皈里、那槐、央里、凌云县城、伶站，在那暮附近与隆林至百色高速公路（以下简称隆百高速）相接，而后与隆百高速共线至永乐附近，继而向西南上跨既有南昆铁路、在建云桂铁路，经东蚕终于上宋附近，与百色至罗村口高速公路相接。路线全长169.99公里。2017年7月1日开工建设，建设工期4年。

建设意义

1. 促进地区经济发展

该工程的开工建设将改善百色地区交通基础设施落后的局面，为百色北部山区的出行提供便捷的交通条件，有力地促进区域经济的快速发展。

2. 构建公路交通通道

该工程建成后可形成西南地区出海的第二通道，缓解原有贵阳-都匀-河池南下通道的压力，使贵州、广西两省（区）的公路网络更加完善，实现两省区优势互补，对贯彻中央"充分发挥广西作为西南地区出海通道的作用"决策、实施西部大开发战略、构建"中国 — 东盟自由贸易区"和"泛珠江三角洲经济区"等都具有重要的战略意义，尤其在应对自然灾害、国防安全等不可预见因素方面将产生深远影响。

审批依据

《国家发展改革委关于广西壮族自治区乐业至百色公路工程可行性研究报告的批复》（发改基础〔2015〕3015号）。

▲ 服务区效果图

▲ BIM技术的智慧预制厂管理系统

《交通运输部关于广西壮族自治区乐业至百色公路初步设计的批复》（交公路函〔2016〕356号）。

《广西壮族自治区交通运输厅关于乐业至百色公路施工图设计的批复》（桂交行审〔2016〕99号）。

投资主体

该工程为广西交通投资集团有限公司全资项目，批复概算金额190.79亿元，资金来源由中央车购税补助、自筹资金及国内银行贷款三部分组成，其中，计划中央车购税补助和自筹资金占总投资额的25%，国内银行贷款占总投资额的75%。

工程进度

1. 总投资完成情况

2018年年度累计完成形象投资56.83亿元，占年度计划54亿元的105.25%。累计完成投资111.48亿元，占总投资190.79亿元的58.43%。

2. 形象进度完成情况

截至2018年10月31日，累计完成：路基填方3051.1万立方米，占总工程量的93.18%；挖方3388.68万立方米，占总工程量的96.54%；桥梁桩基完成130639.4根，占总工程量的96.9%；墩柱完成59402.17根，占总工程量的87.3%；梁板预制完成3465片，占总工程量的29.93%；涵洞通道完成14618.78座，占总工程量的87.11%；隧道工程掘进累计完成66084米，占总工程量的77.07%；衬砌完成28756.1米，占总工程量的68.5%；防护工程完成77.61%；管理养护及服务区房建完成26.52%，凌云管理分中心已建设完成。

3. 主要控制性工程进展

（1）桥梁控制性工程完成情况

民享特大桥：下构94%，上构17%。百林特大桥：下构98%，上构56%。上宋右江大桥：下构73%，上构5%。百楼1号大桥：下构64%，上构10%。

（2）隧道控制工程完成情况

那立隧道累计进尺4670米（74.22%），二衬完成4344.8米（69.05%）；那槐隧道累计进尺6318米（89.07%），二衬完成5810米（81.91%）；蒙沙隧道累计进尺4795.55米（78.14%），二衬完成4078.6米（66.46%）；弄衣隧道累计进尺3809米（50.9%），二衬完成3227米（42.44%）。

新技术应用

1. 单侧服务区设计技术

该工程服务区采用单侧服务区设计，融入周边地形，减少对山区地形地貌干扰破坏，集中服务设施资源，易于进行分区规划，形成规模经营。

▲ 那槐隧道进口

2. 智慧预制厂管理系统

基于BIM技术的智慧预制厂管理系统试点，实现人、机、料、全面管理，实现实时管控，做到质量、安全可追溯。

3. 虚拟驾驶平台技术

实现虚拟驾驶模拟对典型路段景观设计、景观评价和技术方案比选的支撑，形成基于视觉特性的公路线形景观协调性设计评价体系。

4. 隧道零开挖技术

以不破坏为最大保护原则，减少对隧道洞口边仰坡破坏，实现隧道开挖对自然地形的最小干扰，让工程融入自然。

5. 北斗系统隧道仰坡及地表变形自动化监测

这种检测方式具有零风险、低成本、高效率、服务优等诸多优点，可对隧道边仰坡及地表变形进行长期性的连续监测，并测得第一组数据。

▲ 虚拟驾驶平台技术模型

▲ 主线路基实现贯通

实施单位

单位类别	单位名称
建设单位	广西乐百高速公路有限公司
设计单位	中交第二公路勘察设计研究院有限公司（设计第一合同段）
	中国公路工程咨询集团有限公司（设计第二合同段）
	广西交通设计集团有限公司（设计第三合同段）
	广西交通设计集团有限公司（设计第四合同段）
	四川省交通运输厅公路规划勘察设计研究院（设计第五合同段）
监理单位	广西桂通工程咨询有限公司
	中咨公路工程监理咨询有限公司
	广西交科工程监理咨询有限公司
	贵州陆通工程管理咨询有限责任公司
	广西双建工程咨询有限公司
	北京交科工程咨询有限公司
施工单位	中交第一公路工程局有限公司
	中铁建大桥工程局集团第四工程有限公司
	中铁一局集团有限公司
	中交第二航务工程局有限公司
	中铁四局集团有限公司
	广西路桥工程集团有限公司
	广西路建工程集团有限公司
	中交路桥建设有限公司
	中铁十一局集团有限公司
	江西省交通工程集团有限公司
	湖南路桥建设集团有限责任公司
	中交第三公路工程局有限公司
	广西长长路桥建设有限公司
	中交第四公路工程局有限公司
	广东省长大公路工程有限公司
	中铁二十三局集团有限公司

（供稿：广西交通投资集团有限公司）

兰海高速公路广西壮族自治区南宁经钦州至防城港段改扩建工程

基本情况

兰海高速公路广西南宁经钦州至防城港段改扩建工程（以下简称南钦防改扩建工程）是国家高速公路网“7射、11纵、18横”主干线中兰州至海口高速公路和其联络线钦州至东兴公路的重要组成部分，是西部大开发区域、泛珠三角经济区和大西南经济区与“中国-东盟自由贸易区”、中越“两廊一圈”联系的交通枢纽，是广西壮族自治区面向东盟的国际大通道、国家“一带一路”“南向通道”多式联运的重要组成部分。

南钦防改扩建工程路线总长138公里，由南宁至钦州段及钦州至防城港段组成。其中，南宁至钦州段起自南宁南主线收费站（G75K1990+532），止于南北枢纽互通立交（G75K2099+040），全长108公里；钦州至防城港段起自南宁至钦州卜家互通立交（K0+082），止于防城港主线收费站（K30+105），全长30公里。

该工程设计速度为120公里/小时。全线利用24.5米（四车道）、28米（四车道）、33.5米（六车道）宽度的现有路基，两侧加宽为42米（八车道）；水泥混凝土路面改扩建为沥青混凝土路面;桥梁由原桥宽的24.5米（33.5米）扩建成桥宽42米，旧桥上部构造及附属结构全部拆除新建；改扩建原有服务区 2 处，改扩建原收费站 6 处；新增互通立交及收费站 2 处，新增服务区 2 处。

审批依据

《交通运输部关于兰海高速公路南宁经钦州至防城港改扩建工程可行性研究报告的审查意见》（交规划函〔2016〕308号）。

《广西壮族自治区发展和改革委员会关于兰海高速公路南宁经钦州至防城港改扩建工程可行性研究报告的批复》（桂发改交通〔2016〕401号）。

《交通运输部关于兰海高速公路南宁经钦州至防城港改扩建工程初步设计的批复》（交公路函〔2016〕771号）。

《广西壮族自治区交通运输厅关于南宁经钦州至防城港改扩建工程两阶段施工图设计的批复》（桂交行审〔2017〕33号）。

建设意义

1. 构建开放发展战略通道

南宁市是“中国-东盟”博览会的永久举办地，钦州至防城港高速公路承担着出海、出边重要任务，交通量迅猛增长，大能力、更安全、更舒适的八车道更符合广西壮族自治区一直坚持的开放发展战略。该工程的实施，对实现“广西要成为西南、中南地区开放发展新的战略支点”的发展目标，起到极大的推动作用。

2. 促进贸易区快速发展

工程所处的防城港市地处中国大陆海岸线最西南端，是海上丝绸之路的重要港口，港口优势突出，是我国沿海12个主枢纽港之一。该工程的扩容建设对北部湾经济区、中国-东盟自由贸易区以及防城港的发展具有重要意义。

3. 落实“一带一路”倡议

沿海高速公路是我国西南、西北出海、出边最便捷的主要陆路通道，南北国际大通道是兰州、西安经成都、重庆、贵阳、南宁至东兴-越南-老挝、柬埔寨、泰国、马来西亚、新加坡陆路通道，对于区域内路网，钦州至防城港高速公路具有不可代替性。通过改扩建，能够有效改善区域交通条件，在提升现状道路的通行能力和服务水平的同时，也为南宁-东兴-东盟通道预留出部分容量。

投资主体

该工程法人为广西北部湾投资集团有限公司，批复预算85亿元。项目资本金为56.69亿元，约占总投资的67.18%。其中，国家安排中央专项建设基金（车购税）24.38亿元，广西壮族自治区政府安排财政性资金16.66亿元（含那马水资源循环0.01亿元），南宁市安排财政性资金2.09亿元（南宁南收费站），钦州市安排财政性资金0.46亿元（茅尾海互通燃油税），防城港市安排财政性资金0.35亿元（防城港主线收费站），广西北部湾投资集团有限公司发行国家专项建设债券12.75亿元。剩余资金使用银行贷款解决。

工程进度

根据施工时序，该工程分三个不同路段，分别为先期实施路段、试验路段和主体路段。

（1）先期实施路段、试验路段及路况提升路段均已投入运营，共完成概算投资39亿元，占项目总批复概算的46%。完成了51公里的高速公路改扩建（6车道改扩为8车道）工程和3个互通立交、3个收费站及1个服务区的新增建设。

（2）主体路段为现阶段实施改扩建路段，路线总长87公里，概算投资46亿元。南间至茅尾海段长43公里，茅尾海至南北枢纽互通段长14公里，钦州至防城港段长30公里。改扩建互通立交6处、服务区1处，新建服务区1处。

该工程于2017年9月开工建设，计划于2019年9月完工，工期24个月。截至2018年12月底，南钦防改扩建工程累计完成投资30亿元，占总投资46亿元的65.2%。路基工程累计完成84%，路面工程累计完成25%，桥涵工程累计完成76%。

项目评估

1. 推动“五新”措施，建立管理标杆

该工程通过新思维、新机制、新举措、新保障、新应用的“五新”交通组织管理措施，助推南钦防改扩建工程施工进度，打造及推动“五新”措施做广西壮族自治区区内改扩建交通组织管理模板，立改扩建交通组织管理标杆。

2. 采取安防新举措，实现“一防两区”

（1）原钢护栏内移作为防护设施，划分安全防护行车区和施工区。通过护栏内移，替代原有水马、水泥墩，提高安全防护性能，外观整洁、美观大方。

（2）使用移动钢护栏，替代传统防护设施，与护栏内移结合，消除安全防护死角；并能在改道路段用于对向行驶车辆的防护，大大提高了南钦防改扩建工程交通组织安全防护的等级。

（3）设置临时隔离网隔离封闭高速公路行车区，真正实现行车区与施工区安全隔离。

（4）改道路段采用“2+1”车道转换模式，及时有效疏导交通，有效解决车辆拥堵。以改道路段交通流运行问题为导向，以数据分析为基础，以交通组织科研为抓手，优化交通组织方案、现场交通管制设施布设及交通疏导措施。

3. 研究施工情况，建立规范标准

依托南钦防改扩建工程开展交通组织研究，分析研究改扩建施工区交通流特点、施工区道路特征、施工要求、交通组织约束条件等内容，形成交通组织标准，逐步形成《高速公路改扩建施工交通组织和安全保障技术指南》，建立改扩建施工交通组织规范标准。

新技术应用

(1) 积极与高德地图合作，获得高德地图后台操作权限，及时发布交通管制信息及突发交通事故信息，提醒社会大众选择合理路线出行；通过高德地图观察改扩建全路段车流运行情况，督促各项目经理部安排人员及时处置。

(2) 使用无人机，监控节假日与突发交通事故车流的运行关键点，及时处置和疏导；直观发现交通组织布置的相关标志标牌、安全防护设施是否符合规范标准，是否存在漏项死角，及时完善。

(3) 交警高速公路管理支队采购同型号对讲机，通过交警信号平台进行使用，同步对接交警个人，及时上报相关路面交通信息；各监管单位通过对讲机（目前对讲机各路政大队2台，运营公司3台，运营公司各管理处2台，交警八大队5台）进行沟通，对各项目经理部进行监管调控；建立改扩建施工路段视频监控中心，运用信息化手段进行管理。

(4) 在南钦防改扩建工程沿线改道路段或重点部位安装视频监控，实时监控路面车流运行情况，通过监控视频调控改扩建路段内交通管制措施，及时应对突发事件、交通拥堵等紧急情况；监督各施工单位人员到位、措施落实情况。

(5) 为有效解决南钦防改扩建工程双向八车道宽幅沥青路面排水问题，选取排水不畅和雨天事故多发路段铺设大空隙排水沥青路面，同时，在全线采用雨夜反光透水标线，以有效解决因路面易积水或标线反光系数不足等引发的行车隐患问题，全面提升改扩建工程的安全性能和服务水平。

实施单位

单位类别	单位名称
参建单位	广西路桥工程集团有限公司
	广西路建工程集团有限公司
	中交第一公路工程局有限公司 （现已更名中交一公局集团有限公司）
	中交二公局东萌工程有限公司
	福建路桥建设有限公司
	广西交通科学研究院有限公司
	中冶天工集团有限公司
	江西省地质工程（集团）公司
	广西建工集团第一建筑工程有限责任公司
	广西宏路交通工程有限公司
	深圳市艺园园林绿化有限公司 （现已更名深圳市艺园生态建设有限公司）
	江苏山水环境建设集团股份有限公司
监理单位	广西桂通工程咨询有限公司
	广西八桂工程监理咨询有限公司
	四川省公路工程咨询监理事务所有限责任公司
设计单位	广西交通设计集团有限公司
	贵州省交通规划勘察设计研究院股份有限公司
	北京市市政工程设计研究总院有限公司
	四川省交通运输厅公路规划勘察设计研究院 （现已更名四川省公路规划勘察设计研究院有限公司）
	广西华蓝设计（集团）有限公司 （现已更名华蓝设计（集团）有限公司）
	南宁市古今园林规划设计院
	广西水木精华装饰设计工程有限公司

（供稿：广西北部湾投资集团有限公司）

重庆市城口（陕渝界）至开县公路工程

基本情况

重庆市城口（陕渝界）至开县公路（以下简称城开高速公路）是银川至百色国家高速公路中的一段，起于重庆市城口肥北屏乡（陕渝界），接在建的安康至岚皋（陕渝界）公路，经城口县葛城街道、蓼子、鸡鸣，穿城开隧道，经开州区满月、大进、谭家、和谦、温泉、白鹤街道、渠口，止于开州区赵家街道，与已通车的万州至开州高速公路相接。路线全长128.5公里，建设工期6年。

全线采用四车道高速公路标准建设，设计速度80公里/小时。全线设桥梁63座总长28.29公里，其中特大桥9座9.87公里；隧道19条71.41公里，其中特长隧道9条55.88公里（包括大巴隧道13.6公里、城开隧道11.4公里），桥隧比77.61%；服务区2处，停车区2处；主线收费站1处，匝道收费站10处，路段管理分中心1处，养护工区2处。

主要控制工程为澎溪河特大桥、温泉特大桥、双河口特大桥、蓼子特大桥、任河特大桥、吴家梁隧道、城开隧道、鸡鸣隧道、大巴山隧道等。

审批依据

《国家发展改革委关于重庆市城口（陕渝界）至开县公路可行性研究报告的批复》（发改基础〔2016〕850号）。

《交通运输部关于重庆市城口（陕渝界）至开县公路初步设计的批复》（交公路函〔2016〕729号）。

《重庆市交通委员会关于重庆城口（陕渝界）至开州高速公路一期工程施工图设计的批复》（渝交委路〔2016〕76号）。

《重庆市交通委员会关于重庆城口（陕渝界）至开州高速公路二期工程施工图设计的批复》（渝交委路〔2017〕52号）。

建设意义

该工程开工建设，深入贯彻实施西部大开发战略，依托黄金水道推动长江经济带发展，促进国家"一带一路"倡议的建设。实施工程建设后，将有效完善国家和区域高速公路网络，改善区域交通条件，加强重庆北部山区与沿江口的联系，对助力实现"两个一百年"的奋斗目标、支持秦巴山区集中片特困地区扶贫开发工作起到积极的推动作用。

投资主体

该工程为政府还贷公路项目，法人为重庆高速公路集团有限公司。估算总投资234.59亿元，按照静态投资217.39亿元进行配备（工可批复）。其中，国家安排中央专项建设基金（车购税）63.81亿元，重庆高速公路集团有限公司安排自有资金78.51亿元，共计工程资本金142.32亿元，约占总投资的60%。其余资金使用国内银行贷款。

工程进度

城开高速公路自开工累计完成投资35.85亿元，占总投资的8%。2018年1—10月完成投资17.87亿元，占年度计划的71.46%。

截至2018年10月底，总体建安工程完成形象进度为13.02%。

其中，土建工程形象进度完成14.97%，包括：路基工程完成22.86%；桥涵工程完成8.72%；隧道工程完成15.08%。此外，路面工程、机电工程、绿化工程等附属设施工程完成0%。

▲ 城开高速旗杆山隧道进口超前地质预报钻机施工

▲ 城开高速钢筋加工场屋梁安装

实施单位

单位类别	单位名称	标段
建设单位	重庆高速工程顾问有限公司	
设计单位	中交第二公路勘察设计研究院有限公司	KCSJ1
	重庆市交通规划勘察设计院	KCSJ2
	招商局重庆交通科研设计院有限公司	KCSJ3
施工单位	贵州路桥集团有限公司	A2
	中国铁建大桥工程局集团有限公司	A3
	中交路桥建设有限公司	B1
	江西省交通工程集团有限公司	B2
	中铁十一局集团有限公司	B3
	中交一公局第五工程有限公司	C1
	四川公路桥梁建设集团有限公司	C2
	中交第二航务工程局有限公司	C3
监理单位	深圳高速工程顾问有限公司	JL2和JL3
	西安方舟工程咨询有限责任公司	JL4
	重庆育才工程咨询监理有限公司	JL5
	北京中通公路桥梁工程咨询发展有限公司	JL6
	重庆中宇工程咨询监理有限责任公司	JL7
	中咨公路工程监理咨询有限公司	JL8

【西部大开发】是中华人民共和国中央政府的一项政策。2006年12月8日，国务院常务会议审议并原则通过《西部大开发“十一五”规划》。

目标是努力实现西部地区经济又好又快发展，人民生活水平持续稳定提高，基础设施和生态环境建设取得新突破，重点区域和重点产业的发展达到新水平，教育、卫生等基本公共服务均取得新成效，为构建社会主义和谐社会迈出扎实步伐。

西部大开发的范围包括：四川省、陕西省、甘肃省、青海省、云南省、贵州省、重庆市、广西壮族自治区、内蒙古自治区、宁夏回族自治区、新疆维吾尔自治区、西藏自治区、恩施土家族苗族自治州、湘西土家族苗族自治州、延边朝鲜族自治州。

重庆市城口（陕渝界）至开县公路工程在这样的大背景下应运而生。

（供稿：重庆高速公路集团有限公司）

兰海国家高速重庆至遵义段（贵州境）扩容工程

基本情况

兰海国家高速公路重庆至遵义段（贵州境）扩容工程，全长118.75公里。其中，新建路段（K0+000～K108+680）长108.68公里，采用双向六车道高速公路标准，设计速度100公里/小时，路基宽度33.5米；改扩建路段（K108+680～K118+748）长9.1公里，采用双向八车道高速公路标准，设计速度100公里/小时，路基宽度41米（分离式20.5米，利用老路24.5米）。桥涵与路基同宽，为沥青混凝土路面。

工程内容包括：路基土石方2498.26万立方米；特大桥7420.85米/5座、大中桥19320.3米/50座；隧道58536.5米/24条，桥隧比达71.7%；互通式立交10处；停车区1处；服务区3处；养护工区3处；桥隧管理站3处、桐梓隧道救援站2处；交警中队3处。建设工期4年。

审批依据

《贵州省发展和改革委员会关于兰海国家高速公路重庆至遵义段（贵州境）扩容工程可行性研究报告的批复》（黔发改交通〔2016〕1941号）。

《交通基础设施重大工程建设三年行动计划》（发改基础〔2016〕730号）。

《交通运输部关于兰海国家高速公路重庆至遵义段（贵州境）扩容工程初步设计的批复》（交公路函〔2017〕482号）。

《贵州省交通运输厅关于兰海国家高速公路重庆至遵义段（贵州境）扩容工程（主体工程）施工图设计的批复》（黔交建设〔2017〕198号）。

建设意义

1. 建设西南出海口运输大通道

该工程是2013年国家发展和改革委员会批准实施的《国家公路网规划（2013年—2030年）》“第10纵”兰州至海口国家高速公路的组成部分，也是2016年贵州省人民政府批复实施的《贵州省高速公路网规划（加密规划）》中“第4纵”崇溪河至罗甸高速公路的组成部分。它建成后，将是我国西部地区经重庆、遵义、贵阳至珠三角腹地、西南出海口最便捷的运输通道。

2. 推动沿线区域经济发展

该工程的建设实施对完善国家及贵州省高速公路网布局，提高瓶颈路段通行能力和交通运输安全，促进沿线区域经济社会快速发展，实现同步全面建成小康社会具有重要意义。

投资主体

该工程是政府还贷高速公路项目，法人为贵州高速公路集团有限公司，未采用PPP模式。工程概算总投资263.57亿元。其中，资本金96.55亿元，占总投资36.6％，申请交通运输部安排中央专项建设资金（车购税）。其余资金使用国内银行贷款解决。

工程进度

该工程于2018年9月6日开工，截至2018年10月23日完成总体形象进度15％、投资进度16.05％。其中，完成路基形象进度21.05％；桥梁形象进度4.77％；隧道形象进度4.3％；路面形象进度0％；附属工程形象进度0％。各标段产值完成15.5亿元。整体完成计划工期任务情况较好。

新技术应用

该工程开展如下技术创新课题研究：

（1）瓦斯技术。瓦斯快速排放技术；新型纤维材料高瓦斯煤系地层隧道支护技术；瓦斯隧道施工安全控制技术；复杂地质大跨隧道高效施工工法与支护参数、超前支护系统。

（2）地下水相关技术。地下水水质分析排水系统堵塞机理及地下水结晶处治方法；地下水量分析。

（3）隧道研究。预警及应急预案；隧道火灾烟雾扩散规律研究；隧道结构受力变形及损伤演化规律。

（4）制定标准。隧道施工安全隐患排查清单与评价标准；地质信息采集与围岩稳定性评价方法。

▲ 陈家湾隧道进口二衬台车

存在问题

该工程施工地点地质条件复杂。其中，桐梓隧道全长10.5公里，为超长大跨径隧道，主要穿越灰岩和白云岩的碳酸盐地层，岩溶发育，易遇岩溶、突水突泥、软岩变形等地质问题，穿越煤系地层会遇到煤层瓦斯，施工难度极大。

实施单位

单位类别	单位名称	标段
建设单位	贵州高速公路集团有限公司	
设计单位	贵州省交通规划勘察设计研究院股份有限公司	
	中交第二公局勘察设计研究院有限公司	
监理单位	贵州省交通建设咨询监理有限公司	
	贵州省交通建设咨询监理有限公司	
	贵州陆通工程管理咨询有限责任公司	
	贵州陆通工程管理咨询有限责任公司	
	重庆市交通工程监理咨询有限责任公司	
	贵州省交通建设咨询监理有限公司	
施工单位	浙江交工宏途交通建设有限公司	T1
	中铁四局集团第四工程有限公司	T2
	中交路桥建设有限公司	T3
	中交一公局厦门工程有限公司	T4
	贵州桥梁建设集团有限责任公司	T5
	广西路桥工程集团有限公司	T6
	贵州省公路工程集团有限公司	T7
	中交第一公路工程局有限公司	T8
	贵州桥梁建设集团有限责任公司	T9
	中交第四公路工程局有限公司	T10
	中交第二公路工程局有限公司	T11
	贵州路桥集团有限公司	T12
	中交第二航务工程局有限公司	T13
	中铁十七局集团第一工程有限公司	T14
	贵州路桥集团有限公司	T15
	中交第二公路工程局有限公司	T16
	贵州省公路工程集团有限公司	T17

（供稿：贵州高速公路集团有限公司）

贵州省都匀至安顺公路工程

基本情况

贵州省都匀至安顺公路是都匀至香格里拉国家高速公路的起点路段，是长江经济带发展规划重点建设工程，由主线及都匀、贵安两条支线组成。线路全长276.32公里，共设互通式立交25处、服务区7处。批复工期4年。

主线起于都匀，在王司镇的乌养与厦蓉高速公路水口至都匀段相接，向南绕行从都匀经开区边缘通过，在河阳乡与都新高速公路交叉，经都匀毛尖镇、贵定窑上、云雾镇，惠水岗渡、摆金、惠水县城南、大龙，长顺摆塘、新寨，进入安顺地界，经杨武、鸡场、岩腊，绕行龙宫风景区的西南边缘，终点位于镇宁杨家山，与沪昆高速公路相交，并与都匀至香格里拉高速公路镇宁至六枝段相接，主线全长215.4公里。都匀支线起点在都匀北部杨柳街与兰海高速公路相接，经羊列、坝固，终点在乌养与主线起点相接，全长41.55公里；贵安支线起点位于曹摆与花溪至安顺高速公路相接，经广顺，在长顺县城东北与该工程主线相接，全长19.37公里。

1. 分段技术标准

主线设计分为三个施工段。其中，主线乌养—云雾及长顺—杨家山段，采用双向4车道，路基宽度26米，全长144.53公里；云雾—惠水段，采用双向6车道，路基宽度33.5米，全长50.51公里；惠水—长顺段，采用双向8车道，路基宽度41米，全长20.36公里（利用惠兴高速公路改扩建9.01公里）。都匀支线设计速度采用80公里/小时，双向4车道，路基宽度25.5米。贵安支线设计速度采用100公里/小时，双向6车道，路基宽度33.5米。

▲ 钢筋笼加工

▲ 大冲隧道边仰坡施工

2. 控制性工程

（1）乌养枢纽互通为该工程主线起点，采用环形+半直连式枢纽互通设计方案，连接厦蓉高速公路，位于乌养镇附近，向北对接都匀支线。单向单车道匝道宽9米，单向单出入口双车道匝道宽10.5米，单向双出入口双车道匝道宽12.5米。

（2）毛尖隧道位于都匀市毛尖镇，左线起讫桩号为ZK47+160～ZK52+417，长5.2公里；右线起讫桩号为 YK47+161～YK52+383，长5.2公里，是特长隧道。隧道采用双向四车道，设计行车速度为100公里/小时。根据地勘资料，确认该隧道为低瓦斯隧道。

（3）老棉河特大桥位于贵定县云雾镇，中心桩号为YK66+010。桥梁全长左幅为1720米，桥型为双塔斜拉桥，左、右幅布跨为12×40米连续T梁+（215+480+215）米+9×40米连续T梁，主跨为钢混叠合梁。

（4）该工程惠水枢纽至大龙乡段（K122+250～K133+560）与既有贵惠高速公路、惠兴高速公路共线，根据初步设计批复意见及施工图阶段设计方案，改扩建段采用左幅新建方案，建成后原有惠兴、贵惠高速公路作为主线右幅，与新建左幅形成双向八车道高速公路。

▲ 大冲隧道

审批依据

《国家发展改革委关于贵州省都匀至安顺公路可行性研究报告的批复》（发改基础〔2016〕2530号）。

《贵州省交通运输厅关于对〈贵州高速公路集团有限公司品质工程打造行动计划〉的批复》（黔交建设〔2016〕119号）。

《交通运输部关于贵州省都匀至安顺公路初步设计的批复》（交公路函〔2017〕473号）。

《贵州省交通运输厅关于贵州省都匀至安顺公路（主体工程）施工图设计的批复》（黔交建设〔2017〕186号）。

《交通运输部办公厅关于实施第三批绿色公路建设典型示范工程的通知》（交办公路函〔2017〕552号）。

建设意义

都匀至安顺公路是长江经济带发展规划重点建设工程，也是2016年贵州省人民政府批复实施的《贵州省高速公路网规划（加密规划）》中“第5横”与“第6联”的组成部分。

该工程的建设实施对完善国家高速公路网布局，拉动贵安新区（西部大开发五大新区之一）的快速发展，构建我国西南地区黄金旅游通道，推动贵州经济社会又好又快发展，促进沿线地区全面建成小康社会具有重要意义。

投资主体

该工程属于政府项目，估算总投资约434.99亿元，静态投资约413.27亿元。资本金共计约158.77亿元，约占总投资的36.5%。其中，国家安排中央专项建设基金（车购税）124.24亿元用于主线工程，黔南州人民政府安排财政性资金约34.53亿元。其余资金使用国内银行贷款解决。

工程进度

该工程于2018年7月25日开工，已完成总体形象进度的21.8%、投资进度的25.81%。其中，路基形象进度完成28%，桥梁形象进度完成22%，隧道形象进度完成19.5%。

路基：累计完成挖方总量的20.96%、填方总数量的14.51%。

桥梁：累计完成桥梁桩基总量的22.35%、桥梁墩柱总量的12.09%。

隧道：累计完成隧道开挖总量的8.67%、隧道二衬总量的2.18%。

▲ 施工现场

新技术应用

1. 基于机载激光雷达的地形扫描

采用先进的机载激光扫描测量技术，实现工程基础地形数据的精确获取。该工程0.2米分辨率数字正射影像图和数字高程模型的处理范围为全部采集数据，1:2000数字线划地形图的成图宽度为路线中心线两侧各300米，互通、服务区等局部路段根据勘察设计需要增大成图范围。

▲ 钢筋加工厂

2. 大力推广钢结构桥梁应用

该工程主线应用钢结构的桥梁共6061.3米/10座，长度占主线桥梁总长度的2.8%；支线应用钢结构的桥梁共499.1米/3座，长度占支线桥梁总长度的1.2%。此外，互通、枢纽匝道桥应用钢结构的桥梁共1652米/19座，立交、天桥采用钢结构方案的桥梁共1449米/26座。同时，30米、40米等标准跨径钢混组合梁制定了上构通用图。

3. 积极应用建筑信息模型（BIM）新技术

工程方通过公开招投标方式引进BIM技术应用服务单位，为全线创建BIM模型。同时，选择10个工点，建立施工级模型，并将模型运用到工程的建设管理中，提升管理效率，提高施工水平。

存在问题

1. 工程施工组织难

该工程控制性工程达29处，枢纽交叉多达25处，高速公路路网发达，需加强对运营高速公路的交通管制。

2. 征地拆迁难

该工程征地拆迁协调工作复杂，途经共10个市、区、县，征用土地约3万余亩，拆迁约64万平方米，工作量大。

项目评估

1. 施工地段复杂

在工程建设中，有多处地形地质条件复杂的地段，需加强地质勘察；技术等级标准多，需加强路段间的衔接；勘察设计标段多，需加强总体协调。

2. 建设绿色公路

该工程是2017年5月5日，交通运输部办公厅入选的全国第三批绿色公路建设典型示范工程。线路所经地区旅游资源丰富，为保护地区优势资源，对施工过程中的环水保及工程完工后的恢复要求较高。

实施单位

单位类别	单位名称	标段
建设单位	贵州高速公路集团有限公司	
中心试验室	贵州顺康路桥咨询有限公司	Z1
	贵州顺康路桥咨询有限公司	Z2
	贵州交咨工程检测有限公司	Z3
	四川正达检测技术有限责任公司	Z4
	贵州交咨工程检测有限公司	Z5
驻地监理办	北京华通公路桥梁监理咨询有限公司	J1
	贵州科达公路工程咨询监理有限公司	J2
	重庆市交通工程监理咨询有限责任公司	J3
	贵州省交通建设咨询监理有限公司	J4
	安徽省公路工程建设监理有限责任公司	J5
	重庆市交通工程监理咨询有限责任公司	J6
	贵州陆通工程管理咨询有限责任公司	J7
	贵州省交通建设咨询监理有限公司	J8
	贵州陆通工程管理咨询有限责任公司	J9
	山西交科公路工程咨询监理有限公司	J10
	重庆市交通工程监理咨询有限责任公司	J11

土建施工单位

单位名称	标段
中交二公局东萌工程有限公司	T1
中交第二航务工程局有限公司	T2
中交一公局厦门工程有限公司	T3
中交第四公路工程局有限公司	T4
中铁十六局集团第四工程有限公司	T5
贵州路桥集团有限公司	T6
中交第二航务工程局有限公司	T7
中交第一公路工程局有限公司	T8
中交路桥建设有限公司	T9
贵州省公路工程集团有限公司	T10
中交第二公路工程局有限公司	T11
中交第一公路工程局有限公司	T12
贵州桥梁建设集团有限责任公司	T13
中交第四公路工程局有限公司	T14
中交第二公路工程局有限公司	T15
浙江交工宏途交通建设有限公司	T16
贵州桥梁建设集团有限责任公司	T17
贵州桥梁建设集团有限责任公司	T18
中交第二公路工程局有限公司	T19
贵州省公路工程集团有限公司	T20
广东省长大公路工程有限公司	T21
中交第一公路工程局有限公司	T22
广西路桥工程集团有限公司	T23
贵州路桥集团有限公司	T24
贵州路桥集团有限公司	T25
中交第四公路工程局有限公司	T26
中铁十七局集团第一工程有限公司	T27
贵州桥梁建设集团有限责任公司	T28
中铁十七局集团第一工程有限公司	T29
中铁四局集团第四工程有限公司	T30
中铁四局集团第四工程有限公司	T31

（供稿：贵州高速公路集团有限公司）

青海省西宁南绕城公路工程

基本情况

青海省西宁南绕城公路是国家高速公路网京藏高速公路的重要组成路段，是青海省“3410”高速公路网中第二条横线“马场垣—唐古拉山段”的重要组成部分，也是青海省“十二五”重点建设工程之一。该工程以西宁市主城区为核心、向四周辐射的高速公路为主骨架网络，构成西宁市“内成网格外成环”的城市交通格局，兼具国家高速公路城市过境线及城市快速干线的双重功能。

路线起点位于西宁曹家堡机场西侧，穿越西宁市、海东市、平安区、互助县、湟中县、东川经济开发区、城东区、城中区、城西区，终点位于湟中县多巴镇扎麻隆村，与已建成通车的西宁至湟源一级公路相接，全长59.77公里，设主线收费站1处、匝道收费站10处。

设计标准采用双向六车道高速公路标准，设计行车速度100公里/小时，路基标准宽度33.5米，桥涵与路基同宽，荷载标准公路Ⅰ级。

主线设特大桥3座6753.4米、大桥16座5057.3米、中桥25座1536.2米、小桥8座149.3米；通道25座、涵洞63道；隧道6条，均为分离式隧道，单洞合计22605米，计特长隧道1条3255米、长隧道3条6972米、中长隧道1条832.5米、短隧道1条243米（按双洞平均长度计）；桥隧比41.5％；天桥2座，渡槽4座；路基挖方617.52万立方米，填方750.05万立方米，路面160.38万立方米，防护工程45.37万立方米，路基排水工程18.91万立方米。

审批依据

《国家发展改革委关于青海省西宁南绕公路可行性研究报告的批复》（发改基础〔2012〕3104号）。

《交通运输部关于国家高速北京至拉萨线西宁南绕城公路环境影响报告书预审意见的函》（交函规划〔2012〕2号）。

《国土资源部关于国家高速北京至拉萨线西宁南绕城公路工程建设用地预审意见的复函》（国土资预审〔2012〕39号）。

《水利部关于国家高速北京至拉萨线西宁南绕城公路工程水土保持方案的批复》（水保函〔2012〕55号）。

《环境保护部关于国家高速北京至拉萨线西宁南绕城公路环境影响报告书的批复》（环审〔2012〕139号）。

《国土资源部办公厅关于国家高速北京至拉萨线西宁南绕城公路控制性工程先行用地的复函》（国土资厅函〔2013〕663号）。

建设意义

1. 搭建城市路网

西宁南绕城公路的建设，在湟水河南岸形成一条连接机场和海东市，穿越西宁多个园区的高标准贯穿东西的快速绕城通道。沿线有9处互通立交与城市相连接，可有效提升西宁市路网布局功能，缓解城市交通压力。

2. 服务城市经济发展

西宁南绕城公路建成后，连接曹家堡机场空港经济区、东川经济技术开发区等多个园区，对改善城市市政基础设施条件，拓宽道路沿线区域发展空间，促进园区间的资源互动与利益共享，意义重大。

工程进度

西宁南绕城高速公路工程计划工期为2011年5月27日至2015年10月31日，实际工期为2011年5月27日至2016年4月24日。

自2011年7月起，土建施工各分经理部先后分三批如期进场，路基、桥梁、隧道工程相继在交付使用的土地上开工建设。路面、机电，交安等施工从2014年开始陆续进场施工。截至2016年4月24日，施工图设计可实施的全部工程量已完成。

新技术应用

1. 运用桥面精铣刨工艺

在工程建设中，桥面和隧道拉毛处理采用精铣刨工艺施工，经检测，铣刨面构造深度、摩擦系数、平整度、层间粘附有大幅度提高。

2. 对碎石进行加工整形

路面各结构所用集料采用不同加工设备组合整形后，测得沥青混合料中的针片状含量控制在4.6%以内，高于《公路沥青路面施工技术规范》（JTG F40—2004）中对混合料针片状颗粒含量表层不大于15%的要求，有效提高沥青混合料的压实度、路用性能。

3. 使用水稳混合料外掺粉煤灰

全线水稳基层采用掺加粉煤灰来降低水泥水化热，减缓水泥凝结时间，减少由于温差大而导致的收缩裂缝，提高了基层的掺粉煤灰后施工性能、耐久性和物理力学特性，使基层顶面很少出现裂缝。水稳混合料外掺粉煤灰施工得到了交通运输部质量安全督查组的认可。

4. 调整隧道内水泥混凝土路面为复合式路面

在工程建设中，采用复合式路面达到设计对施工控制简单化的要求，路面平整度易达到规范要求；复合式路面车辆抗滑性优于水泥混凝土路面，较水泥混凝土路面也更易于养护。

投资主体

该工程批复估算金额95.8亿元。工程资本金共计57.48亿元，约占总投资的60%。其中，国家安排中央专项基金（车购税）48.12亿元，西宁市安排财政性资金9.36亿元。其余38.32亿元资金使用国内银行贷款解决。

▲ 桥面精铣刨

▲ 南川特大桥

存在问题

西宁南绕城公路南西山隧道进口段，由于地质、水文情况复杂，2014年8月3日正在施工的隧道左线发生涌泥塌方，右线洞口边坡严重滑塌。事后，青海省高速公路管理局（以下简称省高管局）组织青海省交通运输厅公路建设管理处、省高管局相关领导和专家组，对处理方案进行了评审。工程方已按照专家组意见优化、完善处理方案。

项目评估

该工程于2011年5月开工建设，2015年4月和7月交付红线内施工用地，2015年12月25日实现全线按期通车目标；2016年完成4个未落地的互通立交和绿化提升工程，2017完成项目收尾工程和缺陷修复工作。

通过这些工程的收尾工作，道路使用功能日臻完善。

该工程作为设计施工总承包管理模式，在工程费用决算中主要涉及项目暂列金的计列及其使用问题和项目未实施工程的费用问题。因该工程合同中对上述问题没有详细约定，合同双方意见产生较大分歧。

通过引进第三方咨询服务单位出具工程合同咨询报告、邀请专家评审、提请仲裁机构仲裁、合同双方友好协商等手段，解决合同存在的争议问题，力争在2019年完成该工程的竣工验收。

实施单位

该工程是青海省省内第一条采用设计施工总承包模式管理的项目，由中交第一公路勘察设计研究院有限公司、中交第二公路工程局有限公司联合体组成总承包项目部负责完成项目工程范围内全部工程的施工图设计、施工及缺陷修复，最终达到合同约定的质量、安全、工期、造价目标，并对工程的质量安全负总责。

单位类别	单位名称	标段
建设单位	青海省高等级公路建设管理局	
设计施工总承包单位	中交第一公路勘察设计研究院有限公司 中交第二公路工程局有限公司联合体	
分经理施工单位	中铁十六局集团第一工程有限公司	第一分经理部
	中交二公局第三工程有限公司	第二分经理部
	中交第二公路工程局有限公司	第三分经理部 第四分经理部
	中交第一公路工程局有限公司	第五分经理部 第六分经理部
	中交第二航务工程局有限公司	第七分经理部 第八分经理部
	陕西路桥集团有限公司	第九分经理部
	中国水电建设集团路桥工程有限公司	第十分经理部
	陕西路桥集团有限公司	第十一分经理部
	中交第四公路工程局有限公司	第十二分经理部
	中交二公局第三工程有限公司	路面一分经理部
	中国路桥工程有限责任公司	路面二分经理部
	成都市大通路桥机械有限公司	伸缩缝一分经理部
	西安中交万向科技股份有限公司	伸缩缝二分经理部
	陕西武功建筑工程总公司	房建第一分经理部
	中交第四公路工程局有限公司	房建第二分经理部
	青海泰丰建筑工程有限责任公司	房建第三分经理部
	青海捷程建设有限公司	房建第四分经理部 房建第五分经理部
	陕西路桥集团有限公司	房建第六分经理部
	西安金路交通工程科技发展有限责任公司	机电、交安分经理部
	西安中交环境工程有限公司	绿化分经理部
监理单位	陕西海嵘工程项目管理有限公司	总监办
	四川公路工程咨询监理公司	第一驻地办
	内蒙古交通建设监理咨询有限责任公司	第二驻地办
	北京正立监理咨询有限公司	第三驻地办
	江苏智远交通科技有限公司	第四驻地办
	西安黄河工程监理有限公司	水土保持监理
	陕西建安工程监理有限公司	环境保护监理
全线设1个总监办（设中心试验室）、4个监理驻地办（其中3个土建项目驻地办和1个交通机电项目驻地办）。同时，通过招标设立环保和水保监理		

（供稿：青海省高等级公路建设管理局）

青海省共和至玉树公路改扩建工程

基本情况

青海省共和至玉树公路一期工程于2011年5月开工建设，全长635.61公里；二期工程即改扩建工程，于2013年9月开工建设，全长637.64公里，路线穿越青海省海南、果洛、玉树3个藏族自治州的5县12个乡镇。

▲ 生态防护——草皮边坡防护

▲ 桥梁盖梁施工

线路起自青海省海南藏族自治州共和县恰卜恰镇，接京藏高速公路共和至茶卡公路，沿线经河卡、温泉、花石峡、玛多、巴颜喀拉山、查拉坪、清水河、珍秦、歇武，终点止于玉树市结古镇(新寨村)。设计速度80公里/小时，局部地形困难路段60公里/小时。

审批依据

《国家发展改革委关于青海省共和至玉树（结古）公路可行性研究报告的批复》（发改基础〔2011〕3262号）。

《青海省发展和改革委员会关于青海省共和至玉树公路改扩建工程可行性研究报告的批复》（青发改基础〔2013〕984号）。

建设意义

1. 加快沿线地区经济发展

共和至玉树公路是青海省公路网主骨架的主要路段之一，是青海省省会西宁与玉树州联系的主要通道。该工程的实施极大地提高和完善了区域公路网，促进了青海西部地区优势资源的开发，带动了沿线地区经济的快速发展，加强了西宁市在青海省经济发展的中心地位，保障了青海省国民经济和社会发展规划及产业布局规划的实施，对青海省及该工程沿线区域的全面、协调、可持续发展意义重大。

2. 促进西部地区"东西互动"

该工程的建设有利于完善国家高速公路网和玉树灾后重建，进一步服务实现西部地区"东西互动、通江达海"的目标，加强西藏自治区与内地及首都北京的交通联系，对维护青藏高原的民族团结、巩固国防具有十分重要的作用。

实施单位

单位类别	单位名称	标段
建设单位	青海地方铁路建设投资有限公司	
房建工程监理单位	青海百鑫工程监理咨询有限公司	GYFJ-SGJL1
	浙江东方工程管理有限公司	GYFJ-SGJL2
	四川建充工程项目管理有限公司	GYFJ-SGJL3
	青海省国宏工程咨询监理有限公司	GYFJ-SGJL4
	江阳建设集团有限公司	GYFJ-SGJL5
	青海国安工程监理有限公司	GYFJ-SGJL6
	青海百鑫工程监理咨询有限公司	GYFJ-SGJL7
主线土建施工	西藏云天工程建筑有限公司	GYII-C1
	中铁十局集团第二工程有限公司	GYII-C2
	青海第二路桥建设有限公司	GYII-C3
	青海金丰交通建设工程有限责任公司	GYII-C4
	中铁十二局集团有限公司	GYII-C5
	西南交通建设集团股份有限公司	GYII-C6
	江西中煤建设集团有限公司	GYII-C7
	中铁十五局集团有限公司	GYII-C8
	中铁二十局集团第二工程有限公司	GYII-D1
	云南第三公路桥梁工程有限责任公司	GYII-D2
	中铁七局集团第三工程有限公司	GYII-D3
	中铁十五局集团第二工程有限公司	GYII-D4
	青海省海南天和路桥工程有限公司	GYII-D5
	中交一公局第六工程有限公司	GYII-D6
	中铁十六局集团第一工程有限公司	GYII-D7

投资主体

该工程法人为青海地方铁路建设投资有限公司，批复概算总投资269.6亿元，采用常规投资模式。投资主要由车购税补贴和银行贷款两部分组成。

工程进度

共和至玉树公路改扩建工程的路基、路面、桥涵、隧道等工程均完成设计总量的100%，并已于2016年8月30日正式通车，2016年12月完成工程交工验收。

新技术应用

共和至玉树公路改扩建工程在建设过程中，针对施工路段特点，在技术上不断创新突破。其中，《高原多年冻土区公路隧道设计与施工关键技术》荣获中国公路学会科学技术奖证书；《用热棒群对多年冻土区隧道浅埋进行主动热防护的方法》《一种适用于高温多年冻土区的隧道支护结构》《一种穿越多年冻土区与非冻土区的隧道排水系统》《一种寒区隧道格栅状离壁式保温结构》均获得发明专利证书，为高原多年冻土区公路施工提供了宝贵的经验和技术支撑。

【高海拔高寒地区高速公路建设技术】我国是全球高海拔多年冻土唯一集中连片分布地区。由多家单位联合攻关，成功首创冻土工程尺度效应理论，系统创立的我国独有的高寒高海拔多年冻土区大尺度公路建设技术，经科技部、中国公路学会组织成果评价鉴定，认为项目成果达国际领先水平。项目提出的冻土工程尺度效应理论奠定了大尺度公路冻融灾害防控理论基础，提出的设计方法和关键技术应用于我国多年冻土区公路升级改造3500公里，新建共玉、花大高速公路1100公里，并推广应用于中巴公路建设。

（供稿：青海地方铁路建设投资有限公司）

宁夏回族自治区宁东至甜水堡（宁甘界）公路工程

基本情况

宁夏回族自治区宁东至甜水堡（宁甘界）公路工程是交通运输部第一批PPP先行试点工程，也是财政部第三批PPP示范项目，被列为交通运输部第三批绿色公路建设典型示范工程。该工程是2013年国家发展和改革委员会批准实施的《国家公路网规划（2013年—2030年）》中，在原有“7918”国家高速公路网规划基础上增加的2条北南纵线之一（原有9条纵线，新增银川至百色、银川至昆明2条纵线）。

该工程主要布设在吴忠市盐池县境内，起点位于宁东能源化工基地东侧的高沙窝镇青银高速公路改扩建工程起点附近，沿途经过盐池县高沙窝镇、王乐井乡、灵武市马家滩镇、盐池县冯记沟乡、大水坑镇、惠安堡镇，最终在宁甘交界处的甘肃省环县甜水堡镇与银百高速公路甘肃段相接。

宁东至甜水堡（宁甘界）公路起讫桩号为K0+000～K113+621，路线总长112.59公里（其中K49+970.7～K51+000，短链长度1.03公里）。

该工程沿线设置高沙窝、冯记沟2处枢纽互通式立交，高沙窝南、王乐井、冯记沟、大水坑、萌城5处一般互通立交，高沙窝、冯记沟2处服务区，1处宁甘省界主线收费站，高沙窝西互通立交、王乐井互通式立交、冯记沟互通立交、大水坑互通立交、萌城互通立交5处匝道收费站。

全线布设大桥34座6157.54米、中桥13座974.42米、天桥19座1489米、小桥48座1100.78米、涵洞217座7796.05米。

全线采用双向四车道高速公路标准建设，设计速度100公里/小时，路基宽度26米，桥涵设计汽车荷载等级采用公路—I级。其他技术指标按《公路工程技术标准》（JTG B01—2014）执行。萌城互通式立交连接线采用二级公路标准建设。

建设意义

1. 完善区域路网建设

宁东至甜水堡公路的建设将宁夏“一号工程”宁东能源化工基地和太阳山开发区、宁夏中部干旱地区连接起来，同时将青银高速公路、定武高速公路、银昆高速公路和国道244线、国道307线、国道338线、国道211线、省道303线连接起来，形成宁夏中部地区新的南北向运输大通道，使宁东及中部干旱带与周边的交通更加通畅，更加方便快捷。

2. 促进区域经济社会发展

该工程的建设，符合宁夏回族自治区经济社会发展需要，对提高宁东及中部干旱带公路网技术等级、完善区域公路网络、改善区域交通条件、促进宁东地区资源开发及中部干旱带经济社会发展起到重要意义。

审批依据

《交通运输部关于宁东至甜水堡高速公路投资安排意向的意见》（交规划函〔2015〕745号）。

《宁夏回族自治区人民政府关于银川至百色公路宁东至甜水堡段工程PPP项目实施方案的批复》（宁政函〔2015〕198号）。

《关于申请核准银川至百色公路宁东至甜水堡(宁甘界)段项目的请示》（宁发改基础〔2016〕158号）。

《国家发展改革委关于宁夏回族自治区宁东至甜水堡（宁甘界）公路项目核准的批复》（发改基础〔2017〕120号）。

工程进度

该工程建设期从2017年10月1日开始，计划至2020年9月30日结束。截至2018年10月，共计完成投资约33.57亿元（建筑安装工程费24.67亿元），占总投资任务66.19亿元（建筑安装工程费53.56亿元）的50.7%。

主要完成工程量有：路基工程总体完成79.9%。其中，路基土方2771万立方米，完成设计总量的97.62%；软基处理126万立方米，完成设计总量的66.8%。

桥涵工程总体完成65%。其中，桩基1971根，完成设计总量的98.4%；立柱732根，完成设计总量的75%；涵洞175道，完成设计总量的80%；梁板预制2815片，完成设计总量的76.98%。

投资主体

该工程投资概算总金额约为68.62亿元，静态投资约为66.15亿元。政府补助19.29亿元，约占投资估算总金额的29.1%，资金来源为中央车购税资金；社会资本为46.98亿元，约占投资估算总金额的70.9%。社会投资人自有资金为14.12亿元，约占社会资本的30%，作为项目资本金；国内银行贷款32.86亿元，约占社会资本的70%。

2016年7月29日宁夏交通投资集团有限公司（以下简称宁夏交投）、中交第二航务工程局有限公司（以下简称中交二航局）、宁夏路桥工程股份有限公司（以下简称宁夏路桥）组成联合体投标该工程，并于2016年9月12日中标。

三家单位共同出资组建宁夏银百高速公路建设管理有限公司，并根据《银川至百色宁东至甜水堡段高速公路PPP项目联合投资框架协议》出资控股。宁夏交投作为牵头人，出资（或占股）40%；中交二航局出资（或占股）30%；宁夏路桥出资（或占股）30%。

项目评估

宁东至甜水堡段工程作为宁夏回族自治区第一个高速公路PPP项目，工程方始终贯彻“创建绿色公路、打造品质工程”的建设理念，在建设实践中积极鼓励微创新，大力推广标准化，不仅生产效率显著提高，而且还最大限度地保证了工程质量。

自2017年10月1日开工以来，工程安全、质量、环保管理等各项工作进展顺利、有序良好。

实施单位

单位类别	单位名称
建设单位	宁夏银百高速公路建设管理有限公司
设计单位	中交公路规划设计院有限公司
勘查单位	宁夏公路勘察设计院有限责任公司
监理单位	宁夏科立诚工程监理有限公司
咨询单位	宁夏公路工程咨询有限公司 河南省宏力工程咨询有限公司

（供稿：宁夏银百高速公路建设管理有限公司）

沪渝高速公路鄂西段工程

基本情况

湖北沪渝高速公路鄂西段是国家“7918”高速公路网沪渝高速公路湖北西段的关键路段，是我国规划的公路主骨架“五纵七横”中的一横，是湖北省“六纵五横一环”高等级公路规划的重要组成部分，是我国东中部地区连接重庆、成都等大城市和通往大西南的重要快速通道，是湖北省山区高速公路勘察设计典型示范工程。

沪渝高速公路鄂西段东起湖北宜昌长江大桥南岸，沿途经过宜都、长阳、巴东、建始、恩施、利川，西止于利川鱼泉口，与重庆市石柱县相接。主线全长约319.5公里，由宜昌长江公路大桥至恩施吉心段（以下简称宜恩段）和恩施吉心至利川鱼泉口段（以下简称恩利段）两段组成，里程分别为197.14公里（另补充建设长阳一级路线连接线10公里、二级路线连接线23公里）和122.4公里（另建设一级路线连接线16.87公里）。

工程汇集了大跨径、高墩、斜拉、单索等多种桥型，同时也设计了众多隧道，形成了一批世界级的桥梁和隧道。全线共设主线桥326座（特大桥43座，百米高墩19座）、隧道46条（特长隧道10条），桥隧比为55.19%。特别是长阳椰坪至巴东高坪48公里路段聚集着36座特大桥和10条长隧道，桥隧比高达88%。在沪渝高速公路鄂西段，隧道最长达8693米，桥梁最大跨径达900米，200米连续刚构桥最大墩高178米。

2009年10月，湖北省交通运输厅成立鄂西高速公路管理处，对该道路进行管理。

审批依据

《关于上海至成都国道主干线湖北宜昌至恩施公路初步设计的批复》（交公路发〔2004〕271号）。

《国家发展改革委关于上海至成都国道主干线湖北省恩施至利川（鱼泉口）公路可行性研究报告的批复》（发改交运〔2004〕3074号）。

《关于沪蓉国道主干线湖北宜昌至恩施公路施工图设计的批复》（鄂交基〔2005〕108号）。

《关于沪蓉国道主干线湖北恩施（吉心）至利川（鱼泉口）环境影响报告书的批复》（环审〔2005〕650号）。

《关于上海至成都国道主干线湖北省恩施至利川（鱼泉口）公路初步设计批复》（交公路发〔2005〕301号）。

建设意义

1. 助力扶贫攻坚，加强民族团结

沪渝高速公路鄂西段连接了恩施土家族苗族自

治州（以下简称恩施州）等州县，途经的县市均为国家级贫困县市，也是全国有名的"老、少、山、穷、库"地区。该工程的建成通车，结束了恩施州不通高速公路的历史，形成了恩施州新的经济中心和经济增长点，带动了周围县市的发展，对缩小东西部地区差距，实现共同富裕具有现实意义。高速公路从少数民族地区腹地穿过，不仅为该地区带来经济效益，更起到了加强民族团结的作用。

2. 促进资源开发，拉动经济发展

该工程的实施对发挥该地区地理资源优势，实现以武汉为龙头、以"长江经济带"为重点，促进沿江沿线地区经济迅速发展起到重要的连通作用；此外有效结合长江三峡和清江漂流这两条黄金旅游路线，使旅游业成为沿线区域的又一大支柱产业。建成通车后，从根本上改善了沿线地区的投资环境，吸引了更多客商在该区域投资建厂，促进了高速公路途径地区的经济发展。

▲ 通车中的沪渝高速公路鄂西段

▲ 四渡河特大桥

3. 完善路网布局，优化运输体系

沪渝高速公路鄂西段所经地区多年来各种运输方式基础薄弱，运输能力不足，出入通道不畅，造成客货运输集散、中转困难。该工程的建成，打破了恩施州的交通"瓶颈"，缩短了恩施州与中东部发达地区的时空距离，实现了与全国交通网络的有机连接，奠定了恩施州作为全国中西结合部地市级交通枢纽的战略地位，使长期制约恩施州的区位劣势变成了区位优势。

在工程建成后，湖北省基本形成了以武汉为中心，以京珠、沪渝两条国道主干线为主轴，连接湖北"大三角"经济区和周边省会城市的高速公路网络，使发达的东部沿海地区、发展中的中部地区和亟待发展的西部地区互联互通，成为链接我国东西部地区的交通命脉和经济纽带。

投资主体

沪渝高速公路鄂西段工程法人为湖北省交通运输厅鄂西高速公路管理处。概算总投资251.77亿元，由资本金、银行贷款构成。其中，原交通部投资35.41亿元，湖北省投资44.82亿元，银行贷款171.54亿元。

工程进度

1. 筹备开工阶段

工程方在完成国内基本建设程序的批复后，于2个月时间内完成了全线征地拆迁90%的工作，同时组建管理机构，实现有序运作：主体控制性工程快速开工，路基土石方、小型构造物、桥梁桩基施工全面展开。

2. 整体推进阶段

面对山区阴雨多、有效工作日严重不足、原材料短缺且大幅度涨价等困难，指挥部坚持以合同管理为中心，科学调度，加大督促力度，实行目标考核，增强责任机制，确保规模生产。一期工程除清江特大桥、小河特大桥、云雾山隧道、齐岳山隧道4个控制性工程外，全线其他桥梁和隧道基本贯通。二期工程立即启动，开始路面拌和站的建设和基层用料的准备，生产任务全面落实。

3. 巩固提高阶段

2008年，一期工程全面完工，完成附属区工程主体，基本完成路面中下面层，机电工程做好开工前准备工作，交通安全设施工程进入开工阶段。

4. 冲刺攻坚阶段

2009年，建设小河特大桥、齐岳山隧道等控制性工程；附属区建设和景观工程与主体工程同步完成，形成与高速公路相协调的人文景观。2009年12月8日，所有工程全面完工。2009年12月18日，全线开始试运营。

新技术应用

1. 突出科研的针对性和应用性

（1）通过开展“沪蓉西国道主干线龙潭（金龙）特长隧道特殊地质条件下的关键技术研究”，优化路线走向，成功避开页岩地质条件下高地应力及碳酸盐岩区的强岩溶发育区域，降低施工安全风险。

（2）通过开展“分岔式隧道设计施工关键技术研究”，在八字岭、庙垭、漆树槽三处隧道首次采用分岔式设计，解决特殊结构的特大桥与隧道相连的设计问题，降低建设成本。

（3）通过开展“四渡河深切峡谷悬索桥关键技术研究”，首次采用火箭技术抛送先导索过深切峡谷，不但节约大量过索资金，而且保证了施工安全。工程方攻克的隧道锚建设关键技术，保证了控制性工程四渡河特大桥建设的顺利推进。

（4）通过开展“高速公路结构健康监测系统关键技术研究”，在全线实施高速公路健康监测体系，对重点结构物实现实时、动态、数字化的监控，特别是针对龙潭河特大桥、铁罗坪特大桥、四渡河特大桥、支井河特大桥以及施家梁子高陡边坡等重点控制性工程进行重点监控。

（5）通过开展“大跨径连续刚构桥有效预应力测试和超高墩建设技术研究”，和对94米大比例足尺模型的有效预应力测试研究成果验证相关的设计参数的应用，确定特长预应力索的张拉施工方法，探索超高墩桥梁的修建技术，为后续设计规范和设计理念提供有借鉴价值的数据资料。

（6）指挥部提出的“高速公路隧道（群）运营安全与节能技术研究”被列入原交通部西部交通科技项目，宜长段隧道内运用的新型反光材料和电子二极管辅助照明系统，在保证安全的前提下减小线路线径和配电负荷，使综合能耗降低20%以上。该成果直接运用于沪渝高速公路鄂西段全工程，降低能耗20%～30%。

2. 针对桥梁建设开展研究

在朝阳坡滑坡体处，采用先进的监控、测量技术进行24小时监控，如长阳境内的魏家洲特大桥滑坡体上，确保大桥建设安全进行。

▲ 四渡河特大桥航拍

通过联合开展“机制砂混凝土用于桥梁建设技术研究”，在机制砂7个应用领域取得突破，解决当地用砂难、运输难的问题。

3. 运用先进技术把脉隧道工程

采用TSP、地质雷达、红外线探水等物探技术，结合地质钻探手段做好超前地质预报，为特殊地质条件下的隧道开挖“把脉问路”“导航保驾”。

4. 采用10项施工制作工法

工程先后运用了430米跨径上承式钢管混凝土拱桥双拱肋无风缆节段拼装工法、高墩大跨连续刚构桥箱梁零号节段混凝土裂缝控制施工工法、火箭抛送先导索施工工法、弓弦式挂篮悬臂浇筑施工工法、大跨度变截面栓焊结构钢桁架拱肋加工制作工法、山区大跨大吨位无塔缆索起重机施工工法、大跨度变截面栓焊结构钢桁架拱肋加工制作工法等10项工法。

项目评估

在公路建设中，依据工程实际施工需求，在全寿命周期实现总体成本控制的路线设计思想和优化设计原则下，工程方制定并实施了涵盖工程建设、运营管理、养护维修及考虑社会环境因素的一系列措施，保证了工程的顺利实施。

▲ 龙潭河特大桥

实施单位

单位类别	单位名称
建设单位	湖北沪蓉西高速公路建设指挥部
设计单位	中交第二公路勘察设计研究院有限公司
	湖北省交通规划设计院股份有限公司
	中国公路工程咨询监理总公司（机电设计）
	中冶南方工程技术有限公司（房建设计）
监理单位	铁四院(湖北)工程监理咨询有限公司
	湖北省公路水运工程咨询监理公司
	湖南金路工程咨询监理有限公司
	湖北省公路工程咨询监理中心
	北京华宏工程咨询监理有限公司
施工单位	湖北省路桥有限责任公司
	中铁十八局集团第三工程有限公司
	中国路桥（集团）总公司
	中铁隧道股份有限公司
	中铁十一局集团第四工程有限公司
	浙江省隧道工程公司 （现更名为浙江省隧道工程集团有限公司）
	四川路桥建设股份有限公司 （现更名为四川路桥建设集团股份有限公司）
	中国水利水电第七工程局 （现更名为中国水利水电第七工程局有限公司）
	中铁十二局集团第四工程有限公司
	中交第一公路工程局有限公司 （现更名为中交一公局集团有限公司）
	中国铁路工程总公司 （现更名为中国铁路工程集团有限公司）
	云南第二公路桥梁工程有限公司
	中铁十一局集团有限公司
	东北煤炭建设工程总公司
	中交第一公路工程局第一工程公司 （现为中交一公局第一工程有限公司）
	新疆昆仑路港工程公司
监理单位共20家、施工单位共133家	

（供稿：湖北省交通运输厅鄂西高速公路管理处）

民航篇

忻州五台山机场改扩建工程

基本情况

忻州五台山机场改扩建工程新建跑道长2600米、宽45米，两侧道肩各宽2.5米，东端与现跑道平齐，拆除现跑道。跑道两端分别设置与跑道道面同宽的防吹坪，跑道西端及原军航3号联络道处各设有掉头坪；跑道东端与站坪间建设1条长217米、宽18米、两侧道肩各宽3.5米的垂直联络道；站坪按5个机位(1B4C)设计，站坪尺寸256×100米，道肩宽3.5米。

跑道、联络道、站坪道面结构均采用28天抗折强度5.0兆帕水泥混凝土浇筑，结构从上至下依次为34厘米水泥混凝土、25厘米水泥稳定砂砾上基层、20厘米水泥稳定砂砾下基层；道肩、防吹坪道面结构均采用28天抗折强度4.5兆帕水泥混凝土浇筑，结构从上至下依次为12厘米水泥混凝土、20厘米水泥稳定砂砾上基层、47厘米水泥稳定砂砾下基层。航站楼与航管楼及塔台、办公用房等贴邻合建。

▲ 五台山机场

航站楼采用一层半式流程布置，总建筑面积13401.91平方米。其中，初设批复航站楼面积5000平方米、航管楼（含塔台）总建筑面积863平方米、办公用房总建筑面积1684平方米、机务办公用房294平方米、旅客服务中心5561.74平方米。主体为钢筋混凝土框架结构，屋面及挑檐为钢结构，基础采用柱下独立基础。

航站楼内旅客服务设施配置7个值机柜台、1个超规行李交运柜台、5条安检通道；配置X光安检机12台，大件行李安检机1台；配备1套行李传送皮带、2套行李提取转盘；配套建设给排水、消防、暖通、供电照明、防雷接地等系统。

航站楼弱电系统建设包括综合布线系统、广播系统、有线电视系统、视频监控系统、航班显示系统、紧急报警系统、门禁系统、离港系统、时钟系统、安检信息系统、计算机信息管理系统、弱电附属配套系统。此外，配套建设空管、通信、导航、气象，跑道主降方向设置Ⅰ类精密进近灯光系统，跑道次降方向设置B型简易进近灯光系统；设置跑道入口灯、末端灯、入口翼排灯、中线灯、边灯、精密进近航道指示器（PAPI）、滑行道边灯、跑道警戒灯、滑行引导标记牌、机位号码标记牌；机坪设置4座高杆灯及配电亭。供电电源均引自机场新建中心变电站。

其他项目还有供电、给排水、消防及辅助生产设施，军航设施改造及完善等。

该工程建设工期2年，需新征土地1245亩。

审批依据

2010年4月9日，国务院、中央军委批准五台山机场建设（国函32号文）。

建设意义

（1）促进区域旅游产业发展。该工程的建设对改善区域旅游交通条件，吸引中远程、高端游客，提高旅游消费水平，加快五台山、芦芽山、雁门关、忻州温泉、黄河五大旅游景区的开发建设，尤其对五台山风景区为龙头的旅游业发展，具有开拓性意义。

（2）改善区域对外交通条件。随着忻州市新型工业旅游城市战略目标的制定实施，旅游产业进入发展快车道，以五台山佛教文化旅游区、芦芽山自然生态旅游区、温泉休闲度假旅游区、雁门关边塞文化旅游区、黄河文化旅游区和红色精品旅游线路为核心的"五区一线"大旅游板块格局正在形成。五台山机场的改扩建工程的建设实施，对改善忻州对外交通条件，加快旅游资源的开发意义重大，并为旅游业的发展创造与之匹配的交通网络。

投资主体

该工程法人为忻州市五台山机场有限责任公司。总投资约为8.3亿元。其中，国家发展和改革委员会补助1.18亿元，民航发展基金补助1.4亿元，剩余资金由忻州市政府投资解决。

实施单位

（1）建设单位：忻州市机场建设有限公司。

（2）设计单位：北京军区空军勘察设计院。

（3）监理单位：山西省建设监理有限公司。

工程进度

2013年9月，忻州五台山机场改扩建工程正式开工建设。2014年9月，飞行区工程完成验收并投入使用，其中航站楼屋面幕墙、室内装修、给排水、暖通、电气、室外总图、服务车道、景观绿化、停车场、航油等工程满足竣工验收条件。消防、环评、电梯、档案专项验收于2015年9月15日完成。

2015年10月30日该工程完成竣工验收，2015年11月30日完成行业验收，2015年12月25日投入使用。工程投资按照工程量按时支付。

项目评估

1. 工程进度科学合理，工作严谨有序

工程方为确保工程顺利推进，在建设过程中，聘请有机场建设管理经验的团队进行科学管理，同时，配备一支专业的工程质量监理团队，对工程质量全程监督、全面把关，确保工程各项工作严谨有序、科学合理高效。

2. 严把工程质量关，验收一次通过

该工程严格完成批准的各项设计内容，工程质量达到设计要求，符合民航现行有关验收标准及规范，满足机场运行安全和生产使用需要，通过地方质检部门的验收和中国民用航空华北地区管理局行业验收后，投入使用。

在施工过程中山西省民航机场集团公司提前介入，按照民航运行实际情况提出合理化建议，避免浪费，缩短工期，对运行人员进行岗前培训。同时，在验收阶段由中国民航信息集团有限公司组成的验收专家组对验收前各项软硬件进行前期的把关和协助整改，确保验收工作一次性通过，保证机场顺利通航。机场于2015年获中国民用航空局正式复函，明确"忻州五台山机场"为机场名称，并在中国民用航空局备案。

（供稿：忻州市机场建设有限公司）

山西省临汾机场复航改造工程

基本情况

临汾机场为国内支线机场，于2016年1月25日正式通航。机场坐落于临汾市东北方向约15公里处，位于临汾市尧都区乔李镇，以满足2025年机场旅客吞吐量187万人次、货邮吞吐量6200吨规划建设，为国内4C级支线机场，可满足波音737、空客320等系列飞机的起降，有机位数9个。临汾机场复航改造工程新建航站楼26000平方米，跑道2600×45米，两条垂直联络道211×18米，并配套建设高架桥、综合业务用房和通信、气象、导航、空管、供电、给排水、供热、供冷、供油、消防救援、附属设施等20余项工程，占地面积约2500余亩。

机场供暖选用3台单台4.2兆瓦热水锅炉（两主一备）及配套设备，与航站区热力管网构成能满足机场各建筑物采暖需求的高效供暖系统。航站楼设地热供暖系统，供暖量可根据需要调整；与此同时，设中央空调系统，夏季可为候机楼提供冷气，冬季可配合地热供暖系统补充供暖，还可送入新风，提供新鲜空气，确保为旅客提供良好的候机环境。

机场负荷等级为一级负荷。第一路电源引自国网110千伏空港变电站，线路长度4.68公里，名称为中心二线空港线538—502；第二路电源引自国网乔北220千伏变电站，线路长度3.71公里，名称为机场线463—301（811—501）。机场中心变电站设变压器2台，容量均为1250千伏特安培，1号变压器和2号变压器都处于正常运行状态，2号变压器（预留第二路电源用）作为备用，仅在1号变压器维护保养或故障停用时通过改变接线方式投入运行。中心变电站配备柴油发电机组1台，机组容量为600千瓦，作为导航设备、助航灯光、航管楼工艺用电和航站楼应急照明的备用电源，当市电失电时在15秒内自动启动，提供应急。

机场以地下水作为生产、生活用水，设有深水井2口，800立方米消防水池一个，200立方米原水池一个，200立方米净化水池一个。深水井泵根据原水池水位自动启停，及时补充水源，确保原水池储存足够的水。供水站采用常高压给水系统，生产、生活给水与消火栓系统给水共管，为一套整体系统，作为航站区的生产、生活给水和机场消防给水。供水系统的水质控制采用高效二氧化氯消毒装置对深井来水进行消毒处理方式，确保水质符合国家饮用水标准。

审批依据

《国家发展改革委关于山西省临汾机场复航改造工程项目建议书的批复》（发改基础〔2010〕1441号）。

《国家发展改革委关于山西省临汾机场复航改

造工程可行性研究报告的批复》（发改基础〔2012〕3036号）。

建设意义

1. 打开城市对外窗口

临汾机场复航改造工程，开启了临汾融入世界、世界走进临汾的空中通道，构筑了城市公路、铁路、航空“三位一体”的立体交通网络，其意义不仅在于机场本身，更重要的是为临汾对外开放打开了一个重要的“窗口”和“门户”。

2. 推动区域经济转型发展

该工程的建设对进一步促进空港经济区的发展，使之成为资金流、产业流、人才流的聚集地，起到积极的推动作用；与此同时，对完善城市功能，优化投资环境，开发旅游资源，建设新型工业大市、区域中心城市和中西部经济强市，推动区域经济转型、跨越、先行发展意义重大。

3. 提供更好的运输服务

该工程的顺利开通搭建了临汾市对外连接的新的运输通道，为商业航空公司、旅客和货运提供了更好的运输服务，对延续临汾市经济高速发展，有着明显的推动作用。

▲ 2014年4月29日廊桥安装

投资主体

该工程法人为临汾民航机场筹建处，总投资12.85亿元，由国家及省市投资。

工程进度

该工程于2010年7月9日由国家发展和改革委员会批复正式立项。2012年9月25日，国家发展和改革委员会对《山西临汾机场复航改造工程可行性研究报告》予以批复。2013年2月19日、4月3日，中国民用航空华北地区管理局（以下简称民航华北局）分别批复临汾机场总体规划和初步设计，手续审批批复300余项。2013年，临汾机场全面开工建设。

2013年，全年工程完成总投资8.3亿元。其中，飞行区工程完成1.2亿元，航站区工程完成1.79亿元，附属配套工程完成0.51亿元，民航专业工程完成0.7亿万元，其他工程完成4.1亿元（含征地、拆迁、勘察、设计、设备采购等）。

截至2014年，工程累计完成投资12亿元。其中，飞行区完成跑道、站坪、联络道、雨水调节池、排水、巡场路等工程，投资1.8亿元；航站区完成高架桥、航站楼主体工程、金属屋面、二次结构及室内强、弱电预留预埋等工程，投资3亿元；附属配套工程完成综合业务用房、航管综合楼、消防及救援中心、生产辅助设施用房、锅炉房、中心变电站、供水站、制冷站、航油工程、污水处理站等工程，投资1.3亿元；基本完成场区道路、广场、停车场、外线供电等工程，投资0.9亿元；其他征地拆迁、勘察、设计、设备采购、技术咨询、评审等工作完成投资5亿元。

2015年5月21日，工程通过临汾市住建局质监站非民航专业工程的竣工验收；2015年6月12日，通过临汾市原规划局规划验收；2015年7月21日，通过民航华北局质监站民航专业工程竣工验收；2015年7月28日，通过临汾市公安局消防支队消防验收；2015年8月20

日，通过临汾市住建局节能验收；2015年8月21日，通过机场第一次飞行校验工作；2015年9月11日，通过临汾市气象局防雷接地验收；2015年9月23日，通过机场试飞验证工作；2015年10月15日，通过机场第二次飞行校验工作；2015年10月16日，通过机场水保验收工作；2015年10月20日，通过临汾市原环保局环评试运行；2015年11月20日，完成机场行业验收工作；2015年12月23日，通过民航华北局机场使用许可审定。

项目评估

1. 竣工验收，质量合格

2015年7月20—21日，临汾民航机场筹建处组织山西临汾机场复航改造工程民航专业工程竣工验收。主要范围为飞行区工程、空管工程、助航灯光与供电工程、航站楼弱电工程、航油工程、工程档案资料。根据各专业验收组验收情况，竣工验收委员会讨论后，给出验收结果，即该次提交验收的工程项目内容、规模及标准符合批准的初步设计，基本满足国家和民航现行有关规范及标准，达到了设计要求的使用功能；工程主要设备、设施已经按设计内容和技术要求施工、安装并调试完毕，运行正常；工程档案资料真实、完整，符合国家和民航关于机场建设工程档案的归档要求；同意山西临汾机场复航改造工程民航专业工程通过竣工验收，总体质量合格。

▲2014年8月22日航站楼和廊桥完工

2. 现场监督，同意通过验收

民航专业工程质量监督总站和华北地区质量监督站对临汾机场竣工验收的全过程进行现场监督。全面检查后认为：竣工验收的组织形式，验收程序符合有关规定；竣工验收中，建设单位的《工程竣工验收方案》、监理单位的《工程质量评估报告》、施工单位的《工程竣工报告》以及勘察设计单位的《工程设计总结》基本符合相关要求；工程实体现场检测频次符合规范要求，检测结果真实有效；同意该工程通过竣工验收，工程质量合格。

实施单位

单位类别	单位名称	标段
建设单位	临汾民航机场有限公司	
设计单位	中国民航机场建设集团公司华北分公司	
监理单位	西安西北民航项目管理有限公司	
施工单位	中铁建工集团有限公司	航站楼主体工程
	湖北美亚达新型建材集团有限公司	航站楼玻璃幕墙
	南通四建集团有限公司	航站楼金属屋面工程
	甘肃机械化建设工程有限公司	机场跑道一标段
	中国航空港建设第十工程总队	机场跑道二标段
	北京京航安机场工程有限公司	机场助航灯光、空管工程、弱电工程
	山西建筑工程（集团）总公司（现已更名山西建设投资集团有限公司）	综合办公楼、高架桥、职工宿舍及餐厅工程
	陕西建工安装集团有限公司	附属配套工程一标段
	山西省宏图建设工程有限公司（现已更名山西省宏图建设集团有限公司）	附属配套工程二标段
	辽宁华为石化工程有限公司	供油工程

（供稿：临汾民航机场有限公司）

新建内蒙古扎兰屯成吉思汗机场工程

基本情况

新建内蒙古扎兰屯成吉思汗机场位于扎兰屯市成吉思汗镇东德胜村附近，距火车站26公里，距扎兰屯市新区政府21公里，占地面积约1912.85亩。

中国民用航空华北地区管理局、内蒙古自治区发展和改革委员会批准初步设计航站楼面积3000平方米；为节省资金，充分合理利用机场现有土地和空间资源，航站楼及空港物流综合服务楼总建筑面积8429平方米。现机场总体为：航站楼建设面积8429平方米，飞行区跑道长2500米、宽45米，1条垂直联络道，飞行区指标为4C，站坪面积28080平方米。设3个近机位和1个远机位，建成后将适合波音737系列、空中客车A320系列、巴西EMB-145等飞机和国内各类支线机场所用飞机起降。机场停车场12300平方米，航管楼600平方米，综合服务设施7000平方米。附属配套新建综合用房、航管、气象设备设施，供电、供水、供油、供暖、给排水、消防救援及污水和垃圾站、机场道路、绿化、亮化等工程。

按2020目标年设计建设，旅客吞吐量可达到28万人次，货邮吞吐量可达1400吨。

审批依据

《中国民用航空发展第十二个五年规划》（民航发〔2011〕43号）。

《关于上报内蒙古扎兰屯民用机场项目可行性研究报告的请示》（内发改基础字〔2013〕1897号）。

《关于上报扎兰屯民用机场项目建设资金承诺的报告》（内发改基础字〔2013〕2486号）。

《关于上报扎兰屯民用机场建设招标方案的请示》（内发改基础字〔2014〕60号）。

《关于新建内蒙古扎兰屯机场工程可行性研究报告的批复》（发改基础〔2014〕2197号）。

建设意义

1. 优化地区投资环境

扎兰屯市是全国重要的商品粮基地；国家绿色农业示范区；全国奶牛百强县；首批国家现代农业建设试点县市；全国绿色食品原料标准化生产基地。由于经济快速发展，国内外客商来扎兰屯市考察、洽谈、投资项目逐年增多，扎兰屯成吉思汗机场工程的实施，完善了内蒙古自治区综合交通运输体系，有利于进一步构建区域性交通枢纽城市，优化扎兰屯市经济发展环境，加快对外开放和招商引资步伐，促进现代物流等产业的崛起，推动当地经济快速发展。

2. 加快旅游业发展步伐

扎兰屯市是内蒙古自治区东部闻名遐迩的旅游城

市，在内蒙古自治区众多城市中，扎兰屯市是唯一同时具有“国家重点风景名胜区”“中国优秀旅游城市”两项殊荣的城市。绿色旅游已经成为扎兰屯市经济社会发展的重要组成部分。机场的建成极大促进了当地旅游事业的快速发展。

3. 提升应对突发事件能力

通过建设扎兰屯成吉思汗机场，与哈尔滨、齐齐哈尔、乌兰浩特、阿尔山、海拉尔、满洲里等民航机场构成紧密的空中交通线，同时与铁路、公路共同形成区域立体交通网络，在抢险救灾和应对突发事件等情况下（如大兴安岭林区防火和生态保护巡航等方面）发挥重大保障作用。

投资主体

该工程法人为扎兰屯市民用机场建设管理有限责任公司，批准投资总额4.67亿元，其中：国家预算内投资1.1亿元，民航发展基金1.53亿元，内蒙古自治区投资0.6亿元，呼伦贝尔市政府和扎兰屯市政府地方投资各0.72亿元。扎兰屯成吉思汗机场航站楼及空港物流综合服务楼工程地方投资1.62亿元。

工程进度

2014年11月，该工程全面开工建设，2015年10月竣工验收。

2016年6月23日，使用波音737-800型飞机对内蒙古自治区扎兰屯成吉思汗机场进行新机场传统程序本场试飞，并取得圆满成功。2016年9月，民航华北局及其派出机构内蒙古安全监督管理局（以下简称内蒙古安监局）等部门对扎兰屯成吉思汗机场进行行业验收及许可审定工作。验收委员会讨论后，一致同意通过行业验收及机场使用许可审定。

2016年12月28日，来自内蒙古自治区呼和浩特的华夏航空公司庞巴迪CRJ-900型飞机降落在扎兰屯成吉思汗机场，宣告内蒙古第十五个民航运输支线机场正式通航。

项目评估

1. 工程落实效率高

扎兰屯成吉思汗机场审批手续办理仅用时6年，比全国民航新建支线机场手续办理平均用时（8年）提前2年完成，工程建设仅用时一年零6个月，明显少于全国平均用时（3～5年），创造了内蒙古自治区乃至华北地区、东北地区新建支线机场审批手续办理用时最短、工程建设速度最快的新纪录。

2. 建设标准支线机场

民航华北局和内蒙古安监局联合对扎兰屯成吉思汗机场进行工程竣工验收，验收组认为：扎兰屯成吉思汗机场作为华北地区由县级建成的第一个标准支线机场，创造了审批时间最短、建设工期最短、工程建设资金最省的新纪录，为其他机场建设提供了良好范例。

实施单位

单位类别	单位名称
建设单位	扎兰屯市民用机场建设管理有限责任公司
设计单位	中国民航机场建设集团公司华北分公司 北京中航油工程建设有限公司 内蒙古筑业工程勘察设计有限公司
施工单位	北京蓝天建设有限公司 中国航空港建设第八工程总队 浙江省东阳市南方建筑工程有限公司 内蒙古送变电有限责任公司 北京拓普世达进出口有限公司 北京中航弱电系统工程有限公司 北京鼎瀚航空设备有限公司 北京燕华工程建设有限公司

（供稿：内蒙古自治区扎兰屯市住房和城乡建设局）

新建内蒙古乌兰察布民用机场工程

基本情况

新建内蒙古乌兰察布民用机场位于集宁区正北偏东方向马莲渠乡境内，距集宁区市中心12公里，距乌兰察布高铁站20公里。东面机场迎宾大道向南与集宁新区和高铁站区相连，西侧省道310直通集宁旧城区，西北与国家农业科技园区相接，东南与集宁现代物流园区接壤。

乌兰察布民用机场是国家“十二五”规划建设的民用支线机场，着“适度超前，不重复建设”的原则，以适应大型货运包机、开通国际航线为目标进行整体规划设计建设。

机场总规模为：航站楼建设面积35700平方米，飞行区跑道长3200米、宽45米，2条垂直联络道，飞行区指标为4C，站坪面积73000平方米。设7个近机位和2个远机位，机场停车场24000平方米，航管楼1200平方米，综合服务设施24000平方米。该机场是当前内蒙古自治区第三大机场。

机场于2016年4月25日实现首航，当年共完成旅客吞吐量7万人次，创造了内蒙古自治区支线机场开航元年的旅客吞吐量纪录。2017年实现旅客吞吐量32.4万人次，提前4年实现乌兰察布民用机场“2020年达到30万人次旅客吞吐量”的目标。截至2018年11月底，累计实现旅客吞吐量73.8万人次、货邮吞吐量111.4吨。

该机场已累计开通14条航线，由国航等6家航空公司执飞，通航北京、天津、深圳、杭州、成都、西安、重庆、郑州、哈尔滨、大连、银川、包头、上海、海拉尔等20个省会和大中城市。2018年乌兰察布民用机场开通了国内航空货运业务。

乌兰察布民用机场升级为国际机场已列入民航发展“十三五”规划中期调整规划和内蒙古自治区民航发展“十三五”规划。目前该机场正在进行航站楼国际流程改造，预计2019年开通国际航空口岸，2020年完成飞行区改造，升级为国际机场。

审批依据

《中国民用航空局关于内蒙古乌兰察布民用机场场址的审查意见》（民航函〔2011〕1521号）。

《国务院、中央军委关于新建内蒙古乌兰察布民用机场的批复》（国函〔2013〕87号）。

▲ 乌兰察布民用机场

《国家发展改革委关于新建内蒙古乌兰察布民用机场工程可行性研究报告的批复》（发改基础〔2015〕626号）。

《民航华北地区管理局关于对内蒙古乌兰察布/集宁机场飞行程序终期设计的批复》（华北局发明电〔2016〕208号）。

投资主体

乌兰察布民用机场的项目法人为乌兰察布市机场铁路建设管理有限公司，总投资5.17亿元。其中，中央预算内投资1.02亿元，中国民用航空局安排民航发展基金1.82亿元，内蒙古自治区人民政府安排财政性资金0.6亿元，其余由乌兰察布市安排财政性资金解决。

工程进度

乌兰察布民用机场于2012年5月开工建设，2015年10月建成。

2015年11月20日，中国民用航空局的一架代号B-3643的 Cessna 560 Citation V型客机降落在乌兰察布民用机场，对该机场进行校验飞行。此次校验飞行历时三天，B-3643在乌兰察布机场反复起降。中国民用航空局校验中心对机场的导航设施、助航灯光、飞行程序以及道面性能等进行全方位检测，收集通信导航、气象、空管等数据，并依据检查和评估结果出具飞行校验报告，为试飞做准备。

2015年12月15日，中国民用航空局的另一架代号B-3583 的King Air 350i 型客机降落在乌兰察布民用机场，对机场进行投产校验飞行。

与此同时，中国民用航空局校验中心严格按照中国民航飞行校验标准并根据第一次校飞结果，对机场下滑台和航向台、信标设备、测距设备、传统仪表飞行程序、助航灯光系统等进行飞行校验，依据检查和评估结果出具飞行校验报告，为下一步试飞及通航做准备。乌兰察布民用机场进入正式通航倒计时。

2016年1月28日机场完成行业验收，2016年3月11日获乌兰察布民用机场使用许可证。2016年4月25日实现正式通航。

乌兰察布民用机场升级国际机场改造工程已于2018年9月12日开工建设航站楼国际流程改造，正在按计划进行。

建设意义

（1）推动地方经济快速发展。乌兰察布民用机场的建设，不仅能够完善乌兰察布地区综合交通体系，改善内蒙古自治区中部地区盟市间支线机场之间的通达性，缓解区域支线航空运力短缺的状况，还能推动乌兰察布市旅游业发展，并与呼和浩特、包头、鄂尔多斯等周边城市的机场相互呼应，实现资源共享、优势互补、客源互动，对促进地方经济发展意义重大。

（2）打造俄蒙欧的货运中转站。机场升级改造后，将争取开通正式航空口岸，实现联通蒙古、俄罗斯、东欧及港澳台、东南亚的国际航空网络布局，把乌兰察布民用机场升级为北部边疆对外开放、“一带一路”及“中蒙俄经济走廊”建设的重要节点，成为连接俄蒙欧的货运中转站。

实施单位

单位类别	单位名称
建设单位	北京建工集团有限责任公司
施工单位	中国华西企业有限公司
	中南航空港建设公司
	北京京航安机场工程有限公司
	内蒙古送变电有限责任公司
	黑龙江民航建筑安装工程有限公司
	四川省耀业建设工程有限公司
	北京建工集团有限责任公司
监理单位	北京中企建发监理咨询有限公司
	杭州市城市建设监理有限公司

（供稿：乌兰察布市民航管理办公室）

上海浦东国际机场第四跑道工程

基本情况

上海浦东国际机场第四跑道为3800×60米的近距离跑道。跑道两端新建120×75米的防吹坪、2条3800×25米的平行滑行道；跑道东西两侧对称设置3组快速出口滑行道、2条联络滑行道、2条穿越四跑道的滑行道、4条穿越二跑道的滑行道、2条旁通道；扩建二跑道南雨水泵站1座；新建围场路和消防车道共79017平方米、2个双向开启式大门、1座总面积6581平方米的综合楼（含消防站、消防泵房、10千伏开闭所、灯光站和场务用房等）。工程按照满足4F类航空器的使用要求进行设计建设，可起降包括空中客车A380在内的各类大型客机。

主要建设内容包括：场道工程、消防工程、安防工程、附属设施工程、目视助航系统工程及灯光站综合楼工程等。

▲沥青道面成品

主体工程量：浅层地基处理面积126.7万平方米，堆载预压深层地基处理面积61.1万平方米，水泥混凝土面积约101.2万平方米，沥青混凝土面积约15.4万平方米，各类排水沟总长19297米，消防管线总长约16998米，安防管线总长11201米，各类助航灯具4746套等。

审批依据

《上海市发展和改革委员会关于上海浦东国际机场第四跑道工程可行性研究报告的批复》（沪发改城〔2013〕136号）。

建设意义

1. 促进地区经济发展

建设上海浦东国际机场第四跑道是推进国家航空产业发展战略，保障国产客机试飞过渡使用的重大需要。第四跑道的建设，对满足上海地区航空业务量持续快速增长、建设航空枢纽、促进对外开放和经济发展起到了重要的推动作用。

2. 提升航空运输效率

该工程建成后，为浦东国际机场新运行模式提供了支撑，可采用双起双落的混合运行模式，即两组独立运行的跑道各有1条跑道分别负责航班的起飞和降落——一、二号跑道独立平行离场结合三、四号跑道独立平行进近。该模式下出港航班从跑道到停机位的滑行距离和时间可节约一半，可大大减少长时间滑行的现象，使放飞效率得到显著提高。

投资主体

该工程总投资26.15亿元，所需建设资金由上海机场（集团）有限公司自筹，上海市市级建设财力对该工程建设期安排贴息。

工程进度

该工程于2011年4月开工；2014年7月通过竣工验收；2014年12月通过民航行业验收；2015年3月28日正式启用。

投资累计完成情况：该工程累计投入22.15亿元，根据初步设计概算进行投资控制，差额为概算结余。

新技术应用

1. 建设首条智能跑道

上海浦东国际机场第四跑道借助“互联网+”技术和跑道中埋设的“神经元”，成为我国首条智能跑道，也是当前世界上唯一在运行的智能跑道。

第四跑道运行过程中，可以实时采集温度、湿度、应变、位移、荷载五大类参数，并融合道面摩阻系数、弯沉、平整度等无损检测数据，以及飞机起降轮迹偏移数据等，为飞行区场道设施安全评价、预测、预警、保障以及系统集成提供支撑。

▲助航-四跑道进近灯光

2. 研制新型传感器快速支护装置

该工程在建设过程中，先后埋设13种300余个传感器，分布在跑道、联络道的各个断面和不同深度，最深达地下50米处，铺设的光缆总长达2万米。如此多的传感器既要保证“存活率”，又不能影响混凝土施工质量，对跑道建设提出了很大挑战。

通过反复试验和大胆创新，最终研制出了一种新型传感器快速支护装置，将器件埋设“存活率”提高到近100%。

项目评估

上海浦东国际机场是各驻场基地航空公司拓展国内国际航线网络的重要平台；机场提供的良好硬件设施和中转功能是航空公司实现航线网络高效运作的重要基础。

该工程建成后提高了机场的服务保障功能，提升了基础设施保障能力，有助于突破航空运输业的发展瓶颈，更好地服务长三角、服务全国。

实施单位

单位类别	单位名称
建设单位	上海机场（集团）有限公司
监理单位	上海华东民航机场建设监理有限公司
设计单位	中国民航机场建设集团公司
施工单位	中交一航局第四工程有限公司
	北京京航安机场工程有限公司
	中国航空港建设第九工程总队
	中国航空港建设第三工程总队
	上海公路桥梁（集团）有限公司
	上海电器科学研究所（集团）有限公司
	上海金诚冷气工程有限公司
	中国水利水电第十六工程局有限公司

（供稿：上海机场（集团）有限公司）

上海虹桥国际机场T1航站楼改造工程

基本情况

上海虹桥国际机场（以下简称虹桥机场）T1航站楼改造工程为原址上的改扩建项目，部分拆除重建，部分保留原主体结构，重新组织平面功能布局。改造工程不涉及航站楼的功能定位调整，对航站楼现有规模有所增加，主要是机场服务功能和品质的提升。改造后的T1航站楼分地上四层、局部地下一层，建筑高度23.78米，总建筑面积131845平方米。设计年旅客吞吐量1000万人次，其中国际、港澳台和国内设计年旅客吞吐量各500万人次。

为保障虹桥机场T1航站楼在改造施工期间现有航班的正常运行，工程按A、B楼两个阶段实施改造，结合T1航站楼整体平面布局、运营功能、消防设计等相关要求，对A、B楼的界面进行合理划分。航班运行按临时过渡、局部投入使用配合切换。

B楼国内出港值机、安检、登机流程上实现“自助值机—自助托运—自助验证—自助登机”的过程是虹桥机场T1航站楼改造后的最大亮点。虹桥机场T1航站楼国内候机楼全自助服务项目被国家民航局列入中国民航首批“四型机场”示范项目。

投资主体

该工程总投资18.72亿元，所需建设资金由上海机场（集团）有限公司自筹。

建设意义

1. 提升机场服务品质

虹桥机场T1航站楼改造工程将改善区域商务环境，完善虹桥商务区服务功能，进一步提升T1航站楼航空运输的服务功能和服务水平，带动虹桥机场商务区东片区综合改造。

2. 传承历史，彰显现代

虹桥机场T1航站楼历经百年发展，为保留其历史底蕴，改造工程基本采用了贴建的方式，既传承了自身的历史，又呈现了现代风貌，为国内机场建设，起到了很好的示范作用。

▲ 虹桥机场改扩建工程实景图

▲虹桥机场改扩建工程效果图

审批依据

《建设民航强国的战略构想》（民航发〔2010〕34号）。

《“十二五”上海民航发展纲要》（沪发改城〔2012〕074号）。

《上海市发展改革委关于上海虹桥国际机场T1航站楼改造工程项目核准的批复》（沪发改城〔2013〕082号）。

《上海市城乡建设和管理委员会关于上海虹桥国际机场T1航站楼改造工程初步设计的批复》（沪建管〔2014〕804号）。

《上海航空枢纽建设专项扶持资金管理办法》（沪财企〔2014〕64号）。

工程进度

该工程于2014年12月开始不停航施工。2017年3月，A楼竣工投用，B楼继而转入封闭改造。2018年10月15日，B楼投入使用。

投资累计完成情况：工程累计投入16.93亿元，根据初步设计概算进行投资控制，差额为概算结余。

新技术应用

2017年11月15日，在第二十三届联合国气候大会（COP23）上，上海虹桥国际机场T1航站楼改造工程荣获2017 GREEN SOLUTIONS AWARDS—Sustainable Renovation Grand Prize（2017绿色解决方案奖——既有建筑绿色改造解决方案奖）全球第二。

该工程在实施过程中兼顾原有建筑特点，将其与设计改造融为一体，寻求最佳契合点，以最小的资源、最少的能源消耗，获得最大的舒适性。

项目评估

T1航站楼改造工程是虹桥机场东片区综合改造项目的核心工程，在工程建设中始终坚守绿色可持续建设理念，成为建筑绿色改造示范工程。

该工程采用边施工、边运营的建设管理模式，其施工组织、交通组织难度极大，不亚于新建一个航站楼。为此，建设单位合理划分建设与运营工作界面，交替转换建设和运营场地。2018年10月15日，B楼投入使用，标志着虹桥机场T1航站楼改造工程全面结束。

该工程在近3年多的建设期间，顺利完成了工程改造，并充分保障了虹桥机场T1航站楼在改造施工期间航班的正常运行，为其他地区的机场改造提供了可借鉴的宝贵经验。

实施单位

单位类别	单位名称
监理单位	上海市建设工程监理咨询有限公司
设计单位	华东建筑设计研究院有限公司
建设单位	上海机场（集团）有限公司
施工单位	上海建工集团股份有限公司

（供稿：上海机场（集团）有限公司）

安徽芜湖宣城民用机场工程

基本情况

安徽芜湖宣城民用机场（以下简称芜宣机场）为国内支线机场。此次工程新建局部平行滑行道长1477米、宽18米，两侧道肩各3.5米；跑道1条，长2800米、宽45米，两侧道肩各1.5米。跑道东北端及中部设置掉头坪，跑道西南和东北两端设置长60米、宽48米防吹坪。距跑道东北端1334.5米、1800米处及西南端设置垂直联络道3条，宽18米，两侧道肩各3.5米。站坪长530米、宽154.5米，外侧道肩宽1.5米，设机位11个（2B9C）。国内航站楼1.5万平方米，涉及空管工程、供油工程、供电工程、给排水工程、消防工程、安防工程、生产及生活服务设施工程等多项工程。建设工期27个月。

审批依据

《国家发展改革委关于安徽芜湖宣城民用机场项目可行性研究报告的批复》（发改基础〔2017〕1677号）。

《中国民用航空华东地区管理局关于芜湖宣城机场总体规划的批复》（民航华东函〔2018〕90号）。

建设意义

（1）打破交通制约。推动地区经济发展。芜湖、宣城两市资源丰富，但两市距离周边主要机场公路距离相对较远，均在120公里以上，对经济发展形成了一定程度的制约在该区域修建民航机场开展民用航空运输，将有效促进两市对外经济交流，推动皖南地区经济社会发展。

（2）以民航运输促进旅游产业发展，以旅游产业兴盛反哺民航运输。芜宣机场的建设将完善区域基础设施，缩短游客来芜湖、宣城旅游的距离，提升旅游的舒适度和便捷度，推进区域旅游业快速发展。与此同时，旅游业的发展又促进了航空运输业的提升，实现旅游业与航空运输业良性循环下的双赢。

▲ 航站楼效果图

（3）完善交通运输体系，践行民航发展规划。按照中国民用航空局2017年发布的《中国民用航空发展第十三个五年规划》，芜宣机场是完善区域机场网络，打造区域立体交通的实践性工程。它的建设对落实国家长江经济带发展战略，完善安徽省民用机场布局和综合交通运输体系，意义重大。

投资主体

该工程总投资为15.36亿元。其中，中国民用航空局安排民航发展基金5.3亿元，安徽省人民政府安排财政性资金0.3亿元，中央预算内资金2.67亿元，其余由芜湖市和宣城市政府按照9∶1的比例安排财政性资金。

▲五方联测新增沟塘

▲土方工程施工

▲工程现场航拍

工程进度

该工程正在进行飞行区场道施工，开展土方开挖、道槽区土方回填、沟塘清淤等工作。截至累计完成清淤20万立方米，石方回填5万立方米，完成土方量约150万立方米。航站楼、航管及重点工程已进场施工。

新技术应用

该工程拟采用具有节能环保效益的地埋管式地源热泵为部分建筑提供空调冷热源。

存在问题

1. 土地指标紧张

场外配套工程土地指标非常紧张，需中央、省级部门统筹协调解决土地指标问题。

2. 机场通达性尚不完善

芜湖、宣城地区整体交通设施仍不完善，缺乏系统整合，无法支撑和满足芜宣机场及空港经济区的发展需求。未来需深化区域内综合交通规划，形成完善便捷的综合交通体系，提高机场的通达性，充分引入周边客流；考虑接入合芜宣城际铁路、商合杭高速铁路、沪渝高速公路等交通线，力争在芜宣机场设站。

实施单位

单位类别	单位名称	标段
监理单位	上海华东民航机场建设监理有限公司	
建设单位	芜湖宣城机场建设投资有限公司	
设计单位	上海民航新时代机场设计研究院有限公司	
施工单位	北京金港场道工程建设股份有限公司	一标段
	上海公路桥梁（集团）有限公司	二标段
	北京场道市政工程集团有限公司	三标段
截至2018年11月，芜湖宣城民用机场的非民航专业工程未施工，监理单位及各施工单位正在招标中。		

（供稿：芜湖宣城机场建设投资有限公司）

福建省三明沙县民用机场工程

基本情况

福建省三明沙县民用机场（以下简称三明沙县机场）处于三明、南平两个设区市之间，场区占地面积5143亩，机场半径100公里，覆盖2个设区市、13个县、620万人口。

该工程建设近期设计目标年为2020年，近期飞行区等级为4C级，机场跑道长2600米、宽45米，航站楼1.44万平方米，航管楼1245平方米，站坪可停机位数5个（1B3C1D），年旅客吞吐量50万人次，设立全向信标台、跑道双向Ⅰ类仪表着陆系统，具备安全可靠、运行高效的支线机场条件，可起降波音737系列、空客A320系列机型。

远期设计目标年为2040年，飞行区等级4D级，航站楼3.3万平方米，站坪可停机位数13个（1B10C2D），年旅客吞吐量达350万人次。

审批依据

《中国民用航空局关于福建三明机场场址优化的审查意见》（民航函〔2009〕838号）。

《国家发展改革委办公厅关于调整福建省三明沙县民用机场项目可行性研究报告有关内容的批复》（发改办基础〔2010〕2630号）。

《中国民用航空华东地区管理局关于三明沙县机场总体规划的批复》（民航华东函〔2011〕15号）。

《中国民用航空华东地区管理局和福建省发改委关于福建三明沙县机场工程初步设计及概算（第一批）的批复》（民航华东函〔2011〕233号）。

《中国民用航空华东地区管理局和福建省发改委关于福建三明沙县机场工程初步设计及概算（第二批）的批复》（民航华东函〔2012〕411号）。

建设意义

三明沙县机场距三明市、南平市分别为23公里和37公里，是福建省第三个民用机场。它的开工建设，确立了福建中部机场的战略地位，提高了周边区域群众的民航受益面，对提升三明革命老区城市品位、现代化水平、对外开放形象和拓展海峡两岸人民交流、开辟服务中西部地区新的空中通道起重要作用。

投资主体

该工程法人为三明机场建设总公司，总投资25亿元，其中政府投资15亿元（包含中国民用航空局民航专项基金5.24亿元、国家发展和改革委员会2亿元、福建省人民政府资金补助1亿元、三明市人民政府6.76亿元）、银行贷款10亿元。

▲施工中的航管楼

▲建设中的机场跑道

▲航站楼效果图

工程进度

三明沙县机场工程于2011年10月全面开工建设。2015年7月8日至9日，民航专业工程（第一阶段）竣工验收。2015年12月16日至17日，民航专业工程（第二阶段）竣工验收，各项工程验收合格。2016年2月5日，通过行业验收，中国民用航空华东地区管理局颁发民用机场使用许可证。2016年3月7日，机场正式通航。

项目评估

该工程通过优化场址、调整项目可行性研究报告，实现机场和沙县城市共同发展的双赢局面。机场建成通航，实现了三明市人民30年的民航梦，填补了福建省中部无机场的空白，成为三明市现代综合交通运输体系的重要组成部分，打造了三明市城市品牌形象，助推三明市改革开放再上新台阶。

实施单位

单位类别	单位名称
建设单位	三明机场建设总公司
设计单位	上海民航新时代机场设计研究院有限公司
	上海华东民航飞行程序设计研究院
	中铁第四勘察设计院集团有限公司
	厦门都市环境设计工程有限公司
	厦门开联装饰工程有限公司
	厦门市港龙设计有限公司
监理单位	上海华东民航机场建设监理有限公司
	空军工程设计研究局
施工单位	中国航空港建设第九工程总队
	中国航空港建设第三工程总队
	中国航空港建设第八工程总队
	中国水利水电第十六工程局有限公司
	上海城建新路桥建设工程有限公司
	四川华西安装工程有限公司
	北京中航空港建设工程有限公司
	福建省二建建设集团有限公司
	福建六建集团有限公司
	福建省南铝工程股份有限公司
	福建省兴雅达装饰装修工程有限公司（现已更名福建省兴雅达建设发展有限公司）
	厦门兆翔智能科技有限公司
	福建省榕圣市政工程股份有限公司
	四川省工业设备安装公司
	福建点室建筑安装工程有限公司
	福建腾晖环境建设集团有限公司
	三明亿源电力工程建设有限公司
	沙县银桥电力工程有限公司（现已更名福建银桥电力工程有限公司）
勘查单位	福建东辰综合勘察院
代建单位	上海民航新时代机场设计研究院有限公司
检测、监测单位	厦门市交通建设工程检测有限公司
	福建省国土测绘院

（供稿：三明市国有资产投资经营公司）

青岛新机场工程

基本情况

青岛新机场位于青岛市下辖的胶州市，与青岛市中心之间直线距离39公里，场地和空域条件满足建设大型机场的基本要求，与城市规划无矛盾，公用设施配套齐全，有利于临空产业培育发展。

按照机场总体规划，青岛新机场一期工程以2025年为目标年，占地16.16平方公里；建设2条平行远距跑道，跑道长度3600米，跑道间距2184米；航站楼面积47.8万平方米，机位总数178个；建设工期约4年；建成后可满足年旅客吞吐量3500万人次、货邮吞吐量50万吨，飞机起降30万架次的保障需求。新机场运行等级为4F，可起降空中客车A380、波音787等大型飞机。

远期以2045年为目标年，占地面积30.65平方公里，规划将再建设2条近距跑道，东跑道长度3200米，西跑道长度3600米，航站楼面积达70万平方米，可满足年旅客吞吐量5500万人次（终端6000万人次）、货邮吞吐量100万吨、飞机起降45万架次的保障需求。

总体规划将根据“统一规划，分期建设”原则向北依次实施。按照“南客北货”模式，货运区与机务维修区整体位于机场北部，综合业务区根据业务性质不同分别位于胶济铁路南侧与进机场路两侧，并根据未来业务拓展需要规划预留用地。

青岛新机场近期建设2条平行跑道。其中，东跑道按4F标准设计，长3600米，宽60米；西跑道按4E标准设计，长3600米，宽45米。相应建设滑行道和联络道系统。两条跑道主降方向设置Ⅲ类精密进近灯光系统和仪表着陆系统，次降方向设置Ⅰ类精密进近灯光系统和仪表着陆系统；新建47.8万平方米的航站楼、171个机位的站坪、7.68万平方米的货运站及配套用房、20万平方米的综合交通中心（含15万平方米的停车楼）及其他辅助生产生活用房，配套建设供电、供水、供冷、供热、供气、信息通信、消防救援、雨污水污物、绿化等设施。

▲青岛新机场高地铁站房开始基础施工

▲青岛新机场指廊网架开始提升

审批依据

根据中国民用航空局2011年发布的《中国民用航空发展第十二个五年规划》，青岛新机场定位为环渤海地区的国际航空货运枢纽机场和面向日韩的门户机场。

该工程规划、用地、环评、安评、能评分别通过山东省住建厅、国土部、环保部、地震局、发展和改革委员会评审，符合国家、地方和行业的相关规划。城市批次用地获山东省国土厅批复，正式用地手续已上报国土部。

建设意义

1. 完善综合交通运输体系，促进区域经济协同发展

随着山东半岛蓝色经济区国家战略的稳步实施，青岛市经济发展和航空运输快速增长，预计到2025年，青岛地区航空旅客吞吐量为3500万人次。现有机场设施的保障能力。已趋饱和，无法满足青岛地区日益增长的航空运输市场发展需求。建设青岛新机场，将大幅提升青岛市的民用航空运输保障能力，完善综合交通运输体系，满足航空运输增长需要，促进区域经济协调发展。

2. 贯彻实施国家交通战略

《中国民用航空发展第十二个五年规划》中要求，“加快发展上海虹桥、杭州、南京、厦门、青岛等区域枢纽机场，满足长三角、上海浦东新区、海西和山东半岛蓝色经济区等国家区域发展战略需求，培育青岛机场面向日韩地区的门户功能”，“大力推进容量受限机场建设，研究建设成都、青岛、厦门、大连新机场”，“加强货运枢纽建设，引导形成3个国际航空货运枢纽群：环渤海地区以北京、天津为主，大连、青岛、济南、石家庄为辅”。青岛新机场的建设，对加快推进山东半岛蓝色经济区战略的实施，实现“沟通南北、辐射西部、连接日韩、面向世界”的民航发展目标，有着重要意义。

3. 加强货运枢纽建设

青岛新机场的建设满足长三角、上海浦东新区、海西和山东半岛蓝色经济区等国家区域发展战略需求，解决机场容量受限问题，有助于培育青岛机场面向日韩地区的门户功能。该工程建设完成后，将成为国际航空货运枢纽，为新时代民航强国战略服务。

实施单位

<table>
<tr><th colspan="2">单位类别</th><th>单位名称</th></tr>
<tr><td colspan="2">建设单位</td><td>青岛国际机场集团有限公司</td></tr>
<tr><td colspan="2">设计单位</td><td>中国建筑西南设计研究院有限公司</td></tr>
<tr><td rowspan="16">监理单位</td><td>飞行区1标</td><td>上海华东民航机场建设监理有限公司</td></tr>
<tr><td>飞行区2标</td><td>北京颐和工程监理有限责任公司</td></tr>
<tr><td>飞行区3标</td><td>北京中企建发监理咨询有限公司</td></tr>
<tr><td>飞行区4标</td><td>青岛市政监理咨询有限公司</td></tr>
<tr><td>飞行区5标</td><td>青岛华鹏工程咨询集团有限公司</td></tr>
<tr><td>航站楼1标</td><td>上海市建设工程监理咨询有限公司</td></tr>
<tr><td>综合交通中心</td><td>上海建科建设监理咨询有限公司（现已更名上海建科工程咨询有限公司）</td></tr>
<tr><td>信息中心</td><td rowspan="3">青岛高园建设咨询管理有限公司</td></tr>
<tr><td>能源中心</td></tr>
<tr><td>航站区市政监理</td></tr>
<tr><td>配套区2标</td><td>青岛华鹏工程咨询集团有限公司</td></tr>
<tr><td>配套区3标</td><td>青岛市工程建设监理有限责任公司</td></tr>
<tr><td>配套区4标</td><td>青岛市政监理咨询有限公司</td></tr>
<tr><td>景观绿化监理1标</td><td>青岛高园建设咨询管理有限公司</td></tr>
<tr><td colspan="2">西北民航机场建设集团有限责任公司</td></tr>
<tr><td>旅客过夜用房及贵宾楼</td><td>青岛高园建设咨询管理有限公司</td></tr>
</table>

施工单位

单位名称	阶段	单位名称	阶段
中铁十二局集团有限公司	飞行区场道工程1标	山东兴华建设集团有限公司	货运区间国内货代仓库工程
北京蓝天建设有限公司	飞行区场道工程2标	青岛安装建设股份有限公司	能源中心工程
四川省场道工程有限公司	飞行区场道工程3标	青岛建安建设集团置业有限公司	信息中心、远距离停车场工程(ITC)
中国华西企业股份有限公司	飞行区场道工程4标	青建集团股份公司	旅客过夜用房
上海公路桥梁（集团）有限公司	飞行区场道工程5标	荣华建设集团有限公司	贵宾楼项目
甘肃机械化建设工程有限公司	飞行区场道工程6标	荣华建设集团有限公司	机场货运区工程
中国航空港建设第二工程总队	飞行区场道工程7标	中铁十局集团有限公司	工作区跨铁路桥梁及部分市政工程
中铁北京工程局集团有限公司	飞行区场道工程8标	中铁建工集团有限公司	工作区跨铁路桥梁及部分市政工程
中天空港（北京）建设工程总队	飞行区场道工程9标	中国二十冶集团有限公司	工作区、航站区、综合管廊工程
中国水利水电第十六工程局有限公司	飞行区场道工程10标	中国建筑第八工程局有限公司	工作区、货运区市政工程1标
山西机械化建设集团有限公司	飞行区场道工程11标	青岛第一市政工程有限公司	工作区、货运区市政工程2标
中国航空国际建设投资有限公司	飞行区场道工程12标	中铁三局集团有限公司	货运区市政工程3标
四川华西集团有限公司	助航灯光工程1标	济南黄河路桥建设集团有限公司	工作区货运区市政工程4标
北京京航安机场工程有限公司	助航灯光工程2标	广东省基础工程集团有限公司	工作区货运区市政工程5标
北京佳和建设工程有限公司	助航灯光工程3标	中启胶建集团有限公司	综合办公及生活用房
河北建设集团股份有限公司	飞行区外排渠等工程1标	青岛海川建设集团有限公司	生活服务中心及备勤楼项目
上海宝冶集团有限公司	飞行区外排渠工程2标	中建八局第四建设有限公司	联检单位办公楼1标
云南建投第四建设有限公司	飞行区场道工程围界1标	中青建安建设集团有限公司	联检单位办公楼
青岛建设集团有限公司	综合办公及生活服务用房（A-3）地块职工训练基地、生活服务中心、2号、3号、4号备勤楼	中铁建工集团有限公司	公安及武警业务用房工程
中国电建集团核电工程有限公司	110KV变电站	中国建筑第八工程局有限公司	下航站楼及站前高架工程1标
中铁建工集团有限公司	高地铁站房工程	中国建筑第八工程局有限公司	航站楼及站前高架1标
中国建筑股份有限公司	综合交通中心及地铁站房工程	中建三局集团有限公司	航站楼及站前高架2标
青建集团股份公司	综合交通中心及停车楼项目	青岛城建集团有限公司	航站区配套工程3标
青岛市政空间开发集团有限责任公司	航站楼周边管线施工项目	青岛海德工程集团股份有限公司	一期防客水倒灌及南北联络路
青岛建设集团有限公司	航站区远期高地铁影响范围地下通道工程	中启胶建集团有限公司	国际快件监管中心及配套工程

投资主体

青岛新机场主体工程概算总投资360.39亿元。其中，工程费用247亿元，工程建设其他费用82.65亿元（含征地拆迁费用53.11亿元），基本预备费13.83亿元，贷款利息16.91亿元。资金主要由资本金和银行贷款两部分构成。其中，资本金占总投资40%，共计144.16亿元（青岛国际机场集团有限公司15亿元，中国民用航空局民航发展基金10.05亿元，青岛市人民政府119.11亿元）；银行贷款216.23亿元，占总投资的60%。

新技术应用

（1）设计创新，运转高效。青岛新机场在服务方面不断升级，以一期“海星状”、总体“齐”字状为规划布局，采用集中尽端式构型，近机位多，运转高效，旅客安检后最大步行距离控制在550米以内，建成世界首个采用集中式单体五指廊造型的航站楼，同时，建设世界最大航站楼整体不锈钢屋面，面积约22万平方米，有效解决揭盖、漏雨等传统材料无法克服的弊端。

（2）引入高铁、地铁，打造综合交通枢纽。青岛新机场以打造国内第一个全通型、立体化、零换乘的综合交通中心为目标，引入高铁、地铁穿越航站楼并在地下设站，按照高铁三台四线、地铁两台四线进行设计，预计日客运量可达到100万人次。2016年国家发展和改革委员会发布的《关于打造现代综合客运枢纽提高旅客出行质量效率的实施意见》已将该工程综合交通列为综合交通枢纽重大示范工程。

（3）贯彻绿色星级机场理念。青岛新机场建筑全部按照绿色星级以上标准设计，航站楼更是达到国际绿色三星的最高标准。率先将海绵理念引入机场建设，水径流控制率突破75%，再生水利用超过50%，力争打造全国第一个海绵机场；建立独立能源中心，综合用能效率可达90%以上，光伏发电可满足航站楼20%供电需求，水蓄冷可满足全场40%供冷需求。其建设的总长度13.8公里的综合管廊被列为国家级试点工程。

（4）采取智慧机场运营方式。青岛新机场是国内第一个在建设前期引入信息化规划的机场，以此为依托，打造国内第一家“一票通”机场，并运用先进技术，保证旅客的出行安全及机场的运营安全。同时，引入BIM协同管理平台，待工程竣工后BIM技术将与青岛新机场地理信息系统、资产管理系统、指挥调度系统等相结合，形成真正的BIM全生命周期的运用。

工程进度

按照“2015年开工建设、2016年全面推进、2017年主体攻坚、2018年安装调试、2019年验收转场”的五年攻坚计划，截至2018年3月底，青岛新机场累计完成投资133.7亿元，累计收到资金115.51亿元，累计支付工程款110.56亿元（占概算总额的30.67%）。

截至2018年3月底，航站区的航站楼混凝土主体、二次结构全部完成，不锈钢屋面、幕墙分别完成70%和60%，其中非高地铁影响区已达到闭水条件；综合交通换乘中心主体结构闭水，钢构、幕墙完成50%；地铁代建全部完成，高铁代建正在进行站房砌体和设备安装施工；空管塔台（共17层）已完成地上6层主体结构施工。飞行区的场道工程完成总工程量的50%，12个标段均已顺利完成道面混凝土试验段施工，大面积道面施工全面启动；助航灯光工程进度过半，消防工程完成工程总量的70%。配套区的综合管廊（11.7公里）主体结构已完成65%；综合办公及业务用房已完成主体结构和二次结构，正在进行安装和装饰施工；机场集团、联检、驻场单位业务用房全面开工并逐步进入主体结构施工阶段；路桥建设总量过半。

（供稿：青岛国际机场集团有限公司）

广西桂林机场航站楼及站坪配套设施扩建工程

基本情况

广西桂林机场航站楼及站坪配套设施扩建工程（以下简称桂林机场扩建工程）按照满足2025年旅客吞吐量1200万人次、货邮吞吐量9.5万吨、飞机起降量10.12万架次的目标设计，主要包括机场工程、空管工程和供油工程三个部分，工程建设用地1228.3亩。

机场工程：新建10万平方米T2航站楼、40万平方米站坪、7.32万平方米停车场，新建30个机位（建成后机位总数达48个），改造T1航站楼，配套建设助航灯光、通信、供电、供水等设施。

空管工程：新建5371平方米的管制楼，改造现航管楼1040平方米，新增航行管制设备、场面监视雷达等空管设施。

供油工程：新建31个机位加油系统，敷设3650米加油管线，1050米临时加油管线，设置管线测漏系统和紧急停泵控制系统。

工期：2015年11月18日—2018年8月30日（不含T1航站楼改造和空管工程）

审批依据

《国家发展改革委关于广西桂林机场航站楼及站坪配套设施扩建工程项目建设书的批复》（发改基础〔2013〕2141号）。

《国家发展改革委关于广西桂林机场航站楼及站坪配套设施扩建工程可行性研究报告的批复》（发改基础〔2015〕1442号）。

▲航站楼效果图

▲机场航站楼

《中国民用航空局、广西壮族自治区人民政府关于广西桂林机场航站楼及站坪配套设施扩建工程初步设计及概算的批复》（民航函〔2015〕997号）。

《中国民用航空局关于广西桂林机场航站楼及站坪配套设施扩建工程初步设计变更的批复》（民航函〔2016〕1023号）。

《广西壮族自治区人民政府关于桂林机场航站楼及站坪配套设施扩建工程概算调整的批复》（桂政函〔2018〕67号）。

投资主体

该工程法人为广西机场管理集团有限责任公司，总投资为35.44亿元。其中，机场工程32.58亿元（资本金为17.6亿元，由国家发展和改革委员会安排中央预算内投资2.5亿元，中国民用航空局安排民航发展基金2.58亿元，广西壮族自治区人民政府安排财政资金8.54亿元，桂林市人民政府安排财政资金3.98亿元，其余资金由广西机场管理集团有限责任公司通过银行贷款解决，空管工程2.65亿元，由中国民用航空局安排民航发展基金解决）；供油工程0.21亿元，由华南蓝天航空油料有限公司筹措解决。

建设意义

1. 构建中西部地区快速航空通道

随着地方经济快速发展，桂林机场已有的航站楼处于超负荷运行状态，不能满足日益增长的航空运输需求。桂林机场扩建工程完成后，可容纳更多人次旅客，处理更多机场航空业务量，对构建中西部地区便捷快速航空通道意义重大。

2. 落实推进国家西部大开发战略

桂林机场是国家重要的旅游机场，该工程的建设，是落实国家西部大开发战略和推进“中国-东盟自由贸易区”建设的需要。扩建后的机场，能够更好地服务国家西部大开发政策，促进地区经济发展和对外交流，在西部大开发中发挥更重要的作用。

3. 推动区域旅游及服务业发展

航空运输作为最快捷、舒适的交通方式，是旅游外出的首选，旅游业的发展必将促进当地服务业的发展。桂林机场扩建工程能够有效提升机场的服务品质，更好地塑造机场作为桂林城市窗口的形象，助推桂林国际旅游胜地建设。

4. 助力综合改革试验区部署

桂林机场扩建工程是“建设桂林国家服务业综合改革试点区”战略部署的重要组成部分，它的开工有利于建设服务广西，辐射华南、华中的多功能物流枢纽，形成生产型和商业型物流集聚区；同时有助于构建现代服务业发展体系，实现服务业跨越式飞速发展。

工程进度

（1）桂林机场扩建工程（不含T1航站楼和空管工程）：2015年11月18日，该工程正式开工建设；2018年9月5日，通过竣工验收；2018年9月20日，通过行业验收；2018年9月30日，正式启用。

▲ 2017年5月31日，桂林机场T2航站楼主体钢结构合龙

▲ 超大异型拱脚施工技术

（2）T1航站楼改造工程：2018年10月，北京市建筑设计研究院有限公司对T1航站楼状况、设备设施等进行了全面调研；同年11月，形成调研评估报告初稿，指挥部会同桂林机场对该报告进行内部审核，目前设计院正根据内审意见修订该评估报告。

（3）报告完成情况：截至2018年10月31日，机场工程累计完成投资21.588亿元。

新技术应用

1. 采用不规则波浪形金属屋面防水技术

该工程屋面是一个连续的曲面，对屋面的防水功能要求极高。施工中采用TPO双层卷材，利用卷材的柔韧性和良好的防水性，与屋面找平板紧密贴合，解决了不规则屋面对于防水和造型同时兼备的难题；并通过在防水层上设置挡水分隔，将屋面分成若干个区域，有组织地进行屋面排水，避免了大量雨水汇集到波谷处造成的溢水问题，使屋面排水性能得到大大提升。

2. 运用超大异型拱脚施工技术

T2航站楼中心区屋顶采用双向双曲拱结构体系，拱壳底部为拱脚支座承台。拱脚作为中心区钢结构支撑体系的支座，属异形多面复杂构件，采用深化设计加工技术，将构件分块，分段安装，通过地脚螺栓和定位环板限位，保证构件的安装精度；设置钢型抗剪键，提高承台的抗剪能力。

3. 五方面融入设计，全方位把控

该工程作为大型公共交通建筑，涉及专项多、专业化程度高、分工合作界面复杂，对内部系统标准化程度要求也较高。

在建设中针对工程特点，运用BIM设计方法与平台，将几何信息体系、三维信息协同、专项模拟技术、建筑构件标准化和航站楼专项建筑综合信息系统五方面融入设计，实现对建筑设计的全方位把控。

4. 使用航班信息源处理系统（IMG）

通过TCP/IP协议与空管FIPS系统进行连接，进行数据交换。该方法比传统通过拉报文线路接收空管报文的方式，更安全可靠。

5. 采用虚拟化平台方式搭建服务器

该虚拟化平台由1套存储双活阵列、4台SAN交换机、6台宿主服务器和2台动态迁移专用交换机组成，将机场内所有服务器都统一搭建在该平台内，以便于统一管理和维护，极大提高了系统的安全性、可靠性、稳定性和扩展性。

项目评估

该工程建成后，旅客机候环境明显改善，出入港更加便捷，使桂林机场的整体服务水平和形象得到大幅度提升。

实施单位

<table>
<tr><th>单位类别</th><th colspan="2">单位名称</th></tr>
<tr><td>建设单位</td><td colspan="2">广西机场管理集团有限责任公司</td></tr>
<tr><td>设计单位</td><td colspan="2">北京市建筑设计研究院有限公司
上海民航新时代机场设计研究院有限公司</td></tr>
<tr><td rowspan="8">施工单位</td><td>航站楼主体工程</td><td>中国建筑第八工程局有限公司</td></tr>
<tr><td>高架桥、站前停车场及道路工程</td><td>中铁七局集团有限公司</td></tr>
<tr><td>飞行区场道工程</td><td>河北建设集团股份有限公司</td></tr>
<tr><td>能源中心、信息中心工程</td><td>广西建工集团第一建筑工程有限责任公司</td></tr>
<tr><td>航站楼机电安装工程</td><td>中建安装集团有限公司</td></tr>
<tr><td rowspan="2">航站楼弱电及安防工程</td><td>民航成都电子技术有限责任公司</td></tr>
<tr><td>北京中航弱电系统工程有限公司</td></tr>
<tr><td>航站楼消防工程</td><td>广西建工集团第一建筑工程有限责任公司</td></tr>
<tr><td>监理单位</td><td colspan="2">广西中信恒泰工程顾问有限公司
广州民航机场工程咨询监理有限公司（现已更名广州中南民航工程咨询监理有限公司）
上海市建设工程监理咨询有限公司</td></tr>
</table>

（供稿：广西机场管理集团有限责任公司）

成都天府国际机场工程

基本情况

成都天府国际机场（以下简称天府机场）按照满足2025年旅客吞吐量4000万人次、货邮吞吐量70万吨、飞机起降32万架次，远期2045年旅客吞吐量9000万人次、货邮吞吐量200万吨、飞机起降71万架次的需求进行规划设计，定位为国家级国际航空枢纽。近期规划建设用地面积2141公顷，远期规划建设用地面积约50公顷。

机场工程近、远期主要建设内容如下：

1. 飞行区

近期建设东一（长3200米、宽45米）、西一（长4000米、宽60米）及北一（长3800米、宽45米）共3条跑道及滑行道系统，飞行区等级为4F，西一和东一跑道间距2400米；远期规划建设3条跑道及相应的滑行道系统，包括东二（长3200米、宽45米），西二（长3200米、宽60米），北二（长3200米、宽45米）跑道及滑行道系统。

2. 航站区

航站区位于东一和西一跑道之间，近期建设T1和T2两座单元式航站楼，总建筑面积60万平方米，设计机位资源245个。其中，近机位93个；远机位63个；试车机位5个；货机位12个；过夜、缓压及功能机位29个；维修机位36个；隔离机位1个；除冰机位6个。同步在两座航站楼之间规划建设综合交通换乘中心及停车楼。远期规划建设T3和T4航站楼，总建筑面积60万平方米。

3. 航空货运区

近期在西一跑道西北端规划航空货运区，建设机场国内航空货站区及国际航空货站区。同时，国际航空货运区按照“海关集中查验、一站式通关”的要求，同步建设一站式联检大楼、关检集中查验中心、二级进出口监管仓库、国际快件中心等配套设施。远期对航空货运区进行扩建，并在东一、东二跑道之间规划预留货运发展用地。

4. 工作区

近期工作区在机场北部，建设航空公司综合配套用房，武警、安检、公安、海关、机场、空管、供油等单位业务用房，及机场供水、供电、通信、能源中心、远距离停车场、社会加油站等功能性设施。近期建设工作区市政道路总计32条，总长约32.5公里，同步建设PRT站点及线路；远期规划扩建北工作区，并在机场南部规划预留南工作区。

5. 配套设施建设

协调和配合空管、油料、基地航空公司等驻场单位，配套建设空中交通管制系统、供油设施、机务维修设施及航食设施。近期在近、远期航站楼对称中心点附近规划1号塔台及配套设施，在T2航站楼北侧规划2号塔台及空管核心工作区、值班宿舍区。在三岔湖镇规划建设成都终端管制中心。

远期在西二跑道东南侧规划建设3号塔台及配套设施。近、远期根据运行需要配置航管、监视、通信、导航、气象等空管设施设备。

投资主体

根据国家发展改革委可研批复，天府机场工程总投资511.8亿元，机场工程的资本金占总投资的60%。其中，国家发展和改革委员会中央预算内投资25亿元，中国民用航空局民航发展基金80亿元，其余资本金由四川省人民政府安排财政性资金承担20%，成都市人民政府安排财政性资金承担60%，四川省机场集团有限公司安排企业自有资金承担20%。资本金以外投资由四川省机场集团有限公司利用银行贷款解决。

根据《中国民用航空局西南地区管理局、四川省发展和改革委员会关于成都天府国际机场初步设计及概算的批复》（民航西南局函〔2017〕61号）评审后工程总投资为562.08亿元，较可研增加50.28亿元，增幅9.82%。

审批依据

《国务院、中央军委关于同意建设成都新机场的批复》（国函〔2015〕2号）。

《国家发展改革委关于成都新机场工程可行性研究报告的批复》（发改基础〔2016〕848号）。

▲ 鸟瞰效果图

《中国民用航空局综合司关于成都新机场命名的复函》（民航综机函〔2015〕78号）。

《中国民用航空局、四川省人民政府关于成都天府国际机场总体规划的批复》（民航函〔2016〕1059号）。

《中国民用航空发展第十三个五年规划》（民航发〔2016〕138号）。

建设意义

1. 带动成渝经济快速发展

四川省自然资源及旅游资源丰富，航空运输产业具有明显的市场优势和广阔的市场前景。

该工程的开工建设，适应了成都地区未来航空业务发展的需求，对推进"一带一路"建设，促进西部民航发展，打造成渝经济区有着重要的支撑作用。

2. 构建西部交通门户枢纽

该工程建成投用后，将成为成渝机场群的核心枢纽，成为西部高质量发展的新动力源，有效缓解成都地区民用机场基础设施紧张的局面，对构建西部民航国际客货运航空枢纽，打造西向、南向门户枢纽，创建国际一流的民航科技创新示范区，意义重大。

工程进度

天府机场飞行区、航站区和工作区三大核心工程全面铺开。截至2018年底，全场地基处理和土石方回填、飞行区堆载已全部完成；航站区土方工程完成90%，航站楼非高铁影响区域地下主体结构基本完成，正在开展屋面网架施工；配套市政工程土方和桩基分别完成49%和52%。协同推进轨道交通和配套项目建设。成自铁路代建工程土方及桩基施工全部完成，地下主体结构完成80%；地铁代建工程土方和桩基分别完成93%和96%，地下主体结构完成40%。空管工程、供油工程和川航、东航、国航、祥鹏四家航空公司基地等配套项目已先后开工建设。

存在问题

1. 地基沉降控制难度大

该工程场地为典型的浅丘宽谷地貌，全场地基处理和土石方填筑主要涵盖碎石桩、CFG桩、强夯、冲击碾压、振动碾压5种工法，施工时间长，对后期地基沉降控制难度大，是整个机场建设过程中最为重要的控制性节点工程。

2. 配套规划尚未健全，影响工期

该工程综合交通枢纽的建设需与区域城市规划、区域交通网络相配适。成都天府空港新城尚停留在总体规划阶段，用地功能分区及路网布局规划均滞后于天府机场总体规划，基础设施建设时间滞后。其中，以引入机场的轨道交通、高速铁路的规划建设时序对工期的影响最为显著。

3. 审批缺乏复合型工程行业规范，权责不明

各工程业主与行业主管部门较多、行政审批流程存在差异。尤其，时速350公里高速铁路穿越飞行区及跑道，在国内尚属首例，综合交通换乘中心建筑体量大，功能分区复杂，缺乏类似复合型工程的行业规范和标准。

新技术应用

1. 打造高科技智慧型机场

天府机场通过物联网等一系列新技术应用，建成信息集成系统、空侧智能管理系统、行李自动分拣及自动追踪系统、协同运行可视化系统等一大批智能化和智慧化的系统，有效提高机场的运行和管理效率。

2. 建设数字化施工现场

该工程是全国当前地基处理最复杂的机场，地基处理方式繁杂，填挖厚度变化较大，为确保工程质量，成都天府国际机场建设指挥部开发了全场数字化施工质量监控系统，成为国内最大规模的数字化施工现场。

3. 采用PRT设计

该工程采用的PRT（个人捷运系统）为国内首创，线路全长约4.8公里，为封闭式环线。该系统采用22台全自动无人驾驶电动小车，每辆小车乘坐4名乘客，设计运输能力为300人/小时，设计最高运行速度30公里/小时，单线运行时长约7分钟。

实施单位

<table>
<tr><th colspan="2">单位类别</th><th>单位名称</th></tr>
<tr><td colspan="2">建设单位</td><td>成都天府国际机场建设指挥部</td></tr>
<tr><td colspan="2" rowspan="4">设计单位</td><td>中国民航机场建设集团有限公司</td></tr>
<tr><td>中国建筑西南设计研究院</td></tr>
<tr><td>中国建筑西南勘察设计研究院有限公司</td></tr>
<tr><td>华东建筑设计研究院有限公司</td></tr>
<tr><td rowspan="15">施工单位</td><td>航站区土建总包1标段</td><td>中国建筑第八工程局有限公司</td></tr>
<tr><td>航站区土建总包3标段</td><td>北京城建集团有限责任公司</td></tr>
<tr><td>地基处理及土石方工程1标段</td><td rowspan="3">四川华西集团有限公司</td></tr>
<tr><td>航站区土建总包2标段</td></tr>
<tr><td>临时设施设计工程项目</td></tr>
<tr><td>地基处理及土石方工程7标段</td><td>上海公路桥梁（集团）有限公司</td></tr>
<tr><td>地基处理及土石方工程5标段</td><td>中国葛洲坝集团股份有限公司</td></tr>
<tr><td>机场配套市政工程道路、桥梁及综合管廊土建工程2标段</td><td>上海隧道工程股份有限公司</td></tr>
<tr><td>综合安装工程2标段</td><td rowspan="2">上海市安装工程集团有限公司</td></tr>
<tr><td>航站区消防安装工程2标段</td></tr>
<tr><td>钢结构施工2标段</td><td>江苏沪宁钢机股份有限公司</td></tr>
<tr><td>机场配套市政工程道路、桥梁及综合管廊土建工程3标段</td><td>中铁八局集团有限公司</td></tr>
<tr><td>航站区金属屋面项目</td><td>森特士兴集团股份有限公司</td></tr>
<tr><td>航站区幕墙工程项目</td><td>深圳市三鑫科技发展有限公司</td></tr>
<tr><td colspan="2" rowspan="2">监理单位</td><td>北京中企建发监理咨询有限公司</td></tr>
<tr><td>中咨工程建设监理有限公司</td></tr>
</table>

（供稿：四川省机场集团有限公司）

榆林榆阳机场二期扩建工程

基本情况

榆林榆阳机场二期扩建工程于2017年4月获陕西省发展和改革委员会和中国民用航空西北地区管理局的联合批复。

主要建设内容包括：飞行区跑道向北延长400米至3200米，道肩加宽，新建等长平行滑行道、快速出口滑行道、端联络道、旁通联络道等，新建站坪、隔离机坪、除冰坪以及配套的围界、巡场路、排水沟等；航站区在现有航站楼北侧新建总面积约4.25万平方米的T2航站楼，在新建T2航站楼前新建高架桥、站前广场及停车场，配套建设相应的辅助生产、生活设施等。

审批依据

《榆林市发展和改革委员会关于上报〈榆林榆阳机场二期扩建工程航站楼、飞行区及配套设施工程可行性研究报告〉的报告》（榆政发改字〔2015〕296号）。

建设意义

1. 适应机场航空业务量快速增长的需求

榆林榆阳机场于2008年4月建成投入运营，是按照年吞吐量35万人次设计的4C级机场。机场投入使用后，当地经济、社会、城市建设均发展迅速，与外界的联系日益紧密，机场作为与外界联系的重要纽带，年旅客吞吐量持续快速增长。至2017年，旅客吞吐量达177万人次，机场现有各项设施均已超负荷运行，不能满足区域进一步发展的需求，急需进行扩建。

2. 完善当地综合运输体系的需要

榆林市要实现经济跨越发展和社会和谐发展目标，必须提供强有力的交通基础设施，充分提高交通基础设施的运输效率，进一步优化调整运输结构、优化运输资源配置，形成多种运输方式协调配套的综合交通体系。根据区域社会经济的发展情况，不断调整、完善机场的各项功能设施，使其适当超前于当地经济社会发展，有助于建设便捷、快速、高效、绿色、安全的综合交通体系，密切榆林市与周边省市纵深腹地的经济联系。真正成为当地经济社会发展的助推器。

▲榆阳机场航站楼施工现场

3. 打造具有影响力城市的需要

榆林市是典型的资源型城市，能源化工基地的建设与当地经济社会的快速发展对当地基础设施提出了更高的要求。榆阳机场作为当地重要的基础设施以及榆林市对外开放的窗口，理应先行一步，适时扩建，完善强化机场的服务水平与能力，为当地经济社会的发展提供强有力的保障。助力建设“世界一流高端国家能源化工基地”和打造“陕甘宁蒙晋最具影响力城市”。

4. 促进当地旅游业发展的需要

榆林市是国家第二批历史文化名城，且地处于陕北黄土高原向内蒙古自治区沙漠草原的过渡带，旅游资源种类多，内容丰富独具特色。境内旅游、该工程的建设将为旅游业的发展提供更方便、快捷、舒适的交通运输方式，有效促进当地旅游业的快速发展。

投资主体

飞行区工程于2017年5月开工建设，计划工期2年。航站区工程于2018年4月开工建设，计划工期2年。

飞行区工程和航站区工程由榆林市人民政府委托西部机场集团有限公司负责实施。双方签署协议约定，飞行区和远机位建设总投资8.4亿元，双方各承担建设资金的50%。西部机场集团有限公司要积极争取国家和中国民用航空局项目扶持或补助资金，所争取资金作为该公司的投资，不足部分由该公司补足；陕西省政府扶持和补助资金由榆林市政府负责申请争取，并作为政府投资。航站区工程批复投资额12.17亿元，由西部机场集团有限公司负责争取国家补贴资金1亿元，剩余建设资金由双方按照6：4的比例共同承担。

工程进度

1. 飞行区工程

飞行区工程于2017年5月开工建设，已累计完成投资6.8亿元，占总投资额的97%；跑道延长、道肩加宽、新建3200米车行滑行道以及配套的灯光、空管工程均已通过中国民用航空局西北地区管理局组织的行业验收；剩余站坪、停机坪、除冰坪以及配套的巡场路、围界等工程已于2018年11月30日通过行业验收和使用许可检查，同时也标志着飞行区工程已全部完工。

2. 航站区工程

航站区工程于2018年4月开工建设，建安工程招标工作已完成，施工单位已进场，扩建工程其他项目正有序开展，已累计完成航站楼工程总量的28%。

项目评估

榆林榆阳机场二期扩建工程整体进展情况基本符合既定的工期计划，扩建工程有序推进。

实施单位

单位类别	单位名称
建设单位	榆林榆阳机场二期扩建工程建设指挥部
勘察单位	西安市勘察测绘院
设计单位	中国民航机场建设集团有限公司
	中国建筑西北设计研究院有限公司
施工单位	中国建筑第八工程局有限公司
	西部机场集团建设工程（西安）有限公司
	西北民航机场建设集团有限责任公司
	民航西北电子技术开发公司 （民航西北电子技术开发（西安）有限公司）
监理单位	西安西北民航项目管理有限公司
	北京希达工程管理咨询有限公司

（供稿：西部机场集团有限公司）

延安南泥湾机场迁建工程

基本情况

延安南泥湾机场（以下简称南泥湾机场）民航规模为4C级国内支线机场。建设工程包括：

（1）新建一条3000米长跑道，道面宽45米，两侧道肩宽度7.5米；跑道两端各设长100米、宽60米的防吹坪；新建平行滑行道长2850米、宽18米，两侧道肩宽3.5米；跑滑间距168米，跑道与平行滑行道间设五条联络道，其中三条可供民航使用。

（2）新建民用站坪337×92.5米，机位7个（1B6C），其中4个C类近机位、2个C类远机位。

（3）航站楼满足按近期（2025）年机场旅客吞吐量72.5万人次、高峰时每小时国内旅客吞吐量596人次目标设计，面积13536.6平方米，建筑结构类型为钢框架结构，建筑高度17.11米，采用前列式平面构型、一层半式工艺流程（其中，5000平方米按照国际、国内可转换流程建设，并配置边防、海关专业设施设备）。

（4）新建航管楼、机务场务用房、供油、消防救援中心、特种车库、货运库、中心变电站、灯光变电站、供冷供热站、综合服务楼、地下停车楼等工程。

▲综合楼

审批依据

《关于对延安机场迁建工程场址审查的意见》（民航函〔2006〕856号）。

《关于同意迁建空军延安机场的批复》（国函〔2009〕76号）。

《关于延安机场迁建工程可行性研究报告的批复》（发改基础〔2012〕1315号）。

《关于迁建延安机场总体规划的批复》（民航西北局发〔2014〕143号）。

《关于延安机场迁建工程初步设计及概算的批复》（民航西北局发〔2014〕145号）。

《关于迁建延安机场总体规划（2004年版）航站区局部调整的批复》（民航西北局发〔2017〕99号）。

《关于延安机场迁建工程（民航工程）初步设计规模调整的批复》（陕发改基础〔2017〕1317号）。

建设意义

1. 促进城市经济发展

通过建设南泥湾机场，构建延安对外交流的空中通道，增强区域空港运输能力，对促进延安市对外开放、提高经济外向度、提升经济综合竞争力，意义重大。

2. 促进旅游城市信息互通

该工程的建设，密切了嘉兴、井冈山、遵义等红色旅游城市间的联系，使之资源共享、信息互通，构建了革命圣地与世界交流合作、互通有无的空中走廊，为红色延安再起航提供助力。

3. 谋求更广阔的发展空间

该工程的建设形成了横贯东西、纵达南北、面向国际的航线网络布局，为落实"一带一路"建设谋求延安更深层次、更高质量的发展提供了更广阔的发展空间。

投资主体

南泥湾机场法人为延安机场建设开发有限公司，总投资19.47亿元。其中，国家发展和改革委员会安排中央预算内投资3.9亿元；中国民用航空局安排民航发展基金4.32亿元；其余资金由延安市人民政府投资。

工程进度

2009年6月国务院、中央军委批复同意实施拆迁，2013年7月该工程正式开工建设，2018年7月29日通过投产校飞，2018年8月16日通过竣工验收，2018年9月5日通过试飞，2018年10月16日通过行业验收，2018年11月8日正式通航。

新技术应用

1. 采用钢管束柱装配式建筑形式

综合服务楼地处填挖方交界处，采用钢管束柱装配式建筑形式。与传统钢筋混凝土框架结构相比，该建筑形式具有平面布置灵活、自重轻、抗震性好、建设周期短、工程质量优、建设投资省、节能减排等诸多优势能降低填挖方交界区域地基的不均匀沉降对建筑物的风险，有效缩短施工工期、节约施工成本，在西部支线机场建设中首次应用。

2. 运用不锈钢连续焊接屋面系统

南泥湾机场航站楼屋面采用国际前沿不锈钢连续焊接屋面系统，系统中部分连接件、结构形式、加工工艺、加工机具均属专项研究及定制加工产品。该屋面系统具有使用寿命长、热膨胀系数小、强度高、熔点高、环保无污染、便于造型加工、可适用于各种恶劣环境等优点外，在系统设计上对所有搭接缝和连接缝采用全自动焊接工艺，让平屋面无漏水之虞。同时，屋面板焊接时与下部固定座焊接在一起，避免锁边式金属板经常出现的脱扣现象，增强屋面的抗风揭能力，改善了传统金属屋在降雨及大风情况下震动噪声问题。

▲供冷供热站

▲航站楼

▲中心广场和站前广场

3. 使用非晶合金干式变压器

在该工程建设中，中心变电站的变压器选择空载损耗低、阻燃自熄、耐潮及免维护的非晶合金干式变压器。这种变电器具有低耗节能、抗短路能力强、噪声低、抗腐蚀能力强、温升低，使用寿命长、环保性能优等特点，突显了该工程组从细节处落实建设绿色高质量机场的管理理念。

4. 首创高架钢板网场地

施工图设计阶段飞行区西南角为填方区，填土高度近百米，受铁路线和村庄的限制，放坡距离不足无法填筑，造成下滑台反射地面场地不足。在咨询挪威厂家的基础上，经反复研究和论证，探索性地使用高架钢板网代替传统的平整土面区反射场地，经过飞行校验完全满足信号反射要求。此方式属国内首创，在复杂场地机场中具有可借鉴和推广价值。

存在问题

1. 部分回填区域沉降未稳定，工期预算增加

施工图设计阶段的场地沉降监测数据显示，部分回填区域沉降仍未达到稳定条件，施工图设计如何消除或降低不均匀沉降对建筑物的影响成为新课题。在增加特异性地质情况补勘基础上，经专家反复研究讨论，采取不同建筑、不同区域选择针对性地基与基础设计方案，造成工期延长、投资较初步设计概算增加。

2. 地质问题突出，维护投入加大

南泥湾机场位于典型的陕北黄土高山地带，土质属于三级自重湿陷性黄土，场址挖山25座、最高挖方93米，填沟13条、最高填方101米、最高边坡120米，挖填土方7000万立方米。部分边坡和填方区截至2018年11月仍未达到稳定评价标准，工程设计和建设中虽采取了针对性措施，但后期不均匀沉降、变形必然存在，需持续进行观察和检测，增加了维护投入。

实施单位

<table>
<tr><th colspan="2">单位类别</th><th>单位名称</th></tr>
<tr><td colspan="2">建设单位</td><td>西部机场集团有限公司机场建设指挥部延安分部</td></tr>
<tr><td colspan="2" rowspan="2">勘察单位</td><td>空军研究院工程设计研究所</td></tr>
<tr><td>西北综合勘察设计研究院</td></tr>
<tr><td colspan="2" rowspan="4">设计单位</td><td>空军研究院工程设计研究所</td></tr>
<tr><td>中国民航机场建设集团公司（中国民航机场建设集团有限公司）</td></tr>
<tr><td>中国建筑西北设计研究院有限公司</td></tr>
<tr><td>民航机场（成都）电子工程设计所（现已更名民航机场成都电子工程设计有限责任公司）</td></tr>
<tr><td rowspan="14">施工单位</td><td rowspan="6">军民合用工程</td><td>中国人民解放军95538部队</td></tr>
<tr><td>西北建设有限公司</td></tr>
<tr><td>四川欧伦建设有限公司</td></tr>
<tr><td>甘肃第四建设集团有限责任公司</td></tr>
<tr><td>北京佳和建设工程有限公司</td></tr>
<tr><td>衡水通广塔业有限公司</td></tr>
<tr><td rowspan="5">民航工程</td><td>西部机场集团建设工程（西安）有限公司</td></tr>
<tr><td>西北民航机场建设集团有限责任公司</td></tr>
<tr><td>西安悦泰科技有限责任公司</td></tr>
<tr><td>陕西建工机械施工集团有限公司</td></tr>
<tr><td>陕西西咸中央商务区建设发展有限公司</td></tr>
<tr><td rowspan="3">净空处理工程</td><td>陕西欣驰建筑工程有限公司（现已更名欣驰建设工程有限公司）</td></tr>
<tr><td>陕西百安建设工程有限公司</td></tr>
<tr><td>延安市宝塔区第二建筑工程公司</td></tr>
<tr><td colspan="2" rowspan="2">监理单位</td><td>空军工程大学工程学院工程监理所</td></tr>
<tr><td>西安西北民航项目管理有限公司</td></tr>
</table>

（供稿：西部机场集团建设工程（西安）有限公司）

银川国际航空港综合交通枢纽工程

基本情况

银川国际航空港综合交通枢纽工程是宁夏回族自治区成立60周年献礼工程，同时也是2016年宁夏回族自治区“6+4”机制和“三重一改”确定的重点建设工程。

该工程位于银川河东国际机场，北至机场T2航站楼北侧边线，南至T3航站楼南侧边线，西至H1线，东至T2、T3航站楼，总占地面积250000平方米，总建筑面积77006平方米。主要建设地面、地下交通设施（除高铁站以外）、景观广场及配套道路、管线等市政配套设施。具体包括枢纽换乘中心（含长途巴士客运站）、停车楼、制冷站、室外总体、桥梁、弱电、35千伏变电站扩容改造等工程。

1. 建筑单位

（1）枢纽换乘中心。共有地下1层、地上1层、局部设夹层，建筑总面积20663平方米（含长途大客车换乘大厅3933平方米，餐厅2394平方米，商业5486平方米），建筑高度8.9米。属浇钢筋混凝土框架结构，建筑耐火等级一级，抗震设防烈度8度。

（2）停车楼。共2层，地下1层层高4米，地上1层层高4.1米。建筑总面积59250平方米，可容纳1178辆机动车，含快充车位118个。现浇钢筋混凝土框架结构，建筑耐火等级一级，设计防火分区17个。

（3）制冷站。建筑面积543平方米，地上1层。

2. 室外总体工程

室外设小汽车、大客车、出租车停车场，总停车数量1545辆，绿化、硬化及其他场地面积约18.43万平方米。

3. 高架桥工程

（1）T2航站楼高架桥工程。T2航站楼高架桥共四联，均采用普通钢筋混凝土现浇连续箱梁，桥梁总面积为4791.94平方米，拆除桥梁面积1780平方米，钢筋混凝土体积1181立方米。

（2）H1线上跨桥工程。上跨桥由新建T2航站楼高架桥引桥方向跨越场区H1道路。上跨桥共分南、中、北三幅桥，各幅桥均为一联两跨现浇预应力混凝土连续箱梁，桥梁总面积为2520平方米。

▲ 银川国际航空港综合交通枢纽

▲银川国际航空港鸟瞰图

（3）停车场高架桥工程。该工程位于T2航站楼高架桥南侧，因场区道路跨越停车场出入口并连接停车楼而建。停车场高架桥工程共分三联，均采用普通钢筋混凝土现浇连续箱梁，桥梁总面积为2006.96平方米。

该工程桥梁工程新建桥梁总面积为9318.9平方米，拆除桥梁面积1780平方米，钢筋混凝土体积1181立方米。

审批依据

《宁夏回族自治区发展改革委关于银川国际航空港综合交通枢纽工程可行性研究报告的批复》（宁发改审发〔2016〕147号）。

《宁夏回族自治区发展改革委关于银川国际航空港综合交通枢纽工程初步设计的批复》（宁发改审发〔2017〕61号）。

《交通运输部关于安排银川国际航空港综合交通枢纽工程项目投资补助的函》（交规划函〔2017〕981号）。

《关于下达2018年全区公路交通运输固定资产投资计划的通知》（宁交办发〔2018〕27号）。

建设意义

1. 引领开放创新，助推产业转型

随着宁夏回族自治区资源环境约束日益加剧，依靠资源开发和要素投入支撑经济高增长的模式已不可持续，需要探索新的发展模式。当今各国均把现代交通运输产业作为经济发展、提升国家和区域竞争力的重要引擎，在这一背景下，银川国际航空港综合交通枢纽工程应运而生。通过该工程的建设，可将宁夏回族自治区推向向西开放的前沿，打造内陆经济试验区核心区域，吸引高端要素集聚，大力发展航空运输业和现代服务业等临空经济，加快该地区由资源开发向开放引领转变、由要素驱动向创新驱动转变、由政策优惠向改革红利转变，实现经济结构调整和产业转型升级，构建宁夏回族自治区内陆开放新格局。

2. 打造国际性枢纽，推动区域联动发展

该工程的建设有利于带动周边地区的发展，完善城市对外综合交通基础设施，提高城市发散功能。同时，该工程是集航空、高速铁路、公交（轨道交通）、社会车辆等多种交通方式为一体的现代化、立体化综合枢纽工程。建成后，将提升机场综合保障能力、打造国际和区域性枢纽机场，对促进宁夏回族自治区经济发展意义重大。

投资主体

该工程概算总投资10.94亿元。其中，中央预算内投资1.2亿元，宁夏回族自治区发展和改革委员会预算内统筹投资0.7亿元，宁夏交通投资集团公司4.9亿元，自筹4.15亿元。

实施单位

单位类别	单位名称
建设单位	西部机场集团宁夏机场有限公司
设计单位	中国建筑西北设计研究院有限公司
总包单位	宁夏第二建筑有限公司
	西部机场集团建设工程（西安）有限公司
监理单位	四川省城市建设工程监理有限公司

▲ 银川国际航空港换乘中心建设现场

▲ 银川国际航空港高架桥工程建设现场

工程进度

该工程于2017年8月18日开工建设。截至2018年11月5日，累计完成投资约9.7亿元，完成比例约88％。其中，换乘中心、停车楼主体完工，外立面装饰装修全部完成；桥梁工程、道路工程已经投运；附属工程35千伏供电站已经验收并具备送电条件。目前主要进行室内设备安装、精装修及弱电工程施工。

新技术应用

1. 安防整合平台

为满足"平安机场建设"的安防需求，对现有机场安防平台、主流厂家前端设备，进行整合，实现底层视频的整合与虚拟化。系统建成后，机场将新建z-e兼容平台，实现前端设备的全面整合，以支持多种品牌、多种协议、多种编码，形成一套标准的、开放的、又持续拓展的安装整合平台。

2. GTC停车楼车位引导系统

该系统由视频车位引导摄像机（含检测器）、节点控制器、引导显示屏、交换机和管理工作站组成。系统提取摄像机检测器采集的车牌及车辆特征数据，统计各个停车场及每个单独分区的车辆剩余数。剩余车位LED显示屏显示整个地下停车库内剩余车位的数量。

寻车部分主要由视频寻车摄像机采集停靠在车位上的车辆车牌号码或用户通过微信自主标记停靠车位，将车位信息通过网络传输给数据库服务器，经过反向寻车软件来查找旅客车辆位置。

3. GTC管理平台客流热力分布分析

该工程GTC运行管理平台按照"统一协调、信息共享、分块运管、共同服务"的原则进行建设。

基于GTC管理平台全面、实时、准确地掌握GTC内的各种信息，通过电子地图实时反映当前GTC人流密集程度，提供GTC视频监控功能，为工作人员提供集散疏导策略；设定根据各出入口的旅客数据，协调预警；同时实现定制某一种交通方式（比如长途大客车）的调度管理功能。

【内陆开放】我国经济发展呈现由南到北的发展格局。国家设立了上海浦东和天津滨海两个新区后，形成了沿海对外开放的格局。

随着西部大开发、东北振兴、中部崛起等战略的实施，我国区域经济发展格局发生变化。2010年，内陆第一个国家级新区重庆两江新区设立，成为中国构建全方位开放体系的开端。中国开始从沿海开放时代步入内陆开放时代，内陆开放格局逐渐形成。

在内陆开放背景下，银川国际航空港综合交通枢纽工程落实建设。通过该工程的建设，将宁夏回族自治区推向向西开放的前沿，打造宁夏回族自治区内陆开放的新格局。

（供稿：西部机场集团宁夏机场有限公司）

水运篇

天津国际邮轮码头二期工程

基本情况

天津国际邮轮码头二期工程位于既有邮轮码头与客运大厦东侧，至东疆纪念公园之间区域。主要建设工程为新建两个客运泊位及后方堆场。码头岸线长442米，2个深水客运泊位采用高桩梁板结构形式，可停靠客货班轮和滚装船舶，并兼顾22.35万总吨邮轮。考虑与既有邮轮码头衔接和岸线调剂利用需要，工程码头前沿设计水深取-11.5米，港池设计水深取-10米。根据天津港维护挖泥实际，码头前沿停泊水域宽取150米。船舶调头圆直径按2.0倍"海洋绿洲"号船长控制，为708米。后方堆场面积3.56万平方米。地基加固采用常规真空预压施工工艺。

审批依据

《交通运输部关于天津港国际邮轮码头工程使用港口岸线的批复》（交规划发〔2013〕446号）。

《天津市人民政府办公厅转发市发展改革委建设交通委关于我市2013年重点建设项目安排意见的通知》（津政办发〔2013〕18号）。

《天津市发展改革委关于同意天津国际邮轮母港有限公司天津港国际邮轮码头二期工程项目核准的通知》（津发改许可〔2013〕87号）。

《天津市交通运输和港口管理局关于天津港国际邮轮码头二期工程初步设计的批复》（津交委规发〔2013〕163号）。

《关于天津国际邮轮母港有限公司天津港国际邮轮码头二期工程安全预评价审查的批复》（津交港建项目安审〔2013〕7号）。

《天津市交通运输和港口管理局关于天津港国际邮轮码头二期工程施工图设计的批复》（建交规发〔2013〕209号）。

建设意义

天津港国际邮轮码头二期工程建成后，可容纳更多邮轮同期密集靠港作业，为国际、国内客货班轮分别提供专用泊位，在国际、国内客货班轮作业间隙开展商品汽车滚装作业。新增国际旅客吞吐能力12万人次/年，国内旅客吞吐能力30万人次/年，滚装汽车吞吐能力不低于10万辆/年，集装箱通过能力6万TEU/年。

二期工程的开工建设，不仅扩大了邮轮码头规模和业务范围，还为天津港国际邮轮码头面向未来、实现可持续发展提供了保障。

投资主体

该工程概算总投资38396.44万元，实际完成投资额31974.79万元，较初步设计概算节约6421.65万元，节约率为16.72%。其中，一类费用（工程费用和预留费用）概算为30641.53万元，实际投资额25017.19万元，较概算节约5624.34万元。

工程进度

该工程开工后，施工进展顺利。岸坡挖泥施工于2012年10月1日正式开工，2012年12月18日竣工；泊位及港池挖泥于2013年5月13日开工，2013年12月19日竣工；方桩施打于2013年3月27日开工，2013年9月10日竣工；灌注桩于2012年10月18日开工，2013年5月25日竣工。

在岸坡、港池挖泥等前期准备工作基本完成基础上，2013年11月25日工程正式开工。现浇桩帽施工、现浇纵梁施工、构件安装施工、面层施工等按顺序进行。码头辅建区工程涉及专业范围，施工时间较为集中，场所密集，工序衔接复杂，交叉作业多。

配电工程位于二期工程码头后方，为一座10/0.4千伏箱式变电站，于2013年12月31日交钥匙。10千伏电源采用两回电缆，引自邮轮码头已建35千伏箱式变电站，主要用电负荷为高杆灯、机修车间及滚装连接桥，用电设备总安装容量约546千瓦，总计算负荷约575千伏安。

▲施工现场

照明主要为4座高杆灯的采购、安装及调试，以及相关配套设施、基础预埋件的供货。设备订货周期于2013年9月20日至2013年11月1日，施工安装工期于2013年11月20日前交钥匙。

弱电监控工程包括大厦西侧通关及观海走廊改造，二期码头面安防监控系统和客运大厦一期工程完善改造等建设内容。2014年5月11日水工部分和辅建区工程全部建成，2014年5月23日通过交工验收，交付试运行。

对讲机系统安装工程主要是为码头提供一套无线电通信系统，包括1套基站、44台无线手持对讲机等。施工方于2015年7月9日进场，2015年7月17日完成全部工作，设备运行良好。2015年8月，导助航工程、通关设施和免税店等房建改造工程陆续完成。

项目评估

该工程由法人单位和代建单位共同管理，依照代建合同和基本建设管理规定分工实施，实行建设工程业主负责制。天津国际邮轮母港有限公司在该工程前期工作和工程建设实施过程中，严密组织，科学管理，利用建设方案、设计审查、工程招投标，以及严格的工程施工现场管理等手段，控制设计变更与现场签证，形成工程实施全过程成本控制管理。同时，在资金统筹规划使用方面及时合理筹措建设资金，根据工程进度合理安排银行贷款额度和到位进度，力求借款资金财务成本最小化，降低工程造价。

实施单位

单位类别	单位名称
建设单位	天津国际邮轮母港有限公司
设计单位	中交第一航务工程勘察设计院有限公司
施工单位	中交第一航务工程局有限公司
监理单位	天津港工程监理咨询有限公司

（供稿：天津市港航管理局）

天津港南疆港区26号铁矿石码头工程

基本情况

天津港南疆港区26号铁矿石码头位于天津港南疆港区东部26段泊位，配套新建一个30万吨级专业化矿石码头。码头为顺岸连片引桥式布置，岸线长400米，宽37米，面层标高7.5米，前沿水深24.8米，港池水深22米，装卸系统配置4台桥式抓斗卸船机，设计矿石接卸能力2350万吨/年。

堆场区域面积480300平方米，设计最大堆存量400万吨，年堆存总量2450万吨。堆场设有作业线5条，配备2台堆取料机、1台堆料机和2台取料机。

铁路工程建设里程范围：GDK83+884.29=GDK3+500～GDK8+377.28，线路长度4.88公里。该段专用线工程在GDK3+500与投资建设的配套工程专用连接线接轨，设有1个矿石车场（含到发场和装车场）。

其中，到发场中心里程为GDK5+400，距南疆港Ⅱ场5.4公里，设到发线7条（含机走线），有效长度1050米；电力机车机待线1条，有效长度60米；内燃机车机待线1条，有效长度75米；到发场东咽喉新建牵出线1条，有效长度550米。装车场纵列布置于矿石到发场东侧，布置2台装车楼，设尽头式装卸线2条，有效长度1050+950米，线间距8米。到发场与装车场间设平行进路。

码头至堆场布置两条卸船线，皮带机总长12.6公里。堆场5台大机，可同时进行4条堆取料作业线，单机作业能力5000吨/小时。铁路装车线上设有装车楼一座，可同时满足两列火车装车作业，最高效率可达10000吨/小时。

▲ 施工现场

▲ 装车楼效果图

▲码头、堆场俯瞰图

▲码头部分卸船机安装完毕

审批依据

《关于转发〈国家发展改革委关于天津港南疆港区26号铁矿石码头工程项目核准的批复〉的通知》（津发改城市〔2011〕1576号）。

建设意义

按照天津港总体规划，矿石运输将全部移至南疆港区，南疆11号、12号通用散货泊位年设计通过能力分别为1400万吨、1000万吨，远不能满足发展中的全港金属矿石吞吐量需求。天津港南疆港区专业化矿石码头工程的建设，能够适应船舶大型化发展，有效缓解矿石运输紧张状况，满足金属矿石吞吐量大幅增长的需求，加快"南散北集"战略目标的实施。

工程进度

该工程于2012年10月12日正式开工。2014年8月1日，各单项工程克服工作量大、施工期短、干扰多等困难如期完工，顺利通过验收。

新技术应用

该工程在建设中，针对具体需求，采用目前国内技术最先进的双轨快速定量装车系统和干雾除尘技术，为工程顺利进行提供强有力的技术保障。

投资主体

该工程项目法人天津港远航国际矿石码头有限公司，具体负责该工程的开发和经营，由天津港股份有限公司、香港远航集团有限公司共同投资成立，其中天津港股份有限公司占有51%股权，香港远航集团有限公司占有49%股权。

工程设计概算总额31.66亿元，最终决算金额为31.13亿元，其中自有资金11.73亿元、银行贷款19.4亿元。

实施单位

单位类别	单位名称
建设单位	天津港远航国际矿石码头有限公司
设计单位	中交第一航务工程勘察设计院有限公司
施工单位	中交第一航务工程局有限公司
	天津港航工程有限公司
	中铁十六局集团第二工程有限公司
	中交一公局第六工程有限公司
	中交一航局第四工程有限公司
	中建六局第三建筑工程有限公司
	天津市青龙建筑安装工程有限公司
	铁道第三勘察设计院集团有限公司
	上海振华重工（集团）股份有限公司
监理单位	天津港工程监理咨询有限公司

（供稿：天津港远航国际矿石码头有限公司）

天津液化天然气（LNG）项目码头及陆域形成工程

基本情况

天津液化天然气（LNG）项目（以下简称天津LNG项目）码头及陆域形成工程包括1个26.6万立方米LNG船的泊位（兼顾停靠8万～26.6万立方米LNG船）、2个工作船泊位及相应的配套设施，最大接转能力625×104吨/年；航道工程充分利用深水港航道设施，满足LNG船舶通航要求。

LNG经远洋输送船运至接收站后，再经船带泵增压送至LNG储罐，由罐内泵送至BOG再冷凝器，与经压缩机压缩后的BOG混合，BOG被冷凝后进入高压泵，再由汽化器气化后经计量通过输气管道送至用户。

建设意义

天津LNG项目是2016年《中华人民共和国国民经济和社会发展第十三个五年规划纲要》中的重点工程，是国家清洁能源战略的重要组成部分，是国务院"稳增长、促改革、调结构、惠民生"的重点督办工程。它的开工建设，有利于确保京津冀鲁地区的供气安全，优化环渤海地区能源结构，提高空气质量，改善生态环境，对经济社会可持续发展具有重要的促进作用。

投资主体

该工程概算投资18.43亿元，由中国石化天然气有限责任公司与天津市南港工业区开发有限公司合资建设，出资比例为98：2。建设所需资金40％由企业自筹，60％通过贷款解决，实际完成投资约16.4亿元。

审批依据

《国家能源局关于天津液化天然气（LNG）接收站项目核准的批复》（国能油气〔2014〕320号）。

实施单位

（1）建设单位：中石化天津液化天然气有限责任公司。

（2）EPC总承包：中交第二航务工程勘察设计院有限公司（以下简称二航院）。

（3）监理单位：大连港口建设监理咨询有限公司。

工程进度

天津LNG项目于2015年12月28日正式动工，2017年6月30日施工完毕（形象进度达到100％）2017年11月30日进行交工验收。该工程批复工期24个月，实际工期18个月，比计划工期提前6个月。

新技术应用

天津LNG项目瞄准"国际一流、国内领先"的目标，从工程研发设计到科学施工管理均吸收国内外先进经验，并在工程设计、建设中成功运用Robort（罗波特）大型设计软件及BIM等先进技术，为创建优质工程打下良好的施工基础。

1. 自主研发专业软件“希迪”进行结构计算

该工程依托大型有限元软件Robort（罗波特）平台开发专业码头工程结构设计软件“希迪”，通过三维结构模型计算分析，确保结构设计准确可靠，保障码头结构运行良好。

该工程工作船码头为高桩梁板式结构，区别于传统的河港码头，其受波浪力影响较大（虽有防波堤的掩护，其港内仍存在一定波高）。传统二维设计软件仅考虑排架受力方向的波浪作用，计算结果与实际情况相差较大。为减少误差，工程方自主研发“希迪”软件，运用于工作船码头设计的计算，采用模块化输入，结合波浪力以规范计算手动添加的方式进行结构计算，考虑了多相位正向、侧向波浪的不同受力情况，其计算结果更贴近实际情况，避免了二维排架计算的不足。

2. BIM技术成功运用于码头施工

该工程依托二航院强大的BIM设计应用能力，通过BIM应用平台实现码头结构三维协同设计，提高了设计应用的效率和质量，并将三维BIM模型成果应用于施工管理中，取得了良好的实施应用效果。

以下为BIM技术在施工过程中的具体应用：

（1）LNG码头精细化算量利用Navisworks功能Quatification进行LNG码头构件精细化算量，为施工进度计划做准备。

（2）取水泵房施工监测充分利用取水泵房BIM模型，集成深基坑分层开挖设计及施工过程实时监测位移、杆件内力等数据，实现深基坑动态监测及模拟，保障深基坑支护安全。

（3）利用Navisworks精确模拟LNG码头施工过程，实现港口工程施工优化模拟。

3. 论证解决冬季大体积混凝土施工难题

该工程依托自主研发课题——冬季大体积混凝土保温及循环冷却研究，以LNG码头工程大体积混凝土结构的墩台进行冬季施工方式的研究，重点论证混凝土配合比、保温及循环水冷却方式，并将成果应用于工程建设中，确保了墩台在2016年冬季严寒中的施工质量。

4. 研发解决高透水及淤泥地质条件下深基坑施工难题

海水泵房取水口采用地下连续墙联合内支撑的设计施工方式，解决降水、支护和开挖问题，确保高透水及淤泥地质条件下取水泵房深基坑的实施效果和质量，取得良好的应用效果。

项目评估

1. 工程质量控制评价

在工程施工过程中，建设方严格执行水运工程相关规范规定，施工质量符合相关规范和设计图纸要求。监理部门严格履行监理职责，按照水运工程相关验收规范进行验收，切实保证施工质量满足设计及规范要求。

2. 工程投资控制评价

工程方切实加强事前、事中、事后控制，通过分析工程在设计、发承包、施工、竣工结算等各阶段的主要风险点，有针对性地采取应对措施，使投资得到有效控制。

3. 工程进度控制评价

工程部采取以事前控制为主的进度体系来保证工程所要求的工期目标。根据工程的施工特点，采用总控制目标分解、分解目标具体化的方式制定施工工期，运用网络图计划、横道图计划等计划控制模式，使工期目标得以按期实现。

（供稿：中石化天津液化天然气有限责任公司）

上海吴淞口国际邮轮码头后续工程

基本情况

上海吴淞口国际邮轮码头后续工程位于邮轮港一期已建工程上、下游侧，规划上游段新建码头总长380米，下游段新建码头总长446米，新建水工平台建筑面积约80000平方米。建成后，邮轮港岸线总长将达到1600米，形成2艘15万吨级和2艘23万吨级邮轮的总体泊位规模。在两侧新水工平台之上各新建一座客运楼，总建筑面积55408平方米，并在一期引桥下游侧再建一座新引桥，以应对日益增长的港区内交通压力。

吴淞口国际邮轮港自开港运营以来，邮轮接待及各项相关业务发展迅猛。2012年，接靠大型邮轮62艘次，之后以70%的年复合增长率高速发展。2014年，航班数及旅客出入境人次已成为亚太第一吞吐量的邮轮母港，如今已稳居亚太第一、世界第四。在此背景下，邮轮港现有两个泊位的容量已不能满足发展需要，因此2014年开始规划邮轮港后续工程的建设。

审批依据

《宝山区区域总体规划实施方案（2004—2020）》（上海市宝山区人民政府）。

《关于上海吴淞口国际邮轮码头后续工程的备案意见》（沪发改社备〔2014〕16号）。

《关于上海港宝山罗泾港区宝山作业区规划调整方案的批复》（交规划函〔2016〕212号）。

建设意义

1. 推动邮轮产业链深度融合发展

吴淞口国际邮轮港是上海市宝山区的一张崭新的"世界级名片"。该邮轮港的运营，开创了中国邮轮产业新时代，作为中国首个"邮轮旅游发展实验区"，它始终引领着行业不断向前发展，率先谋划邮轮全产业链深度融合。

2. 对标"国际一流邮轮母港"

吴淞口国际邮轮码头后续工程的建设符合国家"一带一路"的和"长江经济带"发展部署，符合上海市委市政府"创新驱动发展、经济转型升级"的工作要求，同时可进一步加快上海国际航运中心建设。该工程建成后，将助力吴淞老工业区向现代邮轮旅游集聚区滨江带的调整转型，对形成上海现代服务业新格局，起到了十分重要的推动作用，也标志着上海邮轮母港建设又迈出了坚实的步伐。

目前，作为上海第二大出入境窗口单位的吴淞口国际邮轮港，将以实际行动代表上海服务品牌，助力上海"四大品牌"建设，朝着"国际一流邮轮母港"的目标阔步前行。

投资主体

该工程项目法人为上海吴淞口国际邮轮港发展有限公司，计划总投资11.12亿元，后因客运大楼和引桥工程形式及建设规模发生变更，调整总投资预算至13.6亿元。投资款通过银行贷款和企业自有资金解决。

工程进度

该工程于2014年12月完成上海市发展和改革委立项备案，2015年6月18日开工建设，2016年8月底完工，2018年3月完成正式交工验收。

新引桥工程于2016年11月确定最终方案并开始建设，并于2017年2月完成全部沉桩工程，同年11月全线结构贯通，2018年3月完成交工验收。

客运大楼由同济大学建筑设计研究院（集团）有限公司设计，设计理念为“海上画卷”。2016年11月30日，举行开工仪式并正式开工；2017年3月底，完成结构封顶；2018年5月，完成交工验收，并取得工程质量鉴定书；2018年6月，口岸查验设备及客运设备陆续进场安装，并完成口岸单位验收及相关卫生、消防等事宜的行政审批。

在完成上海市交通委员会航运处关于港口开放试运营的审批后，2018年7月13日正式投入试运营，实现了中国邮轮产业发展过程中首次母港邮轮的“三船同靠”。

存在问题

1. 汛期破拆防汛墙的安全隐患

在施工过程中，引桥工程的建设需要破拆原19米防汛墙，涉及一期引桥电动防汛闸门及部分海塘岸堤，而按照施工计划，破拆防汛墙的时间节点正值汛期，存在重大安全隐患。若等汛期过后再施工又将严重影响引桥工程的工期，继而影响后续工程的整体竣工。为此，项目部特聘请第三方机构对破拆工程进行方案设计，并聘请专家进行方案论证，经过多方努力，终赶在汛期前通过了上海市水务部门的许可。

2. 灌注桩的施工问题

在引桥的灌注桩施工中，与上海绕城高速公路郊环盾构隧道工程施工交叉，引桥灌注桩与隧道最近距离不足5米。因两项工程同是上海市重大工程，同是工期紧张且关系重大，双方经过了长时间的沟通协调、专家论证和方案调整，最终顺利完成了所有灌注桩的施工，且两项工程经观测均未出现任何施工质量问题。

项目评估

该工程在建设过程中，各参建单位均注重施工质量、坚守安全底线、严把工程进度，令工程顺利竣工，并于2018年7月投入试运营。通过实际测试完善调整，旅客满意度调查的数据已达到预期目标，旅客通关等候时间大幅缩短，车辆拥堵情况得到根本性解决，客运大楼舒适度和专业性均得到广泛认可。

实施单位

单位类别(标段)		单位名称
设计单位	水工码头及引桥设计	中交第三航务工程勘察设计院有限公司
	客运大楼设计	同济大学建筑设计研究院(集团)有限公司
施工单位	上游水工（联合体）	中交第三航务工程勘察设计院有限公司
		中建港务建设有限公司
	下游水工及引桥（联合体）	中交第三航务工程勘察设计院有限公司
		中交第三航务工程局有限公司
	上游客运大楼（联合体）	浙江中成建工集团有限公司
		上海大润港务建设集团有限公司
	下游客运大楼（联合体）	上海宝冶集团有限公司
		上海三航奔腾建设工程有限公司
监理单位		上海海科工程咨询有限公司

（供稿：上海吴淞口国际油轮港发展有限公司）

连云港港30万吨级航道一期工程

基本情况

连云港港30万吨级航道工程于2009年1月获国家发展和改革委员会立项批复。该项目航道呈“人”字形布局，连接连云港区和徐圩港区，按照“一次立项、分期实施”的原则，先行实施一期工程。

连云港港30万吨级航道一期工程包括建设25万吨级连云港区航道和10万吨级徐圩港区航道及配套围堤工程等。连云港区航道按照25万吨级散货船乘潮单向通航标准设计，长52.9公里，在原有15万吨级航道基础上增深、拓宽、延长，设计有效宽度270/290米，设计底标高－19.8/－20.3米；徐圩港区航道为新开辟航道，按照10万吨级散货船乘潮单向通航标准设计，长度为24.9公里，设计有效宽210/240米，设计底标高－13.3米。

疏浚工程总量为1.5亿立方米，疏浚泥土处理采用吹填与外抛相结合，吹填约9000万立方米；连云港区旗台纳泥围堤长度为8608米，徐圩港区纳泥围堤长度为9037米，围成旗台和徐圩两处疏浚泥土吹填区，总面积达12平方公里。

审批依据

《国家发展改革委关于连云港港30万吨级航道工程项目建议书的批复》（发改基础〔2009〕305号）。

《国家发展改革委关于连云港港30万吨级航道一期工程可行性研究报告的批复》（发改基础〔2010〕2843号）。

《关于连云港港30万吨级航道一期工程环境影响报告书的批复》（环审〔2010〕256号）。

《国家海洋局东海分局关于连云港海域临时海洋倾倒区启用的通知》（海东环〔2010〕18号）。

《国土资源部规划司关于连云港港30万吨航道工程土地预审问题的请示的复函》。

《关于江苏省连云港区旗台作业南区区域建设用海一期规划的批复》（国海管字〔2011〕234号）。

▲30万吨级“路易斯”号轮顺利首航

▲航道一期工程徐圩港区围堤合龙

▲绞吸船施工

▲环形槽

《关于江苏省连云港徐圩港区（一期）区域建设用海北区规划的批复》（国海管字〔2011〕235号）。

《关于连云港港30万吨级航道一期工程初步设计的批复》（交水发〔2011〕12号）。

投资主体

连云港港30万吨级航道一期工程责任主体为连云港市人民政府，连云港港30万吨级航道建设指挥部是由连云港市委、市政府成立的工程项目建设单位。

该工程为公共基础设施项目，总概算为47.71亿元，由国家、省、市财政按比例承担工程建设资金。其中，交通运输部承担30%、江苏省承担60%、连云港市承担10%。

建设意义

1. 拓展港口发展空间

工程建成投用后，航道运行情况基本良好，达到"挖得出、稳得住、用得起"的预期目标。进一步提升了港口的总体竞争能力，拓展了港口发展空间，促进了连云港沿海产业的集聚发展，有力支撑了江苏沿海开发战略、国家东中心区域合作示范区的发展，提高了带动江苏沿海地区开发开放、服务中西部地区和国家"一带一路"建设的能力。

2. 产生显著的经济和社会效益

该工程建成后，有效提高了港口的国际影响力；增加了大型船舶到港数量，港区的承载能力显著提升；降低了港口物流成本，港产联动效应显著加强。

工程进度

连云港区25万吨级航道于2012年6月建成，2012年12月9日零时起正式开通使用，满足25万吨级散货船乘潮单向通航、7万吨级以下船舶全潮双向通航要求。航道的扩建为港口持续上量、实现跨越发展提供了强大的支持。

徐圩港区10万吨级航道于2013年7月完工，2013年12月20日零时正式通航，满足10万吨级散货船乘潮单向通航要求，为徐圩港区开港提供了必要条件，实质性拉动了国家东中西区域合作示范区的开发，港口航道引领产业构建的态势十分显著。

总长17.6公里的配套围堤于2012年1月全部建成投入使用，约9000万立方米吹填成陆，在减少环境污染的同时形成了约9平方公里宝贵的港区陆域，为徐圩港区起步和旗台作业区拓展奠定了坚实基础。

连云港港30万吨级航道一期工程所有项目于2013年10月通过交工验收，2016年4月通过竣工验收。

新技术应用

1. 大风天及破波区泥沙运动规律研究

（1）首次提出粒度谱计算方法，量化分析悬沙和底沙交换率的空间分布及其对港口航道工程的影响，从物质交换角度揭示岸滩稳定性机理。研究表明，灌河口沙咀交换率低，对航道回淤潜在影响小。

（2）系统地同步观测开敞淤泥质海岸台风影响期

间现场波浪、近底三维水流结构及含沙量过程，采用室内模型试验结合理论分析，系统研究浅滩深挖槽三维波流结构及波流跨槽传播特性，总结不同水流交角、航道边坡、航槽宽度条件下越槽水流分布变化规律。

（3）揭示淤泥质海岸大浪条件下“波浪掀沙，波流共同输沙”的输沙机理，揭示海床冲淤和岸滩稳定性的动力机制。

（4）结合现场观测及浮泥特性试验，揭示浮泥生成、运动、消散等物理过程，提出浮泥形成条件的定量研究方法，为航道大风天泥沙淤积预测和适航水深应用提供理论基础。填补了我国淤泥质海岸浮泥运动规律及对航道回淤影响的理论空白。

2. 回淤预测方法的创新

（1）创新性地提出破波区有效挟沙力并归纳了有效挟沙力和含沙量垂线分布计算公式，完善了港口航道泥沙淤积预报公式。

（2）构建并求解浮泥运动基本方程。研发复杂条件下淤泥质浅滩深挖槽航道泥沙回淤数值模拟新技术，综合考虑台风、波浪、波生流、波流共同作用、黏性细颗粒泥沙在潮汐不稳定流环境中的絮凝及制约沉降、紊动制约、固结及再悬浮等物理过程，对浅滩深挖槽航道内浮泥的流变特性、浮泥沉积与密实过程进行合理模拟。

（3）首次提出基于波浪动力概化分级及频率组合理论的设计回淤量计算方法。

3. 口门布置确定新方法

（1）基于淤泥质海域波浪掀沙特征曲线和分级波浪频率及其对回淤贡献占比，提出防波堤口门位置确定的定量方法。口门位置确定实现定量、经济合理、防波堤投资和航道减淤效益的协调统一，防波堤投资与减淤效果性价比高。

（2）研究口门段深挖槽航道三维横流特性，首次提出口门段横流保证率理论，在此基础上提出航道宽度确定方法。

项目评估

连云港港30万吨级航道是我国乃至世界上在淤泥质浅滩建设的等级最高的深水航道，建设内容多、在无遮掩的外海和正常运营的航道上施工安全风险大、难度大，对质量和科技创新要求高。一期工程已于2016年4月通过竣工验收，其建设全过程安全、廉政、无事故、质量创优、科技创新、工程投资节省，经济和社会效益显著。

连云港港30万吨级航道一期工程获第十六届中国土木工程詹天佑奖，上海市优秀工程咨询成果一等奖，水运交通优秀设计奖，中国交建优质工程奖，江苏省优质工程奖“扬子杯”，江苏省交通建设“十二五”十大品牌工程，中国疏浚行业21世纪以来十大创新工程；省部级科技奖10项，一等奖2项；工法8项，国家级工法2项；专利9项，发明专利5项；专著3部；省部级以上优秀QC小组活动成果9项。

实施单位

单位类别	单位名称
建设单位	连云港港30万吨级航道建设指挥部
设计单位（联合体）	中交上海航道勘察设计研究院有限公司
	江苏省交通规划设计院有限公司（现已更名中设设计集团股份有限公司）
主要施工单位	中交上海航道局有限公司
	长江南京航道工程局
	中交广州航道局有限公司
	中交第三航务工程局有限公司
	连云港港务工程建设有限公司
	广东金东海集团有限公司
主要监理单位	上海东华建设管理有限公司
	连云港科谊工程建设监理有限公司（现已更名连云港科谊工程建设咨询有限公司）
	天津天科工程监理咨询事务所（现已更名天津天科工程管理有限公司）

（供稿：连云港港30万吨级航道建设指挥部）

京杭运河浙江段三级航道整治工程

基本情况

京杭运河浙江段三级航道整治工程覆盖杭州、湖州、嘉兴三市，由线路全长95.2公里的四改三段（鸭子坝—塘栖—谢村作业区，塘栖—博陆）以及线路全长26.4公里的杭州二通道段（博陆—八堡为新开挖航道）两部分组成。

该工程建设三级航道121.6公里，新建八堡1000吨级双线船闸1座、桥梁32座、服务区6处，改建桥梁17座，相应实施博陆至八堡段水利设施及八堡出口的整治措施等。

审批依据

《关于要求审批京杭运河浙江段三级航道整治工程可行性研究报告的请示》（浙发改交通〔2011〕135号）。

《关于京杭运河浙江段三级航道整治工程可行性研究报告的批复》（发改基础〔2015〕2282号）。

建设意义

京杭运河浙江段向北连接“长江经济带”，向南通过宁波舟山港连接“海上丝绸之路”，是联通两大国家战略的纽带；同时，也是一条支撑运河沿线区域经济社会发展，促进杭州湾大湾区大通道和沿海港口集群发展的大动脉。

该工程是一条弘扬运河文化、构建水上美丽经济交通走廊的大通道；更是一个完善现代综合交通运输体系、推进内河水运转型发展的大平台。它的开工建设对服务国家战略和舟山江海联运服务中心建设，打造“两美”浙江、全面建成小康社会具有积极的示范效应和显著的支撑引领作用。

存在问题

该工程的四改三段和八堡船闸段用地报批已分别报至国土部门，尚未完成用地报批手续；杭州二通道新开挖航道段涉及征占永久性基本农田，占地补偿平衡压力较大。

投资主体

该工程按行政区和责任主体划分为杭州、嘉兴和湖州三段实施，杭州段项目单位为杭州市交通投资集团有限公司，嘉兴段项目单位为嘉兴市港航建设开发有限责任公司，湖州段项目单位为湖州市政府组建的京杭运河（浙江段）三级航道整治工程湖州指挥部。建设资金由交通运输部补助、浙江省补助和地方自筹三部分组成，总投资200.8亿元，其中四改三段总投资33.1亿元、杭州二通道段总投资167.7亿元。

工程进度

四改三段初步设计均已获交通运输部批复，并已全线开工建设，计划2020年全面建成。

杭州二通道段分为八堡船闸段和新开挖航道段两部分，计划2022年建成通航。其中，八堡船闸段为杭州二通道与钱塘江沟通的关键节点工程，全长3公里，新建1座1000吨级船闸，已于2017年底启动建设；新开挖航道段新建1000吨级航道23.4公里，初步设计已获交通运输部批复。

项目评估

京杭运河各段工程均按计划稳步推进。

实施单位

单位类别	单位名称
建设单位	杭州京杭运河二通道建设投资有限公司
	嘉兴市港航建设开发有限责任公司
	京杭运河（浙江段）三级航道整治工程湖州指挥部
设计单位	浙江省交通规划设计研究院
施工单位	中交第三航务工程局有限公司
	中交广州航道局有限公司
监理单位	江苏科兴项目管理有限公司

【长江经济带】长江经济带是指沿江附近的经济圈，覆盖上海、江苏、浙江、安徽、江西、湖北、湖南、重庆、四川、云南、贵州等11省市，横跨中国东中西三大区域，面积约205万平方公里，人口和生产总值均超过全国的40%。改革开放以来，长江经济带已发展成为我国综合实力最强、战略支撑作用最大的区域之一 。

最新统计显示，长江经济带沿线11省市，2018年共实现生产总值402985.24亿元。

【京杭运河】通常称京杭大运河，是世界上里程最长、工程最大的古代运河，也是最古老的运河之一，与长城、坎儿井并称中国古代的三项伟大工程，一直使用至今。

京杭运河顾名思义，南起余杭（今杭州），北到涿郡（今北京），全长约1797公里。运河开掘于春秋末期，距今已有2500多年的历史。最早形成的一段是胥溪、胥浦段。

隋代，隋炀帝为了控制江南广大地区，先后于公元603年（仁寿三年）、公元605年（大业元年）、公元610年（大业六年）年开凿永济渠、通济渠，并改造邗沟和江南运河，形成多枝型运河系统。

元代建都北京，为了把江南鱼米之乡的粮食源源不断地运到大都，又先后开凿三段河道，把以洛阳为中心的原隋代横向运河，修筑成以大都（今北京）为中心，南下直达杭州的纵向大运河。

公元1293年（至元三十年）元代大运河全线通航，成为今京杭运河的前身。明清时期，重新疏浚元末已淤废的山东境内河段。从明中叶到清前期，先后进行黄运分离、湖漕分离等一系列工程。至此，京杭大运河基本定形。

新中国成立后京杭运河经历大规模整修。1988年底建成的京杭运河和钱塘江沟通工程将江、河、海衔接起来，构成了以杭州为中心，与长江、黄河、淮河、海河、钱塘江五大水系相连通的水运网络。2002年，大运河被纳入“南水北调”东线工程。2014年6月22日，中国大运河项目入选世界文化遗产名录，成为中国第46个世界遗产项目。为满足日益增长的海运需求，京杭运河浙江段三级航道整治工程通过审批后，投入建设，计划2022年建成通航。

（供稿：浙江省交通运输厅）

淮河干流航道三河尖至蚌埠闸段整治工程

基本情况

淮河干流航道三河尖至蚌埠闸段整治工程全长220.5公里，横跨阜阳、六安、淮南、蚌埠四市。其中，三河尖至临淮岗枢纽段62公里，按天然和渠化Ⅲ级航道标准建设，底宽60米，水深3.2米，最小弯曲半径480米；临淮岗枢纽至蚌埠闸上段158.5公里，按天然和渠化Ⅱ级航道标准建设，底宽90米，水深3.8米，最小弯曲半径550米。

工程内容包括：航道疏浚、锚地服务区工程、护岸工程、航标工程、交叉工程、信息化系统、基地建设、沉船打捞、桥梁防护、环保绿化、水土保持、临时工程等。建设工期4年。

审批依据

《关于印发长江三角洲地区高等级航道网规划要点的通知》（交通部交规划发〔2004〕514号）。

▲抛泥区围堰

《长江三角洲高等级航道网建设有关技术问题的暂行规定》（交通部交水发〔2005〕27号）。

《安徽省发展改革委关于淮河干流航道三河尖至蚌埠闸段整治工程项目建议书的复函》（皖发改函〔2015〕636号）。

《安徽省人民政府关于贯彻国家依托黄金水道推动长江经济带发展战略的实施意见》（皖政〔2015〕40号）。

建设意义

淮河干流航道是2007年中华人民共和国交通部发布的《全国内河航道与港口布局规划》京杭运河与淮河水系高等级航道布局"一纵二线"中的"二线"之一，是长江三角洲地区"两纵六横"干线航道网中的"六横"之一，也是安徽省内河航运"两干三支"干线航道网中的"两干"之一。

淮河干流航道整治工程响应了国家"一带一路"倡议及"长江经济带"的发展战略，并助力"四个交通"建设，贯彻安徽省水运政策，振兴淮河水运和完善航道网建设，对淮河生态经济带的健康发展意义重大。

1. 提升内河水运地位

三河尖至蚌埠匣段是豫、皖、苏三省之间的省际航道，联通淮河、洪泽湖、苏北灌溉总渠以及苏北大运河四部分水域，为安徽省与豫、苏、浙、沪各省市之间的货物往来提供了最为经济的运输方式。淮河干流航道的整治对实现淮河航道的全面升级，进一步完善安徽省及长三角地区航道网，提高安徽省作为内陆地区通江达海的水运能力，提升内河水运在综合交通体系中的地位，具有重要作用。

2. 促进地区全面发展

该工程的实施可进一步发挥淮河水资源的综合效益，促进区域经济社会全面、协调、可持续发展。建成后，将促进皖北地区加快融入"泛长三角"，承接苏、浙、沪经济产业转移，优化地区产业结构，提高皖、苏经济整体质量，为长三角 "西煤东运"提供极大的运力支持。同时，将有效提高沿线居民生活水平，降低船舶水运成本，改善航道沿线生态环境，促进城市可持续发展。

投资主体

该工程法人为安徽省港航建设投资集团有限公司。经安徽省发展和改革委员会批复，工程概算总投资12.37亿元。建设资金的70％申请中央预算内补助资金、交通运输部专项补助资金和安徽省财政安排的交通建设资金，剩余30％由业主自筹。

实施单位

单位类别(标段)		单位名称
建设单位		安徽省港航建设投资集团有限公司
设计单位		安徽省交通勘察设计院有限公司
施工单位	施工01标	中国铁建港航局集团有限公司
	施工02标	安徽省路港工程有限责任公司
监理单位	监理01标	山东省交通工程监理咨询公司
	监理02标	江苏苏科建设项目管理有限公司

▲ 吹填施工

工程进度

2016年12月29日，淮河干流航道 三河尖至蚌埠闸段整治工程开工。截至2018年10月底，完成疏浚方量约230万立方米，约占工程总量的40％；护岸工程开始施工。

受岸坡变化较大、永久性征地及水利部门施工手续办理等影响，工程进度总体略滞后。

新技术应用

淮河干流航道三河尖至蚌埠闸段整治工程规划水域涵盖淮河荆涂峡鲤、长吻鮠国家级水产种质资源保护区，保护对象为鲤、长吻鮠及四大家鱼等。

为落实环评批复精神，构建水生生物栖息地和生态岸线，在三河尖至蚌埠闸段护岸工程中首次引进生态型鱼槽砖护岸和人工鱼巢作为示范段建设工程，以研究生态鱼槽砖和人工鱼巢对自然河滩的岸坡稳定、淮河生态系统结构功能的恢复、生物种群的恢复等方面产生的影响。

【全国内河高等级航道与港口布局规划（2006—2020）】

一纵：京杭运河；两横：长江干线，西江航运干线；两网：长三角高等级航道网（两纵六横），珠三角高等级航道网（三纵三线三横）；十八线：岷江，嘉陵江，乌江，湘江，沅水，汉江，江汉运河，赣江，信江，合裕线，淮河，沙颍河，右江，北盘江-红水河，柳江-黔江，黑龙江，松花江，闽江。

（供稿：安徽省港航建设投资集团有限公司）

青岛港前湾港区迪拜环球码头工程

基本情况

青岛港前湾港区迪拜环球码头工程共建设2个10万吨级和2个3万吨级集装箱泊位（水工结构均按靠泊10万吨级集装箱船舶设计），安装岸边集装箱装卸桥14台、全自动化轨道式集装箱龙门起重机（ARMG）76台、轨道式集装箱龙门起重机（RMG）1台、集装箱（LAGV）及相应配套设施60台。设计年通过能力260万TEU。

审批依据

《国家发展改革委关于外商独资建设经营青岛港前湾港区迪拜环球码头工程项目核准的批复》（发改交运〔2007〕150号）。

▲青岛港迪拜环球码头工程全景

《交通运输部关于青岛港前湾港区迪拜环球码头工程初步设计的批复》（交水函〔2015〕254号）。

《交通运输部关于青岛港前湾港区迪拜环球码头工程设计变更的批复》（交水函〔2018〕55号）。

建设意义

该工程高度融合物联网、智能控制、信息管理、通信导航、大数据、云计算等技术，计算机系统自动生成作业指令，现场机器人自动完成相关作业任务，实现码头业务流程全自动化，是当今世界最先进、亚洲首个真正意义上的全自动化集装箱码头。

投资主体

该工程法人为青岛新前湾集装箱码头有限责任公司，属中外合资企业。工程概算总投资71.15亿元。

工程进度

青岛港前湾港区迪拜环球码头一期工程包括：疏浚工程、码头主体工程（西侧2个泊位）、围堰工程、软基处理工程（5号～8号泊位区域）、道路堆场工程（5号～6号泊位堆场，5号～8号集卡通道）、辅建区工程（包括综合办公楼、变电所等辅助建筑物）及对应范围内的自动化改造工程建设泊位2个，配备7

台单起升双小车桥吊（STS）、38台纯电动带举升自动导引车（AGV）、38台全自动高速轨道吊（ASC）。

一期工程已于2017年3月完工，2017年5月11日正式投入商业运营，2018年2月完成竣工验收。

二期工程包括：剩余7号、8号码头主体工程和7号~8号泊位堆场及对应的自动化改造工程。

目前，二期工程正处于建设期，计划2020年建设完成。

新技术应用

1. 构建智能生产控制系统

该工程通过工艺流程化、决策智能化、执行自动化、现场无人化、能源绿色化，构建了全新一代的智能生产控制系统，实则码头装卸设备无人驾驶，自动完成装卸生产的全过程；实现全自动空箱查验；实现岸边全自动无人理货。

2. 多项首创引领工程创新

在工程建设中，工程方发挥创新能动性，首创自动导引车AGV自动循环充电技术，使AGV在作业循环过程中自动完成电能补充，由此取消两个换电站，节省资金1.1亿元，同时减轻AGV重量12吨，使其成为当今重量最轻、唯一续航时间无限制的AGV；首创机器人自动拆装集装箱扭锁系统，实现生产全程全自动化；首创轨道吊“一键锚定”装置，所有堆场机械可在2分钟内自动完成防风锚定，解决了大型机械防瞬间大风的全球性难题；首创非等长后伸距双小车桥吊，降低了地基承载力要求，优化桥吊布局；首创机器人全自动喷淋熏蒸消毒系统。

项目评估

该工程开创了低成本、短周期、全智能、高效率、更安全、零排放的“青岛模式”，使“高富贵”的自动化码头变为可复制、可推广、可商业化的建设模式，具有典型示范意义；建设了新时代行业发展的新方向，为世界自动化码头建设提供了“中国方案”，赢得了各级领导、国内外同行和社会各界的广泛关注和高度赞赏。

工程荣获美国第11届“Naris World”全球年会，“全球自动化集装箱码头建设杰出成就奖”；全球自动化码头峰会“自动化码头最佳效率奖”；中国航海学会科技进步一等奖3项（全国港口唯一一家获奖企业）；获中国港口协会科技进步一等奖1项；中国设备管理创新成果特等奖1项（全国6项，排名第1，全国港航届首次）、一等奖1项；全国设备管理示范单位（全国6家）；“中国智能制造十大科技进展”（排名第4，全国港口及非产品制造类企业首次获奖）。

实施单位

单位类别（施工标段）		单位名称
设计单位		中交第一航务工程勘察设计院有限公司
施工单位	码头主体	中交一航局第二工程有限公司
	疏浚工程	长江南京航道工程局
	疏浚工程	中交上海航道局有限公司
	道路、堆场工程	青岛港（集团）港务工程有限公司
	设备	上海振华重工（集团）股份有限公司
	供电	青岛港国际股份有限公司供电分公司
	设备	青岛港国际股份有限公司港机分公司
监理单位		山东省交通工程监理咨询有限公司
质量监督单位		青岛市交通工程质量安全监督站
		青岛港口建设工程质量监督站

（供稿：青岛新前湾集装箱码头有限责任公司）

京杭运河济宁至台儿庄（济宁段）航道“三改二”工程

基本情况

京杭运河济宁至台儿庄(济宁段)航道“三改二”工程，起点为跃进沟河口，终点为济枣市界（韩庄船闸下游引航道末端），全长140.66公里。该工程全线按Ⅱ级标准双线航道进行设计，设计最大船舶等级2000吨级。工程主要包括土方工程、护岸工程、锚泊区工程、搜救基地工程、土建工程、导助航工程、信息化工程等。新建锚泊区5处、搜救基地4座，布设航标以及进行航道信息化施工等。建设工期3年。

审批依据

《济宁市发展和改革委员会关于京杭运河济宁至台儿庄（济宁段）航道“三改二”工程可行性研究报告的批复》（济发改许可〔2016〕350号）。

建设意义

1. 完善交通运输体系

该工程的开工建设将进一步发挥京杭运河黄金水道作用，适应京杭运河航运和运河沿线地区经济发展，全面提升京杭运河通航条件和服务能力，为京杭运河船舶大型化发展趋势、船舶航行安全提供更为完善的交通运输体系。

2. 改善沿线经济环境

▲ 京杭运河三改二航道疏浚施工现场

经济发展与交通发展互为依托，相辅相成。已建成的京杭运河徐州以南段高等级标准化航道，作为我国内河航运“一纵两横”水运航道布局中的“一纵”，为推动南北沿线城市的经济互补起到了重要作用；为煤炭等能源的有效利用、经济运输提供了基础保证。降低了物资交流成本、运能大幅持续上升。作为经济发展先行产业的交通运输业，尤其是交通基础设施——航道，必须坚持与之相适应并超前发展。因而，该工程的实施对改善沿线的经济环境、发挥资源优势、推动经济带的发展具有重要意义。

投资主体

工程概算总投资为30.16亿元，其中中央补助资金

12.9亿元、山东省省级配套资金13.52亿元、市级征地拆迁费用3.73亿元。

实施单位

（1）EPC单位：中交水运规划设计院有限公司。

（2）监理单位：山东省交通工程监理咨询有限公司。

工程进度

该工程于2018年7月开工建设。截至2018年10月，已进场绞吸挖泥船7条、抓斗式挖泥船13条；临时弃土区征地拆迁正在加速推进，计划布置41个弃土区，已选定15处，共计2000亩；已提前完成2018年计划年底完成征迁工程量20％的征迁任务；累计填筑围堰2940米占总围堰填筑量的12.7％；已完成航道疏浚5.25万立方米（2018年计划完成航道疏浚35万立方米）；累计完成投资2.63亿元，占总投资的8.72％。

项目评估

1. 建立服务保障领导小组

为确保该工程的顺利进行，工程方建立重点项目服务保障领导小组，在施工环境、后勤、技术、资金、通航、廉政监督等方面提供服务保障工作，先后召开3次保障领导小组现场会议，研究制约工程进展的瓶颈和问题，积极推进工程进展。

2. 建立管理指挥部

工程方建立"三改二"、湖西两个指挥部，主要负责工程建设期间的质量、廉政、安全、进度、投资控制等建设管理工作。

3. 建立三个推进机制

为研究制约工程推进的重大突发问题，根据现场问题的实际情况召集问题涉及的相关部门，对制约工程进展的问题和瓶颈，研究解决措施和方法，工程方建立了三个推进机制：保障领导小组+指挥部+X推进机制，研究解决制约工程推进的重大突发问题的措施和方法；指挥部+监理单位+总包单位+分包单位推进机制，负责工程建设的质量、安全、进度、环保等工作；指挥部+施工企业+属地政府推进机制，负责工程施工过程中的土地保障、施工环境保障工作。

4. 建立四张清单

在工程建设过程中，建立了工程计划、资金计划、问题、责任四张清单。各指挥部建立工程计划清单，实行挂图作战；根据计划清单制定资金计划清单，逐级提交，确保资金保障；施工单位、指挥部、总指挥部、交通环指挥部之间分级提交问题及责任清单；明确责任人、责任领导、完成时限，及时高效的解决制约工程推进的问题。

▲ 京杭运河三改二弃土区围堰施工现场

▲ 京杭运河三改二航道疏浚施工现场

（供稿：济宁市港航局）

长洲水利枢纽三线四线船闸工程

基本情况

长洲水利枢纽三线四线船闸工程处于国家西部大开发、“泛珠三角”“泛北部湾”、大湄公河次区域合作等大区域战略及中国－东盟自由贸易区的交汇地带，是国家水运建设重点“一纵两横两网”主通道中“一横”的重要组成部分，也是广西壮族自治区骨干航道“一线三通道”中的主干线，还是我国西南水运出海通道以及“西煤东运”的交通要道。工程上接右江、红水河、柳黔江，直溯云贵，下达广东，连通港澳。

长洲水利枢纽是西江下游河段广西壮族自治区境内的最后一个梯级，位于梧州市上游12公里处的浔江干流上。坝线横跨“两岛三江”（泗化洲岛、长洲岛，外江、中江、内江），是一座以发电为主，兼有航运、灌溉等综合利用效益的大型水利枢纽。枢纽在外江右岸台地建设有并列双线（2000吨级+1000吨级）船闸，即长洲1号、2号船闸。双线船闸设计单向年过闸货运量合计3150万吨（下行），于2007年5月通航。随着社会经济的发展，内河航运量快速增长，至2018年长洲1号、2号船闸通过能力已无法满足运输需求。为解决长洲水利枢纽日益严峻的通航压力，在已建长洲1号、2号船闸的右侧新建三线四线船闸工程，共用上下游引航道。

工程按I级船闸设计和建设，最大通过300吨级船舶，闸室有效尺度为340米×34米×5.8米(长×宽×门槛水深)，设计年最大通过能力9604万吨（下行）。建设工期47个月。

审批依据

《广西壮族自治区发展和改革委员会关于长洲水利枢纽三线四线船闸工程项目建议书的批复》（桂发改交通〔2009〕1168号）。

《广西壮族自治区发展和改革委员会关于长洲水利枢纽三线四线船闸工程可行性研究报告的批复》（桂发改交通〔2009〕811号）。

《广西壮族自治区交通运输厅关于长洲水利枢纽三线四线船闸工程初步设计的批复》（桂交基建函〔2010〕590号）。

▲ 长洲水利枢纽三线四线船闸

▲枢纽船闸全景

建设意义

1. 贯彻国家和自治区战略发展决策

《国务院关于进一步促进广西经济社会发展的若干意见》（国发〔2009〕42号），中明确提出“两区一带”（即北部湾经济区、桂西资源富集区、西江经济带）的区域发展总体布局，强调“要加快形成西江经济带”“抓紧研究制定西江经济带发展规划”“加快西江黄金水道开发，提高通航能力，形成铁路、公路、水路相互衔接、优势互补的综合交通运输体系，有效降低综合物流成本，为产业拓展、提升、聚集提供有力支撑”。

为有效落实国务院对广西壮族自治区的总体布局，广西壮族自治区党委、人民政府做出了“打造西江黄金水道、促进区域经济协调发展”的重大战略决策对进一步加快自治区经济发展，起到了积极的推动作用。

2. 促进西江经济带长足发展

长洲水利枢纽三线四线船闸工程是西江黄金水道的龙头项目，是西江亿吨黄金水道建设的关键性工程。工程建成后，一至四线船闸单向设计年最大通过能力达1.28亿吨（下行），成为世界通过能力最大的内河船闸。它的开工建设有效解决了长洲水利枢纽1号、2号船闸通过能力不足与枯水期滞航的问题，能够有效提升西江航道的通过能力，促进西江水运物流贸易的发展，满足西江通航船舶大型化的需要，进一步降低物流成本，增强西江经济带产业的竞争力。

投资主体

该工程由广西西江开发投资集团有限公司负责建设和运行。

工程概算总投资37.56亿元，其中交通运输部补助16.75亿元、广西壮族自治区财政补助8.95亿元，剩余资金由广西西江开发投资集团有限公司向国内银行贷款解决。

工程进度

长洲水利枢纽三线四线船闸工程于2011年5月开工。2015年1月，三线船闸实现试通航。2016年2月，四线船闸实现试通航。2016年10月，三线四线船闸正式通航。

新技术应用

1. 多项技术在国内首次应用

（1）该工程首次在国内外高等级航道实施了双线并列船闸互通省水的创新布置，节省船闸耗水60%以上，每年可节水1亿立方米，有效改善引航道水流条件。

（2）在国内外首次提出并发展了独创的门楣自然通气技术及平面阀门通气形式，在船闸平面阀门门槽中设置强迫通气措施，创新平面阀门空化完全被动新技术——“平顶廊道体型+小淹没水深+门楣自然通气+廊道顶自然通气”。

（3）在国内外首次提出并列船闸闸首底透空分流导航结构和联合调度优化输水方式的非工程措施，改善共用引航道水流条件的新方法，确保特大泄量下引航道内船舶安全。

2. 特大型四线船闸群关键技术研究与实践

针对该工程面临的船闸大型化、发展环境受限、通航水流条件复杂等难题进行全面系统的研究，形成了特大型四线船闸群关键技术研究与实践系列重大创新成果。

(1) 研发四线船闸群并列布置创新形式及航线交叉区布置新技术，解决在已建枢纽限制性复杂条件下扩建三线、四线特大型船闸的平面布置和通航水流条件关键技术难题。

(2) 首次提出双线特大型并列船闸互通省水布置，解决并列船闸独立输水和互通输水的水力学技术难题，节约水资源。

(3) 发明闸底长廊道复合阶梯消能输水系统新型式，解决特大型中高水头船闸船舶安全停泊与闸室高效消能输水核心难题。

(4) 创新受限复杂条件下四线船闸群通航交通组织方法，提出分区逐级调度调节船舶交通流量的航行调度规则，首创四线船闸群多维联合排挡优化调度技术，充分发挥四座船闸通航效益。

项目评估

长洲水利枢纽三线四线船闸投入试运行后，解决了长洲枢纽只有一线二线船闸运营时严重滞航的问题。闸室吃水深度达5.8米的高标准设计和建设，确保所有船舶一年四季的正常通行。

三线四线船闸投运以来，船舶过闸量大幅提高。2018年10月，长洲船闸年度实载过闸量突破亿吨，已成为名副其实的"亿吨船闸"。

该工程的建成，解决了西江航运发展的瓶颈问题，满足了西江内河水运货运量超亿吨的发展需求，为加快实现西江黄金水道的发展目标做出了重要贡献。

长江船闸年度过闸量	过闸船舶		核载过闸量		实载过闸量	
	实际数据（艘）	同比增长（%）	实际数据（万吨）	同比增长（%）	实际数据（万吨）	同比增长（%）
2015年	73825	—	9380	—	5792	—
2016年	83147	12.62	11690	24.62	6951	20.01
2017年	1E+05	23.47	15629	33.69	9883	42.18

▲ 三线四线船闸投运后长洲船闸年度过闸量增长表

实施单位

单位类别	单位名称
建设单位	广西西江开发投资集团有限公司
设计单位（联合体）	广西电力工业勘察设计研究院
	广西壮族自治区交通规划勘察设计研究院
	中交水运规划设计院有限公司
监理单位	广西八桂工程监理咨询有限公司
	郑州国水机械设计研究所有限公司
施工单位	中交一航局第四工程有限公司
	中交第二航务工程局有限公司
	中交第四航务工程局有限公司
	葛洲坝集团第五工程有限公司
主要安装单位	广西壮族自治区水电工程局
	武昌船舶重工集团有限公司
	北京机械工业自动化研究所
主要设备制造单位	武昌船舶重工集团有限公司
	中国水利水电第八工程局有限公司
	江苏武进液压启闭机有限公司
	郑州科润机电工程有限公司
	北京机械工业自动化研究所

（供稿：广西西江开发投资集团有限公司）

重庆港主城港区果园作业区工程

基本情况

重庆港主城港区果园作业区工程（以下简称果园作业区）是国家发展和改革委员会和交通运输部批准的多式联运示范工程，是国家"一带一路"倡议和"长江经济带"发展战略在重庆实现无缝连接的重要连接点，是中国（重庆）自由贸易试验区的三大片区之一。

果园作业区位于重庆两江新区的长江北岸，拥有面向国际、连接南北、辐射西部的密集立体交通网络。上距朝天门约30公里，距渝怀铁路鱼嘴中心站5公里，距重庆江北机场15公里。综合交通极为完备，绕城高速公路由南至北横贯港区，北连渝长高速公路，并从渝怀铁路鱼嘴中心站引入进港铁路专用线形成水铁联运无缝连接，西向、北向规划有多条城市主骨架公路畅通港区与两江新区。

果园作业区占地面积约4平方公里，拥有岸线2800米。按照"港口、物流、产业"三结合的功能布局规划建设16个5000吨级泊位（多用途泊位10个、散杂货泊位3个、商品汽车滚装泊位3个）及相应配套设施，设计年通过能力3000万吨（其中集装箱200万TEU、商品滚装车100万辆）；规划建设港区铁路专用线，采用双线电气化整列直达企业站，主线约5.3公里，企业站内拥有13条装卸与待发线，设计年通过能力650万吨；规划建设配套仓储工程，建设仓库约19万平方米，设计年货物周转量1000万吨。

审批依据

《重庆市发展和改革委员会关于重庆主城港区果园作业区一期工程可行性研究报告的批复》（渝发改交〔2008〕1238号）。

▲重庆果园港效果图

《重庆市发展和改革委员会关于重庆港主城港区果园作业区二期工程可行性研究报告的批复》（渝发改交〔2011〕608号）。

《重庆市发展和改革委员会关于重庆港主城港区果园作业区二期扩建工程可行性研究报告的批复》（渝发改交〔2011〕869号）。

《重庆市发展和改革委员会关于重庆果园港埠有限公司铁路专用线核准通知书》（渝发改交〔2012〕65号）。

建设意义

1. 服务大西南，完善交通枢纽建设

重庆港主城港区是长江上游交通枢纽的重要组成部分，是重庆长江上游航运中心的核心，是主城及其特色工业园区的主要依托，是西南地区对外贸易的主要口岸之一，是长江上游物流中心的主要支撑。果园作业区是重庆主城港区的重要组成部分，具有十分重要的地位和作用。定位立足本地，服务大西南，其建成后，将成为长江上游地区内外贸集装箱中转中心、散杂货中转服务中心、汽车运输中转中心，为大西南地区经济发展提供综合运输服务。该工程的规划建设是重庆港务物流集团有限公司承担重庆市发展战略的重大举措，将实现重庆市在港口建设史上的飞跃。

2. 服务经济，实施战略性布局

重庆“两江新区”是中国首个内陆型保税港区，将构建三大特色板块、形成十大功能分区，实施“6+3”战略性布局。两江新区规划了鱼复现代物流功能区，并依托果园作业区为出入口，重点发展集装箱多式联运、制造业零配件及产成品的集散与市场交易、城市配送、冷链物流等服务，与此同时，拓展外贸物流功能，将果园作业区打造为西部地区最重要的水铁联运基地和港口物流集散地，更好地为经济发展大战略服务。

3. 提升运力，促进发展铁水联运

重庆港主城港区是西部发展较快的区域，具有“承东启西、左传右递”的区位优势。周边地区，如四川、云南、陕西、甘肃等地自然资源丰富，山区货物长途运输主要依靠公路、铁路和铁水联运等运输方式。由于公路、铁路费用较高，铁水联运将成为周边区域货物运输的主流发展方向。果园作业区的建设满足了铁水联运的发展需要，对提升西部地区运力，促进沿线区域经济快速发展，意义重大。

投资主体

该工程由重庆港务物流集团有限公司投资建设，该工程总投资105亿元，建成后陆续与上海国际港务（集团）股份有限公司、国投交通控股有限公司、上汽安吉物流股份有限公司等国有大型企业分别组建合资公司，各自负责集装箱、件散货、滚装车分拨基地等功能区建成后的生产运营。

实施单位

单位类别	单位名称
设计单位	中交第二航务工程勘察设计院有限公司
	重庆市交通规划勘察设计院
	中交第四航务工程勘察设计院有限公司
	中铁二院成都勘察设计研究院有限责任公司
	中机中联工程有限公司
勘察单位	重庆607勘察实业总公司
	中冶建工集团有限公司
施工单位	中交第二航务工程局有限公司
	中交第四航务工程局有限公司
	长江航道局
	重庆伟航建设工程有限公司
	中建筑港集团有限公司
	宁波交通工程建设集团有限公司
	成都铁路工程总承包有限责任公司
	中铁十局集团有限公司
	重庆建工集团第四建设有限公司
监理单位	重庆双源建设监理咨询有限公司
	中铁济南工程建设监理有限公司

▲重庆果园港实景图

工程进度

该工程于2008年开工，一期工程于2010年建成投产。2013年底，二期及二期扩建工程中的集装箱码头投入试运行。2014年底，铁路专用线投入试运行。2015年底，配套仓储一期投入运行。

前沿16个5000吨级泊位已全部建成，后方堆场及配套设施已完成80%，铁路专用线正式开通，后方仓储功能区已陆续投入使用，初步形成集装箱120万TEU、滚装商品车100万辆和铁路1000万吨通过能力，已完成投资80余亿元。预计整个港区2020年全面建成。

新技术应用

1. 发布七项创新科技成果

（1）首次提出钢护筒和钢筋混凝土联合受力桩基计算方法、钢护筒和钢筋混凝土组合构件计算理论，获得深水码头基础工作性状及其施工控制技术。

（2）首次采用数值散斑技术对大水位差架空直立式码头结构、施工平台等开展无损检测，并提出这类结构的安全性能评估方法，研究成果在分析和评估码头、施工结构的安全工作性状属于国内首创。

（3）首次提出重载钢抱箍施工工法。完善形成整套大水位差高桩框架梁系结构钢抱箍双向悬空支撑系统的施工工艺及质量、安全控制措施。

（4）首次获得钢护筒-钢筋混凝土组合构件极限轴压承载力和极限受弯承载性能的计算方法。

（5）首次获得大直径钢护筒嵌岩桩简化计算公式。通过钢护筒与钢筋混凝土单桩模型试验、钢护筒与钢筋混凝土双桩模型试验、钢护筒-混凝土界面力学特性试验、钢护筒-地基土体界面力学特性试验等系列试验，得到大直径钢护筒嵌岩桩简化计算公式。

（6）对钢护筒钢筋混凝土桩大水位差深水码头开展试验研究和数值模拟研究，首次获得大水位差码头静力破坏模式和薄弱环节。

（7）开发基于可靠度的内河大水位差架空直立式码头钢与钢筋混凝土组合构件安全性能检测指标与评估体系研究。

2. 开展专项课题研究

工程方同中交第二航务工程勘察设计院有限公司联合长江水利委员会长江科学院开展《加筋边坡离心模型试验研究》专项课题，高陡填方边坡均利用港区陆域形成的弃方，设计方案采用高强HDPE土工格栅+石笼的处理方案，设计方案及实验手段均为技术创新点。

项目评估

重庆果园港整个港区的集装箱功能区、件散货功能区、商品车中转及分拨功能区、铁路专用线及物流仓储区均已实现运营。港区铁水联运和前港后园的功能已显现，现正紧紧围绕完善港区配套设施和功能加快建设，着力把果园港建设成内陆开放型口岸、国际物流枢纽和大宗商品交易中心“三合一”的现代化枢纽港。

工程质量、安全处于受控状态，无质量安全环保责任事故发生。

（供稿：重庆港务物流集团）

城市交通篇

北京轨道交通新机场线工程

基本情况

北京轨道交通新机场线位于北京南三环以外区域，线路途经大兴、丰台两个行政区，是连接中心城区与新机场线的轨道交通线路。其定位为快速、直达、高品质的轨道交通专线。

线路全长41.36公里，其中地下线和U型槽23.65公里、高架和路基段17.71公里；铺轨长度39.84公里，线路南端下穿机场飞行区、土建预留工程长度1.45公里。

共设3座车站，分别为新机场北航站楼站、磁各庄站和草桥站，平均站间距19公里。其中，新机场北航站楼站位于新机场北航站楼综合交通中心地下二层，与规划中的北京地铁20号线、京霸城际铁路、廊涿城际铁路及建设中的北京市郊铁路S6线换乘；磁各庄站位于大兴团河地区双河北路与黄村大街之间，为地下二层车站，与建设中的北京市郊铁路S6线换乘；草桥站位于镇国寺北街南侧绿地，为地下二层车站，与北京地铁10号线及在建的北京地铁19号线换乘。

建设内容分为A、B两部分。A部分主要包括新机场线前期工程、站前广场、草桥站和新机场北航站楼站相关工程；B部分主要包括新机场线的前期专项工程、土建工程、装修工程和设备设施。

特许期分为建设期和特许经营期。建设期约35个月（2016年11月1日—2019年9月19日）；特许经营期从全线贯通试运营日起，期限为30年，计划全线贯通试运营日期为2019年9月20日。

审批依据

《国家发展改革委关于北京市城市轨道交通近期建设规划调整方案（2007～2016）的批复》（发改基础〔2012〕3511号）。

建设意义

1. 强化新机场的重要地位

北京轨道交通新机场线是国家重点工程，随新机场同步建设，2019年9月与新机场同步投入运营。该工程的建设对强化新机场作为首都重大标志性工程的重要地位，强化首都国际交往中心的功能，促进京津冀协同发展，服务国家对外开放大局具有非常重要的意义。

▲ 工程建设

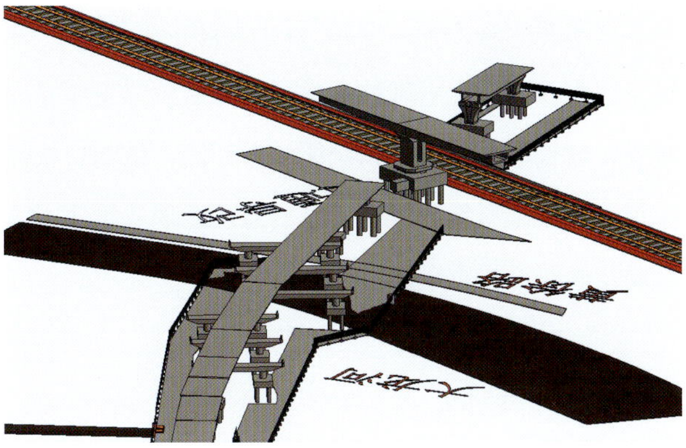

▲ 下穿、上跨铁路四线同时转体桥梁技术效果图

▲ 工程建设

2. 打造轨道交通投资新模式

该工程是北京市第一个集投资、融资、建设、运营为一体的轨道交通社会化引资（PPP）项目，也是国内轨道交通的第一速度，其设计最高行车速度为160公里/小时。

投资主体

该工程法人为北京城市铁建轨道交通投资发展有限公司。工程总投资约292.63亿元。其中，引用社会资本约149亿元，资本金比例为40%，债务融资比例占60%。采用PPP模式由北京市基础设施投资有限公司（政府出资人代表）与社会投资人共同组建项目公司进行特许经营。

工程进度

北京轨道交通新机场线全线包含盾构段、高架段、路基U型槽段以及三座车站。全线5个盾构区间，掘进长度共计29.25公里，已累计掘进26320米，完成90%；高架桥段箱梁架设已完成100%；路基U型槽段全部完成；北航站楼站和磁各庄站主体结构已完成，正在进行后续的设备安装及装修工作；草桥站正在进行主体结构施工，主体结构已完成70%。

截至2018年10月底，累计完成建设投资67.77亿元，完成总投资的45.48%。其中，2017年度完成建设投资22.14亿元，2018年度完成建设投资45.63亿。

新技术应用

1. 运用刚性接触网关键技术

该工程首次在国内轨道交通领域采用160公里/小时速度下刚性接触网方案，在工程建设和运营维护等领域具有较大优势。

2. 研究CBTC信号系统的拓展应用

工程方在施工中，针对项目需求，开展高速运行CBTC系统列车控制的适应性方案、列车自动过电分相区策略、信号系统与新型市域车的接口研究等工作，其研究成果对CBTC信号系统在高速轨道交通上的应用具有指导作用。

3. 为新机场线量身定制标准和参数

该工程为北京市首条设计行车速度160公里/小时的地下线路，北京市传统盾构及国内类似的城际线路盾构无法满足本线的建设条件，在充分考虑工程地质和水文地质条件、工程建设的外部环境以及工期因素的基础上，为新机场线盾构隧道“量身定制”了标准和各项参数。

4. 研究共构结构及应用

该工程线路设计范围内有一段五线共走廊段即，京霸城际铁路、新机场高速公路、北京轨道交通新机场线、规划团河路及规划综合管廊共走廊段。其中，高速公路、轨道交通新机场线采用共构结构；公路上部结构采用预制小箱梁，位于上横梁上；铁路上部结构与非共构段标准梁相同，位于中横梁上；铁路梁与公路梁共基础。

5. 实现四线同时转体

为确保铁路正常运营，四条线路需在同一地点、同一平面、同一时间段内完成四座桥转体施工，这在国内尚属首次。施工单位与有关科研单位共同研发了一套"三线四联转体监测平台"系统，在人工控制上辅以智能操作，有效保证转体施工。

项目评估

截至2018年10月底，工程安全质量形势平稳，总体处于受控状态。

在安全管理方面，相关参建单位通过开展安全体验式教育、班前讲话、联合夜查、专项检查、消防演练月和安全质量月等一系列活动，进一步夯实安全生产基础工作。

通过一周双巡视（安全巡视组每周两次检查）、履约检查、特保期前检查和汛期专项检查等不同层级的检查，积极开展安全质量隐患排查，及时将各类事故隐患消除在萌芽状态。

▲城市共构高架研究应用效果图

在质量管理方面，坚持"百年大计、质量第一"方针，组织召开质量管理培训教育，开展桥梁支座专项检查、盾构质量评比、预制梁质量评比、结构长城杯申报、混凝土质量分析会、预制管片专项质量评比等活动，确保工程质量稳定可控。

实施单位

单位类别	单位名称
建设单位	北京城市铁建轨道交通投资发展有限公司
管理单位	北京市轨道交通建设管理有限公司
设计单位	北京城建设计发展集团股份有限公司
	中铁隧道勘测设计院有限公司
	北京市建筑设计研究院有限公司
	中铁工程设计咨询集团有限公司
	中铁第五勘察设计院集团有限公司
	北京市轨道交通设计研究院有限公司
	中铁电气化勘测设计研究院有限公司
	北京全路通信信号研究设计院有限公司
施工单位	北京城建集团有限责任公司
	北京市政路桥股份有限公司
	北京市政建设集团有限责任公司
	中铁十四局集团有限公司
	中铁十二局集团有限公司
监理单位	中咨工程建设监理公司
	北京双圆工程咨询监理有限公司
	北京市逸群工程咨询有限公司
运营单位	北京市轨道交通运营管理有限公司

（供稿：北京城市铁建轨道交通投资发展有限公司）

合肥轨道交通1号线工程

基本情况

合肥轨道交通1号线是合肥市第一条建成运营的地铁，是安徽省首条地铁线路。

该工程分三期建设，其中一、二期工程同步设计，同步开工，同期运营。

合肥轨道交通1号线一、二期工程，北起合肥火车站，南至九联圩站，线路长24.58公里，全地下线，共设置车站23座。三期工程从天水路站至合肥火车站，线路长4.54公里，共设车站3座，均为地下站，线路北端设天水路停车场。

审批依据

《国家发展改革委关于合肥市轨道交通1号线一期工程可行性研究报告的批复》（发改基础〔2011〕723号）。

▲珠江路车辆段运用库

《关于合肥市轨道交通1号线一期工程初步设计的批复》（皖发改设计〔2011〕737号）。

《国家发展改革委关于合肥市轨道交通1号线二期工程可行性研究报告的批复》（发改基础〔2012〕192号）。

《关于合肥市轨道交通1号线二期工程初步设计的批复》（皖发改设计〔2012〕224号）。

建设意义

1. 改善居民出行模式

城市的轨道交通承担了城市50％以上的客运量，有的甚至超过80％。由于轨道交通采用封闭式运行模式，不受其他交通工具和行人干扰，具有速度稳定、班次密集、安全舒适、准点率高的优点，已成为城市居民出行的首选交通方式。在运送能力上，轨道交通单向高峰每小时的运输能力最大可达6至8万人次。合肥市轨道交通1号线工程建成后，将有效缩短居民的出行时间，加强同城间的互动，对改善居民出行环境具有重要作用。

2. 节约城市用地

城市轨道交通与其他交通设施相比，极大地节约了城市用地。该工程在建设中，充分发挥土地价值，增加城市运力，对缓解城市道路拥堵、解决交通压力，意义重大。

3. 保护生态环境

环境监测显示，汽车尾气是主要污染源之一。合肥市轨道交通1号线的建设，将高效利用能源，打造低污染的绿色交通体系，从根本上改变居民出行方式，保护城市生态环境。

4. 促进地区经济发展

该工程建成后，将有效完善城市交通网络，加强城市各区域的交流互动，提升城市运力，增强城市吸引投资的能力，对促进地方经济发展起到积极的推动作用。

工程进度

2009年8月，滨湖会展中心站至金斗公园站四站四区间试验段工程开工建设。2009年11月，包公园站、合工大南区站、秋浦河路站3座车站结合马鞍山路高架桥工程同步开工建设。2010年9月，合肥南站结合高铁合肥南站工程同步开工建设。2012年6月，大东门站开工建设，标志轨道交通1号线一、二期工程正式开工建设。期间，1号线各工程陆续进入施工阶段。2015年3月，地铁1号线实现全线洞通。

▲珠江路车辆段与综合基地

▲CFG桩的实施

轨道交通1号线一、二期工程综合联调于2016年3月开始准备工作。在以运营分公司为主导、建设部门及各参建单位全程参与的组织模式下，合肥轨道交通1号线一、二期工程综合联调工作进行了5个系统共计45个项目的设备调试，经过测试达到预期目标。

2016年8月1日，正式启动空载试运行工作。2016年12月26日，合肥地铁1号线一、二期工程全部完成正式开通运营。

目前，合肥地铁1号线三期工程已正式启动，正处于紧张建设中。

投资主体

该工程总投资164.96亿元，银行贷款占72.85%，资本占27.15%。其中，银行贷款部分通过国家开发银行组建联合体予以解决，贷款额度120.17亿元，截至2016年8月31日已提款71.9亿元。合肥市财政拨付资本金35.96亿元。

新技术应用

1. 针对膨胀土地层，采用明暗挖法施工技术

在合肥轨道交通1号线试验段终点至云谷路站区间，地下段呈南北走向，对该地段采取明挖法和暗挖法施工。

明挖法施工采取基坑一次开挖深度不超过2米，及时施作桩间喷锚，最大限度地减少土体临空面暴露时间，控制土体含水量变化；桩间钢筋网片与围护桩可靠牢固地固定，适当加大钢筋网片的直径或设置加强钢筋；适当加大基坑周边地面硬化的范围，以防开裂渗水，造成土体膨胀进而引起基坑失稳；基坑周边设置截水沟(截水沟应防渗水且适当远离基坑顶)以防雨水、施工用水、管网漏水等水体流入基坑槽壁；基坑挖土接近基底设计标高时，在其上部预留150-300毫米土层，人工挖除后，及时施工垫层、防水层和底板结构，快速封闭基坑等措施。

暗挖段施工时，严格控制每一开挖循环进尺，上台阶超前长度不超过3米并及时架设钢格栅完成混凝土喷锚，最大限度地减少土体临空面暴露时间，控制土体含水量变化；超前小导管和锁脚锚管成孔作业时，注意不带水作业。

2. 地铁接触网首次采用止动防松垫片

合肥轨道交通1号线一、二期工程接触网有两种形式：正线采用刚性接触网，车辆段采用软性接触网。在轨道交通中，接触网在电客车受电弓长期高强度、高频率的振动下，刚性接触网定位线夹、软性接触网腕臂支撑结构、吊弦线夹等接触网悬挂零部件螺栓、螺帽容易脱落，易造成受电弓损坏等安全事故。

为解决此类安全隐患，该工程借鉴高速铁路的成熟运营经验，首次在全国地铁接触网悬挂零部件连接螺母处采用止动防松锁片。

3. 运用加密及高清技术的警用通信系统

警用无线通信系统采用PDT技术，使用业界最先进完善的安全加密技术，切实防范非法终端入网、防止通话遭窃听，保卫公安信息安全。

警用视频监视系统采用全高清视频制式，前端摄像机均采用1080P数字高清摄像机，清晰度得到较大提升，视频系统接入合肥市天网平台，提升反恐水平，为后续的证据追溯提供有力保障，加密及高清技术的警用通信系统顺应技术发展潮流。在国内属领先水平。

4. 采用双面彩钢复合风管

在施工过程中，全线空调送风管采用双面彩钢复合风管，复合风管是替代铁皮风管的环保节能型风管。产品由两层高强度无机材料和一层保温材料为基材，采用胶粘技术和特殊的结构组合、连接。

板材采用机械化生产，表面光滑、平整，提高了空气输送的效率，漏风率仅为铁皮风管的10%，具有绿色环保、保温性能佳、无噪音、不燃、抗折、耐压、施工快、成本低、使用寿命长的特性。

▲ AM可视可控全液压扩底旋挖钻机

▲ 立体材料仓储设备

5. 使用节能群控系统

合肥轨道交通 1 号线一、二期工程每站均配置一套完整独立的中央空调群控系统。群控系统是基于现代控制论中分布式控制理论而设计的集散型系统，具有集中操作、管理和分散控制功能的综合监控系统。

控制系统通过Modbus通讯方式与BAS系统（不提供）进行通讯。群控柜通过PLC控制器实际控制各相关设备的运行。PLC与主机之间以Modbus通讯的方式实现对主机各参数的监控，降低风险，提高可靠性及安全性。

▲ 车辆段接触网实景

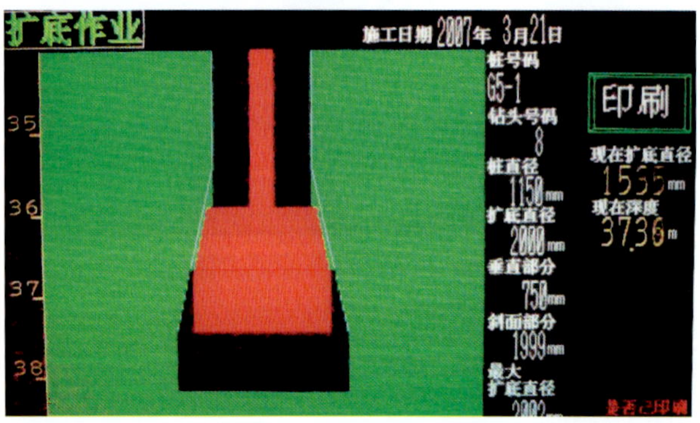

▲ AM扩底施工影像管理装置

▲ HPE液压垂直插入机

实施单位

单位类别	单位名称
建设单位	合肥城市轨道交通有限公司
设计单位	北京城建设计发展集团股份有限公司
	中铁二院工程集团有限责任公司
施工单位	中铁二十四局集团有限公司
	中铁四局集团有限公司
	中国铁建大桥工程局集团有限公司
	中铁十六局集团有限公司
	中铁十局集团有限公司
	中铁十八局集团有限公司
	中交第二航务工程局有限公司
	中铁一局集团有限公司
	中铁二十局集团有限公司
	中铁十一局集团有限公司
	中铁隧道集团有限公司
	中铁二局股份有限公司
	安徽华力建设集团有限公司
监理单位	北京铁研建设监理有限公司
	广东建科建设监理有限公司
	上海天佑工程咨询有限公司
	上海三维工程建设咨询公司
	北京建工京精大房工程建设监理公司
	上海斯美科汇建设工程咨询有限公司
	上海市建设工程监理有限公司
	上海地铁咨询监理科技有限公司

（供稿：合肥城市轨道交通有限公司）

青岛地铁3号线工程

基本情况

青岛地铁3号线西起青岛市南区的青岛火车站，向东沿广西路、太平路、文登路、香港路至五四广场（市政府），后拐入南京路向北，经江西路、宁夏路、辽阳西路进入哈尔滨路、黑龙江路、万年泉路至李村，向西沿京口路、振华路至终点铁路青岛北站。

线路总体呈“西-东-北-西”走向，途经市南区、市北区、李沧区，全部为地下线，线路全长24.9公里。

全线设车站22座（其中换乘站6座），采用明挖施工14座，暗挖施工7座，明暗结合1座。平均站间距1177米，设安顺车辆基地1处。全线设区间21个，除河西站至河东站区间局部采用明挖法之外，其余区间全部采用矿山法施工。

建设意义

1. 推动区域经济发展

青岛地铁3号线是山东省首条地铁线路，它的运营极大地缓解了沿线交通拥堵现状，对促进区域统筹发展，提升城市整体品质具有重要意义。而由该路线派生出的间接经济效益，则提升了区域经济影响力和辐射力，对构建青岛交通大格局，实现蓝色跨越，建设宜居幸福的现代化国际城市，起到重要作用。

2. 衔接沿线重点功能区

青岛地铁3号线是一条南北向骨干线路，将青岛火车站、中山路商贸圈、青岛市前海历史风貌保护区、青岛核心商务区、青岛中央商务区、四方东部商务区、黑龙江路现代服务业发展轴、李村商圈及青岛北站商务商贸区紧密联系起来，为沿线各重点功能区、综合交通枢纽及居住区之间提供了方便快捷的交通衔接。

审批依据

《国家发展改革委关于印发审批青岛市城市快速轨道交通近期建设规划（2009—2016年）的请示的通知》（发改基础〔2009〕2115号）。

▲ 地铁通车照片

▲地铁站务人员合影

▲站务人员引导乘客

《国家发展改革委关于青岛地铁3号线工程可行性研究报告的批复》（发改基础〔2010〕567号）。

《青岛市发展和改革委员会关于批复青岛市地铁一期工程（3号线）初步设计及概算的函》（青发改投资〔2010〕343号）。

投资主体

该工程法人为青岛地铁集团有限公司。

工程进度

青岛地铁3号线北段（双山站至青岛北站）于2010年12月开工建设，2015年7月单调完成，2015年8月验收，2015年10月综合联调完成，2015年11月通过信号安全认证。

南段（青岛站至错埠岭站）于2010年12月开工建设，2016年8月验收，2016年9月试运行，2016年10月联调接驳，2016年11月通过信号安全认证。

新技术应用

在工程建设中，首创复杂土岩二元地质条件下地铁建筑综合成套建造技术，该项技术国际领先；探索硬岩地质条件下地铁工程无感稳态钻爆法施工技术、研究近海强腐蚀环境下地铁混凝土结构服役性能设计、开发地铁建设全过程智能动态风险管控系统，成果均达到国内领先水平。此外，工程方经过综合考虑，首次在国内地铁工程中应用35千伏分散供电方式。

实施单位

单位类别（标段）		单位名称
建设单位		青岛地铁集团有限公司
勘察单位		青岛地矿岩土工程有限公司
设计单位		北京城建设计发展集团股份有限公司等
施工单位	土建施工	中铁四局集团有限公司
		中铁十七局集团有限公司
	机电施工	中铁四局集团有限公司
		北京住总集团有限责任公司
		中铁一局集团有限公司
	装修、地面建筑施工	中铁四局集团有限公司
		苏州金螳螂建筑装饰股份有限公司
		中国核工业二三建设有限公司
	车辆及弱电系统施工	中车青岛四方机车车辆股份有限公司
		通号（北京）轨道工业集团有限公司
主要监理单位		北京铁研建设监理有限责任公司
		四川铁科建设监理有限公司

备注：以上设计、施工及监理单位只列举主要标段及主要单位，其他单位省略。

（供稿：青岛地铁集团有限公司）

附录

《国家交通重大工程档案》备选名录
——中国铁路总公司及各省、自治区、直辖市发改委推荐

推荐单位	项目名称	行业
中国铁路总公司	▶新建北京至天津城际轨道交通工程	铁路
	▶新建北京至唐山城际铁路工程	铁路
	▶廊涿城际铁路工程	铁路
	▶集宁至通辽铁路扩能改造工程	铁路
	▶新建朝阳至秦沈高铁凌海南站铁路联络线工程	铁路
	▶新建赤峰至京沈高铁喀左站铁路工程	铁路
	▶新建通辽至京沈高铁新民北站铁路工程	铁路
	▶新建敦化至白河铁路工程	铁路
	▶新建牡丹江至佳木斯铁路工程	铁路
	▶新建上海至南通铁路（南通至安亭段）沪通长江大桥工程	铁路
	▶新建盐城至南通铁路工程	铁路
	▶新建连云港至徐州铁路工程	铁路

续上表

推荐单位	项目名称	行业
中国铁路总公司	▶新建安庆至九江铁路湖北段工程	铁路
	▶新建安庆至九江铁路江西段工程	铁路
	▶新建安庆至九江铁路安徽段工程	铁路
	▶新建兴国至泉州铁路工程	铁路
	▶新建福州至厦门铁路工程	铁路
	▶新建赣州至深圳铁路江西段工程	铁路
	▶新建赣州至深圳铁路广东段工程	铁路
	▶新建太原至焦作铁路山西段工程	铁路
	▶新建张家界至吉首至怀化铁路工程	铁路
	▶广州站改造配套工程	铁路
	▶南昆铁路南宁至百色段增建二线工程	铁路
	▶新建贵阳至南宁铁路贵州段工程	铁路
	▶新建贵阳至南宁铁路广西段工程	铁路
	▶新建中卫至兰州铁路甘肃段工程	铁路
北京市发展和改革委员会	▶京台高速公路（北京段）工程	公路
	▶京秦高速公路（东六环至市界）工程	公路
	▶首都地区环线高速（通州至大兴段）工程	公路
	▶兴延高速公路工程	公路
	▶延崇高速公路北京段工程	公路
	▶新机场北线高速公路（京开高速至京台高速段）工程	公路
	▶北京新机场高速公路（南五环至北京新机场）工程	公路

续上表

推荐单位	项目名称	行业
北京市发展和改革委员会	▶北京轨道交通新机场线工程	城市交通
	▶城际铁路联络线工程	铁路
天津市发展和改革委员会	▶津围公路北二线工程	公路
	▶津石高速公路天津东段工程	公路
	▶天津液化天然气（LNG）项目码头及陆域形成工程	水运
	▶天津港南疆港区26号铁矿石码头工程	水运
	▶天津港大港港区渤化液体化工码头工程（一期工程）	水运
	▶天津国际邮轮码头二期工程	水运
	▶天津港大沽口港区粮油区6、7 号通用泊位工程	水运
河北省发展和改革委员会	▶承德普宁机场工程	民航
	▶新建张家口至呼和浩特铁路工程	铁路
	▶崇礼铁路工程	铁路
	▶新建北京至张家口铁路工程	铁路
	▶津石国家高速公路津冀界至保石界段工程	公路
山西省发展和改革委员会	▶忻州五台山机场改扩建工程	民航
	▶G1812沧州至榆林高速公路忻阜段（忻州至长城岭）工程	公路
	▶阳左高速公路（阳泉至左权）公路工程	公路
	▶G22青岛至兰州高速公路长邯段（长治至邯郸）工程	公路
	▶阳蟒高速公路工程	公路

续上表

推荐单位	项目名称	行业
山西省发展和改革委员会	▶大同至西安客运专线工程	铁路
	▶大同至张家口铁路客运专线	铁路
	▶新建太原至焦作铁路山西段工程	铁路
	▶山西中南部铁路通道工程	铁路
	▶山西省临汾机场复航改造工程	民航
内蒙古自治区发展和改革委员会	▶京新高速公路临河至白疙瘩段（蒙甘界）工程	公路
	▶G55二广高速二连浩特至赛罕塔拉段公路改建工程	公路
	▶国道110线呼和浩特至毕克齐段公路工程	公路
	▶呼准鄂铁路工程	铁路
	▶霍林郭勒民用机场工程	民航
	▶蒙西至华中地区铁路煤运通道（内蒙古）工程	铁路
	▶新建内蒙古乌兰察布民用机场工程	民航
	▶新建内蒙古扎兰屯成吉思汗机场工程	民航
辽宁省发展和改革委员会	▶新建北京至沈阳铁路客运专线辽宁段工程	铁路
吉林省发展和改革委员会	▶长春机场二期扩建工程	民航
	▶新建吉林松原查干湖民用机场工程	民航
	▶新建敦化至白河铁路客运专线工程	铁路
	▶长春至白城铁路扩能改造工程	铁路

续上表

推荐单位	项目名称	行业
吉林省发展和改革委员会	▶长春市地铁1号线工程	城市交通
	▶长春市地铁2号线工程	城市交通
黑龙江省发展和改革委员会	▶绥芬河东宁机场工程	民航
	▶中俄同江铁路大桥工程	铁路
	▶国道G202黑大公路宝泉至兰西段工程	公路
	▶建三江湿地机场工程	民航
	▶北安至富裕高速公路工程	公路
	▶黑河至布拉戈维申斯克黑龙江（阿穆尔河）大桥工程	公路
	▶五大连池机场工程	民航
上海市发展和改革委员会	▶上海吴淞口国际邮轮码头后续工程	水运
	▶上海浦东国际机场第四跑道工程	民航
	▶上海虹桥国际机场T1航站楼改造工程	民航
	▶金山铁路工程	铁路
	▶沪通铁路二期太仓至四团段工程	铁路
	▶上海洋山深水港四期工程	水运
	▶上海浦东国际机场三期扩建工程	民航
江苏省发展和改革委员会	▶南京长江第五大桥工程	公路
	▶京沪高速公路扩建工程	公路
	▶海安至启东高速公路工程	公路

续上表

推荐单位	项目名称	行业
江苏省发展和改革委员会	▶溧阳至宁德公路江苏段工程	公路
	▶苏锡常南部高速公路常州至无锡段工程	公路
	▶连云港民用机场迁建工程	民航
	▶连云港港30万吨级航道一期工程	水运
	▶连淮扬镇铁路工程	铁路
	▶新建连云港至徐州铁路工程	铁路
	▶新建盐城至南通铁路工程	铁路
浙江省发展和改革委员会	▶新建杭州经绍兴至台州铁路工程	铁路
	▶新建杭州至温州铁路义乌至温州段工程	铁路
	▶京杭运河浙江段三级航道整治工程	水运
	▶龙丽温高速公路景宁至文成至泰顺段工程	公路
	▶新建杭衢铁路工程	铁路
	▶杭绍甬高速公路工程	公路
	▶杭州萧山机场综合交通枢纽工程	民航
	▶沪嘉甬铁路工程	铁路
	▶甬舟铁路工程	铁路
安徽省发展和改革委员会	▶合肥轨道交通1号线工程	城市交通
	▶淮河干流航道三河尖至蚌埠闸段整治工程	水运
	▶安徽芜湖宣城民用机场工程	民航

续上表

推荐单位	项目名称	行业
安徽省发展和改革委员会	▶新建商丘至合肥至杭州铁路安徽段工程	铁路
	▶合肥至新沂高速铁路工程	铁路
	▶新建合肥至福州铁路安徽段工程	铁路
	▶合肥至安庆高速铁路工程	铁路
	▶济南至祁门高速公路淮南至合肥段工程	公路
	▶新建庐江至铜陵铁路工程	铁路
	▶安徽省望东长江公路大桥工程	公路
福建省发展和改革委员会	▶福州长乐国际机场二期扩建工程	民航
	▶厦门新机场工程	民航
	▶浦梅铁路建宁至冠豸山段工程	铁路
	▶新建福州至厦门铁路工程	铁路
	▶福建莆田港东吴港区罗屿作业区9号和10号泊位工程	水运
	▶福建省三明沙县民用机场工程	民航
	▶京台线建瓯至闽侯高速公路福州段工程	公路
	▶福州市轨道交通1号线工程	城市交通
江西省发展和改革委员会	▶南昌至宁都高速公路冈上至宁都段工程	公路
	▶沈海高速莆田至炎陵联络线广昌至吉安段新建工程	公路
	▶新建九景衢铁路江西段工程	铁路
	▶昌景黄城际铁路工程	铁路

续上表

推荐单位	项目名称	行业
江西省发展和改革委员会	▶新建蒙西至华中地区铁路煤运通道工程	铁路
	▶新建赣州至深圳铁路江西段工程	铁路
	▶昌吉赣客运专线工程	铁路
	▶武汉至九江客运专线工程	铁路
山东省发展和改革委员会	▶新建济南至青岛高速铁路工程	铁路
	▶青荣城际铁路工程	铁路
	▶鲁南高速铁路工程	铁路
	▶济南至青岛高速公路改扩建工程	公路
	▶济南至东营公路工程	公路
	▶滨莱高速公路淄博西至莱芜段改扩建工程	公路
	▶青岛新机场工程	民航
	▶青岛港前湾港区迪拜环球码头工程	水运
	▶京杭运河济宁至台儿庄（济宁段）航道“三改二”工程	水运
	▶青岛地铁3号线工程	城市交通
河南省发展和改革委员会	▶郑万铁路河南段工程	铁路
	▶郑州至周口至阜阳铁路河南段工程	铁路
	▶新建郑州至济南铁路郑州至濮阳段工程	铁路
	▶新建太原至焦作铁路河南段工程	铁路
	▶新建商丘至合肥至杭州铁路河南段工程	铁路

续上表

推荐单位	项目名称	行业
河南省发展和改革委员会	▶蒙华铁路河南段工程	铁路
	▶淮滨至信阳高速公路息县至邢集段工程	公路
	▶周口至南阳高速公路工程	公路
湖北省发展和改革委员会	▶湖北国际物流核心枢纽工程	民航
	▶武汉天河机场三期扩建工程	民航
	▶新建武汉至十堰铁路孝感至十堰段工程	铁路
	▶新建郑州至万州铁路工程	铁路
	▶新建蒙西至华中地区铁路煤运通道工程	铁路
	▶武九客专大冶北至阳新段工程	铁路
	▶枣阳至潜江高速公路工程	公路
	▶保康至神农架高速公路工程	公路
	▶武汉市四环线青山长江公路大桥段工程	公路
	▶白洋长江公路大桥工程	公路
	▶汉江五级枢纽工程	水运
	▶京港澳高速公路湖北北段改扩建工程	公路
	▶棋盘洲长江公路大桥工程	公路
	▶赤壁长江公路大桥工程	公路
	▶呼和浩特至北海高速公路宜都（全幅河）至鄂湘界段工程	公路
	▶沪渝高速公路鄂西段工程	公路
	▶“645”工程（长江水道航道整治工程）	水运

续上表

推荐单位	项目名称	行业
湖北省发展和改革委员会	▶武汉长江中游航运中心工程	水运
	▶武汉铁路枢纽改造工程	铁路
	▶武西高速铁路云梦至武汉直通线工程	铁路
	▶阜阳至九江高速铁路麻城至黄冈段工程	铁路
	▶呼和浩特至南宁高铁宜昌至常德段工程	铁路
	▶荆门至荆州城际铁路工程	铁路
湖南省发展和改革委员会	▶长沙至昆明铁路客运专线工程	铁路
	▶武广高速铁路湖南段工程	铁路
	▶长沙磁浮快线工程	城市交通
	▶长沙市黄花国际机场东扩二期T3航站楼和配套工程	民航
	▶G5513长沙至益阳高速公路扩容工程	公路
	▶湖南省岳阳至望城高速公路工程	公路
广东省发展和改革委员会	▶虎门二桥工程	公路
	▶广州白云机场二期扩建工程	民航
	▶深圳至中山跨江通道工程	公路
	▶港珠澳大桥主体工程	公路
	▶广深港铁路客运专线工程	铁路
	▶广州至湛江客运专线工程	铁路
	▶新建广州至汕尾铁路工程	铁路

续上表

推荐单位	项目名称	行业
广西壮族自治区发展和改革委员会	▶云桂铁路(昆明至南宁客运专线)工程	铁路
	▶新建贵阳至南宁铁路广西段工程	铁路
	▶南昆铁路南宁至百色段增建二线工程	铁路
	▶兰海高速公路广西南宁经钦州至防城港段改扩建工程	公路
	▶广西壮族自治区乐业至百色高速公路工程	公路
	▶长洲水利枢纽三线四线船闸工程	水运
	▶广西桂林机场航站楼及站坪配套设施扩建工程	民航
	▶新建广西玉林民用机场工程	民航
重庆市发展和改革委员会	▶重庆市城口（陕渝界）至开县公路工程	公路
	▶重庆港主城港区果园作业区工程	水运
	▶重庆江北国际机场东航站区及第三跑道建设工程	民航
	▶重庆市沙坪坝铁路枢纽综合改造工程	铁路
四川省发展和改革委员会	▶成都天府国际机场工程	民航
云南省发展和改革委员会	▶云南沧源佤山民用机场工程	民航
	▶大理到瑞丽铁路工程	铁路
	▶沪昆客专云南段工程	铁路
	▶云南省蒙自至文山至砚山高速公路工程	公路
	▶宁蒗泸沽湖机场建设工程	民航
	▶云南省小勐养至磨憨公路改扩建工程	公路

续上表

推荐单位	项目名称	行业
云南省发展和改革委员会	▶宣威至曲靖段高速公路工程	公路
	▶新建玉溪至磨憨铁路工程	铁路
	▶云桂铁路(昆明至南宁客运专线)云南段工程	铁路
	▶昆明长水国际机场建设工程	民航
贵州省发展和改革委员会	▶贵州省都匀至安顺公路工程	公路
	▶新建长沙至昆明铁路客运专线贵州段工程	铁路
	▶六盘水至威宁（黔滇界）高速公路工程	公路
	▶渝贵铁路工程	铁路
	▶兰海国家高速重庆至遵义段（贵州境）扩容工程	公路
陕西省发展和改革委员会	▶西安咸阳国际机场三期扩建工程	民航
	▶菏泽至宝鸡高速公路旬邑至凤翔段工程	公路
	▶陕西延长至黄龙高速公路工程	公路
	▶榆林榆阳机场二期扩建工程	民航
	▶延安南泥湾机场迁建工程	民航
宁夏回族自治区发展和改革委员会	▶新建银川至西安铁路宁夏段工程	铁路
	▶新建吴忠至中卫铁路工程	铁路
	▶新建中卫至兰州铁路宁夏段工程	铁路
	▶包头至银川高速铁路宁夏段工程	铁路
	▶银川国际航空港综合交通枢纽工程	民航

续上表

推荐单位	项目名称	行业
宁夏回族自治区发展和改革委员会	▶京藏高速公路石嘴山至中宁段改扩建工程	公路
	▶宁夏回族自治区宁东至甜水堡（宁甘界）公路工程	公路
	▶青银高速公路银川至宁东段改扩建工程	公路
青海省发展和改革委员会	▶青海省西宁南绕城公路工程	公路
	▶青海省共和至玉树公路改扩建工程	公路
新疆维吾尔自治区发展和改革委员会	▶乌鲁木齐机场改扩建工程	民航
	▶新建和田至若羌铁路工程	铁路
	▶新建格尔木至库尔勒铁路新疆段工程	铁路
	▶新建阿勒泰至富蕴至准东铁路工程	铁路
	▶G7新疆境内大黄山至乌鲁木齐段改扩建工程	公路
	▶G7线明水（新甘界）至哈密段工程	公路